KB213407

유교조선 지성사론
김인환

金仁煥 儒教朝鮮 知性史論

The Intellectual History of the Confucian Joseon

by Kim Inhwan

2025.03

SuRyuSanBang

● 아주까리 수첩 8 다 말하게 하라

김인환 유교조선 지성사론

金仁煥 儒教朝鮮 知性史論

KIM Inhwan

The Intellectual History of the Confucian Joseon

© 김인환

프로듀싱 & 디자인 © 박상일

편집 © 박상일, 심세중

표지 이미지 © 콘셉트 & 구성 박상일 + 그래픽 김나영

부록 사진 © 김경원, 박상일

● Produced & Published by 수류산방 樹流山房 SuRyu SanBang

초판 01쇄 2025년 03월 20일

값 33,000원

ISBN 978-89-915-5596-9 03900

Printed in Korea, 2025.03.

9 788991 555969   03900 ₩33,000

● 수류산방 樹流山房 SuRyu SanBang

등록 2004년 11월 5일 (제300-2004-173호)

〔03176〕 서울 종로구 경희궁길 47-1 〔신문로 2가 1-135〕

T. 82.(0)2.735.1085

프로듀서 박상일

발행인 및 편집장 심세중

크리에이티브 디렉터 朴宰成 + 박상일

디자인 · 연구팀 김나영(피디)

편집팀 전윤혜(선임)

이사 김범수, 박승희, 최문석

인쇄 · 제본 효성문화 〔T. 82.(0)2.2261.0006 박판열〕

다 말하게 하라

유교조선 知性史論
儒敎朝鮮 지성사론

김인환

0-0 앞말

아주까리 수첩 **8** 다 말하게 하라
김인환 金仁煥 KIM Inhwan
유교조선 지성사론 儒敎朝鮮 知性史論
The Intellectual History of the Confucian Joseon

다른 사람, 다른 나라, 다른 사상, 다른 종교를 존중해야 한다는 최한기[崔漢綺, 1803~1877]의 말은 사람과 하느님이 통하여 작용한다는 최제우[崔濟愚, 1824~1864]의 말과 연결되며 멀리는 고대의 화백(和白)이란 말과도 연결된다. 화백은 다 말하게 한다는 뜻이다. 화백은 다 말하게 한 다음에 갈피 짓는 정치의 절차이다. 사학자 안재홍[安在鴻, 1878~1951]은 "다스리다"라는 낱말이 "다(和) 사뢰다(白)"에서 왔다고 해석하였다. 지금까지 대통령과 거대 여당이 이끌어 온 한국의 정치는 듣지 않고 말하는 단극(單極) 정치였다. 그런 의미에서 대통령과 거대 야당의 동거(cohabitation)는 의견의 차이를 인정하고 조정하는 대화의 정치를 훈련하는 정치 교육의 기회가 될 수 있었다. 안타깝게도 한국은 듣고 말하는 화백 정치에 실패하였다. 그러나 이 실패는 독단적인 단극 정치의 종점일 뿐이다. 한국인의 심성에 내재하는 화백 정신을 확인하고 다원 정치의 객관적 가능성을 실현하는 문화 혁명이 이 나라의 방방곡곡에서 힘차게 시작되고 있기 때문이다.◐✿

|
2025년 1월 6일,
김인환

0-1 운행 기록 차례

아주까리 수첩 **8** **다 말하게 하라**
김인환 金仁煥 KIM Inhwan
유교조선 지성사론 儒教朝鮮 知性史論
The Intellectual History of the Confucian Joseon

B 16세기　B-2 이상주의　128

C 17세기　C-1 동요 단계　152

아주까리 수첩 ● 8 다 말하게 하라
김인환 金仁煥 KIM Inhwan
유교조선 지성사론 儒敎朝鮮 知性史論
The Intellectual History of the Confucian Joseon

C 17세기   C-2 규범주의   178

아주까리 수첩 ⑧ 다 말하게 하라
김인환 金仁煥 KIM Inhwan
유교조선 지성사론 儒敎朝鮮 知性史論
The Intellectual History of the Confucian Joseon

아주까리 수첩 ❽ 다 말하게 하라
김인환 金仁煥 KIM Inhwan
유교조선 지성사론 儒敎朝鮮 知性史論
The Intellectual History of the Confucian Joseon

아주까리 수첩 ⑧ 다 말하게 하라

김인환 金仁煥 KIM Inhwan

유교조선 지성사론 儒教朝鮮 知性史論

The Intellectual History of the Confucian Joseon

다 말하게 하라 : 유교조선儒敎朝鮮 지성사론知性史論 : Z 부록

김인환 지성사론

수류산방(+심세중)

완강히 달램

+ 김인환 저작 발췌

펼친 상허

Z 부록 : 김인환 지성사론, 완강히 달램

수류산방 [+심세중]

018　아주까리 수첩 ⑧ 다 말하게 하라
김인환 金仁煥 KIM Inhwan
유교조선 지성사론 儒教朝鮮 知性史論
The Intellectual History of the Confucian Joseon

[Z-01] 이야기꾼

사실 김인환 선생님은 이야기꾼입니다. [지나치게 단정적이라면 : 김인환 선생님은 이야기하기를 즐기십니다.] 술자리에 앉으면 살았을 적 '미당'과 '지훈'의 기억, 옛날 개성의 풍속, 고려 시대의 한문 수필, 발터 벤야민과 정신 분석학이 한 상 위에 쉼없이 펼쳐집니다. 선생님은 미간에 조금 힘을 준 채 다정한 얼굴로 나긋나긋 말씀을 해 나가시는데, 몇 잔을 드셔도 억양이며 속도에 변조라고는 거의 없습니다. 그 사이 우리는 자꾸 취해만 가니, 귀를 쫑긋 기울이려 해도 아물아물하죠. 반은 알아듣지를 못하고 반은 따라잡지를 못해 술 탓이나 해 봅니다. 대체 얼마나 건강하신 걸까? 이렇게나 술을 즐기시면서 저 많은 공부는 언제 다 하셨을까? 글로도 쓰셨듯, 문학, 역사, 철학과 역사 철학을, 그리고 문학 안에서 수필과 소설을 우리말로는 모두 '이야기'라고 함을 김인환 선생님은 이야기로써 실천해 보이십니다. 그 옛적 술자리판에서 이야기를 낱낱이 알아듣고 추임새도 넣고 실마리 삼아 다른 이야기를 가지치던 벗이 황현산(黃鉉産, 1945~2018) 선생님이셨다고요.

[Z-02] 여러 조선들

2023년 김인환 선생님이 수류산방에 이 책의 초고를 보내오셨을 적 원제는 '유교조선 지성사론'이었습니다. 제목에서부터 벌써 조금 겁을 먹어서 끝까지 읽어 보는 데는 꽤나 시간이 걸렸습니다. 처음에는 이 제목을 '조선 유학 지성인(知性人)들의 역사'라고 이해했기 때문입니다. 우선 김인환 선생님은 이성계가 건국한 조선을 단군조선, 북조선 또는 말도 안 되는 조선(기자조선, 위만조선) 등 여러 다른 조선과 구별할 때 '이씨 조선' 대신 '유교조선'이라고 부릅니다. 그 조선은 이씨가 세우고 지배한 조선이 아니라 유교 이념이 세우고 지배한 조선이라는 뜻이겠습니다. 곧, 그 조선에서는 임금조차 유교에, 또는 유교의 이데올로기로 더 강해진 자들에게 지배당할 수 있었음을 암시하고 있겠습니다.

[Z-03] **지성사는 무엇일까**

'지성사(intellectual history)'라고 하면 얼핏 지성인의 역사, 또는 지적 사상의 역사(history of thought)라고 짐작될 터인데, 그렇게 보면 조선시대 유학자들의 역사, 또는 유학 사상사와 별반 차이가 없어집니다. 그런데 지성사는 한 분야 지식의 흐름을 추적하는 분야사(disciplinary history)를 말하는 것만은 아닙니다. 지성사의 전제는 우리의 마음속에 떠오른 무엇인가를 시공간 안에서 말과 글로 이야기하는 것도 엄연히 하나의 (역사적) 행위[사실(史實)]라는 데서 출발합니다. 그리고 각 시대마다 지배적이거나 독특한 말과 글을 낳았는데, 그러한 말과 글(이야기)이라는 사료를 그 시대의 맥락(context) 안에서 이해해 보려는 자세(방법론)를 취합니다. (그 또한 서양에서 만들어진) 지성사라는 개념을 썩 잘 아는 것은 아니지만, 학교에서 지루하게 졸면서 읽어도 읽어도 잘 모르던 저 먼 나라의 외골수 천재의 저작이 은밀히 어느 일등제자에게 전승되어, 어떤 난해한 이론으로 거듭났고 어떤 전문 용어를 낳았는지…의 계보를 다루려는 것은 아닌 듯싶습니다.

[Z-04] **이야기의 힘**

멋부려 말하자면, 이야기는 지적이고 관념화하는 행위입니다. 전사가 적을 돌도끼로 쳐 죽였다거나 나무를 비벼서 불을 피워 숲을 태우고 밭

김인환 金仁煥 KIM Inhwan
유교조선 지성사론 儒教朝鮮 知性史論
The Intellectual History of the Confucian Joseon

을 갈았다는 사건과 다릅니다. 우리는 이렇게 몸을 직접 써서 치른 거사들이 인간사를 만든 혁명이라고 배우지요. 하지만 인류는 그 불 앞에 밤마다 모여 앉아 이야기를 하고 듣는 것으로써 누군가를 죽이지 않고도 복속시키거나, 땅과 물을 얻기도 했습니다. 그럴 때면 남의 이야기를 많이 들어서 자신의 기발한 생각도 짐짓 남의 것인 듯 서늘하게 다룰 줄 알아야 이야기는 더 재미있어지고 더 설득력을 가지게 됩니다. 이야기꾼은 인기를 얻고, 이야기를 따라 불앞에 모여드는 사람떼도 더 늘어나겠지요.

[Z-05] 이야기 듣는 자들의 이야기

지성사는 과거 어느 시절에 어째서 한 이야기가 대중들에게 또는 특정한 계급에게 받아들여졌는지를 밝히려 합니다. 또는 반대로 어째서 누군가는 시절을 거스르는 이야기를 꺼낼 수밖에 없었는지를 살피기도 합니다. 우리는 그 시절로 돌아가, 그 불 앞에 옹기종기 끼어 앉아 귀를 쫑긋 기울여 보려 합니다. 아주 매끄럽지는 않겠지만 그래도 애써 보려는 것이지요. 그러면 이야기를 하는 사람, 곧 지성인의 탁월한 견해만큼이나 이야기를 듣는 사람의 처지가 중요해집니다. 정치 체제나 먹고 사는 살림살이 같은 것 말입니다. 그러다 보면 오히려 오늘 우리 눈에는 대수로이 읽히지 않는 이야기들, 별것 아닌 듯 잊힌 이야기들을 마주치겠지요. 예컨대 천자문도 반쯤 알까 말까 한 우리가 이제 와서 율곡이나 퇴계가 저 중원 수천 년 유학의 학문 세계 안에 얼마나 대단한 이론적 업적을 새겼는지를 평생을 바친들 분석할 수 있을지는 장담하기 어렵습니다. 하지만, (지금도 한켠에 우암 송시열을 존숭하여 봄가을로 무릎을 굽히는 이들이 있고 다른 한켠에 몸서리치는 이들이 있겠지만) 변란을 겪은 뒤 조선의 양반들이 송시열의 목소리 아래 어째서 그토록 의탁하려 들었는지를 보려는 것에 지성사는 조금 더 가까울 것 같습니다. 쓸쓸하고 어둑한 벌판에 송시열이라는 자가 지펴 놓은 불빛에서 눈을 거두어 시선을 돌리면, 그 불빛을 따라 하루살이처럼 모여든 이들의 표정과 실루엣이 제법 환하게 보이지 않겠습니까. 지성사에서 다시 소환하는 이야기는, 이야기하는 자가 아니라 어쩌면 이야기 듣는 자들의 이야기일 것입니다.

[Z-06] 지성사의 풍경들

물론 이 땅의 모든 학자들이 지성사라는 낱말을 이렇게 이해하고 써먹는 것은 아니어 보입니다. '지성인들의 역사'로서 지성사라는 낱말이 제목에 멋스럽게 달린 논문들은 봄가을 철마다 유행처럼 등재됩니다. 그 저자들은 족벌에 맞먹는 학맥 탐구하기, 계승도 그리기를 완성하느라 방방곡곡 종가집 창고의 헌책과 묘지문을 뒤집니다. '지성사'라는 이름으로 조선의 이런저런 명망 있는 '인물'의 뒷이야기를 재미나게 엮으면 방송의 인기 패널 스타 강사가 됩니다. 이것은 21세기 대한민국의 지성사의 한 풍경이겠요. | 김인환 선생님은 자신의 방법론을 '내재 분석론(內在分析論)'이라고 명명하지만, '과거는 과거 속에서 보아야 한다'는 뜻풀이는 곧 지성사의 '맥락주의(contextualism)'와도 닿습니다. 그 시대 사람들이 하던 이야기를 알아들어 보겠다는 것이지요. 이를 위해서 김인환 선생님은 그 시대 보통 사람들의 먹고사는 살림살이, 양반의 그것과 임금의 그것을 따집니다.

[Z-07] 김인환이 해온 일

지성사이든, 내재 분석론이든, 이름은 무엇이 되어도 좋습니다. 김인

김인환 金仁煥 KIM Inhwan
유교조선 지성사론 儒教朝鮮 知性史論
The Intellectual History of the Confucian Joseon

환 선생님은 문학 평론가로서 지금까지 20권도 훨씬 넘는 책을 출판하셨는데, 현대 문학 작품에 대한 평론뿐 아니라 한국 고대의 시가로부터 주역, 동학과 마르크스 자본론이며 현대 철학에 이르기까지 그 스펙트럼도 넓습니다. 글쓰기, 교육, 번역에 대해서도 늘 관심을 두시죠. 그 넓이와 깊이를 아울러서, 김인환 선생님은 크게 보자면 한국 문학사의 내적인 통일과 변화의 원리를 밝히려고 하시는 듯 보입니다. 우리 문학은 언제 어떤 사건을 겪으면서 바뀌었고(단절), 그 바뀜 속에서도 무엇이 이어졌는지(계승), 우리 역사와 문화와 마음결 안에서 이유를 찾고 살피려 하신 듯 보입니다. 그 출발로서 선생님은 시대마다 수많은 시와 민요(노래) 한 가락, 소설(이야기) 한 편의 구절 하나하나를 깊이 뜯어 읽고 곱씹어 분석해 오셨습니다. 이렇게 글을 세심하게 읽어 주는 평론가가 있다는 것은 창작자에게 고마운 일일 것입니다.

〔Z-08〕 **아무래도 한 사람이 짊어지고 할 수 있을 법한 일이 아닌**

그런데 어떤 날 가만 생각해 보면, 이는 아무래도 한 사람이 짊어지고 할 수 있을 법한 일이 아닙니다. 문학뿐만 아니라 예술의 여러 분야, 나아가 역사 전체에서도 이 땅의 우리가 지금껏 익혀 온 비평과 분석의 방법론은 어딘가에서 주어지는 것이었습니다. 유학이 들어온 시점으로 고대와 중세를 나누고, 서양식 가로망이 이 땅에 깔린 시점으로 도시의 근대를 구분하고, 선교사들에게 영어 문법을 배운 시기를 기준으로 국어학의 근대를 나눕니다. 1930년대에는 일본의 지식이 필요했고, 그 다음에는 독일이나 미국이었습니다. 모더니즘만 암송하는 교수들이 지루해질 무렵에 유학 다녀온 선배들이 포스트모더니즘을 속삭였습니다. 요즘 미국에서 거론되는 외국 철학자가 누구인가를 반짝이며 찾다가, 그의 이름을 언급하며 철 지난 작품 몇 개를 난도질해서 혜성처럼 등단할 수 있었고, 몇 계절이 지나 그 이론에 꼭 맞는 작품들이 드디어 창작되는가 하면, 벌써 다른 후배들이 냉소적인 눈빛으로 더 최신 브랜드 수입 칼을 들이대며 선배들을 갈아 치웁니다. 유학을 다녀오지도 못했다는 이유로 그 열띤 살육판을 밖에서 멀뚱히 지켜보다 보면 대체 무슨 말꼬투리를 잡는지 말하는 자조차 알고 있는지 의심스러워지지만, 그보다 피곤해져 예술을 만나는 일 자체가 심드렁해져 버립니다. 당연한 일입니다. 바로 그것이 질서를 주입하고 조정(宗)하는 세계주의자들이 원하는 바이니까요. 무작정 싸움만 일삼는 정치판을 만들어서 정치 자체에 염증을 일으키고 무관심하게 만듦으로써 영구 집권을 꿈꾸는 구태 정치 족벌들처럼, 그들은 우리가 눈이 좁아 세계의 트렌드에 무지하다느니 유행에 관용적이지 못하다느니 비난합니다. 이 땅에서는 탈식민주의조차, 여성주의나 생태주의조차 (우리보다 덜 생태적이었고 덜 평등했고 제국이었던) 미국에서 수입되지 않으면 안 되는 것입니다. 김인환 선생님은 이런 식의 예술 서술을 넘어서려고 하는 듯 보입니다. 지금까지 문학사에 기재되지 않았지만 그 시대가 낳을 수밖에 없었던 작품들을 기존의 명작과 나란히 견주어 다시 직접 갈피를 잡고, 그것들로 새로운 문학사를 쓰고, 그 안에서 면면한 마음결을 찾으려고 하는 듯 보입니다. 그래서 너무 많은 공부를 하셨고 너무 많은 이야기가 생겼습니다. 아무래도 이것은 한 사람이 짊어지고 할 일이 아닙니다.

[Z-09] 더 멀리 더 재미나게 이문도 남기면서

김인환 선생님이 한국 문학사와 근대를 만든 정치 경제의 틀을 다시 보는 것은 '다른 미래를 위하여'서일 것입니다. 우리가 이 밤 불을 지피고 지친 오늘의 일들과 씁쓸한 옛 이야기들도 다시 씹어 보는 것은 다독여

화해하고 사이 좋게 떠날 내일을 위해서입니다. 우리의 대상(隊商) 여행단이 망하거나 다치지 않고 더 멀리 더 재미나게 이문도 남기면서, 혼자서는 갈 수 없는 먼 도시의 시장까지. 몸을 지니고 갈 수 없는 시공간까지 어울려 가 보고 싶은 겁니다. 선생님은 그 먼 곳을 아마도 '다 사뢰게 하는 때/곳'이라고 여기실 듯합니다. 한 사람만 말하는 것이 아니라 불 앞의 모든 이들이 다 말할 수 있는 곳, 그 말을 다 들어주는 곳, 위로를 나누고 지혜를 키우는 곳. 미륵 정토이거나 후천 개벽 세상과 같은 이상향이 그런 모습일 것입니다. 김인환 선생님은 그 곳을 민주주의로써 갈 수 있다고 하시는 것 같습니다. 민주주의의 민(民)은 인(人)이 아닌 자들입니다. 지배하는 사람〔人〕에게 한 눈이 찔려서 먼 사람을 말한답니다. 그는 상처 입고 눈이 어두운 자, 장애를 가진 자입니다. 그런 채로 여럿이 한 줄 쟁기에 묶여서 노동하는 형상을 땄다고도 전합니다. 그의 이야기에 귀 기울이는 것은 어려운 외국말을 배워 이야기하는 것보다 훨씬 힘들고 드문 일이라는 사실을 역사는 알려 줍니다. 하지만 김인환 선생님은 우리가 나눌 모든 이야기들(한국 문학사)은 우리 안에 그 세계에 닿을 힘이 오래 전부터 있었다는 것을 알려 주는 이야기들이어야 한다고 하십니다. 그리고 놀랍게도 우리에게 그런 이야기가 정말 있다고요.

〔Z-10〕 이인삼각 달리기

플라톤이 그처럼 치를 떨었던 체제인 민주주의는 너나없이 백성 민(民, demos)이라는 데서 출발합니다. 똑똑한 사람이 길을 헤쳐서 더 빨리 가는 편이 우리 공화국의 승전을 위해서 더 낫다는 플라톤의 가르침을 내세워 서구는 제국의 근대를 열었지만, 민주주의는 우리 모두가, 아무리 잘났어도 어차피 똑같이 한 눈이 먼 장애인이고 이인삼각(二人三脚)

달리기처럼 한데 묶여서 노동을 평생 해야 하는 신세라는 사실을 처절하게 자각하고 받아들이는 데서 출발합니다. 그 평범하고 미천한 우리 중 누구 하나를 우리가 함께 뽑아서 우두머리로 삼고 내일의 여행길을 떠나자고 약속을 나누는 것입니다. 정치는 이야기들을 주고받는 방법이고 약속입니다. '지성사'로 돌아가서, 지나간 시대의 숨겨진 이야기를 그 때의 눈높이로 알아들을 수 있는 능력을 갖추게 되면, 지금 시대의 수많은 이야기도 알아들을 수 있게 됩니다.

[Z-11] 이 땅의 모든 조상님들이 이어 온 씨앗들

이 책의 제목은 한동안 '로꼬꼬 조선'이었습니다. 조선 유학자들의 지방주의를 유럽의 로코코 양식에 빗댄 것입니다. 그 아름다운 로코코를 어째서 지방주의라 할 수 있는지를 서양 예술을 사랑해 마지않는 한국의 지성인들에게 설득하는 것은 하나의 또 다른 책이 될 만할 것입니다. 그것은 유교조선의 이야기를 설득하는 것보다 훨씬 실패하기 쉬운 프로젝트일 것입니다. 그러나 앞에서 말했던 김인환 선생님은 이 책에서 조선 유학을 이야기하려는 것도 아니고, 그들의 지방주의를 탓하기만 하려는 것도 아닙니다. 송시열에게도 송시열의 이유는 있었고, 무능한 고종에게도 고종의 이야기가 있었습니다. 518년 조선의 역사 속에서 사람들은 생각하고 공부할 때 무엇을 중시했는지 갈피를 잡아, 각각 형식, 이상, 규범, 현실, 제도, 경험이라는 낱말을 달아 주었습니다. 김인환 선생님은 그 도무지 망할 수밖에 없었던 역사 속에서 한글이 나왔고 동학이 나왔다는 것만으로도 유교조선은 우리에게 남길 것을 다 남겼다고 단언하십니다. 세종의 한글로써 우리 모든 민은 우리말로 다 말하고 글쓸 수 있게 되었습니다. 그리고 수운의 동학으로써 우리 모든 민이 불 앞에서 평등하게 말할 수 있는 권리를 얻었습니다. 한글과 동

김인환 金仁煥 KIM Inhwan
유교조선 지성사론 儒教朝鮮 知性史論
The Intellectual History of the Confucian Joseon

학은 민주적으로 이야기를 다 말할(다스릴) 수 있도록 우리에게 주어진 두 가지 힘(수단과 자격)이며 우리를 다른 미래로 데려다줄 수 있는 열차 바퀴입니다. 김인환 선생님에 따르면 그것은 어느 날 어떤 위대한 두 사람(세종과 수운)이 세상에서 뚝 떨어져 외골수로 만들어 낸 것이 아닙니다. 조선이라는 세상의 고통과 상처 안에서, 이 땅에서 살아온 모든 조상님들이 면면히 이어 온 씨앗들과 밖에서 날아든 씨앗들 안에서 찾아낸 이야기입니다. 한글은 음양과 납음 오행(納音五行, 우주의 근원 소리를 오행 안에 모두 담다)의 정수를 간파해 거침없이 자유자재로 운용함으로써 이 개념의 창안자와 주인이 애초에 누구였는지를 짐작하게 합니다. 동학은 홍익인간(弘益人間) 제세이화(在世理化)하려고 한 단군의 미래적 보편성을 천명합니다. 우리는 민(民)이기만 한 것이 아니라 민이기도 한 인(人)이라고요.

[Z-12] 다스리다, 다 사뢰다, 다 말하게 하다

"조지훈(趙芝薰, 1920~1968)은 〈도솔가(兜率歌)〉[760년(신라 경덕왕 19)에 월명사(月明師)가 지은 향가]를 〈치리가(治理歌)〉라고 하였다. 우리말로 하면 다살노래가 된다. 『삼국사기』「신라본기」유리이사금 5년(28)조에 '이해 백성의 살림이 편안하여 처음으로 다살노래를 만들었다. 이것이 가악의 시작이다.'라는 기록이 있다. '다스리다'는 안재홍의 말대로 '다(和화) 사뢰다(白백)'에서 왔을 것이다. 화백이란 다 말하게 하고 갈피짓는 것이라는 점에서 민주 집중제(democratic concentration)의 원형이 된다고 할 수 있을 것이다."[김인환, 『한국 고대 시가론』, 2007.]

[Z-13] 계엄의 뿌리도 조선에 있고, 야광봉의 뿌리도 조선에 있다

수류산방은 '유교조선 지성사론' 초고를 2023년 1월에 새해의 소식처럼 받아 들었습니다. 2년 걸려서 2025년 1월에 마무리합니다. 돌이켜보니 처음에는 술자리처럼 아물가물 그 뜻을 거지반 헤아리지 못했습니다. 지금이라고 다 아는 것은 아니겠지만, 정신을 차리고 알아들어 보려 몇 가지 노력을 했습니다. 김인환 선생님의 끝없이 조곤조곤 이어지는 이야기에 단락마다 중간 제목을 달았습니다. 불필요한 독자들은 건너뛰어 읽어도 될 것이나, 생소한 이들에게 길잡이가 되기를 바랍니다. 도판도 찾고 말뜻도 찾았습니다. 본문 중 주석 번호가 달리지 않은 대부분의 주석은 수류산방에서 작성한 것입니다. 2024년 초에 접어들자 책이 늦어진다는 죄송한 마음에 속이 탔습니다. 경제가 나빠지는 것이 하루가 다르게 느껴지면서 수류산방의 살림살이도 문을 연 이래 가장 힘들었습니다. 책을 마무리하던 2024년 말까지도, 우리는 제목을 정하지 못했습니다. 갑자기 국회에 무장 군인들이 들이닥치고 그 앞에서 어린—이름 없는—권력 없는—여성—소수자 민(民)들이 야광봉 빛을 밝히고 이야기를 시작하자, 정신이 번쩍 들었습니다. 참 어리석죠. 계엄의 뿌리도 조선에 있고, 야광봉의 뿌리도 조선에 있다는 이야기를 2년 동안 몇 번이나 읽은 교정지에서 이제야 발견하다니요. 이것이 지성사의 방식입니다. 쓸쓸한 뉴스들에 도무지 일이 손에 잡히지 않는 갑진년 동지섣달 동안 김인환 선생님의 예전 책들을 다시 읽어 갈피를 잡고 맥락을 꿰어 보았습니다.

[Z-14] 지구에서 스스로 노동할 수 있는 유일한 생명체

영문학자 도정일 선생님은 인문학의 출발이 "나는 이 지구에 왜 왔는

아주까리 수첩 **8** 다 말하게 하라
김인환 金仁煥 KIM Inhwan
유교조선 지성사론 儒教朝鮮 知性史論
The Intellectual History of the Confucian Joseon

가?"라는 질문이라고 말씀하십니다. 김인환 선생님은 이 질문에 신라의 불교 승려 양지(梁志 또는 良志)의 이야기를 들려줍니다. 보람 있는 일을 남기러 왔다는 것입니다. 이 괴로운 세상에서 내가 노동을 기울여 아름다운 무언가를 창조해 내는 것은 그런 보람 있는 일입니다. 노동은 정신을 외부로 드러내 물질에 새겨 넣는 일이기 때문입니다. 인간은 지구에서 스스로 노동할 수 있는 유일한 생명체이고, 그러므로 노동은 자발적이고 기쁘고 아름다운 사건이어야 할 텐데, 인(人)이 민(民)을 말이나 소처럼 굴레 씌우고 노동하도록 만들었기 때문에 노동이 도망쳐야 할 것이 되었다고 김인환 선생님은 또 다른 데서 말합니다. 수류산방이 하나의 작업을 마칠 때마다 거듭 읽었던 구절을 다시 뒤적여 꺼내어 봅니다.

[Z-15] 그들 사이에 교환되는 사랑과 빛

"노동하지 않는 사람은 휴식의 의미를 알지 못하고 결단할 줄 모르는 사람은 체념의 가치를 알지 못한다. 진정한 의미에서 모든 노동은 공동 작업이다. 노동이 없으면 우애도 없고 우애가 없으면 노동도 없다. 사람들이 나를 내세우면 나와 너, 너와 그/그것 사이에 경계선이 그어지지만 우리를 내세우면 친밀감이 경계심을 밖으로 밀어낸다. 불교란 인류를 우리로 화합하게 하려는 위대한 공동 작업이다. 결국 보람 있는 일이란 흙을 나르는 성중 남녀들 사이의 노동과 우애이고, 그들 사이에 교환되는 사랑과 빛이다."[김인환, 『한국 고대 시가론』, 2007.]

[Z-16] 완강히 달램

빛이 뿜는 것이라면 사랑은 품는 것에 가까울 것 같습니다. 빛이 이야기하는 것이라면 사랑은 들어주는 것에 가까울 것 같습니다. 우리는 사랑으로 다른 이야기를 가만히 들어줄 여유를 가지고 빛처럼 이야기를 발산하면서 다 함께 보람을 향해 갑니다. 그것을 김인환 선생님은 "투사는 완강하게 달래 줄 아는 사람"〔「전형과 욕망」, 『과학과 문학』, 2018.〕이라고 표현합니다. 완강함이 빛의 방식이고, 달램은 사랑의 방식일 수도 있겠습니다. 우리가 오늘 밤 불 앞에서 다 이야기할 수 있다면, 그러고도 함께 떠날 수 있다면, 나의 모자라고 절뚝대는 이야기에 상대가 억박지르지 않고 귀 기울여 줄 것이라는 용기가 있다면, 대 안드로메다의 은하 철도 종착역이 바로 멀리 않을 것입니다.

〔Z-17〕 다음 시대 여행단의 이야기꾼들을 위하여

이제 이 책의 원 제목 '유교조선 지성사론'의 마지막 한 글자, '론'이 남았습니다. 제목을 '유교조선 지성사'로 맺지 않고 '론'을 덧붙인 것은 이것이 하나의 '시론(試論)'이라는 의미일 것이라 짐작해 봅니다. 조선의 이야기, 유교조선의 이야기, 인간의 지성사는 앞으로 또 다른 이야기 불판에 빛이 지펴질 때마다, 다른 살림살이의 청중들이 사랑으로 들어줄 때마다, 그리하여 아주 작고 다른 목소리마저 다들 말하게 될 때마다, 각자의 씨줄과 날줄로 다시 쓰여질 것입니다. 이 이야기는 김인환 선생님이 엮어 본 하나의 이야기이고, 이렇게 엮어서 이야기할 수도 있지 않겠느냐고, 다음 시대 여행단의 이야기꾼을 꿈꾸는 이들을 북돋아 주는 이야기일 것입니다.

〔Z-18〕 다 말 들어 줄 수 있게 되는 자리

수류산방은 한국의 문학 평론가로서 김인환 선생님이 쓰신 글들이 문

아주까리 수첩 ● 8 다 말하게 하라
김인환 金仁煥 KIM Inhwan
유교조선 지성사론 儒教朝鮮 知性史論
The Intellectual History of the Confucian Joseon

학적으로 지니는 일관성과 탁월성이 아직 거의 발견되지 않았다고 생각합니다. 선생님의 이야기들을 잘 알아듣지 못했거나 흘려 보내는 채로 이 술자리판의 불씨가 타닥거리고 있습니다. 석가모니 부처님의 일과표에는 매일 밤마다 사람이 아니라 환하게 빛나는 천신들과 이야기하는 시간이 있었다지요. 이제 와서 생각해 보면, 그 밤들에 나긋하고 다정한 김인환 선생님은 술에 취한 우리가 아니라 수운과 지훈과 벤야민과 후설과 이야기를 나누고 있었나 싶습니다. 그 자리에 오셨던 동서고금의 조상들에게, 황현산 선생님에게 그리고 모든 산천초목에게 수류산방은 김인환 선생님이 정정히 오래 우리에게 많은 이야기를 더 해 주시기를 마음을 다해서 기도 드립니다. 이 세상의 모든 생명 있는 존재들과 지나간 존재들이 다 말할(다스릴, 다 살) 수 있게 되는 시간, 다 말 들어줄 수 있게 되는 자리를 우리는 지금 이 겨울 준비하고 있기 때문입니다. 완강하게 달랠 줄 아는 투사들이 개척하는 '다른 미래' 말입니다. ☯✿

|

〔2025년 2월, 수류산방〕

김인환 저작 발췌

Z 부록 : 김인환 지성사론, 김인환 저작 발췌

|

수류산방

사진 : 김경원 〔12〕, 박상일 〔2〕

김경원 : 1981년 부산에서 태어났다. 계간지 『보보담』에 글과 사진을 실었고, 〈이발하던 날〉 사진전을 했다. 어디에도 기록되지 않을 이들 틈에 즐겨 머무르되 묻기보단 듣고자 한다. 기억해야 할 요즘이기에, 널리 기록될 만한 곳들에도 잠시 머무는 중이다.

〔**본책**, 「뒷말」〕 문학이건 사상이건 과거는 과거 속에서 보아야 한다는 나의 내재 분석론(內在分析論)을 한 권의 책으로 엮어 보는 것도 의미가 있겠다는 생각에서 정리해 본 결과가 이 '유교조선 지성사론'이다. 우리는 언제나 현재의 시선으로 과거를 보기 때문에 과거의 시각으로 과거를 보려고 애써 노력하지 않으면 늦게 태어난 자의 횡포를 피하지 못한다. 근대의 시각에서 전근대를 보는 사람에게는 근대가 어째서 역사 해석의 기준이 될 수 있는가라는 반성이 없다. 인간은 백만 년 후에도 기존의 지식을 넘어 미지의 진리를 탐구하고 있을 것이며 자기 세상과 다른 세상을 구상하고 있을 것이다. 근대는 역사를 보는 절대 기준이 될 수 없다.

〔「**보편사와 민족사**」〕〔『형식의 심연』(문학과지성사, 2018)〕 근대를 하나의 체계로 분석할 수 있다면 전근대도 하나의 체계로 분석할 수 있어야 한다. 〔…〕 전근대는 기술 수준이 고정되어 있기 때문에 인구가 늘고 세금이 오르면 언젠가는 붕괴하게 되어 있는 체계다. 그러나 전근대는 전근대대로 그 나름의 균형을 유지하고 있었다. 혈족을 중심으로 노예를 사용하여 대규모의 농지를 경작하던 고대의 직접 경리가 소농과 전주가 소출을 반씩 나누는 간접 경리로 바뀐 것은 농민의 위치가 예속적인 지위에서 독립적인 지위로 발전한 것이라고 볼 수 있다. 유럽의 가톨릭처럼 동아시아의 성리학도 종법으로 상하 귀천을 구분하는 한편 도덕 규범으로 전주의 횡포를 제한하여 체제 유지에 기여했다. 〔…〕 한국의 전근대는 임진왜란과 병자호란을 겪고도 유지될 만큼 견고한 체계였다. 한글과 동학을 만든 것만으로도 한국의 전근대는 제 할 일을 충실하게 완수했다고 할 수 있다. 한글은 컴퓨터에 적합한 문자 체계이고 동학은 근대의 노동자 운동이 준거할 수 있는 토착적 평등주의이다.

[2024.12.14] 서울 서강대교

아주까리 수첩 [8] **다 말하게 하라**
김인환 金仁煥 KIM Inhwan
유교조선 지성사론 儒敎朝鮮 知性史論
The Intellectual History of the Confucian Joseon

〔Z-20〕평등 공리를 실현하는 '당 없는 정치'

〔**본문 025절**〕양인이 노비가 되면 조세, 공물, 부역, 군역을 부과할 대상이 감소하므로 국가의 재정이 곤란하게 된다. 왕실과 고위 관리들은 농민들이 개간한 땅을 헐값으로 사들여서 대토지를 형성하였다. 16세기 후반에 발생하여 19세기까지 계속된 당쟁은 지배 계급의 분파들이 토지와 노비와 관직을 서로 더 많이 가지려고 싸운 권력 투쟁이다. 왕과 왕실 그리고 고위 관리들과 이들의 모집단인 사족(士族) 즉 양반이 상류 사회의 구성원들이었다. │〔**본문 036절**〕각 붕당은 서로 공당(公黨)이 되려고 노력하였다. 붕당 사이에 포용과 견제, 대립과 균형의 원리가 작용하는 면도 있었다. 그러나 자기 당과 다른 당의 대립을 군자당과 소인당의 대립으로 구별하기 시작하면서 붕당의 대립이 아군과 적군의 대립으로 전개되었다. 원래 유학에서 군자(君子)(chüntzu, junzi)는 진리 탐구자(a seeker of the way)를 가리키는 일반 명사였으나, 이들은 군자당을 다른 당파와 구별해서 자기 당파를 가리키는 고유 명사로 사용했다. 16세기에 리(理)와 기(氣) 가운데 어느 것이 먼저인가에 대한 논쟁이 있었는데, 리와 기가 나눌 수 없이 얽혀 있다는 데 모두 동의하면서도 당파에 따라 논쟁이 양극화되었고 끝내 유교조선의 양반들은 경기·충청 당파와 경상도 당파의 어느 한 쪽을 선택하게 되었다. 표면적으로는 철학적·도덕적 논쟁인 것처럼 보였으나 사실은 토지와 노비와 관직을 차지하려는 이기적인 패거리 싸움이었다.

〔**전형과 욕망**〕(『과학과 문학』(수류산방, 2018)〕정말 중요한 것은, '투사'들이 문제 중심의 네트워크를 형성하여 평등 공리를 실현하는 '당 없는 정치'이다. 노예가 안 되려면 투사가 되어야 한다. 독재자가 안 되려면 투사가 되어야 한다. 비개입의 자리를 지키려면 투사가 되어야 한다. 평등 공리를 실행하려면 투사가 되어야 한다. 〔…〕투사는 완강하게 달랠 줄 아는 사람이다. 대중 운동도 대통령과 국회의원들을 달래는 방법이다. 대통령과 국회의원들을 달래서 새 질서를 만드는 것이 대중 정치이다. 달랠 줄 모르는 싸움꾼은 추상적 보편성에 집착하는 얼뜨기 정치가에 지나지 않는다. 투사에게 필요한 것은 분노가 아니라 유머(幽默유묵)이다. 〔…〕근원적인 어긋남에도 불구하고 정치적 사건의 주체는 변함없이 정상 사회를 희망하는 대중이다. 대중에게는 국가를 포위하여 평등 공리가 통용되도록 강제할 수 있는 힘이 있다. 대중이 진정으로 원한다면 기본 소득제와 주택 분배제를 실현하는 것도 불가능한 일이 아닐 것이다.

[2025.01.11] 서울 광화문 동십자각

아주까리 수첩 8 다 말하게 하라
김인환 金仁煥 KIM Inhwan
유교조선 지성사론 儒敎朝鮮 知性史論
The Intellectual History of the Confucian Joseon

[Z-21] 왕의 죽음과 표의 죽음, 내란과 내전

[**본문 062~063절**] 1623년[광해 15] 3월 12일[음력. 양력 4월 11일] 밤에 서인(西人) 당파가 명나라에 대한 배신을 정권 타도의 명분으로 내세우며 7,200명의 군사를 이끌고 쿠데타를 일으켰다. 정권을 탈취한 서인 당파는 반역 행위를 합리화하기 위하여 적극적인 반청(反淸)을 내세웠다. 1627년 누르하치의 아들 태종에게 굴욕적인 패배를 겪고도 서인 당파는 쿠데타의 합법화에 필요했으므로 외교 정책을 수정하지 않았다. 그러나 반청은 국내용 선전에 지나지 않는 것이었으며 [⋯] 조선의 서북 지방은 무방비 상태에 놓여 있었다. 왕은 서울이 점령되기 전날인 13일에 가족을 강화도에 피신시키고, 14일에 관리들과 군인들 1만 2,000명을 데리고 남한산성으로 도피하였다. [⋯] 청 태종은 국서에서 "너희가 진구렁에 빠지고 타는 숯불을 밟은 것은 내가 바라는 바가 아니었다. 너희를 재앙 속에 몰아넣은 것은 너희 나라 임금과 신하들이다."라고 한탄하였다. | [**본문 078~079절**] 유교 조선에는 부도덕한 국왕을 교체할 수 있는 평화적이고 정규적인 방법이 없었다. 그러므로 폐위에는 유혈과 보복이 수반되었다. 1623년의 무장(武裝) 정변 이후 서인(西人)파가 정국을 주도하였다. 1680년 이후로는 서인파 중에서도 송시열(宋時烈, 1607~1689) 당파인 노론(老論)파가 압도적인 우위를 차지하였다. [⋯] 관직은 토지와 노비를 많이 가질 수 있는 가장 으뜸가는 수단이었다. 고위 관원의 90퍼센트 이상이 문과 급제자였다. 중인과 상인은 정규 관원이 될 수 없었다. 국가는 주희의 철학을 배운 사람만을 관리로 임용하였다. 관직은 제한되어 있는데 과거 응시자의 수효는 나날이 증가하였으므로 관리가 될 자격을 가진 사람들은 문벌과 학벌에 따라 당파를 형성하여 권력을 추구하였다.

[「**소월 좌파 신동엽**」][『한국 현대시론 강의』(서연비람, 2024)] 태초 이래 인류의 가장 큰 숙제는 최고 집권자의 교체였다. [⋯] 부여에서도 가뭄이 들면 왕을 죽여 그 시체를 잘게 나누어 밭에 묻었다. 최고 집권자의 정상적인 교체와 사람을 죽이는 대신 표를 죽이는 보통 선거는 우주의 질서를 보존하는 하나의 방법이었다. 선거가 제대로 치러질 수 없게 된 유신 체제는 사실상 내전의 시작이었다. 표의 죽음이 왕의 죽음을 상징적으로 대체할 수 없게 되자 실제로 왕이 살해되었다. [⋯] 광주 학살은 유신 체제의 연장선에 놓여 있는, 유신 체제의 한 귀결이었다. 그러나 보통 선거가 일단 일상의 관행이 되자마자 그것은 선을 추구하는 사람들의 목표가 아니라 이익을 추구하는 사람들의 의사를 결정하는 경로가 되었다. [⋯] 득표를 극대화하려는 후보자들과 효용을 극대화하려는 유권자들 사이에서 거래되는 표 매매가 된 것이다. 선거란 사람을 죽이는 대신에 표를 죽이는 내전의 한 형식이므로 이익의 추구가 일반화된 현실에서 불법적인 돈 잔치 선거를 피할 길은 아마 없을 것이다. 1960년대부터 1980년대 사이의 30년 동안에 한국의 민주주의는 선의 추구로부터 이익의 추구로 바뀌었다.

[2025.01.13] 서울 한남동 북한남삼거리 육교

아주까리 수첩 ⑧ 다 말하게 하라
김인환 金仁煥 KIM Inhwan
유교조선 지성사론 儒教朝鮮 知性史論
The Intellectual History of the Confucian Joseon

[**본문 084절**] 청나라에게 항복하고 신하가 될 것을 맹세한 이후에도 서인 정권은 쿠데타의 명분이었던 반청을 포기할 수 없었다. 반청을 포기하면 광해군을 축출한 무장 정변이 잘못이 되며 그들 서인 정권이 존립할 이유가 없어질 것이기 때문이었다. 그들은 멸망한 명나라에 대해 충성하고 청나라에 반대한다는 것을 백성들에게 선전하며 청나라와 전쟁할 것[북벌론(北伐論)]을 주장하였다. 왕이 망한 명나라에 대한 의리를 지키듯이 백성들도 무능한 왕에게 의리를 지켜야 한다고 백성들에게 강요하는 것이 북벌론의 실질적인 내용이라고 할 수 있다.

[「**외국어 교육 비판**」]〔『언어학과 문학』(고려대 출판부, 1999 ; 작가, 2010)〕 문제는 외국어를 잘 하는 지식인들이 보여 주는 사대주의에 있다. 세계 제국이라는 것이 주변부의 독자적 발전을 허용할 만큼 너그럽지 않다는 것을 스스로 체험한 그들은 자신을 변방에 사는 외국인으로 느끼고, 한국에서는 반대로 서구에서 온 외국인으로 사고한다. 우리가 세계의 변방이라고 여기면서 살아온 것은, 물론 20세기에 국한된 현상이 아니다. 1395년 11월에 예문춘추관(藝文春秋館) 대학사 정총(鄭摠, 1358~1397)이 조선 왕의 자격을 인정하고 조선 왕의 도장을 달라는 글을 가지고 중국에 갔다. 그 글을 본 명나라 태조는 문체가 경박하고 문법에 맞지 않는 글이라고 하면서 정총을 가두고 글을 지은 정도전을 잡아 보내라고 했다. 〔…〕 당시 조선 정부는 여러 가지로 사정을 말하여 중국 정부의 트집을 가라앉히려고 노력했으나, 조선 시대 500년 동안 우리의 지식인들 중 어느 누구도 중국어를 배우려고 애쓰지 않았다. 지식인은 한문을 읽고 한문으로 쓰며 학문을 하는 사람이고, 통역관은 중국어를 듣고 중국어로 말하며 사무를 보는 사람이라는 구분이 명확했던 것이다.

〔2024.12.22〕서울 한남동 북한남삼거리

아주까리 수첩 ●8● 다 말하게 하라
김인환 金仁煥 KIM Inhwan
유교조선 지성사론 儒教朝鮮 知性史論
The Intellectual History of the Confucian Joseon

〔**본문 091절**〕리(理)를 불변체로 보는 율곡의 이기설이 반청을 절대 표준으로 내세우는 데 적합하고 진리는 불변이나 법제(法制)는 가변이라는 율곡의 개혁 사상이 서인의 무장 정변을 정당화하는 데 적당하다고 생각해서 송시열은 퇴계에 반대하고 율곡을 따랐을 것이다. | 〔**본문 100절**〕설령 불변의 진리가 있다고 하더라도 시야가 제한되어 있기 때문에 사람은 자기 눈으로 본 것을 분명하게 이해하고 남의 말을 들어서 남이 본 것으로 자신의 제한된 시야를 보충하면서 그 진리에 접근할 수밖에 없다는 사실을 우암〔송시열〕은 인정하지 않았다. 리를 사람의 지성에서 독립된 불변체로 고정시킨 우암의 천리(天理) 불변론은 독단론의 혐의를 벗어날 수 없다. 그러나 강력해진 일본과 만주의 강약사관에 맞서서 송명 성리학의 선악사관을 옹호한 규범주의 핵심에 있는 것은 진리를 위하여 희생하겠다는 비극적 결단일 것이고 그러한 결단은 우암 당대의 지식인들에게 패배와 몰락의 시대를 견디게 한 동력이 되어 주었다고 할 수 있을 것이다.

〔「**이상 좌파 김수영**」〕〔『한국 현대시론 강의』(서연비람, 2024)〕「김일성 만세」는 김일성 정치 모델을 옹호하는 시가 아니라 김일성주의자까지도 허용하는 다성 정치(多聲政治)를 옹호하는 시다. 민주주의자란 모두 말하게 한 다음에 갈피 짓는 사람이고 독재자는 듣지 않고 말하는 사람이다. 〔…〕 "욕망이여 입을 열어라 / 그 속에서 사랑을 발견하겠다"라고 시작되는 그의 유고 「사랑의 변주곡」은 건강한 인간, 건강한 시민, 건강한 역사를 위한, 다시 말하면 행복한 세계를 위한 그의 싸움이 '사랑'이라는 말 속에 얼마나 깊이 심화되어 있었던가를 극명하게 보여 준다. 언젠가 김수영(金洙暎, 1921~1968)은 소설을 쓰듯이 시를 쓴다고 말했다. 이 말은 풍요한 삶의 전체에 자기의 시적 투쟁을 참가시키겠다는, 따라서 이른바 미(美)라는 이름 아래 생활의 폭을 좁히고 결과적으로 미 자체의 목을 조르는 우리 시 대부분에 대한 반대로 이해되어야 할 것이다. 김수영의 시를 볼 때마다 털털거리고 나아가는 트랙터를 대하고 있는 듯한 느낌을 받는다. 험한 자갈밭이나 거친 풀밭을 가리지 않고 트랙터는 앞으로 나아갔고, 그리고 김수영은 그 엔진을 끄지 않은 채 죽었다.

[2025.01.15] 서울 한남동 대통령관저 앞

아주까리 수첩 **8** 다 말하게 하라
김인환 金仁煥 KIM Inhwan
유교조선 지성사론 儒敎朝鮮 知性史論
The Intellectual History of the Confucian Joseon

[Z-24] 아전인수의 체제에서 복지 후생을 생각했던 박지원

[**본문 105절**] 서인들은 자신들이 명나라의 신하이기 때문에 명나라의 제후인데도 명나라에 대한 충성심이 부족한 광해군을 쫓아내는 것이 당연하다고 생각했고 명나라가 망한 후에도 폭정을 펴다 자살한 명나라의 마지막 황제[의종(毅宗) 숭정제(崇禎帝)]를 위해서 음악도 듣지 않고 살았다. 명나라 황제는 정치를 잘못해도 충성해야 하고 조선의 임금은 정치를 잘못하면 쫓아내야 한다는 서인의 규범주의는 그 실질적인 목적이 왕권의 견제에 있었다. 조선의 국왕과 관료는 모두 명나라 황제의 신민이라는 점에서 동격이며 그 차이는 절대적인 차이가 아니라 명나라 관직의 위계에 따른 상대적인 차이에 지나지 않는다는 노론의 비현실적인 반청향명(反淸向明)은 19세기에 이르러 현실에서도 효과를 발휘하여 결국 조선의 왕권을 무력화하고 말았다.

[**본문 134절**] 현대의 기업가가 이윤율과 이자율을 척도로 삼아 투자의 우선 순위를 결정하려고 하는 데 반하여 박지원은 농민의 경제적 안정이라는 복지 후생의 효율을 기준으로 삼아 정책의 우선 순위를 결정하려고 하였다. 어느 경우에나 사회의 기술 생산 체계를 먼저 파악하지 못하면 투자와 정책의 방향을 결정할 수 없다. 박지원은 고을 단위로 농민 1인당 평균 농지와 실제로 농민이 소유하고 있는 1인당 농지를 비교하여 18세기 조선의 토지 독점도를 계산하였다. 『과농소초』에 소개되어 있는 농기구들을 통해서 우리는 박지원의 시대가 가래·쟁기·호미의 시대와 경운기·이앙기·트랙터·콤바인의 시대 사이에 있었다는 사실을 이해하게 된다.

[Z-25] 자기 나라 땅을 줄어들게 만드는 자들

[**본문 140절**] 대동강 가의 평양은 여러 평양들 가운데 하나라는 것이 박지원의 생각이었다. "지금 대동강을 패수(浿水)라고 여기는 자들은 자기 나라 땅을 줄어들게 만드는 자들이다."

[2025.01.11] 서울 광화문광장

아주까리 수첩 8 다 말하게 하라
김인환 金仁煥 KIM Inhwan
유교조선 지성사론 儒教朝鮮 知性史論
The Intellectual History of the Confucian Joseon

[**본문 160절**] 가족 회의가 국무 회의를 대체하는 정치를 세도 정치라고 한다. 세도 정치 기간에 유교조선은 머리[임금]와 다리[농민]가 위축되고 배[장동 김씨]만 팽창한 사람처럼 일그러진 기형 국가가 되었다. 장동 김씨 일족은 방대한 규모의 토지를 소유하고 있었는데 그들은 그들이 소유한 토지의 상당량을 고의로 국가의 전세(田稅) 징수 대장에서 누락시켰다. 또 그들과 결탁한 향리들이 지방 관청에서 대를 이어가며 실무를 맡아 처리하는 과정에서 사실상의 실권자로서 지방 행정을 장악하여 통치 질서를 혼란시켰다. 국가 재정은 극도로 위축되어 "호조 2년간의 세입이 한 해의 지출을 감당하지도 못하게 되었다."(『순조실록』 권25, 22년 10월 병진)

[**본문 161절**] 토지의 비옥도를 결정하는 데 향리의 농간이 개입될 여지가 많았으므로 결을 단위로 부과되는 조세 체계[결부법(結負法)]는 애초부터 공정하게 관리되기 어려웠다. 생산 능력이 충분히 발휘될 때 천 원을 벌 수 있다고 판단하면 국가는 농지 소유자에게 백 원의 세금을 부과하는데 세율이 그렇게 정해지면 그는 오백 원을 벌었더라도 백 원을 납부하고 천오백 원을 벌었더라도 백 원만 납부하게 된다. 향리의 농간으로 부농의 토지는 하등전으로 평가되고 소농의 토지는 중등전으로 평가되는 경우에 나라의 재정은 위기를 맞을 수밖에 없다.

[**본문 175절**] 정약용은 「원목(原牧)」에서 "하늘이 볼 때 사람에게는 귀천이 없다."고 […] 하였으나, 정약용은 임금을 주체로 설정하고 인민을 객체로 설정하였으므로 그의 발언에서 평등주의나 민주주의의 함의를 찾으려는 해석은 명백한 오류이다. 정약용은 신분 제도와 노비 제도를 부정하지 않았다. 그는 양반, 중인, 상민, 천민의 구별을 당연한 질서로 수용했다. 그는 관료의 부정부패를 막을 수 있는 제도만 만들면 애민 사상을 실현하는 제왕적 통치가 가능하다고 생각하였다.

[2025.01.05] 서울 한남동 대통령관저 앞

아주까리 수첩 **8** 다 말하게 하라
김인환 金仁煥 KIM Inhwan
유교조선 지성사론 儒敎朝鮮 知性史論
The Intellectual History of the Confucian Joseon

[Z-27] 가짜 서양인 행세와 창조적 민주 사상

[**본문 190절**] 최제우는 신내림과 신들림과 스스로 깨침을 하나로 보았다. 사람은 자기의 의지로 정직과 관용을 실천할 만큼 전능한 존재가 아니다. 인간은 자신이 누리는 단순하고 소박한 삶을 하느님의 선물이라고 생각해야 한다. 그렇다면 어떤 사람의 허위와 편협은 하느님의 징벌이다.

[「**최제우와 몽테스키외**」] [『동학의 이해』(고려대 출판부. 1994)] 최근 100년 동안에 우리는 사상사적 측면으로 보든지, 사회사적 측면으로 보든지 동학 혁명과 3.1 운동의 주체 세력인 동학에 의하여 절대적인 영향을 받아 왔다. 그러한 사회적 실천의 바탕이 되는 내용은 말할 것도 없이 창조적 민주 사상으로서 동학을 창시한 최제우의 『용담유사』와 『동경대전』이다. 우리 나라 최초의 노비 해방자로서, 여자와 아이를 하느님으로 존중한 인권 운동가로서, 그리고 봉건 체제에 대한 위대한 거절자이며, 일제 침략주의에 대한 항거자로서 최제우와 그의 제자 최시형 · 전봉준의 이름은 우리 역사에 영원히 기억되리라. 그리고 오늘의 시점에서 더욱 깊이 생각하지 않으면 안 될 것은 "도는 천도(天道)이나 학은 동학(東學)"이라는 최제우 사상의 주체적이고 대중적인 성격이다. 동에서 나서 동에서 자라고도 가서양인(假西洋人) [가짜 서양인] 행세에 자랑을 느끼는 풍조를 염려하는 사람은 일단은 『용담유사』와 『동경대전』으로 돌아가야 한다.

[2025.01.25] 서울 시청역 부근

아주까리 수첩 ⑧ 다 말하게 하라
김인환 金仁煥 KIM Inhwan
유교조선 지성사론 儒敎朝鮮 知性史論
The Intellectual History of the Confucian Joseon

〔Z-28〕 **자본주의의 부분 민주에 대항하는 전면 민주의 길이 있을 것인가**

〔**본문 195절**〕 양반에게는 인권이 있었으나 백성에게는 인권이 없었던 시대에 최제우는 농민은 물론이고 천민에게도 고유성과 창조성을 실현할 수 있는 가능성이 잠재해 있다고 주장하였다.

〔「**정치와 시**」〕〔『상상력과 원근법』(문학과지성사, 1993)〕 모든 대중 운동은 크거나 작거나 간에 운동의 방향을 갈피지을 수 있는 유토피아의 이미지를 필요로 한다. 인간의 의식 전체가 물신의 사슬에 얽매여 있을 때에는 무의식의 바닥에서 유토피아를 향한 전투적 열정이 꿈틀거리게 마련이다. 자본주의자들은 가족과 민족, 의무와 책임, 권위와 전통에 의거하여 민주주의 파동을 한정하려고 계획하고 있다. 그들에 의하면 나라가 잘되기 위해서 노동자들은 적당히 참아 주어야 하고, 빈민들은 적당히 굶어 주어야 하고, 집이 없는 사람은 적당히 한데서 자 주어야 한다. 국가 권력과 독점 자본은 수출과 내수, 공업과 농업, 생산과 소비, 임금과 이윤 사이의 불균형을 나날이 심화시키고 있다. 자본주의의 부분 민주에 대항하는 전면 민주의 길이 있을 것인가? 인간에 의한 인간의 착취에 맞서서 민주주의를 철저하고 가차없고 주도(周到)〔주의(注意)가 두루 미쳐 빈틈이 없음〕하게 추구하는 것이 실제로 가능할 것인가? 김지하(金芝河, 1941~2022)는 이러한 질문을 후천 개벽이라는 낱말 속에 응축해 놓고 있다. 후천 개벽은 대답이 아니라 질문이다. 〔…〕 나는 되도록 빠르게 진행하여 20세기 후반기의 한국 자본주의를 집중적으로 묘파〔描破 : 남김없이 밝히어 그려 냄〕하기를 희망한다. 후천 개벽은 피와 땀과 먼지로 구성된 자본주의를 반드시 뚫고 나가야 하기 때문이다.

Photography © Suryusanbang〔PARK Sangil〕

〔2024.11.23〕서울 세종대로+사직로, 광화문 앞 교차로

아주까리 수첩 8 다 말하게 하라
김인환 金仁煥 KIM Inhwan
유교조선 지성사론 儒敎朝鮮 知性史論
The Intellectual History of the Confucian Joseon

[**본문 204절**] 고립주의를 추구한 이상한 애국자들은, 중국이 이미 서양의 반식민지 상태로 전락해 있는 사태를 보면서도 서양의 기술 우위를 인정하지 않고 서양의 모든 것을 야만 사조로 취급하였다. 보편타당한 도를 신앙하였음에도 정작 그들은 세계에 두루 통하는 보편적 가치를 상실하고 외국인을 혐오하는 지방주의자로 전락하였다. | [**본문 214절**] 순종은 "폭도[항일 의병] 진압과 안녕 질서 유지를 위하여 헌병 보조원을 모집하여 한국 주차(駐箚) 일본 헌병대에 위탁하고 해당 대장의 지휘에 따라 복무하게" 하였다. 같은 해⁽¹⁹⁰⁸년⁾ 8월 31일에 순종은 "비적들[항일 의병]을 차마 모두 죽여 버릴 수가 없어서 그들에게 새로운 길을 열어 주려고 하여 그동안 그들을 깨우치려는 조서를 내린 것이 한두 번이 아니거늘 1년이 다 되어 가는 지금에도 진정되지 않으니 어찌 개탄할 일이 아니겠는가? 가라지 풀을 남겨 두면 좋은 곡식을 해칠 뿐이고 법을 엄하게 하지 않으면 국위가 손상될 뿐"이라고 하였다.

[「**보편사와 민족사**」] [『형식의 심연』(문학과지성사, 2018)] "어떤 사람이 유림에게 물었다. '이승만(李承晩)은 어떤 사람인가?' 그는 침을 뱉으며 대답했다. '이 종놈을 죽이지 않으면 나라가 망한다.' '김구(金九)는 어떤 사람인가?' '백범(白凡)은 내 친구다. 이야기가 통하는 사람이다.' '안창호(安昌浩)는 어떤 사람인가?' '도산(島山)은 평안도 5백 년에 최고 인물이다. 이 사람이 아니었다면 우리는 모두 이를 검게 칠하는 왜놈이 되었을 것이다.' '신채호(申采浩)는 어떤 사람인가?' '단재(丹齋)는 내 스승이다. 세상 최고의 선비다.'" [김창숙, 「유림묘문」, 『심산유고(心山遺稿)』(1973)] 여기에서 김창숙(金昌淑, 1879~1962)이 유림의 입을 빌려 밝히고자 한 것은 개별 인물의 평가가 아니라 한국 근대 정신사의 지형학이었다. 김창숙은 신채호(1880~1936)를 극한에 놓고 그를 척도로 삼아 그와의 거리를 측정함으로써 다른 사상가들의 위치를 배정하였다. 신채호는 민족주의에서 탈민족주의로 관점을 전환한 사상가였다. […] 성균관에서 조소앙(趙素昻, 1887~1958)과 함께 항일 성토문을 작성하여 이하영(李夏榮, 1858~1919)을 규탄하던 1902년에 이미 신채호는 일본의 침략을 막을 수 있는 유일한 방법이 전쟁임을 인식하고 있었다. 일한합병조약[한일병합조약(경술국치(庚戌國恥)), 1910]은 결국 고종의 항복 문서이고, 전쟁을 원하는 2천만 민중의 의사에 반한 고종의 항복은 무효이기 때문에 항일 전쟁은 계속되어야 한다는 것이 신채호의 논리였다.

〔2025.01.05〕서울 한남동 대통령관저 앞

아주까리 수첩 **8** 다 말하게 하라
김인환 金仁煥 KIM Inhwan
유교조선 지성사론 儒敎朝鮮 知性史論
The Intellectual History of the Confucian Joseon

[**본문 215절**] 1909년 이토 히로부미가 죽자 순종은 조서(詔書)를 내려 그를 찬양하였다. 〔…〕 돌아간 이토 히로부미의 상에 궁내부 대신을 특별히 보내어 치제(致祭)하도록 하고 특별히 문충이란 시호를 내린다. 안중근 의사에 대해서는 "저 광패(狂悖)한〔미치고 사나운〕무리가 세계의 형세에 어두워 일본의 도타운 정의를 업신여기려 하고 마침내 전에 없는 변괴를 빚었으니 이는 곧 짐의 국가 사직을 해치는 자이다."라고 하였다.

[「**소월 좌파 신동엽**」]〔『한국 현대시론 강의』(서연비람, 2024)〕 우리말로는 문학과 역사와 철학이 모두 이야기다. 내가 겪은 이야기는 수필이 되고 우리가 겪은 이야기는 역사가 되며 지어낸 이야기는 소설이 된다. 철학은 이야기의 이야기다. 역사에 대해 이야기하면 역사 철학이 되는 것이다. 의미의 보편성에서 역사 철학은 역사보다 한 단계 심화된 차원에서 움직인다. 안중근 의사는 역사적 사명을 자각하고 이토 히로부미를 죽인 후에 자신의 역사 철학을 '동양 평화론'으로 제시하였다. 우리는 안중근 의사를 신동엽(申東曄, 1930~1969)이 말하는 알맹이 민주주의의 전형으로 삼을 수 있다. 한국의 민주주의에 필요한 것은 대중으로 하여금 안중근 의사와 같은 행동의 강도를 체득하게 할 수 있는 민주주의 철학이다. 신동엽은 민주주의의 역사와 철학을 『금강』이란 노래로 통일하였다. 한국의 민주주의가 필요로 하는 것은 지금 여기서 항상 새롭게 쇄신되는 우리 시대의 『금강』이다.

Photography © 김경원 KIM Kyungwon

[2025.01.11] 서울 광화문 경복궁 담장

아주까리 수첩 **8** 다 말하게 하라
김인환 金仁煥 KIM Inhwan
유교조선 지성사론 儒教朝鮮 知性史論
The Intellectual History of the Confucian Joseon

〔Z-31〕 **개화**(開化)**라는 용어로 나타낼 수 있는 것은 무엇인가**

〔**본문 218절**〕 1907년〔순종 즉위년〕〔정미〕 9월 17일에 유길준이 순종에게 올린 상소문에는 개화파의 기술 이데올로기가 잘 드러나 있다. 그 상소문은 개화파가 끝내 매국 역적이 될 수밖에 없는 이유를 분명하게 밝혀 준다. 유길준은 일본은 장점만 있는 나라로 규정하고 한국을 단점만 있는 나라로 단정하여 일본과 한국을 대조하였다.

〔「**고전 문학과 현대 문학의 통합과 확산**」〕〔『다른 미래를 위하여』(문학과지성사, 2003)〕 국권 잠식기에 대해서 일언(一言)하고자 한다. 신라 말, 고려 말이라는 말이 자연스럽게 사용되고 고대 말, 중세 말이라는 말도 사용되는데 왜 조선조 말만 개화기라고 하는지 이해하기 어렵기 때문이다. 개화경(開化鏡)〔안경〕이니 개화장(開化杖)〔단장. 짧은 지팡이〕이니 하는 용어가 쓰였으나 그것은 1920년대의 '마르크스 보이'와 '마르크스 걸'처럼 풍자의 어조를 지니고 쓰인 말이었다. 고종·순종 시대를 대표하는 사건은 동학과 의병인데 그 시대의 여러 국면 가운데 고대 일본의 왕명이기도 했던 개화(開化)라는 용어를 선택해서 나타낼 수 있는 사건이 무엇인지 의문이 아닐 수 없다.

[2025.01.15] 서울 한남동 대통령관저 앞

아주까리 수첩 **8** 다 말하게 하라
김인환 金仁煥 KIM Inhwan
유교조선 지성사론 儒敎朝鮮 知性史論
The Intellectual History of the Confucian Joseon

[Z-32] 기술 이데올로기와 민족 허무주의

[본문 244절] 고종은 미쓰이〔三井(삼정)〕물산이 10년 정도 사용하던, 폐선에 가까운 고물 상선〔석탄 운반선 팰러스(Pallas)호, 양무호(揚武號)〕을 대한제국 세출액의 15퍼센트에 해당하는 55만 엔에 구입하기로 했다. 배는 1903년 8월에 시운전을 했으나 그냥 매어 놓았다가 1904년 2월에 러일전쟁〔1904년 2월 8일~1905년 9월 5일〕 중의 일본에게 석탄 운반선으로 차출되었다. |〔「왕조 말기 문학」〕〔『새 한국 문학사』(세창출판사, 2023)〕『은세계』에는 "나라가 망한다는 이야기 또는 망하기를 기대하는 이야기가 무려 여섯 군데 이상에서 나온다."〔김영민, 1997〕 나라는 필연적으로 망한다고 해 놓고서 나라에 충성하라고 한다면 그 말은 망하고 말 나라에 충성하라는 뜻이 아니고 한국을 빼앗아 한국인종을 구할 문명한 나라에 충성하라는 뜻으로 해석돼야 한다.〔…〕이인직(李人稙, 1862~1916)이 보기에 의병 전쟁은〔…〕"국민의 세금만 없애고 국가 행정상에 해만 끼치는 일"에 지나지 않는다. 야만의 풍속을 버리고 일본과 나라를 합해야 한국은 비로소 문명국이 될 수 있다는 것이 이인직의 신념이었다. 그에게 일본은 진리였고 한국은 허위였으며, 일본은 전부였고 한국은 허무였다.〔…〕순종 시대뿐만 아니라 지금도 기술을 우상으로 숭배하는 기술 이데올로기가 세계의 중심을 한국 밖의 어디에 설정하는 민족 허무주의를 조장하고 있다.

[Z-33] 평등의 확산이 두려운 지배 계급이 수용한 보호국 체제

[본문 265절] 『대한매일신보』는 1904년〔…〕 창간하면서부터 영자 신문『코리아 데일리 뉴스(The Korea Daily News)』을 발간하여 일본의 한국 침략을 세계에 알렸다. 그러나 중국의 속국으로 있는 것보다 일본의 속국이 되는 것이 낫다고 생각하는 사람들과, 이용익 같은 하층민 출신의 근왕(勤王) 세력에 반발하는 양반 관료들이 보호국 체제를 수용하였다. 평등을 지향하는 경향이 백성들 사이에 확산되는 것을 지배 계급은 크게 두려워하였고 혼란보다는 일본의 지원을 받는 질서가 낫다고 판단하였다. |〔「실국 시대 문학」〕〔『새 한국 문학사』(세창출판사, 2023)〕왕조 말기의 운문 형식은 시조와 가사였다. 애국심이 시조의 주제가 되고, 가사는 서양 음악의 악보에 따라 부르는 애국 창가와 당대의 사회 형편을 비판하는 시국 가사로 분화되었다.〔…〕시국 가사 622수는 모두『대한매일신보』에 게재되었다. "〔…〕철편혁편 곤장으로 피가 나게 때리면서 네 동지는 누구며 네 음모는 무엇이냐 추상같이 호령할 때 담력 없는 소장부는 두려워서 울 터이나 오직 나는 이 악형을 기쁨으로 받으리라 / 악독할사 저 원수는 채찍으로 나를 치나 사랑하는 동포들은 꽃송이를 내게 던져 깊은 정을 표하리니 이게 나의 낙이로다."

[2024.11.16] 서울 당주동, 세종문화회관 예술의 정원 앞

Photography © Suryusanbang [PARK Sangil]

058 아주까리 수첩 **8** **다 말하게 하라**
김인환 金仁煥 KIM Inhwan
유교조선 지성사론 儒教朝鮮 知性史論
The Intellectual History of the Confucian Joseon

〔Z-34〕 식민지 근대화론은 폐쇄적 파시즘의 코미디다

〔**본문 287~288절**〕 1908년 6월 9일자 『대한매일신보』에는 을사년 소식〔1905년 을사늑약(乙巳勒約)〕을 듣고 서울에 올라온 시골 선비가 연희장에 가득한 사람들을 보고 "도대체 어떤 미친놈이 망국이란 소문을 낸 것이냐"고 반문하는 기사가 나온다. 〔…〕 그때까지 대부분의 조선 백성들은 망국을 실감하지 못하고 있었다. │〔**본문 289~290절**〕 총독부는 창씨개명(創氏改名)을 강요한 1939년 11월 이후에도 한국인을 일본 국적에 편입시키지 않고 한국인에게 조선 국적을 그대로 가지고 있게 하였다. 실국 시대에 한국인이 부여받은 일본 호적은 일본의 시민권이 아니라 '일본령(日本領) 조선의 영주권'이었다. 일본 호적을 버리면 반일이 되고 실국 의식을 버리면 친일이 된다. 대부분의 사람들은 반일과 친일 사이에서 모순적인 삶을 영위하였다. 〔…〕 친일은 혜택이 따르는 행동이지만 대중의 경멸을 견뎌야 하는 행동이었고, 반일은 가치 있는 행동이지만 가정과 직장을 떠나야 가능한 행동이었다.

〔「**보편사와 민족사**」〕〔『형식의 심연』(문학과지성사, 2018)〕 신우파(new right)처럼 일본의 침략이 한국의 근대화에 기여한 것인 듯이 기술하는 것은 민족사의 시각에서 오류가 될 뿐 아니라 보편사의 시각에서 보더라도 오류가 된다. 일본 경제에 예속되어 이에 기여한 몫으로만 측정될 수 있는 수치로 식민지의 경제를 평가한다는 것은 일종의 코미디이다. 보편사는 민족주의와 탈민족주의에 내재하는 신화를 벗겨내고 세계에 두루 통하는 보편적 가치를 해명하려는 연구의 방법이라고 할 수 있다. 실국 시대의 독립 운동은 국제적이고 보편적인 행동이었다. 침략이 불의이고 나라를 찾으려는 투쟁이 정의라는 보편적 진리를 부정하고 정의와 불의를 혼돈하는 것은 보편사가 아니라 폐쇄적 파시즘이다. 전근대보다 근대를 일방적으로 높이 평가하고 약소국보다 강대국을 일방적으로 높이는 것이 파시스트들의 특징이다. 그들의 말을 듣다 보면 세상에는 미국만 있어야 하고 부자만 살아야 한다고 주장하는 것 같다. 〔…〕 실국 시대를 경험하지 않은 사람들이 친일을 최대한도로 확대하여 규정하는 것은 늦게 태어난 자의 횡포이고 진정성이 결여된 무병 신음(無病呻吟)이다. 보편사는 민족주의와 탈민족주의 사이에서 추상적인 기준을 설정하지 않고 그때그때 집단적 주체의 구체적 상처에 충실하게 근거하여 민족주의와 탈민족주의의 신화를 파괴하는 우리의 이야기를 구성하는 것이다.

[2024.12.21] 서울 안국역

아주까리 수첩 8 다 말하게 하라
김인환 金仁煥 KIM Inhwan
유교조선 지성사론 儒敎朝鮮 知性史論
The Intellectual History of the Confucian Joseon

〔Z-35〕 '저만 앎' 대 타인에 대한 관심

〔본문 298절〕 한원진(韓元震, 1682~1751)의 『주자언론동이고』가 나온 이후 주자의 사유를 추적하는 데서 벗어나 사유의 방향을 돌려 주체적 탐구를 시작하는 유학자들이 나오기 시작했고 그 가운데는 고유의 체계를 구성한 사람들도 있었다. 임성주 (任聖周, 1711~1788)는 리(理)와 기(氣)를 둘로 나눌 수 없다고 하였다. | **〔본문 308절〕** 기정진(奇正鎭, 1798~1879)은 '저만 앎'을 악이라고 하였다. 이발(已發)〔감정이 일어났을 때〕 상태에서 미발(未發)〔감정이 일어나기 전〕 상태의 선을 실천하는 극기복례(克己復禮)〔자기 자신을 이기고(욕심을 없애고) 예(禮)로 돌아감(예의법절을 따름)〕의 목표는 사심을 극복하고 본심을 회복하는 무사(無私)〔사사로움이 없음〕에 있다.

〔「소월 좌파 신동엽」〕〔『한국 현대시론 강의』(서연비람, 2024)〕 나와 역사가 하나 되는 가능성을 한국 사람들은 오래 전부터 얼이라고 불러 왔다. 〔…〕 얼의 보편성 때문에 '나는 누구인가'라는 질문은 '나는 어디에 있는가'라는 질문과 통하게 되며 다시 '그대들은 어디에 있는가'라는 질문과 통하게 된다. 타인에 대한 관심으로 인해서 알맹이는 우리로 하여금 언제나 새롭게 보편적인 사랑을 발견하게 하는 힘이 된다. 두 존재가 사랑에 근거하여 개별성을 교환할 때 그들은 중단 없는 변화 속에서 서로 상대방에 의하여 재창조된다.

〔Z-36〕 자본 계급과 노동 계급은 동일한 의미의 계급이 아니다

〔본문 315절〕 최한기는 선악(善惡)과 이해(利害)를 같은 말로 해석하였다. 나로 보면 나에게 이로운 것이 선이고 나에게 해로운 것이 악이며 인류로 보면 인류에게 이로운 것이 선이고 인류에게 해로운 것이 악이라는 것이다.

〔「가치론과 문화」〕〔『근대의 초상』(난다, 2023)〕 자본 계급과 노동 계급은 동일한 의미의 계급이 아닙니다. 자본 계급의 이해는 본질적으로 일방적이지만 노동 계급의 이해는 본질적으로 보편적입니다. 노동 계급의 시선은 항상 세계 전체의 변화를 향하고 있기 때문입니다. 인간의 참다운 본성은 그의 보편성에 있습니다. 사람은 모든 사람이 사람다운 사람으로 살아갈 때에만 사람답게 살 수 있습니다. 인간에게 자유는 저만 자유로움이 아니라 함께 자유로움입니다.

Photography © 김경원 KIM Kyungwon

[2025.02.08] 서울 광화문광장

아주까리 수첩 **8** 다 말하게 하라
김인환 金仁煥 KIM Inhwan
유교조선 지성사론 儒教朝鮮 知性史論
The Intellectual History of the Confucian Joseon

〔Z-37〕 통일 시대에 국가의 폭력 기구를 어떻게 운용할 것인가

〔**본책**,「**뒷말**」〕 내가 지도한 현대 문학 전공 학자들은 도와주고 싶어도 나의 연구를 도와줄 수 없었다. 한문 자료를 읽을 수 없기 때문이었다. 현대 문학 전공이라고 하여 국문학 박사가 한문을 읽지 못하는 교육 현실이 여간 딱한 것이 아니지만, 언제부터인가 한국 현대 문학 분야는 한국학에서 떨어져 나가 무국적 연구가 되었다.

〔**광복 이후 한국 문학**」〕〔『새 한국 문학사』(세창출판사, 2023)〕 통일 시대에 국가의 폭력 기구를 어떻게 운용할 것인가에 대한 논의도 필요하다. 북한의 정당과 군대와 경찰을 통일 국가의 정치 체계에 통합할 수 있는 방법이 세밀하게 구체적으로 수립되지 않으면 안 된다. 국가는 권력의 기반을 한편으로는 군대와 경찰과 재벌에 두고 다른 한편으로는 국민의 여론에 두는데, 상황의 변화에 따라 신속하고 유연하게 자기를 변화시키지 않으면 양편으로부터 동시에 소외된다. 해방 직후 지리산에는 "6677에 섬 오랑캐 쫓겨 가고 3399에 서양 오랑캐 물러간다(六六七七島夷去 三三九九洋夷退)"라는 비결이 떠돌았다. 나라 잃은 지 36년〔6×③+6×③=18+18=36〕만인 1945년 음력 7월 7일, 즉 양력 8월 15일에 광복이 되고 광복이 된 지 99년〔3×③, 3×③=9,9=99〕만인 2044년 음력 9월 9일에 통일이 된다는 의미의 이 비결은 언젠가는 반드시 통일이 될 것이라는 한국 사람들의 소원을 담고 있으며 동시에 전쟁이란 일조일석〔一朝一夕, 하루아침이나 하루 저녁〕에 발생한 일이 아니고 분단의 원인이 해방 정국에 내재한다는 대중의 현실 인식을 나타내고 있다. ◕✿

[2024.12.22] 서울 한남동 한강진역

Photography © 김경원 KIM Kyungwon

아주까리 수첩 8 **다 말하게 하라**
김인환 金仁煥 KIM Inhwan
유교조선 지성사론 儒敎朝鮮 知性史論
The Intellectual History of the Confucian Joseon

다 말하게 하라 : 유교조선儒敎朝鮮 지성사론 知性史論

0-1 차례

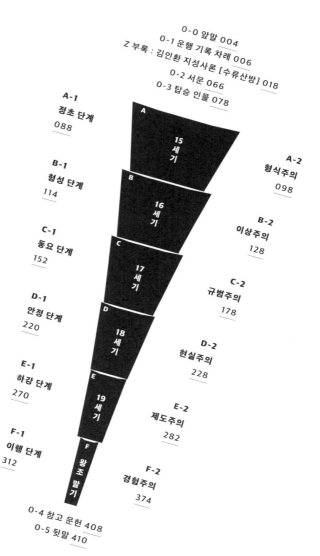

0-2 서문

아주까리 수첩 8 다 말하게 하라
김인환 金仁煥 KIM Inhwan
유교조선 지성사론 儒教朝鮮 知性史論
The Intellectual History of the Confucian Joseon

인간의 생활은 수많은 관계로 구성되어 있고 관계는 자기와의 관계와 타자와의 관계로 구성되어 있다. 자기와의 관계가 본성을 형성하며 타자와의 관계가 상태를 형성한다. 인간의 생활은 상태를 본성에 통합하는 과정이다. 상태를 통합할 수 있는 본성의 힘이 인간의 본질이다. 철학에서 본질론은 관계론이다.

인간은 시대의 제약 아래서 생활하며 인간의 시대는 인간에게 부적합한 상태에 있다. 부적합한 상태를 적합한 상태로 바꾸는 행동은 역사적 현재의 객관적 가능성을 변별하고 증언하는 행동과 통한다. 역사적 현재의 계기들을 변별하여 시대의 부정적 전체성을 증언하는 행동은 시대의 객관적 가능성을 실현하는 활동이 된다.

현실의 계기는 무한하고 인간의 인식은 유한하므로 시대의 부정적 전체성을 파악하여 시대의 객관적 가능성을 실현하는 인간의 행동은 항상 새롭게 쇄신되는 창조적 활동이 될 수밖에 없다.

역사의 각 단계에는 언제나 대립하는 세력들이 공존한다. 신라(新羅) 시대[BCE 57~935 : 992년 간]에는 집중파와 분권파가 대립하였고 고려(高麗) 시대[918~1392 : 474년 간]에는 국내파와 국제파가 대립하였다. 조선(朝鮮) 시대[1392~1910 : 518년 간]에는 중앙파[신권파(臣權派)]와 지방파[왕권파(王權派)]가 대립하였다. 역사적 현재의 객관적 가능성은 대립하는 세력들의 투쟁을 통하여 실현된다.

아주까리 수첩 8 다 말하게 하라
김인환 金仁煥 KIM Inhwan
유교조선 지성사론 儒教朝鮮 知性史論
The Intellectual History of the Confucian Joseon

역사는 상태를 파악하는 외향적 활동과 상태를 본성에 통합하는 내향적 활동이 순환하는 과정이다. 시대의 적합성과 부적합성에 대한 인간의 인식은 유한하나 부적합한 상태를 적합한 상태로 바꾸려는 인간의 활동은 무한하다. 인간의 역사는 유한한 세계에서 무한한 세계로 가는 과정이 아니다. 인간의 역사에서 무한은 유한의 내적 동태이다.

↓

삼 년에 한 번 치러진 정규 과거 이외에 임시 과거가 수시로 치러져서 정보의 부재 때문에 임시 과거는 서울과 그 인근에 사는 사람에게 유리했을 뿐 아니라 일차, 이차, 삼차의 세 단계를 거쳐야 하는 정규 과거에 비해서 임시 과거는 일차 시험 또는 이차 시험으로 합격자를 선발한 데다가 중국처럼 시험 장소가 정해져 있지 않고 감독도 소홀하여 시험장에 시종을 데리고 들어갈 수 있었던 유교조선의 관료 선발 제도는 독과점의 경향을 내포하고 있었다. 오백 년 동안 한국의 삼천여 성씨 가운데 38개 성씨가 백 명 이상의 합격자를 내었고 삼백 명 이상의 합격자를 낸 집안도 다섯이나 된다. 하버드 대학의 와그너[Edward Willett Wagner, 1924~2001] 교수의 계산[『Achievement and Ascription in Joseon Dynasty(조선 왕조 사회의 성취와 귀속)』(일조각, 2007)]에 따르면 문과 합격자 14,592명의 절반 이상을 38개 성씨가 차지하였다. 이러한 과거 시험의 독과점 현상을 놓고 보면 유교조선은 불공정하고 비합리적인 사회라고 하지 않을 수 없다. 정치, 경제, 사회의 여러 측면에서 다양하게 현시되는 유교조선의 이러한 부분적인 모순들은 기술의 정체라는 하나의 총체적 모순에서 유래하는 현상들이다. 토지 면적이 넓어지거나 기술 수준이 높아지면 생산 능률이 상승하고 인구가 많아지거나 조세 부담이 커지면 생산 능률이 하강하므로 토지가 고정되고 기술이 정체된 상태에서 인구와 조세만 늘어난다면 그 사회는 생산 능률의 끝없는 저하로 언젠가는 붕괴할 수밖에 없다. 기계를 이용하지 않으면 기술은 혁신되지 않을 것이고 기계를 생산하는 중공업이 산업의 중추를 담당하는 근대로 이행하지 않으면 기계는 활용될 수 없을 것이다.

아주까리 수첩 ■8■ 다 말하게 하라
김인환 金仁煥 KIM Inhwan
유교조선 지성사론 儒敎朝鮮 知性史論
The Intellectual History of the Confucian Joseon

여러 가지 사정을 고려하더라도 유교조선은 근대로의 이행에 성공했다고 평가하기는 곤란한 국가이다. 그러나 그 유교조선에서 한글이 나왔고 최제우[崔濟愚, 1824~1864]의 평등 사상과 최한기[崔漢綺, 1803~1877]의 경험주의가 나왔다. 한국이란 장소적 제약과 전근대라는 시대적 제약이 있었지만 사유의 창조성이란 기준으로 본다면 유교조선은 현대 한국 사회와는 비교할 수 없을 정도로 높은 수준의 문화를 생산해 내었다. 유교조선의 지성사는 한 사회의 정치와 경제와 문화는 서로 제약하고 제약되는 관계에 있지만 각각 상대적인 자율성을 가지고 서로 다른 리듬으로 전개된다는 사실을 증명한다. 유교조선의 유학자들은 주희[朱熹, 1130~1200]의 저서 전체를 철저하게 객관적으로 분석하였고 주체적인 사유와 논쟁을 거치며 주희의 철학을 벗어나 고유의 철학 체계를 구성하였다. 번역과 해설의 수준을 넘어서지 못하는 한국의 현대 철학이 유교조선의 철학 수준에 아직 미치지 못한다는 사실은 누구도 부정하기 어려울 것이다.

유교의 절대적 영향 아래 있었던 15세기부터 19세기까지 한국의 유학자들이 탐구한 사유의 골격을 간략하게 정리하면서 나는 시대의 도전에 응전하는 지성의 힘을 절감하였다. 어떠한 시대이건 그 시대를 사로잡고 지배하는 관심사가 있기 마련이다. 한 시대의 지성인들을 지배하는 관념 체계를 시대 정신이라고 할 수 있다면 유교조선의 지성인들은 세기별로 서로 다른 양상을 보여 주었다. 각 시기 철학 담화의 핵심을 귀납적으로 분석하여 유교조선의 정신사적 궤적을 추적하는 데 이 책의 목적이 있다. 나는 한 시대를 대표하는 사상을 그 시대의 내부에서 바라보면서 공감을 가지고 분석하려고 하였고 시대마다 철학이 시대 문제의 해결에 최선을 다했다는 사실을 기록하려고 하였다.

세종[世宗, 이도(李祹), 1397~(즉위 1418)~1450]은 음양오행(陰陽五行)이라는 형식주의로 한글의 구성을 설명해 냈다. 그는 연구개음(軟口蓋音)[여린입천장소리], 전방설정음(前方舌頂音)[혓소리], 양순음(兩脣音)[입술소리], 경구개음(硬口蓋音)[센입천장소리], 성문음(聲門音)[목청소리]을 각각 나무, 불, 흙, 쇠, 물에 배정했다. 퇴계[退溪 이황(李滉), 1501~1570]의 『자성록(自省錄)』과 「도산십이곡(陶山十二曲)」[1565년(명종 20)]에는 조화를 지향하는 이상주의가 나타나 있다. 그는 이성을 훈련하여 감정의 일탈을 피해야 한다고 생각했다. 송시열[宋時烈, 1607~1689]은 송나라·명나라의 문명과 일본·만주의 야만을 대립시키고 반청(反淸)을 조선이 따라야 할 절대 표준으로 설정하였다. 그의 규범주의가 실행하기 어려운 것이었기 때문에 17세기 조선의 많은 시인들이 은둔주의를 선택하였다. 박지원[朴趾源, 1737~1805]은 관념 우위의 허학(虛學)을 비판하고 반청보다 백성의 생활이 더 중요하다는 현실주의의 관점에서 사회를 개혁할 방안을 제시하였다. 그는 현실은 무한하고 개념은 유한하므로 현실에서 검증되지 않은 지식은 생활에 도움이 되지 않는다고 여겼다. 그는 『주역(周易)』을 읽는 사람에게 괘(卦)와 효(爻)의 구조를 외우는 데 그치지 말고 현실의 세부를 속속들이 경험하고 해석하면서 현실의 동적 체계를 파악하고 그것을 기호로 번역해 내야 한다고, 즉 복희(伏羲)[태호복희씨(太昊(皞)伏羲氏). 성은 풍(風)이고, 기원전 2800년경[기원전 36세기(3500경) 또는 기원전 40세기(4000년경)라는 설도 있다.]에 살았다고 전한다. 사마천(司馬遷, 기원전 145~기원전 86)의 『사기(史記)』에 태호복희와 여와(女媧)는 동이족(東夷族)이라 기록되어 있다. 팔괘(八卦)의 도상을 정리했는데, 이는 역(易)[『주역(周易)』](64괘)의 기초가 되었다.]가 겪었던 고심을 스스로 체험해야 한다고 충고하였다.

정약용[丁若鏞, 1762~1836]은 토지를 국유화해서 왕이 백성에게 토지를 나누어 줄 수 있는 정전제(井田制)의 시행 방법을 나름으로 설계하였다. 그것은 실현할 수 없는 구상이었지만 그의 제도주의에는 사회의 전체성에 대한 인식이 내포되어 있다. 그러한 전체성 인식에 토대하여 최제우[崔濟愚, 1824~1864]는 평등주의 유학인 동학(東學)을 창시했다. 왕조 말에 최한기[崔漢綺, 1803~1877]는 감각 기관과 외부 사물을 지식의 두 원천으로 규정하고 대화와 검증을 인식의 두 방법으로 규정하였다. 그의 경험주의는 근대로의 이행을 준비하는 전근대 사유의 마지막 모험이었다. 한국의 전근대 사회는 근대 사회로 이행하지 못하고 일제의 침략으로 인해서 해체되었기 때문에 최한기가 열어 놓은 근대 사상의 단초는 꽃을 피우지 못하고 전근대 사상사의 마지막 장면이 되고 말았으나 그의 탐구 정신은 21세기에도 한국 현대 철학의 동력으로 작용하고 있을 것이다.☯✿

|

2023년 10월,

김인환

아주까리 수첩 8 다 말하게 하라
김인환 金仁煥 KIM Inhwan
유교조선 지성사론 儒敎朝鮮 知性史論
The Intellectual History of the Confucian Joseon

다 말하게 하라

유교조선 知性史論
儒教朝鮮 지성사론

김인환

다 말하게 하라 : 유교조선儒敎朝鮮 지성사론知性史論
0-3 탑승 인물

- 복희(伏羲)[태호복희씨(太昊(皡)伏羲氏). 성은 풍(風). 기원전 2800년경 또는 기원전 36세기(3500년경) 또는 기원전 40세기(4000년경)]
- 황제[黃帝 : 황제 헌원씨(黃帝軒轅氏), 기원전 28~27세기경 추정, 재위 기원전 2698년경~기원전 2598년경 추정]
- 창힐[蒼頡 또는 倉頡, 기원전 24세기 전후로 추정]
- 요(堯)임금[당요(唐堯), 제요도당씨(帝堯陶唐氏), 기원전 24~23세기경 또는 23~22세기경 추정]
- 순(舜)임금[우순(虞舜), 제순유우씨(帝舜有虞氏), 기원전 23~22세기경 또는 22~21세기경 추정]
- 고공단보(古公亶父)[기원전 12세기경, 상(商)[은(殷)]나라 때 사람, 주(周) 문왕(文王)의 할아버지]
- 오(吳) 태백(泰伯)[기원전 12세기경, 고공단보(古公亶父)의 맏아들]
- 주(周) 문왕(文王)[기원전 1152~기원전 1056]
- 백이(伯夷)와 숙제(叔齊)[기원전 11세기경, 은나라 말기]
- 기자[箕子, 기원전 11세기경, 은나라 말기]
- 노자[老子, 기원전 604?~?]
- 공자[孔子, 기원전 551~기원전 479]
- 맹자[孟子, 기원전 372~기원전 289]
- 장자[莊子, 기원전 365?~기원전 270?]
- 진시황[秦始皇, 기원전 259~기원전 210]
- 호해(胡亥)[기원전 230~(즉위 기원전 210)~기원전 207]
- 사마천[司馬遷, 기원전 145~기원전 86]
- 조조[曹操, 155~220]
- 유비[劉備, 161~223]
- 왕희지[王羲之, 303~361]
- 호원[胡瑗, 안정(安定), 993~1059]
- 소순[蘇洵, 노천(老泉), 1009~1066]
- 주희[朱熹, 회암(晦庵), 1130~1200]
- 옷치긴[테무게 옷치긴[Temüge Odčigin(Otchigin), 1168~1246]
- 보광[輔廣[?~?, 송(宋, 960~1279)나라 때의 학자]
- 쿠빌라이[Khubilai, 忽必烈, 1216~(즉위 1260)~1294]
- 타가차르[Taghachar, 塔察兒, ?~1296]
- 이안사[李安社, ?~1274]
- 안향(安珦, 1243~1306)
- 이성계[李成桂, 1335~(재위 1392~1398)~1408]
- 정도전[鄭道傳, 삼봉(三峯), 1342~1398]
- 공양왕[恭讓王, 고려 34대 왕이자 마지막 왕, 1345~(재위 1389~1392)~1394]
- 조준[趙浚, 송당(松堂), 1346~1405]
- 권근[權近, 1352~1409]

김인환 金仁煥 KIM Inhwan
유교조선 지성사론 儒敎朝鮮 知性史論
The Intellectual History of the Confucian Joseon

- 아시카가 요시미츠[足利義滿(족리의만), 1358~1408]
- 이방원[李芳遠, 태종(太宗), 1367~(재위 1400~1418)~1422]
- 명(明) 태조(太祖) 주원장[朱元璋, 1368~(즉위 1368)~1398]
- 박은[朴訔, 1370~1422]
- 안지[安止, 1384~1464]
- 권제[權踶, 1387~1445]
- 정인지[鄭麟趾, 학역재(學易齋), 1396~1478]
- 세종[世宗, 이도(李祹), 1397~(즉위 1418)~1450]
- 정창손[鄭昌孫, 1402~1487]
- 최항[崔恒, 1409~1474]
- 하위지[河緯地, 1412~1456]
- 문종[文宗, 이향(李珦), 1414~(즉위 1450)~1452]
- 정의공주[貞懿公主, 1415~1477]
- 신숙주[申叔舟, 1417~1475]
- 박팽년[朴彭年, 1417~1456]
- 이개[李塏, 1417~1456]
- 세조[世祖, 이유(李瑈), 1417~(즉위 1455)~1468]
- 성삼문[成三問, 1418~1456]
- 유성원[柳誠源, ?~1456]
- 유응부[兪應孚, ?~1456]
- 이선로[李善老는 초명이다, 이현노(李賢老), ?~1453]
- 강희안[姜希顔, 1419~1464]
- 김종직[金宗直, 1431~1492]
- 단종[端宗, 이홍위(李弘暐), 1441~(재위 1452~1455)~1457]
- 정여창[鄭汝昌, 1450~1504]
- 김굉필[金宏弼, 1454~1504]
- 이현보[李賢輔, 1467~1555]
- 연산군[燕山君, 이융(李㦕), 1476~(즉위 1494)~1506]
- 조광조[趙光祖, 정암(靜庵), 1482~1519]
- 이언적[李彦迪, 1491~1553]
- 주세붕[周世鵬, 1495~1554]
- 임억령[林億齡, 1496~1568]
- 이황[李滉, 퇴계(退溪), 1501~1570]
- 윤원형[尹元衡, 1503~1565]
- 박순[朴淳, 1523~1589]
- 이준[李寯, 1523~1583, 이황의 아들]
- 남언경[南彦經, 1528~1594]
- 권호문[權好文, 1532~1587]
- 고경명[高敬命, 1533~1592]

- 명종[明宗, 이환(李峘), 1534~(즉위 1545)~1567]
- 오다 노부나가[織田信長(직전신장), 1534~1582]
- 성혼[成渾, 1535~1598]
- 이이[李珥, 율곡(栗谷), 1536~1584]
- 도요토미 히데요시[豊臣秀吉(풍신수길), 1536~1598]
- 아시카가 요시아키[足利義昭(족리의소), 1537~1597]
- 백광훈[白光勳, 옥봉(玉峯), 1537~1582]
- 이달[李達, 손곡(蓀谷), 1539~1612]
- 최경창[崔慶昌, 고죽(孤竹), 1539~1583]
- 유성룡[柳成龍, 서애(西厓),1542~1607]
- 정구[鄭逑, 1543~1620]
- 도쿠가와 이에야스[德川家康(덕천가강), 1543~1616]
- 조헌[趙憲, 1544~1592]
- 이순신[李舜臣, 1545~1598]
- 이원익[李元翼, 1547~1634]
- 김장생[金長生, 1548~1631]
- 선조[宣祖, 이연(李昖), 1552~(즉위 1567)~1608]
- 곽재우[郭再祐, 1552~1617]
- 이귀[李貴, 1557~1633]
- 고니시 유키나가[小西行長(소서행장), 영세명 : 아우구스티노(Augustino), 1558?~1600]
- 아이신 교로 누르하치[愛新覺羅努爾哈赤(애신각라노이합적), 후금(後金)의 초대 황제, 후의 청(淸) 태조, 1559~(즉위 1616)~1626]
- 강홍립[姜弘立, 1560~1627]
- 김상용[金尙容, 선원(仙源), 1561~1637]
- 명(明) 신종(神宗) 만력제(萬曆帝) 주익균[朱翊鈞, 1563~(즉위 1572)~1620]
- 김경서[金景瑞, 김응서(金應瑞), 1564~1624]
- 이유도[李有道, 1565~1626, 이황의 형 이해(李瀣)의 손자]
- 신흠[申欽, 1566~1628]
- 원탁[元鐸, 1566~?]
- 윤의립[尹毅立, 1568~1643]
- 이명한[李明漢, 백주(白洲), 1569~1645]
- 김상헌[金尙憲, 청음(淸陰), 1570~1652]
- 김류[金瑬, 1571~1648]
- 광해군[光海君, 이혼(李琿), 1575~(재위 1608~1623)~1641]
- 정충신[鄭忠信, 1576~1636]
- 강석기[姜碩期, 1580~1643]
- 원숭환[袁崇煥, 1584~1630]
- 이경여[李敬與, 1585~1657]
- 최명길[崔鳴吉, 지천(遲川), 1586~1647]
- 이괄[李适, 1587~1624]
- 인성군[仁城君, 이공(李珙), 선조의 일곱째 아들, 1588~1628]
- 김자점[金自點, 1588~1651]
- 이민구[李敏求, 동주(東洲), 1589~1670]
- 청(淸) 태종(太宗) 숭덕제(崇德帝) 아이신 교로 홍 타이지[愛新覺羅皇太極(애신각

아주까리 수첩 **8** 다 말하게 하라
김인환 金仁煥 KIM Inhwan
유교조선 지성사론 儒敎朝鮮 知性史論
The Intellectual History of the Confucian Joseon

라황태극), 누르하치의 8번째 아들로 후금(後金)의 2대 칸. 국호를 청(淸)으로 바꾸었다. 1592~1626(2대 후금 칸 즉위)~1636(1대 청 황제 즉위)~1643]
- 인열왕후 한씨[仁烈王后 韓氏, 인조의 정비, 1594~1636]
- 인조[仁祖, 이종(李倧), 1595~(즉위 1623)~1649]
- 허목[許穆, 1596~1682]
- 정두경[鄭斗卿, 동명(東溟), 1597~1673]
- 김광찬[金光燦, 1597~1668]
- 이소한[李昭漢, 현주(玄洲), 1598~1645]
- 김홍욱[金弘郁, 1602~1654]
- 김득신[金得臣, 백곡(柏谷), 1604~1684]
- 이자성[李自成, 1606~1645]
- 장헌충[張獻忠, 1606~1647]
- 명(明) 안종(安宗) 홍광제(弘光帝) 주유숭[朱由崧, 1607~(재위 1644~1645)~1646, 남명의 1대 황제이며 명나라로는 제17대]
- 송시열[宋時烈, 우암(尤庵), 1607~1689]
- 허적[許積, 1610~1680]
- 민회빈 강씨[愍懷嬪 姜氏, 1611~1646]
- 명(明) 의종(毅宗) 숭정제(崇禎帝) 주유검[朱由檢, 1611~(즉위 1627)~1644]
- 오삼계[吳三桂, 1612~1678]
- 소현세자[昭顯世子, 이왕(李汪), 1612~1645]
- 세자빈 강씨[민회빈 강씨(愍懷嬪 姜氏), 1611~1646]
- 허견[許堅, ?~1680]
- 윤휴[尹鑴, 1617~1680]
- 효종[孝宗, 이호(李淏), 1619~(즉위 1649)~1659]
- 인선왕후[仁宣王后] 장씨[張氏, 1619~1674]
- 유형원[柳馨遠, 반계(磻溪), 1622~1673]
- 자의대비(慈懿大妃)[인조의 계비] 조씨[趙氏, 1624~(책봉 1638)~1688]
- 김수증[金壽增, 운곡(谷雲), 1624~1701]
- 김수흥[金壽興, 퇴우당(退憂堂), 1626~1690]
- 남용익[南龍翼, 호곡(壺谷), 1628~1692]
- 윤증[尹拯, 1629~1714]
- 박세당[朴世堂, 서계(西溪), 1629~1703]
- 김수항[金壽恒, 문곡(文谷), 1629~1689]
- 김석주[金錫胄, 식암(息庵), 1634~1684]
- 권상하[權尙夏, 1641~1721]
- 오시복[吳始復, 1637~1716]
- 현종[顯宗, 이연(李棩), 1641~(즉위 1659)~1674]
- 뉴턴[Isaac Newton, 1643~1727]
- 경안군(慶安君) 이회[李檜, 소현세자의 셋째 아들, 1644~1665]
- 최석정[崔錫鼎, 1646~1715]
- 김창집[金昌集, 몽와(夢窩), 1648~1722]
- 김창협[金昌協, 농암(農巖), 1651~1708]
- 김창흡[金昌翕, 삼연(三淵), 1653~1722]
- 박태보[朴泰輔, 1654~1689]
- 이인엽[李寅燁, 1656~1710]

- 권상유[權尙游, 1656~1724]
- 조정만[趙正萬, 1656~1739]
- 김석문[金錫文, 1658~1735]
- 김창업[金昌業, 노가재(老稼齋), 1658~1721]
- 장소의(張昭儀)[희빈 장씨(禧嬪張氏), 장옥정(張玉貞), 1659~1701]
- 숙종[肅宗, 이순(李焞), 1661~(즉위 1674)~1720]
- 김창즙[金昌緝, 포음(圃陰), 1662~1713]
- 김창립[金昌立, 택재(澤齋), 1666~1683]
- 복선군(福善君)[이남(李枏), 인조의 손자, 인평대군(麟坪大君)의 2남, ?~1680]
- 인현왕후[仁顯王后 閔氏, 1667~1701]
- 이덕수[李德壽, 1673~1744]
- 한원진[韓元震, 1682~1751]
- 경종[景宗, 이윤(李昀), 1688~(즉위 1720)~1724]
- 영조[英祖, 이금(李昑), 1694~(즉위 1724)~1776]
- 황경원[黃景源, 강한(江漢), 1709~1787]
- 청(淸) 고종(高宗) 건륭제[乾隆帝, 1711~(재위 1735~1796)~1799]
- 임성주[任聖周, 녹문(鹿門), 1711~1788]
- 윤가전[尹嘉銓, 형산(亨山), 1711~1781?]
- 루소[Jean-Jacques Rousseau, 1712~1778]
- 박명원[朴明源, 만보정(晩葆亭), 1725~1790, 영조의 사위]
- 왕민호[王民皞, 곡정(鵠汀), 1726?~?]
- 홍대용[洪大容, 1731~1783]
- 이한진[李漢鎭, 1732~1815]
- 유한준[俞漢雋, 1732~1811]
- 사도세자[思悼世子, 장헌세자(莊獻世子), 이선(李愃), 1735~1762]
- 박지원[朴趾源, 연암(燕巖), 1737~1805]
- 창대[?~?]
- 장복이[?~?]
- 판첸 라마 6세 롭상 뺄덴 예셰[Lobsang Palden Yeshe, 1738~1780]
- 이덕무[李德懋, 청장관(靑莊館), 1741~1793]
- 유득공[柳得恭, 1748~1807]
- 박제가[朴齊家, 초정(楚亭), 1750~1805]
- 정조[正祖, 이산(李祘), 1752~(즉위 1776)~1800]
- 은언군[恩彦君 이인(李裀), 1754~1801, 사도세자의 셋째 아들, 정조의 이복동생]
- 이서구[李書求, 1754~1825]
- 홍혜완[洪惠婉, 정약용의 부인, 1761~1838]
- 정약용[丁若鏞, 다산(茶山), 1762~1836]
- 김조순[金祖淳, 1765~1832]
- 홍경래[洪景來, 1771~1812]
- 순조[純祖, 이공(李玜), 1790~(즉위 1800)~1834]
- 이항로[李恒老, 1792~1868]
- 김조근[金祖根, 1793~1844, 김조순과 7촌간]
- 기정진[奇正鎭, 노사(蘆沙), 1798~1879]
- 김문근[金汶根, 1801~1863, 김조순과 8촌간]
- 최한기[崔漢綺, 혜강(惠岡), 1803~1877]

김인환 金仁煥 KIM Inhwan
유교조선 지성사론 儒敎朝鮮 知性史論
The Intellectual History of the Confucian Joseon

- 박규수[朴珪壽, 1807~1877]
- 이유원[李裕元, 1814~1888]
- 윤치현[尹致賢, 1814~?]
- 흥선대원군[興宣大院君, 이하응(李昰應), 1820(음력)/1821(양력 1월 24일)~ 1898]
- 강위[姜瑋, 1820~1884]
- 김병학[金炳學, 1821~1879]
- 이홍장[李鴻章, 1823~1901]
- 조병식[趙秉式, 1823~1907]
- 최제우[崔濟愚, 수운(水雲), 초명 최복술(崔福述), 1824~1864]
- 심순택[沈舜澤, 1824~1906]
- 최시형[崔時亨, 해월(海月), 1827~1898]
- 헌종[憲宗, 이환(李烉), 1827~(즉위 1834)~1849]
- 철종[哲宗, 이변(李昪), 1831~(즉위 1849)~1864(양력 1월 4일)/1863(음력), 덕완군(德完君) 이원범(李元範)은 철종 이변의 초명]
- 고메이 일왕[孝明天皇(효명천황), 1831~(즉위 1846)~1867]
- 오토리 게이스케[大鳥圭介(대조규개), 1833~1911]
- 민태호[閔台鎬, 1834~1884]
- 김윤식[金允植, 1835~1922]
- 후쿠자와 유키치[福澤諭吉(복택유길), 1835~1901]
- 민겸호[閔謙鎬, 1838~1882]
- 윤태준[尹泰駿, 1839~1884]
- 베베르[Karl Ivanovich Wäber, 1841~1910]
- 이토 히로부미[伊藤博文(이등박문), 1841~1909]
- 유인석[柳麟錫, 1842~1915]
- 김홍집[金弘集, 을미년(1895) 사적(四賊), 1842~1896]
- 이조연[李祖淵, 1843~1884]
- 조병갑[趙秉甲, 1844~1912]
- 이재면[李載冕, 흥친왕(興親王), 완흥군(完興君), 1845~1912, 대원군의 큰아들 이자 고종의 형]
- 조영하[趙寧夏, 1845~1884]
- 한규직[韓圭稷, 1845~1884]
- 유재현[柳在賢, ?~1884]
- 미우라 고로[三浦梧樓(삼포오루), 1846~1926]
- 어윤중[魚允中, 1848~1896]
- 정병하[鄭秉夏, 을미년(1895) 사적(四賊), 1849~1896]
- 고영희[高永喜, 경술년(1910) 칠적(七賊), 1849~1916]
- 율리 이바노비치 브리네르[Юлий Иванович Бринер, Yuliy Ivanovich Briner, 1849~1920]
- 소네 아라스케[曾禰荒助(증니황조), 1849~1910]
- 김택영[金澤榮, 창강(滄江), 1850 ~ 1927]
- 최인득[崔仁得, 1851?~1872, 수운의 아들]
- 명성황후 민씨[明成皇后 閔氏, 1851~1895]
- 김상권[金象權, ?~?]
- 김옥균[金玉均, 갑신년(1884) 오적(五賊), 1851~1894]

- 고종[高宗, 이형(李㷩), 1852~[재위 1864(양력 1월 21일)/1863(음력)~1907] ~1919]
- 이건창[李建昌, 영재(寧齋), 1852~1898]
- 메이지 일왕[明治天皇(명치천황), 1852~(즉위 1867)~1912]
- 오카모토 류노스케[岡本柳之助(강본류지조), 1852~1912]
- 데라우치 마사타케[寺內正毅(사내정의), 1852~1919]
- 김홍륙[金鴻陸, ?~1898]
- 이소바야시 신조[磯林眞三(기림진삼), 1853~1884]
- 권중현[權重顯, 을사년(1905) 오적(五賊), 1854~1934]
- 이용익[李容翊, 1854~1907]
- 뮈텔[Gustave-Charles-Marie Mutel, 민덕효(閔德孝), 1854~1933]
- 허위[許蔿, 1854~1908]
- 전봉준[全琫準, 1855~1895]
- 황현[黃玹, 매천(梅泉), 1855~1910]
- 유길준[兪吉濬, 을미년(1895) 사적(四賊), 1856~1914]
- 이범윤[李範允, 1856~1940]
- 조희연[趙羲淵, 을미년(1895) 사적(四賊), 1856~1915]
- 홍영식[洪英植, 갑신년(1884) 오적(五賊), 1856~1884]
- 송병준[宋秉畯, 경술년(1910) 칠적(七賊), 1857~1925]
- 우범선[禹範善, 1857~1903, 육종학자 우장춘(禹長春, 1898~1959)의 아버지]
- 박제순[朴齊純, 을사년(1905) 오적(五賊), 1858~1916]
- 이강년[李康秊, 1858~1908]
- 이완용[李完用, 을사년(1905) 오적(五賊), 경술년(1910) 칠적(七賊), 1858~1926]
- 박제빈[朴齊斌, 1858~1921)
- 시어도어 루스벨트[Theodore Roosevelt. Jr., 1858~1919]
- 이준[李儁, 1859~1907]
- 박은식[朴殷植, 1859~1925]
- 민영복[閔泳復, 1859~1939]
- 서광범[徐光範, 갑신년(1884) 오적(五賊), 1859~1897]
- 이재곤[李載崑, 경술년(1910) 칠적(七賊), 1859~1943]
- 위안 스카이[袁世凱(원세개), 1859~1916]
- 민영익[閔泳翊, 1860~1914]
- 임선준[任善準, 경술년(1910) 칠적(七賊), 1860~1919]
- 조중응[趙重應, 경술년(1910) 칠적(七賊), 1860~1919]
- 니콜라 빌렘[Nicolas Joseph Marie Wilhelm, 홍석구(洪錫九), 1860~1938]
- 박영효[朴泳孝, 갑신년(1884) 오적(五賊), 1861~1939]
- 서재필[徐載弼, 갑신년(1884) 오적(五賊), 1864~1951]
- 이병무[李秉武, 경술년(1910) 칠적(七賊), 1864~1926]
- 퐁트네[Joseph de Fontenay, 풍도래(馮道來), Vicomte de Fontenay 또는 Joseph Louis Gabriel Antoine de Fontenay, 1864~1946]
- 히라이시 우지히토[平石氏人(평석씨인), 1864~1939]
- 윤치호[尹致昊, 1865~1945]
- 이근택[李根澤, 을사년(1905) 오적(五賊), 1865~1919]
- 이인영[李麟榮, 1868~1909]

아주까리 수첩 **8** 다 말하게 하라
김인환 金仁煥 KIM Inhwan
유교조선 지성사론 儒敎朝鮮 知性史論
The Intellectual History of the Confucian Joseon

- 니콜라이 2세[Николай II, Nicholas II (Nikolai Alexandrovich Romanov), 1868~(재위 1894~1917)~1918]
- 이준용[李埈鎔, 영선군(永宣君), 1870~1917, 대원군의 큰손자, 이재면의 아들]
- 이지용[李址鎔, 을사년(1905) 오적(五賊), 1870~1928]
- 강일순[姜一淳, 증산(甑山), 1871~1909]
- 양기탁[梁起鐸, 1871~1938]
- 베델[Ernest Thomas Bethell, 배설(裵說), 1872~1909]
- 더글러스 스토리[Robert Douglas Story, 1872~1921]
- 순종[純宗, 1874~(재위 1907~1910)~1926]
- 미조부치 다카오[溝淵孝雄(구연효웅), 1874~1944]
- 이승만[李承晩, 1875~1965]
- 안재홍[安在鴻, 1878~1951]
- 안창호[安昌浩, 1878~1938]
- 안중근[安重根, 1879~1910]
- 이석산[李錫山, 또는 이석대, 이진룡, 1879~1918]
- 신채호[申采浩, 1880~1936]
- 이위종[李瑋鍾, 1884~?]
- 조지훈[趙芝薰, 1920~1968]
- 율 브리너[Yul Brynner, Юлий Борисович Бринер (Yuliy Borisovich Briner), 1920~1985]
- 와그너[Edward Willett Wagner, 1924~2001]

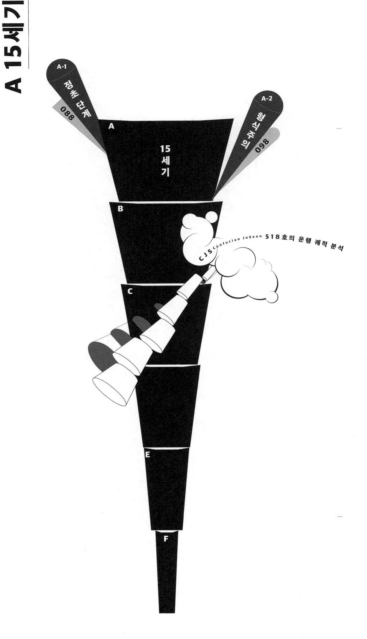

CJS Confucian JoSeon 518호의 운행 궤적 분석

다 말하게 하라

유교조선儒敎朝鮮 지성사론知性史論

A 15세기

A-1 정치 단계 088

A-2 행정의 098

A
15세기

B

CJS Confucian JoSeon 518호의 운행 궤적 분석

C

E

F

아주까리 수첩 **8** 다 말하게 하라
김인환 金仁煥 KIM Inhwan
유교조선 지성사론 儒敎朝鮮 知性史論
The Intellectual History of the Confucian Joseon

<u>001</u> **다원적 사회에서 일원적 사회로 : 유교조선의 성립 |**
1392년 7월 17일[양력 8월 1일] [1388년 위화도에서 회군한 지 4
년여 후], **475년을 지속한 고려가 무너지고 이성계**[李成桂,
1335~(재위 1392~1398)~1408]**가 새로운 나라의 국왕이 되
었다. 이 나라의 이름은 조선이지만 고조선(단군 조선)이
나 현대 조선(북한)과 구별하기 위하여 이 나라를 '유교
조선(儒教朝鮮)'이라고 명명해 보았다. 이 나라는 유교라
는 이념 기반에 근거하여 건국되었기 때문이다. 몽골제
국**[1206~1368]**이 무너진 후에 개방적이고 다원적이던 중
국과 한국은 배타적이고 일원적인 유교 왕국이 되었다.
동시대 세계 여러 나라와 밀접하게 연결되어 있던 정치,
경제, 문화의 관계가 단절되었다.**

|

<u>002</u> **반대파의 경제 기반을 파괴하기 위한 토지 개혁 |** 이성계
는 1392년 음력 9월에 개국 공신 44명을 책봉하였는데
개국 공신은 후에 52명으로 늘어났다. 이들 가운데 중심
인물은 정도전[鄭道傳, 삼봉(三峯), 1342~1398]과 조준[趙浚,
송당(松堂), 1346~1405]이었다. 정도전은 척불[斥佛] 운동을

전개하여 성리학[性理學]을 국가 이념으로 정하도록 하였고, 조준은 1388년[고려 창왕(昌王, 1380~1389)의 즉위년] 7월에 사전(私田)을 개혁해야 한다는 상소를 올렸다. 무력으로 권력을 장악한 이성계는 반대파의 경제 기반을 파괴하기 위하여 1390년[고려 공양왕 2년][恭讓王(제34대 왕이자 마지막 왕), 1345~(재위 1389~1392)~1394] 9월에 공전과 사전의 토지 문서를 개성 한복판에서 불태워 버리고, 1391년[고려 공양왕 3년] 5월에 반대파에게서 몰수한 경기도의 30만 결 정도의 수조지[田(전)][收租地, 조세 받을 권리가 있는 땅]에서 조세 걷을 권리를 관리들에게 차등[科(과)]을 두어 넘겨 주는 과전법(科田法)을 공포하였다. 권문 세족과 지방 호족의 토지 겸병과 사병 양성을 방지하기 위하여 토지 제도와 군사 제도를 일원화함으로써 정부의 통치력이 지방 군현까지 장악할 수 있는 중앙 집권 관료 체제를 확립하는 데에 이성계 일파의 목적이 있었다. 그들은 평안도, 함경도, 제주도와 개성 출신을 정권에서 배제하였다.

003 **명과의 조공-책봉 관계가 내정 개혁에 도움이 된다고 판단한 이성계 일파** | 그들은 중국과 관계를 안정시키어 정치적으로 명나라의 지지를 받는 것이 내정 개혁에 도움이 된다고 판단하였다. 명나라는 조선의 왕을 책봉하고 조선은 명나라에 조공[朝貢, tribute]을 바치는 조공-책봉[冊封] 관계는 정치, 경제, 문화의 모든 면에서 조선에 유익한 환경을 형성한다는 것이 그들의 판단이었다. 조공은 조선에서 공물을 바치면 중국에서 답례로 물품을 내려 주는 물자 교역의 한 방법이었다. 사무역이 금지되었던 15세기와 사무역이 제한적으로 일부만 허용되었던 16세기에 조선은 물자 교역을 주로 조공에 의존하였다. 조선은 금, 은, 베, 모시, 인삼, 종이, 돗자리, 짐승 가죽 등을 바치고 약재, 서책, 자기, 비단 등을 받아 왔다.

<조선방역지도(朝鮮方域之圖)>, 1557~1558년(명종 12~13)경, 채색 필사본, 132x
61cm, 국보 제248호. [국사찬편위원회 소장].

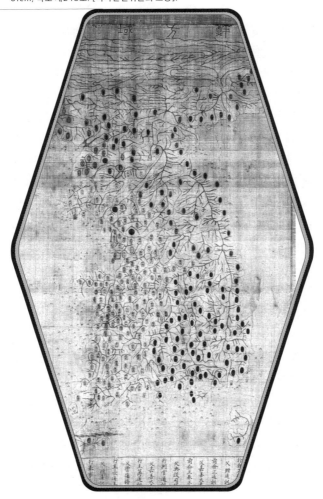

<조선방역지도(朝鮮方域之圖)>는 제작 연대가 명확한 조선의 가장 이른 지도로, 제
용감(濟用監)[왕실에 필요한 의복이나 식품을 관장하던 곳]에서 제작했다. 1434년 세종이 호
조에 명하여 새로운 지도를 제작하도록 하고, 이를 위해 전국의 산천 형세를 자세히
조사하게 했다. 조사가 시작된 지 29년 만인 1463년(세조 9)에 <동국지도(東國地
圖)>가 완성되었으나 현전하지 않고, 명종 대에 그 사본으로 전하는 것이 <조선방역
지도>다. 조선 팔도의 주(州)와 현(縣), 수영(水營)과 병영(兵營)이 표시되어 있으
며, 아래 오른쪽에 대마도도 우리 땅으로 그려져 있다. 북쪽으로 만주 지역과 남쪽으
로 제주도, 대마도까지 표시한 것에서, 조선 전기의 영토 의식을 엿볼 수 있다. 임진왜
란 때 일본에 유출되어 대마도에 보관되어 있던 것을 1930년대에 입수한 것이다.

김인환 金仁煥 KIM Inhwan
유교조선 지성사론 儒教朝鮮 知性史論
The Intellectual History of the Confucian Joseon

태종의 왕권 중심 국정 장악 | 동생과 형을 죽이고 아버지 이성계와 군사 대결을 벌여 왕이 된 태종 이방원[太宗, 李芳遠, 1367~(재위 1400~1418)~1422]은 왕위에 오르기 직전인 1400년[정종 2]에 종친과 공신들의 사병을 삼군부(三軍府)에 귀속시키고, 1405년 1월에 그 삼군부를 병조(兵曹)의 속아문(屬衙門)[6조에 딸린 하급 관청]으로 개편하여 중앙군을 통제하게 하였다.["承樞府 歸之兵曹" : 『태종실록(太宗恭定大王實錄)』, 태종 5년 1월 25일 임자] [서로 병권을 장악하려 했던 의정부(議政府)[사대부 세력]나 의흥삼군부(義興三軍府)[종친과 공신 세력] 등에서 군령을 출납하는 것이 아니라, 왕명을 받은 병조에서 군령을 출납하고 바로 왕에게 보고할 수 있게 되었음을 의미한다.] **3월에는 지방의 군사 지휘권도 삼군부에 귀속**["武官保舉 兵曹與三軍府考驗" : 『태종실록』, 태종 5년 3월 10일 을사]**시켰다.**[삼군부는 1401년 승추부(承樞府)로 바뀌었다가 1403년 다시 설치되었고, 1405년 중앙군의 병력을 지휘하는 기관으로 병조의 속아문이 되었으며, 1405년 3월에는 지방군까지 통제할 수 있게 되었다. 무관을, 중앙군은 병조에 바로 추천하고 지방군은 감사를 거쳐 병조에 추천하면 병조에서는 삼군부와 함께 심사하여 소속과 계급을 결정하였다. 세종 때인 1432년에 폐지되었다.] **군대의 통수권을 중앙 정부로 일원화한 것이다. 1405년부터 행정 실무를 담당하는 6조의 기능을 강화하고 재상과 총리의 기능을 약화시키기 시작하여 1412년**[태종 12]**에 외교 문서의 작성과 중죄인의 재심만 맡도록 의정부(議政府)의 기능을 축소하고 국가의 모든 업무를 6조에 이관하여 6조에서 의정부를 거치지 않고 왕에게 직접 보고하여 국정을 처리하게 하였다. | 1407년에 농민들이 제 고장을 떠나지 못하도록 주민들의 거주 상태와 이동 상태를 관청에 보고하게 하였다.**[인보법(隣保法 : 10호 정도를 1인보(隣保)로 구성하고 그 중 유력자를 정장(正長)으로 삼아 주민의 실태를 인보기(隣保記)에 작성하도록 했다.). 나중에 호패법(號牌法)으로 변천.] **전국의 모든 군현에 지방관을 파견**

하여 중앙 정부에서 지방을 직접 통치하는 중앙 집권 체제를 확립하였다. 재위 18년 동안 태종은 왕권에 방해가 될 만한 모든 반대 세력을 제거하였다.

005 세종 시기의 국경 정리 | 1418년 스물두 살에 왕이 된 세종[世宗, 이도(李祹), 1397~(즉위 1418)~1450]은 반대파를 모두 제거한 아버지로부터 안정된 권력 구조를 물려받았기 때문에 할아버지와 아버지처럼 피를 흘릴 필요가 없었다. 그는 32년 동안 왕위에 있었다. 1419년[세종 1] 6월 19일에 쓰시마[對馬(대마)]로 출병하게 하여 왜구 문제를 해결하였다. 쓰시마가 패전한 것은 아니었으나 쓰시마 도주(島主)는 조선과의 교류가 끊어지는 것을 바라지 않았기 때문에 항복하겠다는 의사를 전해 왔다. 조선에서는 쓰시마 사람에게 벼슬을 주고 벼슬을 받은 사람만 교역을 하게 했다. 무역선은 1년에 50척으로 제한했다. 이 때로부터 임진왜란이 일어난 1592년까지 150여 년 동안 한일 관계는 평화 속에서 지속되었다. 세종은 1432년, 1437년, 1449년에 만주[滿洲]의 여진[女眞]족을 공격하여 나라의 북쪽 경계를 확정하였다.

006 농사 지식의 보급 : 1429년 『농사직설』 간행 | 전국의 경험 많은 농민들을 방문하여 농업 기술에 대한 지식을 수집하게 하고 기후 조건과 토양 조건을 조사하게 하여 각 지역의 기후와 토질에 적합한 곡식 품종과 재배 방법을 체계적으로 정리하여 1429년[세종 11]에 『농사직설(農事直說)』을 편찬하여 간행하였다. 농민들은 서로 다른 작물들을 바꾸어 가며 재배하면 같은 땅에서 소출이 늘어난다는 것을 알고 있었다. 15세기에는 밀이나 보리를 심었다가 그 그루를 갈아엎고 콩을 심는 것과 같은 방법이 전국적으로 일반화되어 있었다.

아주까리 수첩 8 다 말하게 하라
김인환 金仁煥 KIM Inhwan
유교조선 지성사론 儒教朝鮮 知性史論
The Intellectual History of the Confucian Joseon

007 1430년 토지세 책정 방법 여론 조사 | 1430년[세종 12]에 전·현직 관리와 농민 17만 2,806명에게 토지세 책정 방법을 물어 보게 하고 그 가운데 57%가 찬성한 방안에 근거하여 토지의 비옥도를 여섯 등급으로 나누고 그 수확량과 그 해의 기후 조건을 고려하여 아홉 단계(상상-상중-상하, 중상-중중-중하, 하상-하중-하하)로 전세(田稅)를 결정하게 하였다.[『세종실록(世宗莊憲大王實錄)』권 49, 12년 8월 무인] 수확량과 비옥도를 고려한 상대적 면적의 단위를 결(結)이라고 하는데 같은 1결이라도 등급에 따라 면적이 달라서 6등급 토지는 1등급 토지의 네 배 정도의 크기가 되었다.

008 수확량을 기준으로 토지 면적을 측정한 결부법 | 유교조선에서는 추수해서 거둬들인 곡식의 양을 표준으로 계산하여 농사짓는 논밭의 면적을 측정하였다. 한 손으로 쥐고 낫으로 자를 만한 양을 한 줌[把(파)]이라고 하고 열 줌의 볏대를 한 단[束(속)]으로 묶었다. 열 단은 지게로 한 짐[負(부)]이 되고 백 짐은 한 목[結(결)]이 되었는데 한 목의 곡식을 수확하는 논밭의 면적도 한 결이라고 하였다. 그 때 한 결이 어느 정도의 면적인지는 오늘날 정확하게 알 수 없으나 유교조선의 한 결은 20섬(300말) 정도의 벼[벼 1섬=200kg, 쌀 1섬=(껍질 제외) 144kg. 벼의 상태로 유통 보관했다.]를 수확하는 토지였다고 추정하고 있다.

009 경무법(頃畝法)과 결부법(結負法) | 조선 시대에는 1경(頃)을 100무(畝)로 계산하는 경무법도 사용되었다. 벼 종자 20말을 뿌릴 수 있는 논 면적을 20마지기[斗落(두락)]라 했고, 40마지기를 1경이라고 했다. 논의 경우에는 한 마지기가 대체로 200평이었으나 밭의 경우에는 지역마다 달라서 200평이라고 하는 곳이 절반 정도 되었고

『농사직설(農事直說)』은 세종대왕의 명으로 정초(鄭招)·변효문(卞孝文) 등이 편찬하여 1429년(세종 11)에 간행한, 한국 실정에 맞는 최초의 농사책이다. 이듬해에 각 도의 감사와 주·부·군·현 및 2품 이상에게 나누어 주고, 한자를 읽을 수 없는 백성들을 위해, 관리들이 읽고 농부들에게 설명하는 방식으로 책의 내용을 전했다 한다. 이전의 농사에 관한 책들은 중국의 것이어서 우리 현실과 맞지 않는 부분이 있었다. 이러한 문제점을 해결하기 위해 일종의 전수 조사를 하여, 즉 각 지역의 오래된 농사꾼들에게 물어서 실질적인 내용을 수록했으며, 당시의 최신 정보인 이앙법(모내기)을 소개했다. 내용은 다음과 같다. ① 비곡(備穀) : 종자의 선택과 저장, 종자 처리 등. ② 지경(地耕) : 논밭갈이. ③ 종마(種麻) : 삼의 파종과 재배. ④ 종도(種稻) : 벼의 재배. ⑤ 종서속(種黍粟) : 기장·조·수수의 재배. ⑥ 종직(種稷) : 피의 재배. ⑦ 종대두소두(種大豆小豆) : 콩·팥·녹두의 재배. ⑧ 종맥(種麥) : 보리와 밀의 재배. ⑨ 종호마(種胡麻) : 참깨 가꾸기. ⑩ 종교맥(種蕎麥) : 메밀 재배.

300평이라고 하는 곳도 있었다. 결부법[結負法]을 경무법[頃畝法]으로 환산하면 1결은 다음과 같다.[주 1] [안병직, 『경세유표에 관한 연구』(경인문화사, 2017), 276.]

1등급	: 57무×(20÷30) = 38.0무
2등급	: 57무×(20÷25.5) = 44.7무
3등급	: 57무×(20÷21) = 54.2무
4등급	: 57무×(20÷16.5) = 69.0무
5등급	: 57무×(20÷12) = 95.0무
6등급	: 57무×(20÷7.5) = 152.0무

010 **세종 시기의 경제 지표 |** 세종 시대에 논밭 면적은 171만 9,806결이었고 그 가운데 30%가 논이었으며 인구는 1천만 명이었다. 15세기 후반에는 삼[麻(마)]으로 짠 베를 밀어내고 목화(木花)에서 뽑은 무명[목면(木棉), 면포(綿布)]이 화폐로 더 널리 사용되었다. 1430년[세종 12]에 무명 1필을 소금 2섬 6말과 교환할 수 있도록 정하였다.[『세종실록』권47, 12년 2월 을해] 15말을 1섬이라고 하고, 10말을 1곡(斛)이라고 했다.

011 **수확량 기준 토지세 책정법의 허실 |** 비옥도와 수확량과 풍흉도를 고려한 것은 합리적인 방법이라고 하겠으나 측정의 객관성을 확보하기 어렵기 때문에 실제로는 토지 면적만 기준으로 할 때보다도 불공평하게 결정되는 경우가 많았다. 토지의 가치를 지주인 관리가 임의로 결정할 가능성을 배제하기 어려웠기 때문이었다. 부유한 농민들이 관리와 결탁하여 자기 땅의 등급을 낮추었으므로 관리와 결탁할 능력이 없는 가난한 농민의 토지 등급이 상대적으로 높게 산정되었다.

012 **노비 이용 직접 경영에서 지주-소작제로** | 토지와 노비를 소유한 지주 계급 중에서 관료층이 형성되었다. 국가가 공신들에게 땅을 나누어 주고 토지 소유를 허용하자 그들은 그 땅을 농민에게 빌려주고 소작료를 받았다. 농민들은 소작료를 물지언정 수확의 일부를 가질 수 있으므로 소유권이 없더라도 경작권을 확보하려고 노력하였다. 15세기 후반이 되자 지주(地主) 경리(經理)[운영]가 일반화되어 노비를 이용한 직접 경영보다 소작제[小作制]라는 간접 경영이 더 흔해졌다.

|

013 **소작료에 전세·공물·부역·병역까지 담당한 양인, 그리고 노비와 중인의 실태** | 국가는 관둔전(官屯田)[둔전은 변경 군사 지역 주둔 군대의 경비를 마련하려 경작하는 토지로 국둔전(國屯田)이라 한다. 관둔전은 지방 기관의 재정을 보충하기 위해[흉년 대비 등] 운영되었으나 실제로는 일반 경비나 사적으로 쓰여 폐단이 많았다.]과 그 이외의 국가 직속지를 소작 농민들에게 경작하게 하였다. 공신들과 관료들도 자기 소유 토지를 소작 농민들에게 경작하게 하였다. 소작하는 양인들은 소작료 이외에 전세와 공물과 부역, 그리고 병역도 떠맡았다. | 노비는 매매하거나 상속할 수 있는 재산이었다. 주인의 집 밖에서 살면서 주인의 땅을 소작하는 외거 노비는 소작료 이외에 몸값을 따로 내야 했다. 세조[世祖, 이유(李瑈), 1417~(즉위 1455)~1468]는 **사육신(死六臣)**[성삼문[成三問, 1418~1456], 박팽년[朴彭年, 1417~1456], 이개[李塏, 1417~1456], 하위지[河緯地, 1412~1456], 유성원[柳誠源, ?~1456], 유응부[兪應孚, ?~1456]]**의 아내와 딸 등 부녀자 173명을 모두** 정인지[鄭麟趾, 1396~1478], **신숙주**[申叔舟, 1417~1475], **정창손**[鄭昌孫, 1402~1487], **최항**[崔恒, 1409~1474] **등에게 노비로 주었다.** | 중앙과 지방의 말단 관리들은 중인[中人] 또는 아전[衙前]이라는 세습적 신분층을 형성하여 조세·공물·부

김인환 金仁煥 KIM Inhwan
유교조선 지성사론 儒教朝鮮 知性史論
The Intellectual History of the Confucian Joseon

역·병역·치안 등의 행정 실무를 집행하거나 그밖에 통
역·의료·천문·풍수·회계·미술·음악 등의 기술 분야에
종사하였다.

↓

A 15세기 A-2 형식주의

014 **다중 언어 사용의 시대** ㅣ 19세기 이전에 중국 글자는 동아시아의 공통 문자로 사용되고 있었다. 그러나 말하고 듣는 것은 한국어로 하고, 쓰고 읽는 것은 고전 중국어 문장으로 하는 언어 생활은 중국 글자와 중국어 문장을 배울 여유가 없는 하층민들에게는 불편한 점이 많았다. 중국어 발음을 정확하게 표기하기 위하여, 고전 중국어 문장을 정확하게 해독하기 위하여, 그리고 백성들이 관청에 사정을 알리고 관청에서 백성들에게 시책을 알리기 위하여 세종은

새로운 글자를 만들었다. 몽골세계제국 시대[1206~1368]에 중국 글자 이외에 몽골, 티베트, 페르시아의 글자들을 사용해 본 지식인들의 경험이 문자 만들기 프로젝트의 한 동기가 되었다. 이성계는 쿠빌라이[Khubilai, 忽必烈(홀필렬), 1216~(즉위 1260)~1294, 칭기즈 칸의 손자로 몽골 제국의 제5대 칸(Khan)이자 원(元) 제국의 초대 황제[세조(世祖)]다.] **옹립을 주도한, 동방 왕자 옷치긴**[테무게 옷치긴[Temüge Odčigin(Otchigin), 鐵木哥 斡赤斤(철목가 알적근), 1168~1246], 칭기즈 칸의 막내 동생으로 만주의 흥안령 일대를 하사받으며 동방 3왕가(울루스)[몽골어 울루스는 '토지, 백성, 국가'를 뜻함] 중 옷치긴 왕가의 시조가 되었다.]**의 손자 타가차르**[Taghachar, 塔察兒(탑찰아), ?~1296]**의 인정을 받고 성장한 이안사**[李安社, ?~1274]**의 자손이었다. 곧 그 집 안은 근 백 년 동안 몽골의 관직을 받아 온, 옷치긴가(家)의 고려계 몽골 군벌 가문이었다. 이성계와 그의 아들들은 중국어와 몽골어와 한국어를 모국어로 하는 다중 언어 사용자였고 이성계의 손자들도 아버지만큼은 아니지만 세 언어를 말하고 쓸 수 있었다.**

015 **세종의 문자 만들기 프로젝트 |** 1443년에 세종이 한글을 만들었다. 『세종실록』 25년 12월조에 "이 달에 임금님께서 혼자서 손수 언문 글자 스물여덟 낱 자를 만드셨다(是月 上親制 諺文 二十八字)"[주 2] [『조선왕조실록(朝鮮王朝實錄)』 (국사편찬위원회, 1971) 권 4, 533, 세종 25년 12월 30일 경술.]**는 기록이 있다. 명나라와**

『훈민정음 언해(訓民正音諺解)』 1459년. 『훈민정음 해례』본(1446) 반포 13년 후에 발간된 『월인석보』에 『훈민정음 언해』가 실려 있다.

한문으로 쓰여진 『훈민정음 해례』본(1446) 중에서 어제 서문(御製序文)과 예의(例義) 부분만 한글로 풀이한 것이 『훈민정음 언해(訓民正音諺解)』다. 『훈민정음 해례』본은 독립된 책의 형태를 갖춘 단행본이지만, '언해본'이라 부르는 『훈민정음 언해』는 1459년(세조 5년)에 간행된 『월인석보(月印釋譜)』 1권 책머리에 실려 있다. 『훈민정음 언해』(1459)는 한문으로 된 『훈민정음 해례』본(1446)의 본문을 먼저 쓰고, 그 다음 한글로 한문을 풀이한 협주(夾註)[본문 속에 끼워 넣어 본문을 알기 쉽게 풀이하여 놓은 글]를 다는 방식으로 구성되어 있다. 즉 『훈민정음 해례』 본에 쓰인 한문을 읽은 뒤 그 한문의 각 글자 풀이를 읽고, 한글로 번역된 부분을 읽게 된다.

지배층의 반발을 예상하고 세종은 은밀하게 연구를 진행하면서 새 글자를 둘째 딸 정의공주[貞懿公主, 1415~1477]에게 가르쳐 주고 글을 지어 보게 했다.[주3] [이가원, 『조선문학사』(태학사, 1995), 387.] **1444년 2월 16일에 집현전(集賢殿) 학사 다섯 사람에게 중국어 발음 사전 『고금운회거요(古今韻會擧要)』** [1292년에 원나라에서 간행된 『고금운회(古今韻會)』를 간추려 1297년에 간행한 운서(韻書)로, 1434년에 조선에서도 간행되었다.] [운서는 한자의 운(韻)을 분류해 열거한 책을 말한다. 한문으로 시와 부를 지을 때는 운모(韻母, 모음과 종성)와 성조를 규칙에 따라 맞추어야 하므로 운서를 만들기 시작했고, 과거 시험에서 진사시부터는 시와 부를 보았기 때문에 운을 알아야 했다. 또한 원나라처럼 넓은 지역을 다스리는 통일 왕조가 들어섰을 때 지역마다 말이 다르므로 규범적인 발음을 제시하고자 편찬했다.]**를 번역하게 했다. 1445년 5월 11일**(양력)**에 세종은 정인지, 권제**[權踶, 1387~1445]**, 안지**[安止, 1384~1464] **등에게 건국 사적을 한시로 짓게 하였고, 1446년 10월부터 다음 해 3월 사이에 최항, 박팽년, 신숙주, 성삼문, 이선로**[李善老는 초명이다. 이현노(李賢老), ?~1453]**, 이개, 강희안**[姜希顏, 1419~1464]**에게 그 한시를 한글로 번역하게 하였다.**[『용비어천가』를 한글로 먼저 썼는가 한시로 먼저 썼는가를 두고, 현재 교과서에서는 『용비어천가』를 한글로 먼저 쓰고 한문으로 풀이했다고 본다. 이에 대해 저자는 "『용비어천가』는 『서경』에 바탕을 두고 『시경』의 사례를 인용하고 거기에 맞추어 조선측의 사례를 대응한 것인데, 『시경』 본문을 한글로 먼저 쓰기는 어려웠을 것이다."고 답했다.] **1447년 11월 23일**(양력)**에 국문과 한문을 병렬한 『용비**

『**동국정운(東國正韻)**』 1448년(세종 30) 반포. 건국대박물관 소장 금속 활자본(국보 제142호, 6권 6책의 완질).
다른 판본으로 간송미술관 소장본(국보 제71호, 권1, 권6)이 있다.

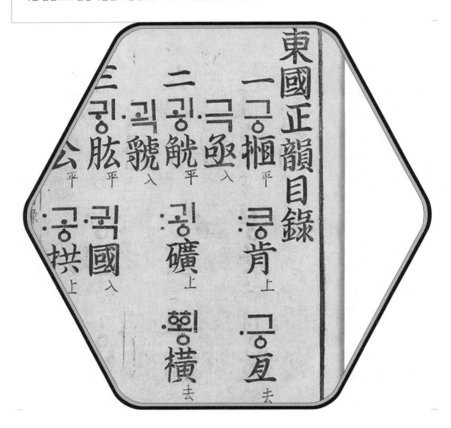

『**동국정운(東國正韻)**』은 1447년에 완성되고 1448년(세종 30)에 반포된 한국 최초의 표준음에 관한 책[운서(韻書)]이다. 제목이 '우리 나라의 바른 음'인 것처럼, 조선의 표준 한자음을 제정하기 위해 편찬되었고, 한자음을 훈민정음으로 표기했다. 즉『동국정운』편찬은 1443년(세종 25)에 훈민정음이 창제되었기에 가능한 작업이었다.

김인환 金仁煥 KIM Inhwan
유교조선 지성사론 儒敎朝鮮 知性史論
The Intellectual History of the Confucian Joseon

어천가(龍飛御天歌)』550부를 인쇄하여 신하들에게 내려 주었다.[주 4] [『조선왕조실록』권5, 41, 세종 29년 10월 16일 갑술.] 세종의 명을 받고 정인지, 신숙주, 최항이 새 글자의 제작 원리와 사용 방법을 해설한 책 『훈민정음(訓民正音)』 [『훈민정음』해례본(解例本)]은 그 이전 1446년 9월 상순에 완성되었다. 1447년 9월에는 이미 완성한 한국 한자음 발음 사전 『동국정운(東國正韻)』을 간행하라고 지시했다. 『운회(韻會)』[1444년에 번역을 명한 『고금운회거요』]의 번역본이 간행되었다는 기록이 없는 것으로 미루어, 번역 과정에서 계획이 변경되어 『동국정운』으로 완성[1448년(세종 30년) 반포]되었을 것이다. 세종은 새 글자를 만든 후 6년 2개월 만인 1450년 2월에 54세로 승하했다.

016 **훈민정음과 성리학의 형식주의** | 『훈민정음』해례본(解例本)에 의하면 한글은 성리학의 형식주의에 근거하여 제작되었다. 성리학의 형식주의는 음양(陰陽)에서 시작하여 천지인(天地人)과 춘하추동(春夏秋冬)을 거쳐 8괘와 64괘에 이르러 완성된다.

017 **음양(陰陽)의 원리** | 어원적으로 햇빛을 등지는 쪽[陰(음)]과 햇빛을 받는 쪽 [陽(양)]을 가리키던 음양은 차이와 반복의 상관 관계를 구성하는 상대적인 질료가 되었다. 이 질료를 기(氣)라고 부른다. 기는 원래 공기였으나, 공기

『월인석보(月印釋譜)』 1459년.

『월인석보(月印釋譜)』는 비 소헌왕후 심씨(昭憲王后 沈氏)의 명복을 빌고자 세종이 수양대군에게 명하여 간행
한 『석보상절(釋譜詳節)』(1447)과 이를 보고 세종 자신이 직접 지은 『월인천강지곡(月印千江之曲)』을 합편하여,
1459년(세조 5)에 25권의 목판본으로 발행한 책이다. 『월인천강지곡』을 본문으로 하고 『석보상절』을 주석의 형
식으로 구성했다. 이 『월인석보』 1권 책머리에 「훈민정음 언해(訓民正音諺解)」가 실려 있다.

　　　　김인환 金仁煥 KIM Inhwan
　　　　유교조선 지성사론 儒教朝鮮 知性史論
　　　　The Intellectual History of the Confucian Joseon

의 호흡과 연관되는 건강 상태, 또는 공기의 청탁과 연관되는 정신 상태로까지 그 의미가 확대되었다. 음양의 엇갈[錯行(착행)][음양이 번갈아 운행함 또는 음양의 운행이 흐트러짐. 음양착행(陰陽錯行)은 음양의 운행이 흐트러져 기존 질서가 무너진다는 뜻이다.]이 병을 만든다고 보아 음양의 균형을 위해 모자란 것을 보충해 주는 것[tonifying deficiency][tonify는 한의학의 치료법 중 보법(補法 : 인체의 기혈음양이 부족한 것을 보양하여 각종 허증을 치료하는 방법)을 뜻한다.]이 치료 방법으로 사용되기도 하였다. 음양허실은 치료의 원리이면서 정치의 원리가 되기도 하였다. 음과 양은 연관되는 어떤 것들의 연속체와 대조되는 어떤 것들의 연속체의 상관 관계를 나타낸다. 어느 것이든지 홀로 있을 때는 그것을 양적인 것이라거나 음적인 것이라고 할 수 없다. 해는 달에 대하여 양이 되고 달은 해에 대하여 음이 된다. 음과 양은 고정적인 개념이 아니라 상대적인 개념이다. 사물의 어느 한 면만 보고 음이나 양이라고 판단하는 것은 오류이다. 양에도 음이 있고 음에도 양이 있기 때문이다. 우리는 음적인 것에 대하여 양적인 것을 이해하고 양적인 것에 대하여 음적인 것을 이해한다.

018 **삼재(三才)와 오행(五行)** | 좌우―상하―전후는 중심을 포함하므로 천지인과 같은 삼재(三才)가 되고, 천지수화(天地水火)―춘하추동―동서남북과 같은 사성체(四成體)가 되고, 목화토금수의 오행(五行)이 되고, 하늘―땅―물

—불—산—호수—우레—바람 같은 팔괘(八卦)가 되고, 팔괘가 겹쳐져서 64 괘가 된다. 오행 이론은 서로 다른 사물들을 다섯 가지 특정한 범주로 분류하는 데 사용된다. 물은 나무를 기르고, 나무는 불을 일으키고, 불은 흙(재)을 만들고, 흙은 쇠를 품고, 쇠는 녹아 물이 된다. 물은 불을 끄고, 불은 쇠를 녹이고, 쇠는 나무를 자르고, 나무는 흙을 파고, 흙은 물을 가둔다. 불의 장부는 심장과 소장이고, 물의 장부는 신장과 방광이고, 나무의 장부는 간과 쓸개이고, 쇠의 장부는 폐와 대장이고, 흙의 장부는 비장과 위장이다. 한글은 오행을 소리의 분류에 적용하였다.

019 **훈민정음 기본 자음의 형태** | 연구개 폐쇄음과 연구개 비음은 나무에, 치경 폐쇄음과 치경 마찰음과 치경 비음과 유음 같은 전방 설정음(anterior coronal) [자음이 잇몸보다 앞에서 소리가 만들어지는 것을 전방성(前方性, anterior), 구강을 폐쇄할 때 혀끝을 사용하는 것을 설정성(舌頂性, coronal)이라 한다. 전방성과 설정성을 모두 양(+)으로 갖춘 소리에는 [ㅌ], [ㄷ], [ㄴ] 등이 있다.]은 불에, 양순 폐쇄음과 양순 비음은 흙에, 설정 파찰음(coronal affricatives) 즉 경구개 파찰음(alveolopalatal affricatives)은 쇠에, 성문음은 물에 배정하였다. 연구개음 [ㄱ]은 어금니 쪽에 있는 혀뿌리가 목구멍을 막는 모양을 나타낸 것이고, 전방 설정음 [ㄴ]은 혀가 잇몸에 닿는 모양을 나타낸 것이고, 양순음 [ㅁ]은 닫은 입술 모양을 나타낸 것이고,

성문음 [ㅇ]은 목구멍의 모양을 나타낸 것이다. /s/와 /t/는 혀가 윗잇몸에 닿아 소리 나는 전방 설정음이고, /tɕ/는 혀가 입천장에 닿아 소리 나는 경구개음 즉 전구개음(前口蓋音)이다. 그러나 『훈민정음』에서는 전방 설정음 혓소리와 경구개음 잇소리를 구별하면서도 중국 성운학에 따라 [ㅅ]을 혓소리인 전방 설정음 [ㄷ]과 함께 묶지 않고 잇소리인 경구개음 [ㅈ]과 함께 묶었기 때문에 전방 설정음 /s/의 글자가 이의 모양을 나타내는 [ㅅ]이 되었다.

훈민정음의 자음 형성 원리 020 | [ㄱ] [ㄴ] [ㅁ] [ㅅ] [ㅇ]의 다섯 글자가 자음 형태의 기본이 되어 그것들에 선 하나 또는 선 두 개를 그어 다른 글자를 만들었다. 예를 들어 [ㄴ]에 선 하나를 그으면 [ㄷ]이 되고 선 두 개를 그으면 [ㅌ]이 되며 [ㅅ]에 선 하나를 그으면 [ㅈ]이 되고 선 두 개를 그으면 [ㅊ]이 된다.

[ㄱ] [ㅋ] [ㄲ] [받침ㅇ]은 혀뿌리가 공기의 통로를 막는데, 혀뿌리는 나무의 뿌리와 통한다. 계절로 보면 봄이고 음계로는 E[角(각) : 미]이고 방향으로는 동쪽이다. 나무가 물보다 굳은 것처럼 연구개음은 성문음보다 더 굳은 소리다.

[ㄷ] [ㅌ] [ㄸ] [ㅅ] [ㅆ] [ㄴ] [ㄹ]은 혀끝이 앞니의 뒤에 있는 치경(윗잇몸)

『훈민정음(訓民正音) 해례(解例)』본(本) 1446년. (왼쪽)「예의(例義)」편 중 세종 대왕 서문, (오른쪽)「예의」편 중 음가 및 운용법 등을 설명하는 부분. (아래)「해례(解例)」편 중 제자해(制字解).

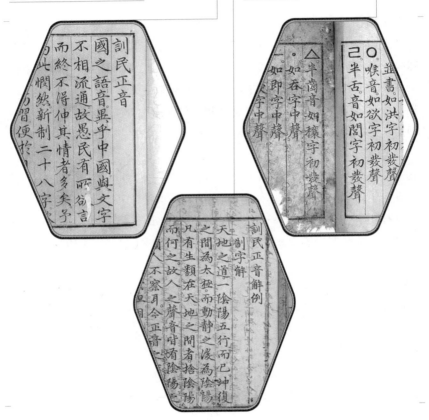

『훈민정음 해례』본은 1446년 음력 9월 간행되었으며, 크게「예의(例義)」편과「해례(解例)」편으로 나뉜다.「예의 (例義)」편은 세종의 훈민정음 서문[어제 서문(御製序文)]과 새 문자 훈민정음의 음가 및 그 운용법 등을 설명한 부분으로 되어 있다.「해례(解例)」편은 제자해(制字解), 초성해(初聲解), 중성해(中聲解), 종성해(終聲解), 합자해 (合字解), 용자례(用字例) 그리고 정인지 서문으로 구성된다.『훈민정음 해례』본은 근대기에는 나타나지 않다가 1940년에 출현했다.『훈민정음 해례』본「해례(解例)」편 중 **제자해(制字解)**에 한글의 형식주의가 설명되어 있다. ① 천지간의 진리는 음양과 오행이 있을 뿐이다. ② 만물은 음양과 오행의 작용으로 존재한다. ③ 만물의 한 가지인 사람의 음성에도 음양과 오행의 이치가 포함되어 있다.

김인환 金仁煥 KIM Inhwan
유교조선 지성사론 儒敎朝鮮 知性史論
The Intellectual History of the Confucian Joseon

에 닿는다. 혀끝이 불처럼 날카롭고 기민하게 움직이기 때문에 이 소리들은 불에 속한다. 불길이 솟고 구르고 날리듯이 혀끝은 유음(구르는 소리)을 만든다. 계절로 보면 여름이고 음계로는 G[徵(치) : 솔]이고 방향으로는 남쪽이다.

|

[ㅂ] [ㅍ] [ㅃ] [ㅁ]은 두 입술을 닫았다 떼는 소리들로서 땅이 반듯하듯이[天圓地方(천원지방)] 입술을 닫으면 입은 반듯한 모양이 된다. 계절로 보면 늦여름이고 음계로는 C[宮(궁) : 도]이고 방향은 가운데다.

|

[ㅈ] [ㅊ] [ㅉ]는 쇠처럼 견고한 소리이므로 쇠와 통한다. 계절로 보면 가을이고 음계로는 D[商(상) : 레]이고 방향은 서쪽이다.

|

성문음 [ㅎ]은 목구멍에서 나는 소리로서 목구멍이 깊숙한 곳에 젖어 있으므로 그 소리는 물에 속한다. 계절로 보면 겨울이고 음계로는 A[羽(우) : 라]이고 방향으로는 북쪽이다.

|

021 **훈민정음의 모음 형성 원리** | 모음은 혀가 앞에 있나 뒤에 있나에 따라 전설 모음과 후설 모음으로 나누고, 입의 열림과 닫힘, 입술의 둥긂과 모남을 살펴서 개모음과 폐모음, 원순 모음과 평순 모음으로 나눈다. 입을 많이 열고 소리

내면 혀가 아래로 내려오고 입을 조금 열고 소리 내면 혀가 위로 올라간다. |
한글은 후설 개모음과 중설 폐모음과 전설 폐모음을 하늘과 땅과 사람에 배정
하여 점과 수평선과 수직선으로 표기하였다. 하늘은 동적이고 땅은 정적이며
사람은 동적인 동시에 정적이다. 하늘과 땅이 만물을 생성하는 과정을 사람
이 촉진하고 완성한다. [ᄋ]는 근육과 목젖을 이완시켜서 내는 소리로 [아]
와 [오]가 분화되기 이전의 가장 자연스러운 소리다. 입을 벌려 [ᄋ]를 발음
하면 [아]가 되고, 입을 좁혀 [ᄋ]를 발음하면 [오]가 된다. 발음 기호로 보면
/ɔ/에 해당할 것이다. [으]는 힘을 줄 때 나오는 소리로 입을 벌려 [으]를 발
음하면 [어]가 되고 입을 좁혀 [으]를 발음하면 [우]가 된다. [이]는 혀가 펴
진 상태에서 입을 조금 열어서 입의 앞쪽으로 내는 소리로서, [아] [어] [오]
[우]와 시차를 두고 연속해서 발음하면 [야] [여] [요] [유]가 된다. [아]는 중
설 개모음이고 [오]는 원순 후설 반개모음이고 [우]는 원순 후설 폐모음이고
[어]는 중설 반개모음이다.
|

022 음양 오행의 형식주의를 이용하여 만든 보편적 발음 기호 | 『훈민정음』 해례
본에는 한글의 형식주의가 다음과 같이 설명되어 있다. ① 천지간의 진리는
음양과 오행이 있을 뿐이다. ② 만물은 음양과 오행의 작용으로 존재한다. ③
만물의 한 가지인 사람의 음성에도 음양과 오행의 이치가 포함되어 있다. | 음

김인환 金仁煥 KIM Inhwan
유교조선 지성사론 儒教朝鮮 知性史論
The Intellectual History of the Confucian Joseon

성은 눈에 보이지 않는 존재다. 음성의 세밀한 차이에 귀를 기울인 후에 중요한 차이와 무시해도 좋은 차이를 머리로 구분하여 머리로 구별한 소리를 눈으로 볼 수 있는 기호로 표시한 발음 기호가 글자이다. 한글은 음양 오행의 형식주의를 이용하여 한국어의 특수성에 부합하도록 만든 보편적 발음 기호이다. 한글은 세 개의 기본 모음자를 만들고 그것들을 합성하여 다른 모음을 표기하게 하였고, 조음 위치와 조음 방법에 따라 다섯 개의 기본 자음자를 만들고 그것들에 획을 더하거나 그것들을 겹쳐서 다른 자음을 표기하게 하였다. 글자를 만드는 데 소리가 나는 발음 위치를 고려했다는 것은 획기적인 발상이라고 할 수 있다. 그는 [ㄱ]과 [ㅋ], [ㄷ]과 [ㅌ]처럼 발음 위치가 같은 소리들은 비슷한 모양의 글자로 표기하게 하였다. 한글을 구성하는 기본 자음자인 [ㄱ] [ㄴ] [ㅁ] [ㅅ] [ㅇ]은 각각 어금니에서 나는 소리, 혀에서 나는 소리, 입술에서 나는 소리, 앞니에서 나는 소리, 목구멍에서 나는 소리를 대표하며 그것들의 글꼴은 그 소리들이 발음되는 조음 기관의 모양에서 나온 것이다.◍✪

CJS Confucian JoSeon 518호이 운행 궤적 분석

다 말하게 하라

유교조선儒教朝鮮 지성사론知性史論

B 16세기

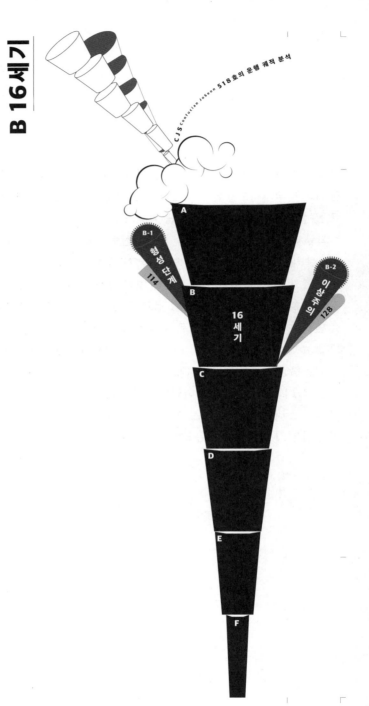

CJS Confucian JoSeon 518호의 운행 궤적 분석

A

B-1
형성 단계
114

B

16
세
기

B-2
이상주의
128

C

D

E

F

아주까리 수첩 8 다 말하게 하라
김인환 金仁煥 KIM Inhwan
유교조선 지성사론 儒教朝鮮 知性史論
The Intellectual History of the Confucian Joseon

유교조선儒教朝鮮 지성사론知性史論
B 16세기 B-1 형성 단계

023 『**경국대전**』**이 규정한 대신과 대간의 상호 견제** | 유교조선의 정치 체제는 전체적으로 국왕의 전제적 성격이 비교적 약하고 고위 관리들의 발언권이 상대적으로 강하다는 특징을 보여 준다. 대신(大臣) 즉 장관들은 정치[천관(天官) : 이조(吏曹)], 경제[지관(地官) : 호조(戶曹)], 교육[춘관(春官) : 예조(禮曹)], 국방[하관(夏官) : 병조(兵曹)], 법률[추관(秋官) : 형조(刑曹)], 산업[동관(冬官) : 공조(工曹)]의 여섯 분야의 책임자였다. 당시 사람들은 외교에서 정치적·경제적 성격보다 교육적 성격을 더 중요하게 생각하였으므로 예조에서 교육과 함께 외교도 담당하였다. 관리들을 규찰하는 사헌부(司憲府)와 국왕에게 간언하는 사간원(司諫院)과 서적과 학술을 관장하는 홍문관(弘文館)의 대간(臺諫)[고려·조선 시대 탄핵과 감찰을 맡은 대관(臺官)과, 간쟁[諫諍, 왕의 잘못된 명령과 행위에 대해 비판하는 것]과 봉박[封駁, 왕의 부당한 조칙을 되돌리는 것]을 맡은 간관(諫官)의 합칭. 조선 시대에 대관은 사헌부, 간관은 사간원에 소속되었다.]들은 대신들의 권력 남용을 견제하는 역할을 하였다. 대체로 대신들은 현실적이고 보수적으로 정책을 운용하였고 대간들은 이상적이고 원칙적인 시

114 아주까리 수첩 **8** 다 말하게 하라
김인환 金仁煥 KIM Inhwan
유교조선 지성사론 儒教朝鮮 知性史論
The Intellectual History of the Confucian Joseon

각에서 대신들의 결정을 비판하였다. 1485년에 확정 완성된[편찬은 1460년(세조 6) 이전부터 시작]『경국대전(經國大典)』에 육조(六曹)와 삼사(三司)[사헌부, 사간원, 홍문관]가 서로 견제하도록 규정되어 있으므로 대신이나 대간은 그가 소속된 관서의 성격에 맞게 행동하지 않을 수 없었다. 유교조선의 관리들은 젊었을 때는 사헌부의 장령(掌令) 또는 사간원의 헌납(獻納)으로서 탄핵과 간쟁의 임무를 수행하다가 나이가 들어 대신이 되면 현실적이고 보수적으로 정책을 결정하였다. 대신과 대간의 상호 견제를 통하여 국왕은 조정 능력을 확보할 수 있었다.

024 **성리학적 정치·생활 방식의 정착** | 그러나 왕권과 신권은 항상 대립 관계에 있었으며 왕권과 신권이 균형을 상실하면 연산군[燕山君, 이융(李㦕), 1476~(즉위 1494)~1506]이나 광해군[光海君, 이혼(李琿), 1575~(재위 1608~1623)~1641]처럼 왕이 축출되거나, 1498년[무오]·1504년[갑자]·1519년[기묘]·1545년[을사]의 학살과 같은 선비 탄압 사건이 발생했다. 15세기는 국왕이 중심이 되어 창업기의 과제들을 해결해 나아가는 시대였다. 15세기에는 <사서(四書)>[『논어』,『맹자』,『대학』,『중용』]를 소장한 지식인도 드물었으며 문집의 간행도 거의 없었다. 16세기에 들어와 지식인의 수가 늘어나고 과거[科擧] 응시생의 수가 확대되자 지식인 관료들은 도덕적 권위를 내세워 국왕의 특권에 제약을 가하려 들었다. 그들은 유교 가치를 기준으로 삼고 국왕 중심의 국정 운영을 비판하였다. 그들은 도덕적 가치의 구현이라는 공동 목적을 내세우고 국왕도 그 가치를 무시하거나 공론에 반대하여 신하를 처벌하지 못하는 분위기를 형성하였다. 조광조[趙光祖, 정암(靜庵), 1482~1519]나 송시열[宋時烈, 우암(尤菴), 1607~1689] 같이 공론을 주도하는 인물이 정치의 실세가 되는 일도 있었다. 과거 제도

『**경국대전(經國大典)**』중「이전(吏典)」의 표지, 1485년[을사대전(乙巳大典)].

『**경국대전(經國大典)**』은 세조 대에 편찬을 시작하여 성종 대에 6권 4책으로 완성했으며 1485년(성종 16) 반포되었다. 조선 건국 초의 법전들인 정도전의 『**조선경국전(朝鮮經國典)**』[1394년(태조 3)], 『**경제육전(經濟六典)**』[1397년(태조 6)]과 그 속전(續典), 그리고 그 뒤의 법령들을 종합하여 만든 통일 법전이다. 편제와 내용은 『**경제육전**』과 같이 6분 방식에 따라 이(吏)·호(戶)·예(禮)·병(兵)·형(刑)·공(工)의 순서로 되어 있고, 각 전(典)마다 필요한 항목을 분류하여 규정했다. 1460년(세조 6)에 먼저 재정·경제의 기본이 되는 『**호전(戶典)**』이 편찬되어 『**경국대전**』으로 이름지었고, 1467년(세조 13) 전편의 편찬이 끝났으나 보완을 거듭하다 간행을 보지 못하고 세조가 죽었다. 재위 1년 만에 승하한 예종의 뒤를 이어 즉위한 성종 대에 몇 차례 수정[1470년(성종 1)『**신묘대전(辛卯大典)**』, 1474년(성종 5)『**갑오대전(甲午大典)**』, 1484년(성종 15)『**을사대전(乙巳大典)**』]을 거친 후, 1485년 1월 1일부터 반포·시행한 육전(六典)이 『**을사대전**』이다. 오늘날 전해 오는 『**경국대전**』은 『**을사대전**』이며 그 이전의 것은 전해지지 않는다.

아주까리 수첩 **8** 다 말하게 하라

김인환 金仁煥 KIM Inhwan

유교조선 지성사론 儒教朝鮮 知性史論

The Intellectual History of the Confucian Joseon

가 지식인들 사이에 다양한 인적 네트워크를 만들었고 관료들과 잠재 관료들이 공론의 장을 형성해 나갔다. 국왕은 하루에 네 번[아침, 낮, 저녁, 밤] 경연(經筵)에 가서 유교 경전을 학습해야 했다. 1511년[중종 6]에 『삼강행실도(三綱行實圖)』 2,940질을 반포하였다.[조선 시대 단일 서책으로는 『책력(冊曆)』과 정조 때의 『규장전운(奎章全韻)』 다음으로 많은 부수다.] 16세기 중반에 성리학적 생활 방식이 정착하였다.

025 양반의 대토지 소유 증가로 인한 소작농과 노비의 증가 |

15세기에는 사적 토지 소유가 국가의 중앙 집권 체제 안에 있었다. 토지를 가진 자는 누구나 국가에 전세를 납부해야 했다. 그러나 16세기에는 지방 관아와 결탁하여 토지를 넓힌 대토지 소유자들이 전세를 내지 않아 국가의 전세 수입이 줄어들기 시작했다. 전세 부과 토지의 평균 소유 면적이 감소하는 것은 대지주에게 토지가 집중되는 경향을 보여 주는 것이었다. 자기 땅을 경작하던 양인 가운데 적지 않은 사람들이 몰락하여 땅을 팔고 소작 농민이 되었다. 소작하는 농민들은 국가에 바치는 전세와 공물과 부역과 군사적 부담에 더하여 수확의 50%를 지주에게 내야 하였다. 16세기에 노비의 수도 더 늘어났다. 양인이 노비가 되면 조세, 공물, 부역, 군역을 부과할 대상이 감소하므로 국가의 재정이 곤란하게 된다. 왕실과 고위 관리들은 이를 고려하는 대신 농민들이 개간한 땅을 헐값으로 사들여서 대토지를 형성하였다. 15세기 세조 [世祖, 이유(李瑈), 1417~(즉위 1455)~1468] 때의 전형적인 땅 부자는 정인지[鄭麟趾, 학역재(學易齋), 1396~1478]였다.[정인지는 한미한 집안 출신이었으나 총명함으로 관직에 나간 후 세조 때 토지세를 개혁하는 임무를 맡고 충청, 전라, 경상도를 모두 돌며 토지의 등급을 심사하는 일을 맡았다. 주변에서 내놓는 토지를 적극 사들이고, 엄청난 고리의 장리쌀 사채를 놓아 당대 조선의 4대 부호 중 하나에 오른

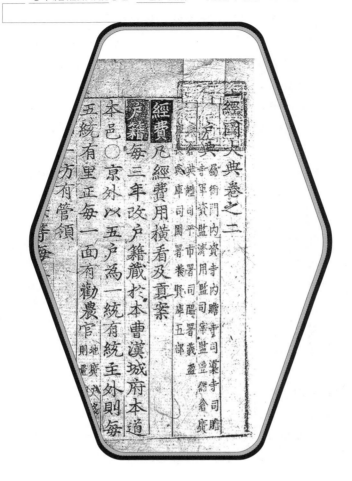

『경국대전(經國大典)』 중 권2 『호전(戶典)』, 1485년[을사대전(乙巳大典)].

아주까리 수첩 **8** 다 말하게 하라
김인환 金仁煥 KIM Inhwan
유교조선 지성사론 儒敎朝鮮 知性史論
The Intellectual History of the Confucian Joseon

다. 젊은 유생들이 이를 문제삼자 당시 고위 관료들은 '장리를 놓는 것을 축재라 한다면 여기에서 자유로울 관리가 어디 있는가'라고 변호한다.]

┃16세기 후반에 발생하여 19세기까지 계속된 **당쟁은 지배 계급의 분파들이 토지와 노비와 관직을 서로 더 많이 가지려고 싸운 권력 투쟁**이다. 왕과 왕실 그리고 고위 관리들과 이들의 모집단인 사족(士族) 즉 양반이 상류 사회의 구성원들이었다.

┃

026 **변방의 무관과 향리는 어떻게 먹고 살았나**┃생활비에도 모자라는 녹봉을 받았기 때문에 변방의 무관들은 군졸들이 근무에 나오지 않는 것을 허용해 주고 그들에게서 쌀을 받아 생활비에 보충하였는데 집권자들은 이러한 관행을 알면서도 금지할 수 없었다. 고위 관리들의 서기 소임을 보거나 지방 관청의 실무를 담당하는 하급 관리들에게는 일정한 녹봉[祿俸]이 없었기 때문에 이들 중인[中人] 출신의 향리(鄕吏)[서리[胥吏]와 아전[衙前]]들은 수수료를 받아 생활할 수밖에 없었다. 이들이 받는 뇌물이 조세와 공물과 부역을 처리하는 기준이 되었다. 부유한 자들의 논밭은 헐하게 평가하고 가난한 자들의 논밭은 무겁게 평가하며 세력 있는 자의 논밭은 재해지로 인정하고 가난한 자의 논밭은 재해지로 인정하지 않는 일이 많았다.

┃

027 **방납(防納)과 전결세(田結稅)**┃왕실과 정부가 필요한 물건을 전국의 군현에 배당하여 거둬들이는 공물은 질과 기일이 보장되지 않는다는 이유로 중앙 각사의 서리들은 지방 각 관청의 공물을 상인들에게 사서 대신 납부하고 규정량의 몇 배에 해당하는 무명[목면(木棉), 면포(綿布)](당시의 현물 화폐)을 받아 내었다. 지방의 관아에서 직접 납부하는 것을 방해한다고 하여 이것을 방납(防納)이라고 했다. 1594년에 유성룡[柳成龍, 서애(西厓), 1542~1607]은 필요

『신증동국여지승람(新增東國輿地勝覽)』, 전 55권 55책, 1530년 완성, 1611년 간인본. [서울대학교 규장각 소장]. (왼쪽) 백두산 지역과 (오른쪽) 팔도총도(八道總圖) 부분

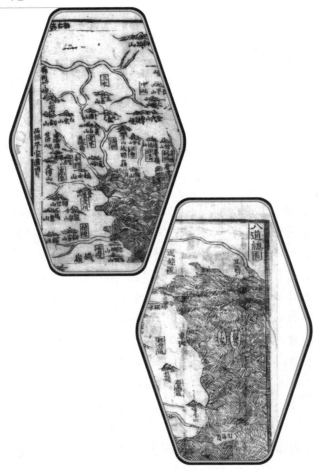

조선이 개국하고 전국을 중앙에서 통치하는 체제를 완성하는 과정에서 각지의 정보를 총람한 지리지를 조사, 편찬하기 시작한다. 세종 때『신찬팔도지리지(新撰八道地理志)』(1432, 세종 14)』 본격화한『세종실록지리지(世宗實錄地理志)』(1454, 단종 2), 『팔도지리지(八道地理志)』(1478, 성종 9) 등이 그러한 시도였다. 성종 9년(1478) 완료된『팔도지리지』를 토대로 성종대에『동국여지승람』이 간행되는데, 이 지리지는 훈구 세력에 사림 세력이 합류했다는 점에서 의의가 있다. 이를 계속 보완 증보해 중종 25년(1530)에『신증동국여지승람』을 완성했다. 조선을 한성부, 개성부와 8도로 나누어 지도를 실었다. 각 도 하위 지역 329개에 대해서 연혁, 관원, 성씨, 풍속, 산천, 인물과 지역을 노래한 시인들의 시를 실었다. 임진왜란을 겪은 후 1611년에 다시 찍은 판본이 전한다.

아주까리 수첩 8 다 말하게 하라
김인환 金仁煥 KIM Inhwan
유교조선 지성사론 儒教朝鮮 知性史論
The Intellectual History of the Confucian Joseon

한 공물의 값을 계산하여 국가가 전결세(田結稅)로 징수하고, 이 예산으로 상인들에게서 직접 구매하자고 제안하였다.

028 **면화 재배의 전국화와 시장의 발생** | 15세기에 면화(綿花)는 경기도 이남에서 주로 재배되었으나 16세기가 되자 8도에 면화를 심지 않은 곳이 없었다. 16세기에는 한 달에 2회, 3회, 6회 열리는 시장[장시(場市)]도 전국에 걸쳐서 생겨났다. 어느 지역에 홍수나 가뭄이 발생하여 농민들이 굶어 죽을 처지에 이른 경우에 다른 지역에서 이곳에 와서 곡식을 팔 수 있게 한 데서 시장이 발생했을 것이나, 생산물의 일부를 자유롭게 처분할 수 있는 농민과 수공업자가 없었다면 그러한 시장도 발생하지 못했을 것이다. 17세기 이후에는 각 지역의 시장들이 개장 일자를 서로 조정하여 시장의 전국적인 연계망을 구축하였다.

029 **군역 제도와 실제 상황** | 『경국대전』에서는 166,000명의 군인[정군(正軍)]과 군인 1인당 2인의 보인(保人)을 두어서 약 60만 명[정군(正軍)+보인(保人)]의 양인 장정을 확보하도록 규정하였다. 군역[軍役] 기간 정군(正軍)으로 신역(身役)[실역(實役)]을 하는 사람은 보인에게서 한 달에 무명 2필을 직접 받았다. 보인 제도는 예비역이 현역을 지원하게 한 제도라고 할 수 있다. 그러나 군역에 동원되는 사람이 무명(10~20필)을 주고 다른 사람에게 실역(實役)을 대신하게 할 수 있었으므로 등록된 군인의 수효는 동원된 군인의 수효와 일치하지 않았다.

030 **서당, 향교, 서원, 4부 학당, 성균관** | 서당(書堂)에 가서 『천자문(千字文)』과 『소학(小學)』을 배우는 것이 초등 교육에 해당하고, 향교(鄕校)나 서원(書院)에 가서 『대

『**삼강행실도 언해(三綱行實圖諺解)**』원간본은 성종 12년(1481)에 간행한 것으로 추정하는데, 한글 표기 특성 등에 따라 원간본 계통, 1581년(선조 14)본 계통, 1730년(영조 6)본 계통으로 구분한다.

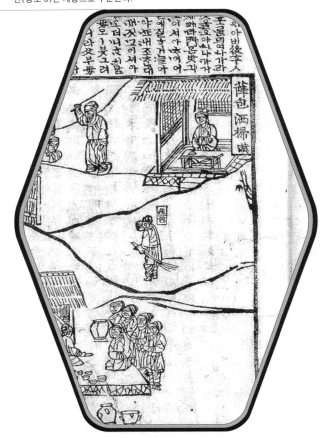

『**삼강행실도(三綱行實圖)**』는 군신(君臣), 부자(父子), 부부(夫婦)의 삼강(三綱)에 더해 모범이 될 만한 충신, 효자, 열녀의 행실을 담은 책으로 1434년(세종 16) 처음 편찬됐다. 세종 때 판본은 효자 110명, 충신 110명, 열녀 110명의 행실을 묘사한 그림 (330점의 판화)을 싣고 행적을 기록했다. 내용은 대부분 고대 중국의 인물이고 우리 나라의 사례를 일부 덧붙였다. 예를 들어 효자의 경우 우리 나라 사람은 22명이 수록 되었는데, 삼국 4명, 고려 7명, 조선 11명이었다. 이후 성종 때에 한글을 덧붙인 언해 본을 출간(1481)했고, 1490년(성종 21)에는 각각 35명씩만 간추려 105명이 수록 된 『삼강행실도』가 다시 출판되었다. 여기에 우리 나라의 효자 4명, 충신 6명, 열녀 6 명 등 14명이 포함되었다. 1514년(중종 9)에 편찬한 『속삼강행실도(續三綱行實圖)』 는 우리 나라의 인물로만 구성(효자 36명, 충신 5명, 열녀 28명 : 합 59명)했다. 그러 나 이 때에도 그림 속 인물의 복식이나 건축물 배경은 중국 양식을 따랐다.

김인환 金仁煥 KIM Inhwan
유교조선 지성사론 儒敎朝鮮 知性史論
The Intellectual History of the Confucian Joseon

학(大學)』『중용(中庸)』『논어(論語)』『맹자(孟子)』그
리고 주희[朱熹, 1130~1200]의 편지와 어록을 배우는 것이
중등 교육에 해당하였다. 1541년[1541년은 주세붕(周世鵬,
1495~1554)이 풍기 군수로 부임한 해이다. 주세붕은 이듬해인 1542
년(중종 37)에 안향(安珦, 1243~1306)을 배향하기 위해 사묘(祀廟)
를 지었고, 그 이듬해(1543년)에는 사묘 옆에 강학당을 지어 지방 사림
의 공부 장소로 삼고 백운동 서원(白雲洞書院)이라 이름했다. 최초의
서원으로 기록된다.]부터 1600년까지 75개의 서원이 생겼
다. 1860년에는 전국에 379개의 서원이 지방 세력의 거
점을 형성하고 있었다. 서원의 교육 내용과 운영 방침은
지역의 사족(士族)들이 자율적으로 하도록 하고 국가는
경제적 지원만 하였다. 토지와 노비를 주고, 다는 아니지
만 면세와 면역의 특권도 허용했다. 서울에는 국립 중등
교육 기관으로 동학·서학·남학·중학[4부 학당]이 있었는
데, 그 중 중학(中學)은 산수, 음악, 천문, 지리, 역서, 의
학, 법률, 외국어를 중인(中人)들에게 가르치는 기술직
시험 준비 학교였다. 고등 교육 기관으로는 서울에 성균
관(成均館)이 있었다. 관리 선발 시험에 응시자의 연령과
본관, 3대 조상의 출신과 이력을 등록하게 하여 기층 사
회의 고위 관리 시험 응시 자격을 제한하였으며, 1415년
[태종 15]에는 아버지가 양반이더라도 첩의 자식인 경우에
는 중인들의 기술직 시험만 볼 수 있게 하였다.[서얼금고법
(庶孽禁錮法)] 원래 서얼에게 일정한 벼슬을 허용하는 한품
제(限品制)[일정 품계(品階) 이상의 승진을 제한한 제도. 한품서용제
(限品敍用制)라고도 한다.]가 1408년부터 시행되다가 1415
년에 그 제한이 강화되었다.

031 **유교의 핵심** | 유교의 핵심은 일에 공들이고 사람을 존중
하는 데 있다. 그것을 충서(忠恕)라고도 하고 성경(誠敬)
이라고도 했다. 격물치지(格物致知)에는 지식이 사물에

서 나온다는 의미와 주체가 대상에 압도당하면 안 된다는
의미가 들어 있다.

032 **공자의 핵심** | 공자[孔子, 기원전 551~기원전 479]는 내면의
어진 마음[仁(인)]과 외면의 바른 행동[禮(예)]을 통하여
인간의 고유성[중용(中庸)]이 실현된다고 하고 중용의 바
탕에는 참됨[誠(성)]이 작용하고 있다고 하였다. 『대학
(大學)』에서는 서(恕)와 경(敬)을 혈구(絜矩)[원래는 ㄱ자
모양의 곱자[구(矩)]로 잰다는 뜻인데, 자기의 처지에 미루어 남의 처지
를 안다는 뜻으로 쓰인다.]라고 했는데, 남을 존중하는 사람은
내가 싫어하는 것을 남에게 하지 않는다는 의미이다. 예
는 상황에 맞는 적절한 행동을 의미한다. 그러므로 지나
친 행동이나 미흡한 행동은 예가 아니다. 지나친 환대와
미흡한 환대는 모두 손님의 마음을 불편하게 할 것이다.

033 **맹자의 핵심** | 맹자[孟子, 기원전 372~기원전 289]는 악이 물
욕에 기인한다고 보고 욕심 없음을 강조하였다. 교육[養
氣(양기)][호연의 기를 기르는 일. 몸과 마음을 닦는 일.]은 과욕[寡
慾[욕심을 줄임]]에서 시작한다. 인간에게는 누구나 물욕을
절제할 수 있는 지성[良能(양능)]과 의지[良志(양지)][양지
양능(良志良能)은 교육이나 체험에 의하지 아니하고 선천적으로 알고
행할 수 있는 능력이다.]와 감성[四端(사단)][사람의 본성에서 우러
나는 네 가지 마음씨. 인(仁)에서 우러나는 측은지심(惻隱之心), 의(義)
에서 우러나는 수오지심(羞惡之心), 예(禮)에서 우러나는 사양지심(辭
讓之心), 지(智)에서 우러나는 시비지심(是非之心).]이 있다. 어린
아기가 우물로 기어가면 잡아 주려 하고, 아무리 주려도
발로 차서 주는 음식은 먹지 않고, 남에게 함부로 하지 않
고, 어떤 짓은 죽어도 못하겠다고 결단하는 마음이 없으
면 사람이 아니다. 인류 전체로 보면 인의예지(仁義禮智)
가 물욕보다 조금이라도 더 강하다고 보아야 한다. 그렇

김인환 金仁煥 KIM Inhwan
유교조선 지성사론 儒教朝鮮 知性史論
The Intellectual History of the Confucian Joseon

지 않다면 세상은 멸망하고 말 것이기 때문이다.

034 주희의 리(理)와 기(氣) | 주희[朱熹, 1130~1200]는 인간의 마음을 깨끗한 그릇으로 보고 그것을 도심(道心)이라고 하였다. 도심이 더러워지면 저만 아는 마음[私心(사심)]이 되고 남을 못되게 하는 욕심[邪心(사심)]이 된다. 주희는 이렇게 더러워진 그릇을 깨끗하게 씻는 것을 격물(格物)이라고 보았다. 격물이란 부모와 형제와 부부의 관계[삼강(三綱)]를 바르게 생각하고 바르게 행동한다는 뜻이다. 주희는 공자와 맹자의 본뜻을 리(理)[얼]와 기(氣)[것]의 두 계열로 정리하였다. 리와 성(性)과 체(體)는 실재이고 본질이고 근거이며, 기와 정(情)과 용(用)은 음양이고 오행이고 만물이다. 기(氣)는 원래 공기(空氣)를 가리키는 단어였으나 노자[老子, 기원전 604?~?]와 장자[莊子, 기원전 365?~기원전 270?]는 우주를 형성하고 있는 물질적인 기운(에너지)을 가리키는 단어로 사용하였고, 주희는 물질인 질료와 정신인 에너지를 다 포함하는 단어로 사용하였다. 개별 사물은 기가 아니라 리와 기의 합성체이다. 기는 사물이 아니라 사물의 현상적 속성을 형성하는 질료이다. 형성하고 활동한다는 의미에서 기를 기운(氣運)이라고도 하는데, 물질적 기운일 수도 있고 정신적 기운일 수도 있다. 활동하는 정신적 기운은 감정과 욕망을 야기하며 감정과 욕망은 알맞은 길에서 벗어나 과도하게 움직이거나 미흡하게 움츠러들 수 있으므로 기에는 악이 잠재해 있다. 리와 기 사이에 시간의 선후는 없으나 존재론적으로는 리는 높고 기는 낮다. 이러한 세계관은 왕과 남편과 지주는 높고 신하와 아내와 소작 농민[佃戶(전호)]은 낮다는 사회관의 근거가 되었다.

035 유학의 이상과 성리학의 실제 | 유교 철학의 이론으로는

누구나 성인(聖人)이 될 수 있다고 하겠으나 실제로는 지주만 교육을 받을 수 있었으므로 지주만 성인이 될 수 있다는 결론에 이르렀고, 왕은 지주 중의 지주였기 때문에 국왕은 반드시 성인이 되어야 한다는 전제하에 국왕에게는 특별히 국왕 교육을 따로 받게 했다. 지식인 지주들은 성리학의 기초 지식을 가진 사람이 정치를 해야 한다고 생각하였다. 성리학의 이념을 실현하기 위해서 그들은 국왕을 성리학자로 만들고자 하였으며 성리학 지식을 기준으로 관료를 선발하거나 퇴출시키려고 하였다.

036 **진리 탐구자에서 이기 탐구자로** | 15세기에는 국가가 국왕 중심으로 운용되었고 지방도 국가가 직접 지배하였기 때문에 붕당(朋黨)[글자 뜻으로는 같은 스승에게 배운 무리 집단을 말한다. 1575년(선조 8)경 사림(士林)들인 심의겸(沈義謙)과 김효원(金孝元)이 다툼으로써 동서 분당(東西分黨)이 시작되었다. 심의겸 편을 서인(西人), 김효원 편을 동인(東人)이라 했다. 동인은 남인(南人)[대 서인 온건파]과 북인(北人)[대 서인 강경파]으로, 북인은 또 대북(大北)과 소북(小北)으로 갈라졌다. 서인은 소론(少論)[대 남인 온건파]과 노론(老論)[대 남인 강경파]으로, 노론은 또 벽파(僻派)[영조 옹호]와 시파(時派)[사도세자 옹호]로 갈라섰다.]이 없었다. 16세기에 지방의 사족[士族]들이 세력을 이루자 국가는 지방 사족들을 통하여 지방을 간접적으로 지배하는 방식도 수령을 통해 지방을 직접 지배하는 방식과 함께 이용하려고 하였다. 1545년[명종 즉위년][을사사화]에 동인(東人)과 서인(西人)의 붕당이 시작되었고, 1578~1583년[선조 11~16]에 율곡 이이[栗谷 李珥, 1536~1584]가 동인의 우세를 견제하기 위하여 서인의 편에 서자 두 세력이 균형을 이루게 되었다. 처음에는 지역적 색채로 분화되었으나 각 붕당은 서로 공당(公黨)이 되려고 노력하였다. 붕당 사이에 포용과 견제, 대립과 균형의 원리가 작용하는 면도 있었다. 그러나 자기 당과 다른

김인환 金仁煥 KIM Inhwan
유교조선 지성사론 儒敎朝鮮 知性史論
The Intellectual History of the Confucian Joseon

당의 대립을 군자당과 소인당의 대립으로 구별하기 시작하면서 붕당의 대립이 아군과 적군의 대립으로 전개되었다. 원래 유학에서 군자(君子)(chüntzu, junzi)는 진리 탐구자(a seeker of the way)를 가리키는 일반 명사였으나, 이들은 군자당을 다른 당파와 구별해서 자기 당파를 가리키는 고유 명사로 사용했다. 16세기에 리와 기 가운데 어느 것이 먼저인가에 대한 논쟁이 있었는데, 리와 기가 나눌 수 없이 얽혀 있다는 데 모두 동의하면서도 당파에 따라 논쟁이 양극화되었고 끝내 유교조선의 양반들은 경기·충청 당파와 경상도 당파의 어느 한 쪽을 선택하게 되었다. 표면적으로는 철학적·도덕적 논쟁인 것처럼 보였으나 사실은 토지와 노비와 관직을 차지하려는 이기적인 패거리 싸움이었다.

↓

B 16세기 B-2 이상주의

037 **퇴계, 한국의 유학** | 주희[朱熹, 1130~1200]의 유학은 1392년 <u>유교조선</u>이 건국될 때부터 국가 운용의 원리로 설정되었으나 그것은 150년이 지난 후에야 퇴계 이황[退溪 李滉, 1501~1570]의 손에 의하여 하나의 한국적 사상 체계로 완성되었다. 『<u>자성록(自省錄)</u>』은 1555년부터 1560년까지 55세에서 60세 사이에 퇴계가 자신이 쓴 편지 22통을 생전에 모아 엮은 책이다. 퇴계는 친구들과 제자들에게 보낸 편지들 가운데서 자신을 성찰하는 데 도움이 된다고 생

각되는 것들을 추려서 곁에 두고 늘 거듭 읽었다. 22통의 편지 내용은, 처음 공부하는 사람들이 조심해야 할 것[1~3], 학문의 자세[4~12], 학문의 방법 [13~19], 명성을 가까이 하지 말라는 경계[20~22] 등이다.

038 **방심하지도 않고 집착하지도 않는 사이** | "마음과 기운의 병은 이치를 살피는 데 투철하지 못하고 헛된 것을 천착하며 억지로 탐구하여 마음을 간직하는 데 방법이 어두워 싹을 뽑아 올려 자라는 것을 도와 주려 하는 것으로 말미암아 깨닫지 못하는 사이에 마음을 피로하게 하고 힘을 소모하게 하여 여기에 이르는 것이니 이것은 초학자에게 공통된 병입니다. 비록 주자 같은 분이라 하더라도 처음에는 이러한 병이 없지 않았습니다. 만약 그것이 이와 같은 것을 이미 알고 돌이켜 고칠 수 있었다면 다시 근심이 되지 않았을 터인데 오직 일찍 알아서 빨리 고칠 수 없었기 때문에 끝내 병이 된 것입니다. 내 평생 병통의 근원도 모두 여기에 있었는데 이제 마음의 병은 전과 같지 않으나 다른 병이 이미 심해졌습니다. 노쇠한 때문입니다. 그대와 같은 사람은 젊고 기운이 성하니 진실로 그 처음에 빨리 고치고 조섭(調攝)[음식이나 주위 환경, 움직임 등을 알맞게 조절하여 쇠약한 몸을 회복되게 함]한다면 어찌 마침내 괴로움이 있겠으며 또 어찌 다른 증세가 간섭하겠습니까? 대저 그대는 전날 공부할 때 궁리하기를 심오하고 현묘한 데 나아가려고 하며 힘써 행할 때 자랑하고 급하게 하는 것을

퇴계(退溪)의 『자성록(自省錄)』 표지. 김성일[鶴峰 金誠一, 1538~1593]이 나주목사(羅州牧使)로 있을 때인 1585년(선조 18) 나주에서 처음 간행되었고, 1793년(정조 17)에 중간되었다.

『자성록(自省錄)』은 조선 전기의 학자인 퇴계 이황(李滉, 1501~1570)이 여러 인물들과 주고받은 간찰[簡札, 편지] 가운데 심성(心性), 이기(理氣), 사단칠정(四端七情) 등 수양과 성찰에 관해서 문답한 편지 22편을 뽑아 편찬한 책이다. 표지를 보면 '자성록(自省錄)' 제목 아래 작은 글씨로 '퇴도선생(退陶先生)'이라 되어 있다.

김인환 金仁煥 KIM Inhwan
유교조선 지성사론 儒教朝鮮 知性史論
The Intellectual History of the Confucian Joseon

면하지 못하여 억지로 탐구하고 자라도록 도와 주었으므로 병근이 이미 성해진 데다 마침 우환이 겹쳐 다스리기 어려워진 것이니 어찌 염려하지 않을 수 있겠습니까? 그 치료 방법은 그대가 스스로 알고 있을 것입니다. 첫째로 먼저 세간의 궁통영욕(窮通榮辱)[궁함과 형통함, 영예와 욕됨]과 이해득실을 일체 도외시하여 마음에 누가 되지 않도록 해야 합니다. 이미 이 마음을 힘써 얻었다면 근심은 대개 이미 반 이상 그친 셈입니다. 이와 같이 하되 무릇 일상 생활에서 말하는 것을 적게 하고 좋아하는 것을 절제하며 그림 글씨 꽃 화초의 완상이나 산수어조(山水漁釣)의 즐거움 같은 데 이르러서도 진실로 가히 뜻에 맞고 마음에 드는 것이면 항상 접하는 것을 꺼리지 않아서 마음과 기운으로 하여금 늘 화순(和順)[온화(溫和)하고 순함]한 상태에 있게 하고 어긋나고 혼란스럽고 성내는 일이 없게 하는 것이 중요합니다. 글을 보되 마음을 피로하게 하는 데 이르지 않아야 하고 많이 보는 것을 절대로 피해야 하며 다만 뜻에 따라 그 맛을 즐겨야 합니다. 이치를 살피는 것은 모름지기 일상의 평이하고 명백한 곳에 나아가 참뜻을 간파하고 익숙하게 체득해야 합니다. 그 이미 아는 바에 침잠하여 여유 있게 노닐되 오직 방심하지도 않고 집착하지도 않는 사이[非着意非不着意之中(비착의비불착의지중)]에서 밝게 간직하고 잊지 않는 공부를 오래도록 쌓다 보면 자연히 녹아서 얻음이 있게 될 것입니다. 더욱이 집착하고 구속하며 빠른 보람을 보려고 해서는 안 됩니다."[주 5][「자성록(自省錄)」, 『이퇴계

전집(李退溪全集) 하(下)』(퇴계학연구원, 1975), 321.] | **이것은 퇴계가 남언경**[南彦經, 동강(東岡), 1528~1594] [서경덕(徐敬德, 1489~1546)의 문인이며, 조선 최초의 양명학자다.] **에게 준 충고이다. 남언경은 임진왜란 후에 여주 목사와 공조참의를 지내고, 양명학(陽明學)을 연구한다는 이유로 탄핵을 받아 삭직된 사람이다. |** 기대 승[高峰(고봉) 奇大升, 1527~1572]**의 '리발(理發)' 비판에 답한 두 번째 편지의 후 론(後論)에는 진리에 대한 퇴계의 철저한 확신이 잘 나타나 있다. 이 두 편지 글에서 우리는 퇴계의 진리관을 짐작할 수 있다.**

|

039 **뜻을 겸손하게 하고 남의 말을 살피며 |** "나의 보잘것없는 독서법에서는 무릇 성현의 의리를 말씀하신 곳이 드러나 보이면 그 드러남에 따라 구할 뿐, 감히 그것을 경솔하게 숨겨진 곳에서 찾지 않습니다. 그 말씀이 숨겨졌으면 그 숨 겨진 것을 따라 궁구할 뿐, 감히 그것을 경솔하게 드러난 곳에서 추측하지 않 습니다. 얕으면 그 얕음에 말미암을 뿐, 감히 깊이 파고들지 않으며 깊으면 그 깊은 곳으로 나아갈 뿐, 감히 얕은 곳에서 머무르지 않습니다. 나누어 말씀한 곳에서는 나누어 보되 그 가운데 합쳐 말씀한 것을 해치지 않으며, 합쳐 말씀 한 곳에서는 합쳐 보되 그 가운데 나누어 말씀한 것을 해치지 않습니다. 사사 로운 나 개인의 뜻에 따라 좌우로 끌거나 당기지 않으며, 나누어 놓으신 것을 합친다거나 합쳐 놓으신 것을 나누지 않습니다. 오래오래 이와 같이 하면 자

김인환 金仁煥 KIM Inhwan
유교조선 지성사론 儒教朝鮮 知性史論
The Intellectual History of the Confucian Joseon

연히 성현의 말씀에 문란하게 할 수 없는 일정한 규율이 있음을 점차로 깨닫게 되고 성현의 말씀의 횡설수설한 듯한 속에도 서로 충돌되지 않는 지당함이 있음을 점차로 알게 됩니다. 간혹 일정한 것으로 자기의 설을 삼을 때는 또한 의리의 본래 정하여진 본분에 어긋나지 않을 것을 바랍니다. 만일 잘못 보고 잘못 말한 곳이 있을 경우라면 남의 지적에 따라, 혹은 자신의 각성에 따라 곧 개정하면 또한 스스로 흡족하게 느껴집니다. 어찌 한 가지 소견이 있다 하여 변함없이 자기 의견만을 고집하면서 타인의 한 마디 비판을 용납하지 않을 수 있겠습니까? 어찌 성현의 말씀이 자기의 의견과 같으면 취하고, 자기의 의견과 다르면 억지로 같게 하거나 혹은 배척하여 틀렸다고 말할 수 있겠습니까? 진실로 이와 같이 한다고 하면, 비록 당시에는 온 천하의 사람들이 나와 더불어 시비를 겨루지 못한다 하더라도 억만 년[천만세(千萬世)] 뒤에 성현이 나와서 나의 티와 흠을 지적하고 나의 숨은 병폐를 지적하여 깨뜨리지 않으리라는 것을 어찌 알겠습니까? 이것이 바로 군자가 애써 뜻을 겸손하게 하고 남의 말을 살피며, 정의에 복종하고 선을 따라서 감히 한 때 한 사람을 이기기 위하여 꾀를 쓰지 않는 까닭입니다."[주 6] [「이퇴계 서초(李退溪書抄)」권 4, 『이퇴계 전집 하』(1975), 77.]

겹쳐져 있는 중층 구조 | 040 퇴계는 세계를 물질적 에너지와 정신적 원리의 중층

퇴계(退溪)의 『자성록(自省錄)』 내지 중 「답남시보언경(答南時甫彦經)」 부분.

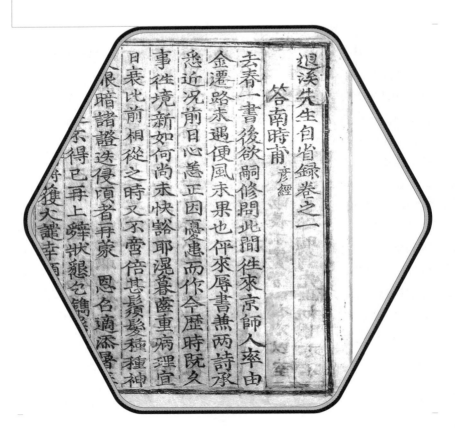

『자성록(自省錄)』 앞부분에는 퇴계가 1558년에 쓴 「자성록지(自省錄識)」가 있고, 책 뒤편에 "萬曆十三年乙酉冬羅州牧開刊[만력십삼년을유동나주목개간]"이라는 표기로 미루어 판각이 1585년 나주목(羅州牧)에서 이루어졌음을 알 수 있다. 전해 오는 판본은 판각 간기는 그대로 찍었지만, 후대에 중간한 판본으로 보인다. 문봉 정유일[鄭惟一, 1533~1576]에게 쓴 「답정자중유일(答鄭子中惟一)」, 설월당 김부륜[金富倫, 1531~1598]에게 쓴 「답김돈서부륜(答金惇敍富倫)」, 율곡 이이[李珥, 1536~1584]에게 쓴 「답이숙헌이(答李叔獻珥)」, 고봉 기대승[奇大升, 1527~1572]에게 답한 「답기명언 사단칠정분리기변 제일서(答奇明彦四端七情分理氣辨第一書)」 등이 수록되어 있다. 일본에서는 조선의 판본을 그대로 복각한 고간본과, 우카이 세키사이[鵜飼信之(제사신지), 1615~1664, 에도 시대 전기의 유학자]가 1659년(현종 1)에 일본 훈점(訓點)[조사를 표시한 점]을 단 것이 널리 읽혔다.

김인환 金仁煥 KIM Inhwan
유교조선 지성사론 儒敎朝鮮 知性史論
The Intellectual History of the Confucian Joseon

구조로 보았고 마음을 이성과 감정의 이원 구조로 보았다. 이 두 심급(審級)은 겹쳐져 있어서 에너지로 보면 세계 전체가 에너지이고 원리로 보면 세계 전체가 원리이며, 이성으로 보면 마음 전체가 이성이고 감정으로 보면 마음 전체가 감정이다. 일부분은 이성이고 일부분은 감정이라고 마음을 나눌 수 없다는 것이 퇴계의 생각이었다. 리는 진리, 원리, 윤리, 본질, 근거, 존재, 당위, 가치, 이성 등의 의미를 가지고 있다. 존재론으로 볼 때 리는 기에 앞선다. 군신(君臣)이 있기 전에 군신의 리가 있고 부자(父子)가 있기 전에 부자의 리가 있다. 성리학의 시각으로 보면 사람보다 사람됨의 뜻이 먼저 있다. 그러나 리와 기 사이에 시간적 선후는 없다. 리와 기는 같은 것이 아니나 사물에 있어서는 뒤섞이고 뒤얽혀서 나눌 수 없는 것이다. 리(理)라는 글자는 원래 옥의 무늬를 가리킨다. 옥과 옥의 무늬가 따로 있을 수는 없다. 무늬는 옥 속에 옥과 함께 있다.

041 것과 얼, 물질적 에너지와 정신적 원리 | 16세기 사람들은 마음도 것[情(정)]과 얼[性(성)]로 되어 있고 세계도 것[氣(기)]과 얼[理(리)]로 되어 있다고 생각했다. 그러나 두 심급이 완전히 동일한 것은 아니기 때문에 물질적 에너지가 정신적 원리를 벗어나는 경우도 생기고 이성이 감정을 조절할 수 없는 경우도 생긴다. 부끄러워하지 않아야 할 때 부끄러워하고 미워하지 않아야 할 때 미

워하는 일이 생기거나 분노해야 할 때 분노하지 못하고 두려워해야 할 때 두려워하지 않는 일이 생기는 것이다. 분노해야 할 때 분노하는 것은 이성에 맞는 감정이고 분노해야 할 때 분노하지 않는 것은 이성에 어긋나는 감정이다. 사람에게는 천성적으로 사랑하는 마음[仁(인)], 수치를 못 참는 마음[義(의)], 사양하는 마음[禮(예)], 결단하는 마음[智(지)]이 있다. 리(理)를 따르면 선이 되고 물욕을 따르면 악이 되는데, 이 네 가지 마음[四端(사단)]은 임금에게 충성하고 부모에게 효도하는 착한 행동의 동력이다. 부모도 모르고 임금도 모르는 불교는 아버지도 모르고 임금도 모르는[無父無君(무부무군)] 이단이므로 배척해야 한다.

042 인간의 도덕적 이상 | 그러나 인간의 감정은 물욕에 좌우될 가능성을 가지고 있다. 리에 근거한 사단은 선한 인간의 본성이고 기에 근거한 감정은 악의 가능성을 내포한 인간의 기질이다. 사단은 리가 발현하여 기가 리를 따르는 경우이며, 감정은 기가 발현하여 리가 기를 타는 경우이다. 경험의 차원에서 볼 때 운동하거나 정지하는 것은 기이다. 운동이 있으면 운동의 리가 있고 정지가 있으면 정지의 리가 있다. 기의 활동은 리를 따를 때 완성된다. 인간의 도덕적 이상은 리가 기를 타고 기의 방향을 조절하는 데 있다. 선은 적절하게 발동된 감정 이외에 다른 것이 아니다. 물욕에 흔들리지 않는 사단은 이성에 맞

게 움직이므로 선이지만, 물욕에 흔들릴 여지를 가지고 있는 감정은 이성에 맞게 움직일 때와 이성에 어긋나게 움직일 때가 있으므로 물욕을 절제하면 선이 되고 물욕에 좌우되면 악이 된다. | 사물 전체의 관점에서 볼 때 악은 사물의 책임이 아니라 인간의 책임이다. 사태에 맞는 감정은 선이다. 그러나 미흡하거나 과도한 감정은 악이 된다. 분노 자체는 악이 아니지만 그릇된 분노가 있을 수 있다. 미워하는 감정은 기(氣)의 발현으로서 악이 될 경우도 있으나 침략자와 착취자를 미워할 때에는 선이 된다. 자기 중심적인 욕망은 맹목적 신념이나 맹목적 충성을 야기한다. 대인 관계에서 과도하지 않고 미흡하지 않게 행동하려면 욕망의 표준이 되는 원리[價値(가치)]의 선험성[超越性(초월성)]을 인정해야 한다. 리가 발현하기 때문에 인간은 자기 중심적인 욕망의 먹이가 되지 않을 수 있다. 리가 발현한다는 퇴계의 말은 경험의 차원이 아니라 선험적 차원에서 말한 것이다. 적절한 감정은 선이 되고, 과도하게 넘치거나 미흡하게 부족하거나 한 감정은 악이 된다. 얼이 바른 사람은 바르게 성내고 바르게 미워하고 바르게 슬퍼하고 바르게 부끄러워한다.

|

043 **철학의 목적** | 우리는 기를 질료, 리를 형상이라고 번역할 수도 있고 기를 실존, 리를 본질이라고 번역할 수도 있다. 퇴계는 이성을 훈련하여 감정의 일탈을 막을 수 있는 사람이 되고 다른 사람들도 그렇게 할 수 있도록 가르치는 데

철학의 목적이 있다고 생각하였다. 악의 원인이 되는 욕심의 개입을 막고 일상 생활에서 리를 실천하는 것이 퇴계 유학의 궁극 목적이었다. 퇴계가 보기에 리는 보편적이고 객관적인 윤리의 토대이다. 퇴계에게 철학의 목적은 자기 교육에 있었다. 그에게는 부모에게 효도하고 임금에게 충성하는 것이 모두 자기 교육의 과정이었고 따라서 다른 사람을 가르치는 것도 자기 교육의 일부가 되었다.

044 **독서에 대하여** | 퇴계는 책을 읽으면서 궁리하고 성찰하는 것을 자기 교육의 중심이라고 생각하였다. 주희도 "이치를 탐구하는 방법은 독서에 있다[窮理之要必在於讀書(궁리지요필재어독서)]"[주 7] [『주희집(朱熹集)』(成都 : 四川教育出版社, 1996), 546.]고 하였다. 오래 궁리하고 깊이 성찰하면 리(理)를 직관할 수 있게 된다. 책은 마땅히 원리를 터득하게 될 때까지 읽어야 한다. 열심히 책을 읽는 사람은 누구나 언젠가는 내용 전체가 속속들이 이해되는 순간을 경험할 수 있다. 이 때 책이 마음에 녹아들어 마음의 한 부분이 된다. 원리가 명확하게 이해될 때까지 천천히 책의 내용을 거듭 사색하고 자신을 성찰하면서 기다리지 않고, 인위적으로 정신을 혹사하면서 억지로 내용을 파악하려고 하다가는 기력을 탕진하고 만다. 여유와 집중을 함께 유지할 수 있을 때 비로소 원리가 자연스럽게 드러난다. 정신의 스트레스는 원리 연구를 방해하기 때문에 독서에

도 절제가 필요하다. 같은 것 속에 있는 다른 것과 다른 것 속에 있는 같은 것을 함께 고려하면서 책을 읽어야 한다. 독서에는 종합 능력과 분석 능력이 다 필요하다. 독서하지 않은 사람은 시와 비, 선과 악, 앞과 뒤, 겉과 속, 본체와 작용, 필연과 당연, 같은 것과 다른 것을 구분하지 못한다. 그러므로 퇴계는 비록 겹쳐져 있어서 나눌 수 없다 하더라도 이성을 감정보다 중요하게 보고 원리를 에너지보다 중요하게 보았다.

045 **뉴턴의 원리와 퇴계의 원리** | 인간의 발달 단계에서는 감각 능력이 먼저 나오고 지성 능력이 그 뒤를 따를 것이나 본성적 기원의 순서로 볼 때는 감각들이 지성을 위하여 존재한다. 더 완전한 능력을 그것보다 불완전한 능력의 목적, 원천, 이유, 원리로 규정하는 것이 퇴계의 논리이다. 그에게는 이성이 감정의 존재 원리이고 활동 원리이다. 퇴계는 정신과 자연, 개인과 사회, 주관과 객관, 이론과 실천의 균형을 당연한 사실로서 전제하고 자연이 인과적이고 기계적으로 운동하는 것이 아니라 내재하는 목적에 따라 유기적으로 작용하는 것이라고 파악하였다. 그러므로 그가 말하는 원리는 뉴턴[Isaac Newton, 1643~1727]이 말하는 원리와 무관하다. 뉴턴에게 원리는 거리의 제곱에 반비례하는 힘이지만, 퇴계에게 원리는 극기복례(克己復禮)[자신의 욕심을 버리고 사람이 본래 지녀야 할 예의와 법도를 따르는 마음으로 되돌아감]를 실천하게 하는 힘이다.

윤리적 원리의 보편성을 확신하고 있었기 때문에 퇴계는 정치적 혼란에 직면해서도 마음의 평화를 지킬 수 있었다.

046 원리가 세계를 비추던 시대 | 16세기의 한국 문화는 원리와 기운의 역동적 조화를 토대로 하여 열린 체계를 갖추고 있었다. 누구나 형상과 질료, 본질과 실존, 이성과 감정의 균형이 조화로운 의미의 성좌를 형성하고 있다고 믿었다. 그들은 양반, 평민, 노비로 구성된 신분 질서조차도 자연 질서의 일부분이라고 생각하였다. 의미의 성좌가 인간과 인간의 행위를 조명해 주던 시대에 문제가 되는 것은 각 개인이 그 의미의 세계에서 자기에게 주어져 있는 공간을 찾아 내는 일이었다. 여기서 과오라고 하는 것은 원리의 표준 규범에 비추어 좀 지나치다든가 아니면 좀 모자라다든가 하는 문제에 지나지 않거나 절도와 통찰의 부족에 지나지 않았다. 지식은 베일을 벗기는 일에 지나지 않았고 본질을 그대로 기술하는 데 지나지 않았다. 16세기의 문화도 때때로 위협적이고 이해할 수 없는 기운의 힘을 감지하였다. 그러나 기운은 언제 어디에나 존재하는 원리를 추방하거나 혼란에 빠뜨리지 못하였다. 악의 근원이 되는 기운이 원리를 이탈하여 세계에 검은 그림자를 드리우는 경우가 있다 하더라도 이러한 그림자는 원리의 빛을 뚜렷하게 강조하는 우연의 계기에 지나지 않았다. 원리의 세계와 기운의 세계가 있는 것이 아니라 16세기에는 오직 원리의

김인환 金仁煥 KIM Inhwan
유교조선 지성사론 儒教朝鮮 知性史論
The Intellectual History of the Confucian Joseon

세계가 있을 뿐이었다. 기운은 원리의 세계 안에서 편안하게 숨 쉬고 있었으며, 극히 드문 순간에만 원리의 빛을 휘황하게 밝혀 주는 부정의 계기로서 작용하였다. 원리의 표준에 못 미치거나 그 표준을 지나치는, 즉 과도하거나 부족한 기운이 있다 하더라도 그러한 기운의 존재는 유한성의 단적인 부정으로서 원리의 무한성을 긍정하게 될 뿐이었다.

047 **경(敬), 마인드풀니스(mindfulness), 마음 챙김** | 그러므로 퇴계에게 가장 중요한 것은 과도하거나 부족함으로 흐르지 않도록 감정을 조절하는 훈련이 된다. 그는 그 훈련을 경(敬)이라는 한 글자로 표현하였다. 서양 사람들은 불교의 염(念)과 유교의 경(敬)을 다 같이 '마인드풀니스(mind-fulness)'[마음 챙김]라고 번역한다. 고원하고 심오한 진리를 구하지 말고 일상 생활 속에서 방심하지 않고 집착하지 않는 마음 상태[非着意非不着意之中(비착의비불착의지중)]를 간직하라는 것이다. 내면에 침잠하여 한가롭고 여유롭지만 풀어지거나 흐트러지지 않는 상태를 말한다고 할 수 있다. 경(敬)은 이것저것을 조금씩 잘 알게 되는 생활인의 지적 숙련이 아니라 실재를 있는 그대로 받아들여서 일과 여가가 자연스럽게 일치되는 마음의 상태이다. 자기를 있는 그대로 존중하는 것도 경이고 타인을 있는 그대로 존중하는 것도 경이다. 자기와 타인을 있는 그대로 존중할 수 있으려면 먼저 총체로서의 세계

를 있는 그대로 존중할 수 있어야 한다. 세계의 근거에 대한 긍정이 타인 존중의 전제가 된다. 퇴계에게 자연은 바로 원리와 에너지, 이성과 감정이 알맞게 어울려 있는 상태로서 '자연스럽다'는 형용사가 나타내는 이상적인 세계 또는 이상적인 마음을 가리킨다. 그것이 이상적이라고 하는 것은 지나치거나 모자란 경우를 예외 상태로 보고 정상적인 자연이 아니라고 하기 때문이다. | "맑고 고요하게 흐르는 것이 물의 본성입니다. 흙탕을 지나다 흐려진다거나 험준한 곳을 만나 파도가 거세지는 것은 물의 본성이 아닙니다. 그것도 물이라 하지 않을 수는 없지만 특별히 만난 환경이 달라서 그렇게 된 것일 뿐입니다."[주 8] [『자성록(自省錄)』, 『이퇴계 전집(李退溪全集) 하(下)』(퇴계학 연구원, 1975), 329.]

|

048 **주희와 퇴계** | 퇴계는 <사서오경(四書五經)>[『논어』, 『맹자』, 『대학』, 『중용』] [『시경』, 『서경』, 『역경』, 『춘추』, 『예기』]과 그것에 대한 주희의 주석을 읽어야 진리를 직관할 수 있게 된다고 생각하였다. 교과서를 완전히 장악한 학생이 좋은 성적을 받듯이 주희가 해석한 <사서>를 철저하게 이해하면 악을 피하고 선을 실행할 수 있다는 것이 퇴계의 믿음이었다. 억지로 서둘러 이해하려는 것은 사사로운 욕심이고 오직 일상 생활 속에서 그 의미가 환하게 열릴 때까지 오래 궁리해야 된다고 하며 퇴계는 일상 생활에서 막힘없이 실행할 수 있을 정도로

김인환 金仁煥 KIM Inhwan
유교조선 지성사론 儒敎朝鮮 知性史論
The Intellectual History of the Confucian Joseon

<사서오경>의 내용을 속속들이 두루 알게 되는 것을 활연관통(豁然貫通)[활연(豁然)은 환하게 탁 트인 모양, 의문을 밝게 깨달은 모양이다.]이라고 하였다. 리에도 본체와 작용의 두 면이 있으므로 리는 리를 인식하는 마음에 들어와 스스로 자신을 드러낼 수 있다. 내가 그것을 철저하게 연구하면 그것의 리가 내 마음에 들어온다. 리의 본체는 움직이지 않으나 리의 작용(기능)이 내 마음에 들어와 스스로 나타내는 것이다. 진리는 결코 마음 밖에 있지 않다. 퇴계는 진리의 보편성과 필증성(必證性)을 확신하였다. 그에게 진리 인식은 세계에 대한 포괄적인 통찰력에 도달하는 것이다. 오래 노력하는 사람에게 진리는 기대하지 않은 어느 날 선물처럼 찾아온다. 마음에 부끄러운 점이 없다면 마음이 편안해지고 저절로 속이지 않게 된다. 속이는 일이 마음을 오히려 불편하게 할 것이기 때문이다. 성인의 책에서 배워야 할 것은 말과 생각과 행동의 원천이 되는 마음자리를 지키고 가다듬는 법이다.

049 **대답만 알고 물음은 알지 못했던 시대** | 그러나 궁리(窮理)[리를 궁구함. 외적 수양법으로 사물의 이치를 궁구하여 정확한 지식을 얻는 일.]**와 거경(居敬)**[경건함에 거함. 내적 수양법으로 늘 몸과 마음을 삼가서 바르게 가지는 일.]**이 서로 통하여 작용하던 퇴계의 시대는 대답만을 알았을 뿐 물음을 알지 못했고, 해답만을 알았을 뿐 수수께끼는 알지 못했으며, 형식만을 알았을 뿐 혼돈을 알지 못했다. 기운을 기운**

퇴계(退溪)의 『**도산십이곡(陶山十二曲)**』 인쇄본. 발문 말미에 기록된 날짜를 토대로 창작 연대를 1565년으로 추정한다.

「**도산십이곡(陶山十二曲跋文)**」은 조선 명종(明宗, 李峘, 1534~(즉위 1545)~ 1567) 때, 퇴계(退溪) 이황(李滉)이 지은 연시조(聯時調)다. 만년에 안동(安東)에 도산서원을 세우고 학문에 열중하면서 사물을 대할 때 일어나는 감흥과 수양의 경지를 읊은 것으로 전체 12곡을 전6곡(前六曲)·후6곡(後六曲)으로 나누고, 전육곡을 '언지(言志)', 후육곡을 '언학(言學)'이라 이름 붙였다. 전6곡은 자연에 동화된 생활을 하면서 사물에 접하는 감흥을 노래했고, 후6곡은 학문 수양에 임하는 심경을 노래한 것이다.

으로 규정하는, 다시 말해서 사물을 바로 그 사물로 규정하는 원리의 빛이 너무나 분명하고 명백하였기 때문에 인간과 세계, 자연과 사회는 글자 그대로 자연스러운 질서를 형성하고 있었다. 퇴계에게 성(性)과 리(理)와 도(道)는 동의어로서 우연(偶然)을 지배하는 본연(本然)이고 우유(偶有)[우연히 갖추어짐]를 통제하는 본유(本有)[본디 있음]였다.

050 **한시와 시조** | 시조(時調)라는 명칭은 18세기에 시의 형식과 음악의 곡조를 동시에 가리키는 용어로 사용되기 시작하였다. 그러나 시조의 율격은 그 전부터 오랜 시간에 걸쳐서 점진적으로 형성되다가 15세기에 정착되어 16세기에 지식인들 사이에 널리 퍼졌을 것이다. 시조는 네 음보 석 줄로 구성된 한국의 대표적 정형시이다. 시조는 한국어의 성질을 가장 적절하게 활용한 시 형식이다. 한국인이 주고받는 일상 생활의 대화 속에서 네 음보 율격이 흔히 나타나는 데서 알 수 있다. 따라서 시조는 한국시의 여러 장르들 가운데 가장 대중적이고 유연하며 한국인이 기억하거나 암송하기 쉬운 형식이다. 시조는 여섯 개의 반행으로 나눌 수 있고, 기본적으로 3행시이다. 퇴계의 시조는 그의 생전에 기록되었다. 1565년[명종 20]에 퇴계의 친필을 판각한 「도산십이곡(陶山十二曲)」의 목판이 지금도 도산서원(陶山書院)에 보존되어 있다. 앞의 여섯 수는 입지(立志)의 자세를 노래하였고, 그 다음 여섯 수는 학문(學問)의

퇴계(退溪)의 『도산십이곡발(陶山十二曲跋)』.

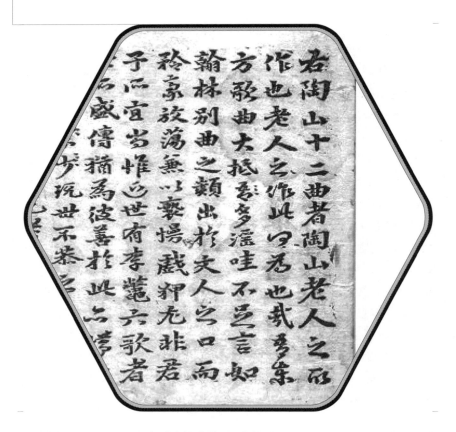

「도산십이곡(陶山十二曲)」끝에는 **『도산십이곡발(陶山十二曲跋)』**이라는 글이 있는데, 자신이 이 노래를 짓게 된 연유와 당대 가요를 평하고 있다. 이 발문 말미에 글을 쓴 날짜가 기록되어 있어, 이를 통해 「도산십이곡」이 창작된 해가 1565년임을 알 수 있다. 이황의 친필을 새긴 목판본이 도산서원에 소장되어 있고, 『청구영언(靑丘永言)』 [1728(영조 4)년에 김천택(金天澤)이 고려 말기부터 편찬 당시까지의 역대 시조 998수와 가사 17편을 엮은 책. 지금까지 전해지는 가집(歌集) 가운데 편찬 연대가 가장 오래되고 방대한 것으로, 『해동가요(海東歌謠)』, 『가곡원류(歌曲源流)』와 아울러 3대 가집(歌集)으로 꼽힌다.]에도 수록되어 있다.

아주까리 수첩 **8** 다 말하게 하라
김인환 金仁煥 KIM Inhwan
유교조선 지성사론 儒敎朝鮮 知性史論
The Intellectual History of the Confucian Joseon

자세를 노래하였다. 퇴계는 시조를 지은 이유를 한시로는 "낭송할 수는 있으나 노래 부를 수는 없기 때문[可詠而不可歌也(가영이불가가야)]"[주 9] [『도산전서(陶山全書) 3권』(한국정신문화연구원, 1980), 294.]이라고 하였다. 퇴계는 경상도 안동(安東) 출신으로서 경상도 지방의 이현보[李賢輔, 1467~1555], 주세붕[周世鵬, 1495~1554], 권호문[權好文, 1532~1587] 등과 교유하였다.

<u>051</u> **꽃이 산에 가득 피고** | ① 이렇게 살아도 무방하고 저렇게 살아도 무방하다. 나 같은 어리석은 시골 선비가 못나게 사는 것도 어쩔 수 없는 일이니 고질병이 되어 버린 자연 사랑을 이제 와서 고치려고 하는 것은 쓸데없는 짓이다. ② 노을로 집을 삼고 달과 바람을 친구로 여기며 평화로운 시절에 병들어 살아간다. 잘못을 더 이상 저지르지 않게 되기만 간절히 바랄 뿐이다. ③ 소박한 풍속이 없어졌다는 것은 틀린 말이고 사람의 본성이 선하다는 것은 옳은 말이다. 성인이 수많은 사람들에게 헛말을 하셨을 리가 있겠는가. ④ 난초가 골짜기에 있으니 그윽한 향기가 저절로 퍼지고 구름이 언덕에 있으니 아늑한 광경이 저절로 펼쳐진다. 편안하게 살면서도 고운 님 한 분을 잊지 않고 늘 생각한다. ⑤ 산 앞에 정자가 있고 정자 아래 물이 있어 갈매기들이 즐겁게 오락가락하는데 흰 망아지는 어째서 이 곳에 만족하지 않고 멀리 가려는 마음을 버리지 않는 것인가. ⑥ 봄바람이 부니 꽃이 산에 가득 피고 가을밤이 되니 달이

정자에 가득하다. 네 계절의 흥취를 느끼는 것은 꽃이나 달이나 사람이나 다 같다. 물고기가 못에서 뛰고 솔개가 하늘에서 날고 구름은 그늘을 만들고 하늘은 빛을 비추는 것이야 변함없이 무한한 자연의 원리이다.

052 **자연의 즐거움과 독서의 즐거움** | 앞 여섯 수의 주제가 되는 자연의 즐거움은 다음 여섯 수의 주제가 되는 독서의 즐거움으로 이어진다.

① **천운대(天雲臺)**[도산서원 근처에 있는 경치 좋은 곳. 천광운영대(天光雲影臺)의 약칭.] **를 돌아가면 완락재(玩樂齋)**[퇴계가 설계하고 머문 도산서당(陶山書堂)의 한 칸 온돌방. 방 앞 마루는 암서헌(巖栖軒)이라 했다.]**가 나타난다.** 독서하다 깨치는 즐거움이 무한하니 그 흥취를 말로는 다 표현하기 어렵다. ② 벼락이 바위를 깨뜨려도 귀머거리는 못 듣고 태양이 중천에 떠도 장님은 못 본다. 눈과 귀가 멀쩡한 우리는 성인이 지은 책을 공들여 보고 성인의 말씀을 귀 기울여 들어야 한다.

③ **고인(古人)도 날 못 보고 고인도 날 못 보나**
고인을 못 봐도 가신 길이 앞에 있다.
가신 길이 앞에 있으니 아니 가고 어쩔꼬 [주 10] [심재완, 『정본 시조 대전』(일조각, 1984), 49.]

④ 가던 길을 몇 해나 버려 두고 어디 가 다니다가 이제야 돌아왔느냐? 이제라도 돌아왔으니 딴 마음 먹지 말고 부지런히 가자. ⑤ 청산은 어찌하여 영원히 푸르며 유수는 어찌하여 잠시도 멈추지 않는가? 우리도 그치지 말고 한결같이 진리를 따라가자. ⑥ 누구나 아는 일이니 그 아니 쉬운가? 성인도 다 못 하시니 그 아니 어려운가? 쉽다고 놀라고 어렵다고 놀라다 보니 늙는 것을 잊겠구나.

퇴계에게서 오염되지 않은 자연과 하나가 되려는 마음은 오염되지 않은 진리와 하나가 되려는 마음과 통한다. 독서 또한 인위적인 것이 개입하지 않도록 자연스럽게 수행되어야 하고 독서에서 얻는 진리도 억지나 무리가 없이 자연스럽게 터득되어야 한다. 🌑✿

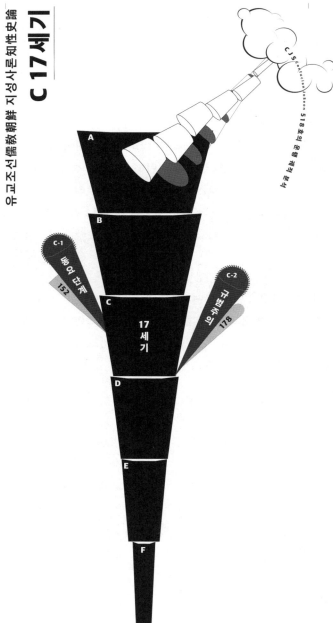

아주까리 수첩 **8** 다 말하게 하라
김인환 金仁煥 KIM Inhwan
유교조선 지성사론 儒敎朝鮮 知性史論
The Intellectual History of the Confucian Joseon

053 **16세기 말 일본의 상황** | 이율곡[율곡(栗谷) 이이(李珥), 1536
~1584]이 죽은 다음 해(1585)에 도요토미 히데요시[豊臣
秀吉(풍신수길), 1536~1598]가 일본의 중앙 권력을 장악했
다. 도요토미 히데요시는 1582년에 오다 노부나가[織田
信長(직전신장), 1534~1582]의 후계자가 되었고 1587년에
일본을 통일하더니 1590년에 일본의 최고 통치자가 되
었다. 1401년에 아시카가 요시미츠[足利義滿(족리의만),
1358~1408]가 남북조로 분열되어 있던 일본을 통일하고
무로마치 막부[무로마치 바쿠후(室町幕府실정막부), 1336~1573]
[쇼군(將軍)가의 성씨인 아시카가(足利)를 따서 아시카가 바쿠후(足利
幕府족리막부)라고도 부른다.]를 세웠다. 오닌의 전쟁[오닌의 난
(應仁응인의亂)](1467~1477) 이후 120년 동안 사병을 거
느린 일본의 영주들은 아시카가 막부의 통제에서 벗어나
각자 자신의 영역을 확대하기 위하여 패권을 다투었다.
1573년에 오다 노부나가가 아시카가 쇼군[아시카가 요시아
키(足利義昭족리의소), 1537~1597, 제15대 쇼군]을 타도하였다.
군비를 충실하게 해야 한다는 율곡의 상소는 그의 생전에
일본이 국내 전쟁[1467년 '오닌의 난' 이후 후기 무로마치 막부와

오다 노부나가가 등장하는 1573년까지를 전국 시대(戰國센고쿠時代)라 한다.] 중이었으므로 일본을 경계하자는 의미로 해석할 수 없다. '10만 양병설'도 『율곡집(栗谷集)』에는 나오지 않는다.

054 **일본의 조선에 관한 자료 수집** | 일본을 통일한 도요토미 히데요시는 신분 제도를 엄격하게 고정시키고 농민들이 가지고 있던 무기를 회수하였다. 1591년에 토지 조사 사업을 실시하여 경작지를 정확하게 파악하고 수확량의 3분의 2를 전세(田稅)로 정하여 영주(領主)[다이묘(大名(대명))]들의 수입을 보장하는 한편 사무라이[侍(시)]들의 재산권을 박탈하여 그들을 중앙 정부와 지방 영주들에 예속시켰다. 해외 진출을 지향하는 오사카[大阪(대판)]와 나가사키[長崎(장기)]의 상업 자본과 결탁한 그는 상인들을 통하여 조선의 지형과 도로망, 성곽 배치와 군사 능력에 관한 자료를 수집하였다. 그는 영주들을 침략 전쟁에 내몰아 반대파를 제거하면서 동시에 그들에게 약탈하여 치부할 수 있는 기회를 주려고 하였다.

055 **임진왜란(1592~1598)** | 일본은 1591년에 명(明)나라를 치려고 하니 길을 빌려 달라[정명가도(征明假道)][가도(假道)는 남이 관할하고 있는 길을 임시로 빌리는 것 또는 그런 길을 말한다.]고 조선에 통고하고, 1592년 4월 13일에 선발대 1만 8,000명을 대마도에서 출발시켰다. 곧이어 5만 2,000명이 1592년 5월 23일 부산에 상륙하였다. 일본의 병력은 28만 1,840명이었고 그 중 조선 침략에 동원된 전투 병력은 15만 8,700명이었다. 일본군의 지휘 본부는 나고야[名古屋(명고옥)]에 있었다. 1592년 4월 13일에 시작하여 1598년 11월 19일에 끝난 전쟁은 세 단계로 전개되었다. 첫째 단계는 1592년 4월부터 1593년 6월까

율곡 이이(栗谷 李珥, 1536~1584)의 『율곡집(栗谷集)』은 1611년(광해 3) 황해도 해주(海州)에서 시집 1권, 문집 9권을 목판으로 발간한 것이 처음이다. 1682년(숙종 8), 여기에 여러 글들을 더 모아 속집 4권, 별집 4권, 외집 2권을 간행했다. 1749년(영조 25)에는 시집·문집·속집·외집·별집을 한데 합하고, 『성학집요(聖學輯要)』·『격몽요결(擊蒙要訣)』 등을 포함한 총 23권 38책을 『율곡전서(栗谷全書)』라 이름을 바꾸어 간행했다. 1814년(순조 14)에는 빠진 글을 보충한 습유(拾遺) 6권과 부록의 속집이 추가되어 총 44권 38책으로 구성된 것이 다시 해주에서 간행되어 현재의 『율곡전서(栗谷全書)』로 전해진다.

율곡 이이의 『순언(醇言)』 표지. 율곡이 노자(老子)의 『도덕경(道德經)』을 재편성하여 주해한 책. 순(醇)은 물을 타지 아니한 진국의 술(진한 술) 또는 순수, 순박, 질박하다 등의 뜻이다. 긴 세월 잘 알려지지 않다가 1974년 규장각(奎章閣)에서 발견되었다(따라서 『율곡전서』에는 포함되어 있지 않다). 총 81장의 『도덕경』에서 2,098자를 추려 총 40장으로 구성했다. 당시 이단으로 취급된 도가 철학을 다룬 것으로, 조선 문명이 남긴 다섯 권의 노자 주석서[이이(1536~1584)의 『순언』, 박세당(朴世堂, 1629~1703)의 『신주 도덕경(新註道德經)』, 서명응(徐命膺, 1716~1787)의 『도덕지귀(道德指歸)』, 이충익(李忠翊, 1744~1816)의 『담로(談老)』 홍석주(洪奭周, 1774~1842)의 『정로(訂老)』] 중 가장 이른 것이다. 노자 사상에 대해 비판만 가한 것이 아니라, 수용할 수 있는 부분은 받아들여 나름의 유가적 체계 속에서 정리한 책이라 평가받는다.

김인환 金仁煥 KIM Inhwan
유교조선 지성사론 儒敎朝鮮 知性史論
The Intellectual History of the Confucian Joseon

지다. 700여 척의 함선으로 부산에 상륙하여 서울을 거쳐 평안도와 함경도에 침입한 일본군의 수륙 병진 계획을 조선의 수군이 좌절시키고 조선 육군이 대오를 수습하여 의병과 함께 일본군을 남해안의 좁은 지역으로 몰아넣었다. 둘째 단계는 1593년 6월의 제2차 진주성 방어 전투부터 일본군의 전면적 공격이 재개되기 직전인 1597년 1월까지인데, 명나라와 일본이 충청도·전라도·경상도의 할양 문제를 두고 담판하는 동안 조선군은 성을 수리하고 무기를 정비하였다. 셋째 단계는 14만 1,500명의 일본군이 다시 투입된 1597년 2월부터 일본군이 물러난 1598년 11월까지로 조선 수군은 도망치는 일본군에게 섬멸적인 타격을 가하였다.

056 임진왜란 첫째 단계(1592년 4월~1593년 6월)의 추이

| 일본군은 1592년 6월에 평양을 점령하고 7월에 함경도를 점령했으나 보급에 차질이 생기고 부대 간의 연계가 곤란해지면서 북으로 더 나가지 못했다. 이순신[李舜臣, 1545~1598]이 서남해안에서 주도권을 장악하여 일본군은 5월과 7월의 패전으로 제해권을 조선 수군에게 넘겨 줄 수밖에 없었다. 경상도의 곽재우[郭再祐, 1552~1617], 전라도의 고경명[高敬命, 1533~1592], 충청도의 조헌[趙憲, 1544~1592]이 농민과 노비들로 의병을 조직하였다. 곽재우는 일본군이 들어온 지 열흘 만인 4월 20일에 군사를 일으켰다. 이후 황해도, 평안도, 강원도, 함경도에서도 의병이 일어났다. 보급로가 끊어진 일본군은 10월에 주둔 지역을 제한하고 '부산―서울―평양'의 기본 진로만 지키려고 하였다. 왕은 1592년 4월 30일에 서울을 떠나 평양으로 갔다가 6월에 다시 압록강변의 의주로 피신했다. 1592년 6월에 명나라 군대 3,000명이 전쟁에 참가했으나 7월 17일 평양 전투에서 일본군에게 패하였다.

물자가 부족한 일본은 8월에, 다음 해[1593년] 1월 15일까지 휴전하자는, 명의 제안을 받아들였다. 1592년 12월 25일에 5만 1,000명의 명나라 군대가 압록강을 건너 1593년 1월 6일에 평양에 도착하고 조선의 관군 1만 5,000명, 의병 4만 명과 함께 고니시 유키나가[小西行長(소서행장), 영세명 : 아우구스티노(Augustino), 1558?~1600]의 일본군을 공격했다. 1월 8일에 평양을 탈환하고[『선조실록』34권, 26년 정월 병인] 서울 근처까지 내려왔으나 1월 26일과 2월 25~27일의 전투에서 명군과 조선군은 일본군에게 패하였다. 3월 13일 양곡 창고에서 불이나 군량이 부족해진 일본군이 퇴각하는 바람에 4월 18일에 서울을 탈환할 수 있었다. 그 동안 보급 차질로 일본군의 3분의 1이 기아와 질병으로 죽었다. 일본군은 경상도 연해에 주둔한 채 명나라와 강화 조약을 진행하였다.

057 **한강 이남의 일본군 점령을 용인할 의사가 있었던 명의 일본군 퇴로 보장** | 1593년 7월 이후로 전쟁은 일시 중단 상태로 들어갔다. 10월 초에 왕이 서울로 돌아왔다. 일본이 만주 평원으로 들어서면 1년도 안 되어 북경이 위험해질 것이므로 명나라는 산이 많고 길이 좁은 조선에서 싸우는 것이 유리하다고 판단했다. 1593년 4월에 일본군이 한강을 건너 남쪽으로 철수할 때 명나라 군대는 조선군의 공격을 막고 일본군의 퇴로를 보장해 주었다. 명나라는 한강 이남의 일본군 점령을 용인할 의사가 있었다. 1593년 9월에 일본군이 수천 명만 남기고 철수하였다.

058 **명나라-일본의 협상 결렬과 1603년 에도 막부 성립** | 1592년 9월에 시작한 강화 협상이 4년 만에 결렬되자 1597년 1월에 일본군이 600여 척의 배로 다시 쳐들어왔다. 9월에 명나라 군대도 6만 명이 다시 조선에 들어

아주까리 수첩 ●8 다 말하게 하라
김인환 金仁煥 KIM Inhwan
유교조선 지성사론 儒教朝鮮 知性史論
The Intellectual History of the Confucian Joseon

왔다. 일본은 1597년 10월 이후 남해안에 성을 쌓고 장기 주둔 태세에 들어갔다. 1598년 8월 18일에 도요토미 히데요시가 죽고, 11월 18~19일의 해전에서 이순신이 죽었다. 1600년 도쿠가와 이에야스[德川家康(덕천가강), 1543~1616]가 일본의 패권을 잡고 1603년에 에도 막부[에도 바쿠후(江戸幕府강호막부), 도쿠가와 바쿠후(德川幕府덕천막부), 1603~1867]를 열었다.

059 **일본, 조선의 통신사를 '조공 사절'로 선전** | 에도 막부는 무역 재개를 요구하며 국교를 회복하지 않으면 다시 침략하겠다고 조선을 협박했다. 일본의 군사 능력을 경험한 조선은 1606년에 사절단[한양에서 에도까지 왕복하는 데 짧게는 5개월, 길게는 1년이 걸렸다.]을 파견하기로 결정하였다. **1607년**[선조 40][음력 1606년[선조 39] **12월 출발**]["朔乙未遣回答使呂祐吉慶暹書狀官丁好寬等入日本":『선조실록』선조 39년, 12월 1일(양력 12월 29일) 을미]**과, 1617년**[광해 9] 음력 **10월**["回答使狀啓":『광해군일기』광해 9년, 10월 26일 정사], **1624년**[인조 2] 음력 **8월**["引見回答使鄭岦等":『인조실록』인조 2년, 8월 20일 임인]**에 사절단을 파견하였고,**[임진왜란 후, 1607년·1617년·1624년에 파견된 사절단은 통신사(通信使)라 하지 않고 '회답 겸 쇄환사(回答兼刷還使)' 또는 '회답사(回答使)'라 했다. 이 시기 조선에서는 에도 막부(江戸幕府)[=도쿠가와 바쿠후(德川幕府)]를 신의가 통할 수 있는 통신국(通信國)으로 인정하지 않았기 때문이다. 주 임무는 일본과의 강화 조건 이행의 확인, 일본의 내정 탐색, 조선인 포로 및 유민 송환 등이었다.] **1635년**[인조 13] **12월에 사절단의 명칭을 '통신사(通信使)'로 바꾸었다.** 통신사는 대체로 석 달 동안 일본에 머물렀는데 에도 막부는 통신사를 '조공 사절(朝貢使節)'이라고 선전했고 이로 인해서 일본 사람들은 조선을 일본에 조공을 바치는 국가로 인식하게 되었다.

060 내부 혼란으로 망한 명나라 | 17세기 전반기에 명나라는 각 지방의 농민 폭동으로 혼란에 빠져 있었다. 그 가운데 대표적인 폭동이 이자성[李自成, 1606~1645]의 난과 장헌충[張獻忠, 1606~1647]의 난이었다. 이자성은 1644년 3월에 북경을 함락하여 명나라를 멸망시켰다.

|

061 후금(後金)[청(淸)]의 대두와 광해군의 실리 외교 | 그 이전인 1589년부터 만주의 부족들을 정복하기 시작하여 세력을 확장하고, 1605년에 명나라에 바치던 조공을 중지한 만주의 누루하치[아이신 교로 누르하치[愛新覺羅努爾哈赤(애신각라노이합적)], 후금(後金)의 초대 황제. 후의 청(淸) 태조, 1559~(즉위 1616)~1626]가 여진족을 통일(1609~1615)하고, 1616년에 만주족의 나라[후금(後金)]를 세우고 6만 명의 정예군을 편성하여 명나라와 군사적으로 대치하였다. 광해군[光海君, 이혼(李琿), 1575~(재위 1608~1623)~1641]은 쇠퇴해 가는 명나라와 일정한 거리를 두어 신흥하는 후금과의 마찰을 피하려고 하였다. 1618년 후금이 무순(撫順)[푸순(Fushun). 중국 북동부 랴오닝 성[遼寧省(요녕성)] 중앙에 있는 도시. 선양[瀋陽(심양)]에서 동쪽으로 40km쯤 떨어져 있으며 훈허 강[渾河(혼하)＝瀋水(심수)]에 면해 있다.]을 점령하자 명나라는 조선에 군대를 요청하였고[『광해군일기』 권127, 광해 10년 윤4월 계유], 명나라의 요청에 응하는 것이 조선의 도덕적 의무라고 주장하는 서인 당파를 무시할 수 없었으므로 광해군은 1619년[광해 11] 2월 21일에 1만 3,000명의 군사를 국경 너머로 보냈으나["都元帥姜弘立, 副元帥金景瑞, 領三營兵馬一萬三千人, …"(『광해군일기』 33책 211, 광해 11년, 2월 21일 을해). 번역하면 다음과 같다. "도원수 강홍립(姜弘立)과 부원수 김경서(金景瑞)가 삼영(三營)의 병마(兵馬) 1만 3,000명을 거느리고 창성(昌城)으로부터 강을 건너 중국 장수와 대미동(大尾洞)에서 만났는데, 그곳은 바로 중국과 조선의 경계다."], 명군과 조선군은 3월 4일

아주까리 수첩 **8** 다 말하게 하라
김인환 金仁煥 KIM Inhwan
유교조선 지성사론 儒教朝鮮 知性史論
The Intellectual History of the Confucian Joseon

의 '**심하(深河) 전투**'[중국에서는 '사르후[薩爾滸(살이호)] 전투' 라 한다. 패전의 결정적 원인을 제공한 명나라의 두송(杜松)이 전사한 곳이 무순(撫順푸순) 근처의 사르후였기 때문이다.]**에서 패배하였 다. 광해군은 후금과의 관계가 악화되는 것을 피하기 위 하여 1621년 9월 10일에 사신을 파견하였다.**["遣滿浦僉使 鄭忠信, 通和虜營." 『광해군일기』 33책 401, 광해 13년, 9월 10일 무신. 국역은 다음과 같이 시작한다. "만포 첨사 정충신(鄭忠信)을 보내어 오 랑캐의 진영과 서로 통하였다. 심하(深河)에서 패전한 이후로 오랑캐가 우리 나라를 쳐들어올 것이라 늘 걱정하면서도 능히 스스로 강하게 하는 계책을 세우지 않았다. 오직 당장 오랑캐의 군사가 출동하는 것을 늦추 도록 하기에 급급하여, 충신을 오랑캐의 진영에 보내면서도 모장(毛將) [명의 모문룡]이 알까 두려워 몰래 왕래하도록 하였다.⋯" 광해군은 조 정 대신들이 반대하여 국서를 보내지 못했으므로 정식 사신 대신 전방의 무관이던 정충신을 국서 없이 보냈다. 노비 출신이었으나 임진왜란에서 공을 쌓아 면천(免賤)한 정충신은 후금에서 누르하치를 만나지는 못하 고, 심하 전투 때 억류된 강홍립 등을 만나고, 후금의 군사 정보를 염탐 해 돌아온다.]

062 **반청(反淸)[반후금(反後金)] 서인 당파의 반란 | 1623 년**[광해 15] **3월 12일**[음력, 양력 4월 11일] **밤에 서인 당파가 명나라에 대한 배신을 정권 타도의 명분으로 내세우며 7,200명의 군사를 이끌고 쿠데타를 일으켰다. 1623년 3월 13일에 인조**[仁祖, 이종(李倧), 1595~(즉위 1623)~1649]**는 명나라를 배신하고 후금과 타협한 것이 광해군의 중한 죄 행이라고 공표하였다. 정권을 탈취한 서인 당파는 반역 행위를 합리화하기 위하여 적극적인 반청(反淸)을 내세 웠다. 반청 노선으로 인한 청나라(후금)의 침략 가능성을 예측하였으면서도 서인 당파는 국내의 정적들에 대항하 는 데 중점을 두고 병력을 수도 근처에 배치하였기 때문 에 북방 수비군은 2만 5,000명 정도였다.**

1627년 정묘호란(丁卯胡亂)과 1637년 병자정축호란 (丙子丁丑胡亂) | 1627년[인조 5] 1월 13일[음력][양력 2월 28일]에 누르하치의 아들 태종[太宗, 아이신 교로 홍 타이지[愛新覺羅皇太極(애신각라황태극)], 누르하치의 8번째 아들로 후금(後金)의 2대 칸이자 청나라의 황제[숭덕제(崇德帝)]로 국호를 청(淸)으로 바꾸었다. 1592~1626(제2대 후금 칸 즉위)~1636(1대 청 황제 즉위)~1643]이 3만 명의 군대를 이끌고 조선으로 들어와 1월 26일[음력]에 평양을 점령[정묘호란(丁卯胡亂)]하자 국왕은 강화도로 피신한 후 화의를 요청하였다. 아직은 명나라와 대치하는 상황이 더 시급하다고 판단한 후금의 태종은 3월 3일[음력][양력 4월 18일]에 조선이 요청한 화의를 수용하고 돌아갔다.[화의의 조건은 조선이 후금의 아우가 되는 형제의 맹약이었다.] 굴욕적인 패배를 겪고도 서인 당파는 쿠데타의 합법화에 필요했으므로 외교 정책을 수정하지 않았다. 그러나 반청은 국내용 선전에 지나지 않는 것이었으며 실제로는 청을 군사적으로 돕지 않는다는 정도를 넘지 않았다. | 1632년[인조 10]에 태종은 인조에게 후금의 신하가 되라고 요구했고, 1636년[인조 14][병자] 4월에 나라 이름을 청(淸)으로 바꾼 다음에는 명나라에 대한 조공을 중지하라고 요구했다. 조선이 거부하자 전쟁을 선포하고 12월 8일[음력][양력 1637년 1월 3일]에 12만의 군대를 동원하여 압록강을 건너 조선에 들어와 12월 14일[음력]에 서울을 점령하였다.[병자정축호란(丙子丁丑胡亂)] 당시 조선의 서북 지방은 무방비 상태에 놓여 있었다. 왕은 13일[음력]에 가족을 강화도에 피신시키고, 14일[음력]에 관리들과 군인들 1만 2,000명을 데리고 남한산성으로 도피하였다. 청 태종은 이틀 만인 12월 16일[음력]에 남한산성을 포위하였다. 한 달 후인 1637년[인조 15][정축] 1월 22일[음력]에 강화도가 점령되었고, 1월 30일[음력][양력 2월 24일]에 왕이 항복하였다.

064 **백성을 재앙 속에 몰아넣은 임금과 신하** | 인조가 삼전도 (三田渡)[지금의 송파(松坡)]의 청 태종 진영에 가서 항복한 후에 강화[講和]에 반대한 신하들의 청나라 출송(出送)을 망설이니 군인들이 성벽의 초소를 버리고 대궐 앞에 모여 그들을 내보내라고 외쳤다. 청 태종도 국서에서 "너희가 진구렁에 빠지고 타는 숯불을 밟은 것은 내가 바라는 바가 아니었다. 너희를 재앙 속에 몰아넣은 것은 너희 나라 임금과 신하들이다."라고 한탄하였다.[『인조실록』인조 권 34, 15년 정월 임인]

065 **쿠데타를 합리화하기 위해 자손들을 죽인 인종** | 전쟁을 자초한 인조는 명분 없는 쿠데타를 합리화하기 위하여 아들과 며느리와 손자들을 죽였다. 청나라에 볼모로 가서 비현실적인 반청의 무익함을 인식하게 된 맏아들 소현세자[昭顯世子, 이왕(李汪), 1612~1645]를 독살하고, 수라상 전복에 독을 넣었다는 날조된 죄목으로 세자빈 강씨[민회빈 강씨(愍懷嬪 姜氏), 1611~1646]에게 사약을 내리고, 소현세자의 아들들도 제주도에 유배하였다가 죽였다. 1652년[효종 3]에 황해감사[黃海監司] 김홍욱[金弘郁, 1602~1654]이 강빈의 신원(伸寃)[원통한 일이나 억울하게 뒤집어쓴 죄를 풀어 버림]을 직언하였는데 그 무죄가 밝혀지면 소현[효종의 형]의 셋째 아들[경안군(慶安君) 이회(李檜, 1644~1665). 소현세자의 첫째와 둘째 아들은 소현세자가 죽은 지 3년 후인 1648년에 의문의 죽음을 당했고, 경안군이 유일하게 성인이 된 아들이었다.]이 왕위 계승 순서에 오르게 될 것을 염려하여 효종[孝宗, 이호(李淏), 1619~(즉위 1649)~1659]은 김홍욱을 때려죽였다.[『효종실록』권 8, 3년 4월 정묘]

066 **15~17세기 토지-조세 제도의 실태** | 조선 초기의 과전제 (科田制)는 국가가 관원과 군인에게 수조권(受租權)을

주었다가 그들이 사망하면 국가에 수조권을 반납하게 하는 제도였다. 수조지를 받은 사람은 그 토지를 경작하는 농민들에게서 10퍼센트의 조(租)를 받았다. 수조지를 경기도에 두었으므로 경기도에서는 토지의 판매와 임대가 금지되었다. 1466년[세조 12]에 현직 관원만 수조지를 받게 되었고, 1470년[성종 1]에 현직 관원도 수조권을 상실하고 수조지 대신 녹봉(祿俸)을 받게 되었다. 1484년[성종 15] 이후로 중앙 정부와 지방 관서가 전적[田籍, 토지대장, 양안(量案)]으로 전세(田稅)를 관리하게 되었다. 15세기 말에 지주들은 대부분의 토지를 사적으로 소유하고 자신의 사유지에서 농민과 노비로부터 지대를 걷었다. 16세기 중반에 토지를 대규모로 집적한 대지주와 현물을 소작료로 내는 소작 농민의 분화가 현저하게 진행되었다. 일부 농민들은 군역(軍役)의 부담이나 보인(保人)에게 부과되는 군포(軍布)에서 벗어나기 위해서 자신의 토지를 지주에게 바치고 자진해서 소작인이 되기도 했다. 주인집에서 나와 주인의 토지를 경작하던 외거 노비도 수확의 일부를 주인에게 내야 했기 때문에 실질적으로는 소작 농민과 동일한 조건에 처해 있었다. 지주들의 반대로 한전제(限田制)[일정 이상의 토지 소유와 매매를 제한하는 제도]나 균전제(均田制)[대토지 소유를 억제하고, 토지의 분배와 회수를 통해 조세 수입의 안정을 꾀한 제도]는 실시될 수 없었다. 1634년[인조 12]에 실시한 양전 사업(量田事業)[토지를 측량하고 토지 소유자와 조세 부담자를 조사하던 제도]의 결과 대부분의 토지가 하등전으로 평가되어 최하등의 세금을 부과받았다. 상등전으로 분류된 토지가 거의 없었다는 것은 상등전을 소유한 전라도의 지주들에게 유리한 양전(量田)[토지 조사]이었다는 사실을 말해 준다.

067 **점점 늘어만 가는 각종 세금들** | 효종[孝宗, 이호(李淏), 1619

아주까리 수첩 ⬛8 다 말하게 하라
김인환 金仁煥 KIM Inhwan
유교조선 지성사론 儒敎朝鮮 知性史論
The Intellectual History of the Confucian Joseon

~(즉위 1649)~1659]→ **현종**[顯宗, 이연(李棩), 1641~(즉위 1659)~1674]→ **숙종**[肅宗, 이순(李焞), 1661~(즉위 1674)~1720]**을 거치는 17세기 동안 재정의 확보를 위해 늘린 아문둔전(衙門屯田)**[관아의 토지]**과 궁방전(宮房田)**[왕실이 소유한 토지]**은 관청들로 하여금 염전, 어선, 어장까지 독점하게 하였고, 공과부세(公課賦稅)를 전결(田結)**[논밭에 매기던 세금]**로 일원화하려고 계획하여 1608년에 광해군이 시작한 대동법(大同法)**[지방 특산물이 아닌 쌀로만 세금을 내도록 하는 제도]**은 6도에 시행되기까지 거의 70년의 세월을 허비하여 중간 착취의 배제라는 목적을 달성하지 못했다. 인조 대에 세납화(稅納化)한 군포(軍布)와 17세기에 부활된 환곡(還穀)**[흉년이나 춘궁기에 빈민에게 곡식을 대여하고 추수기에 이를 환수하는 제도]**은 전결과 무관하게 인두(人頭)와 호(戶)에 따라 부과되었으므로 극히 적은 면적의 소유 경지밖에 가지지 못한 소경지 농민들이 독담(獨擔)**[혼자서 담당]**할 수밖에 없었다.

068 **18세기 통계로 본 쌀 수급 실정** | 18세기 정조[正祖, 이산(李祘), 1752~(즉위 1776)~1800] 시절에 나온 『탁지지(度支志)』[1788년]에 따르면 당시 나라의 인구가 1,500만 명이었는데 1년 총생산량은 약 **5,000만 석**이었다.[1석(石)[섬]=10두(斗)[말]=100승(升)[되]=1,000홉] **한 사람이 매일 1승(升)**[1되]**[=10분의 1두(斗)=100분의 1석(石)]**[조선 후기 성인 남자는 1끼에 7홉을 먹었다고 한다.]**씩만 소비**[1/100석×365일×1,500만 명=5,475만 석]**한다고 하더라도 475만 석이 모자란 셈이었다.**[주 11] [이상백, 『한국사 근세 후기 편』(을유문화사, 1965), 168.]

069 **전후 농경지 점유의 변화와 소작제** | 두 번의 전쟁으로 토지가 파괴되었으나 인구도 감소함으로써 남는 토지가 생

겨났고 생존자들은 농사를 다시 시작할 수 있었다. 전쟁으로 인하여 인구의 20퍼센트인 200만 명이 사망하였다. 인구가 감소하여 한 사람이 경작할 수 있는 토지 면적은 이전보다 넓어졌으나 농경지가 황폐해져서 국가 세수지가 줄어들었으며 양반의 수가 늘어나서 군역을 비롯한 부역의 담당자가 줄어들었다. 관청이 황폐한 경작지들을 개간하여 점유하였고 국왕의 친척들도 개간에 참여하여 면세지가 늘어났다. 중앙과 지방의 관청들은 이러한 경작지들을 농민들에게 소작하게 하고 소작료[봉건 지대(封建地代)[봉건 영주가 농노로부터 강제 수단을 행사해 잉여 생산물을 가져가는 지대]]를 받았다. 토지를 개간하겠다고 신청서를 내어 국가로부터 받은 황무지를 개인 농장으로 점유한 다음 토지 없는 농민들에게 나누어 주고 병작(竝作)[수확을 반씩 나누는 소작제]하게 하는 방식이었다. 17세기에도 지주가 소유한 경작지는 증가하고 소농민이 소유한 경작지는 감소하였다. 땅은 있으나 노력이 제한되어 제 땅을 다 경작하지 못하는 지주가 생기고 땅이 없어 일손을 놓고 있는 농민이 생겼다. 그럼에도 소작제는 토지 생산물의 분배에서 농민들의 몫을 규정함으로써 신분에 의한 인신적 예속 상태를 상대적으로 약화시키고 생산 의욕을 다소나마 증진시킬 수 있었다. 국가는 1634년[인조 12]에 양전[토지 조사] 세칙을 만들어 국가의 수세지를 늘여 보려고 하였으나 지주들은 비(非)법적인 면세지와 탈세지가 드러나는 것이 두려워 국가의 양전 사업을 방해하였다. 지주들은 가난한 농민들에게 농한기(겨울이나 봄)에 양곡을 주고 영농 작업의 일부를 담당하게 하는 고용 노동 형태도 이용하였다. 단기 고용 노동은 논갈이, 모내기, 김매기 등의 영농 공정 가운데 어느 하나 또는 몇 개 공정의 수행을 계약하고 품삯으로 양곡을 미리 주는 것이었다.

아주까리 수첩 **8** 다 말하게 하라
김인환 金仁煥 KIM Inhwan
유교조선 지성사론 儒教朝鮮 知性史論
The Intellectual History of the Confucian Joseon

임금 노동[정액제]과 소작제(병작제)[정률제] | 농업의 생산 요소는 토지와 노동력이다. 토지 소유자는 노동력을 구입하여 노동자에게 노동의 한계 생산량에 해당하는 임금을 주고 잉여 부분을 소득으로 보유할 수도 있고, 토지를 소작하게 하여 소작하는 농민으로부터 일정액의 소작료를 받을 수도 있다. 소작인이 투하한 노동의 한계 생산량이 시장 임금율과 동일하고 소작하는 토지의 한계 생산량이 정액의 소작료와 동일하면 정액제가 유지된다. 할당제[정률제][병작제(竝作制)]는 토지를 소유한 지주와 노동력을 소유한 소작인이 각자 자기의 생산 요소를 가지고 공동으로 농업 생산에 종사하여 생산물을 공동으로 분할하는 합작 경영이라고 할 수 있다. 병작제의 경우에는 생산 요소의 구입자와 생산 요소의 판매자를 구분할 수 없고 원금과 잉여 소득도 정확하게 구별할 수 없다. 농업 생산의 위험성이 높다고 판단하면 지주는 정액 소작제를 선호할 것이고 농민은 정액의 임금을 받을 수 있는 임금 노동을 선호할 것이다. 만일 할당제[정률제][**배메기**(배매기)[지주가 소작인에게 소작료를 수확량의 절반으로 매기는 일. 또는 가축을 수탁 사육해 주고 대가로 해당 동물의 새끼를 받는 풍속.]] 하에서 얻는 소득이 정액제나 임금 노동보다 적다고 판단되면 지주는 정액제로 전환하려고 할 것이고 소작인은 소작을 그만두고 임금 노동으로 전환하려고 할 것이다. 정액제든 할당제[정률제]든 소작인은 소작료를 납부한 후의 한계 수익이 노동력의 한계 비용과 같을 때까지만 소작제를 용인한다. 한계 수익이 시장의 노동 임금보다 낮으면 소작인은 노동력을 파는 임금 노동이 소작보다 유리하다고 판단하고 소작을 그만둘 것이다. 그러나 인구 증가율이 경지 증가율을 초과하여 노동력의 한계 생산량이 기본 생존비 이하로 떨어지는 경우가 발생할 수 있다. 이러한 경우에는 임금 수준이 내려가므로 임금 노동자로 전환하지 못

하는 반실업 상태의 소작 농민이 증가하게 된다.

071 **교환 수단으로서 면포와 상평통보 발행** | 16세기에 목화는 중부 이남에서만 재배되었으나 17세기에는 황해도와 평안도를 거쳐 함경도 남부까지 목화가 보급되었다. 면화와 면포가 모시와 삼[麻(마)] 대신 옷감의 주요 재료가 되었고, 15세기부터 화폐 대신 면포가 교환 수단으로 더 널리 사용되었다. **16세기에 화폐로 사용되던 면포의 표준 길이가 35척 즉 16.35미터**[46.7cm×35척=1,635cm]**에서 30척 즉 14미터**[46.7cm×30척=1,401cm]**로 짧아져서[**그레셤의 법칙(Gresham's law) : 화폐의 액면 가치와 실질 가치에 괴리가 생길 경우, 실질 가치가 높은 통화가 시장에서 축출되고 실질 가치가 낮은 화폐가 통용된다는 법칙. 즉 '악화가 양화를 구축한다(The bad money drives out the good money)'는 것.**] 물가가 오르자[**『경국대전』의 규정에 의하면 표준적인 화포[貨布=포화(布貨)]는 폭 8촌(37.4cm) 길이 35척(16.35m)인 5승(1승=80가닥) 면포였다. 그러나 무명이 소규모 거래수단으로 이용됨에 따라 5승포 대신에 삼사승포가 통용되고 길이도 35척에서 30척으로 줄었다. 16세기 서울에는 아무 쓸모 없는 추포(麤布)인 2승포를 자른 단포(端布)를 가지고 식량을 구입하는 영세민들이 헤아릴 수 없이 많았다.][이헌창, 『한국경제통사』(해남, 2021), 119.] **1603년부터 구리돈을 주조하자는 주장이 간간히 제기되었다. 1634년**[인조 12]**에 개성에서 구리돈이 거래에 사용되고 있었다.**["松京之原用銅貨"(『인조실록』인조 12년, 2월 20일 정축)] **1678년**[숙종 4] **1월에 국가에서 구리돈을 주조하여 구리돈**[상평통보(常平通寶). 인조 때인 1633년(인조 11) 최초로 시험 주조되고, 숙종 때인 1678년 1월 23일부터 유통되기 시작.]**이 쌀, 무명(면), 삼베(마) 등을 대신하여 일반적 등가물로 유통되었다. 그러나 동전의 공급이 수요를 따라가지 못했으므로 명목 가치가 구리의 고유한 가치보다 높아졌다.**

김인환 金仁煥 KIM Inhwan
유교조선 지성사론 儒教朝鮮 知性史論
The Intellectual History of the Confucian Joseon

5일장의 확산 | 16세기에 경기 이남에 국한되었던 시장이 17세기에는 전국적인 범위의 5일장으로 확대되었다. 한 달에 여섯 번 열리는 시장 이외에 상인들이 일정한 장소에서 운영하는 상설 점포들도 17세기에 생겨났다. 16세기에는 왕이 허가한 극소수의 특권적 점포[시전(市廛)]들이 서울과 개성에 있었을 뿐이었다.

|

073

공납(貢納) 제도의 변화 | 15세기에는 농민들이 현물로 공물[貢物]을 바쳤고, 16세기에는 중개 상인이 납세자와 지방 관아에서 쌀이나 면포를 받고 그것으로 시장에서 공물을 사서 공납[貢納]하였으나, 17세기에는 현물 형태의 공물 제도가 토지 면적에 준하여 일정량의 쌀을 국가에 납부하고 국가는 그 쌀을 팔아서 필요한 물건을 상인에게서 사들이는 제도[대동법(大同法)]로 바뀌었다. 논이 없는 산골에서는 쌀 대신 무명(면포)을 내게 하였다. 지주뿐 아니라 소작 농민도 공납을 바쳐야 했다. 소작 농민들은 수확의 절반을 내는 소작료 이외에 그들에게 배당된 공물을 납부했다. 토지 면적을 파악하기 위하여 양전[토지조사]을 하고 양전이 끝난 순서로 경기도(1608), 강원도(1624), 충청도(1651), 전라도(1662), 경상도(1677), 황해도(1708) 지역에 대동법을 실시하였다. 평안도와 함경도에는 끝내 실시하지 못했다.

|

074

노동력의 무상 징발 | 요역(徭役)[정남(丁男)에게 부과되던 역[役, 국가의 노동력 징발(수취)]의 하나. 국가의 필요에 따라 각종 공사 등에 백성의 노동력을 대가 없이 썼다.]은 **10명의 장정이 있는 가호에서 1명을 징발하였고 경작지를 산정하여 8결마다 1명을 징발하였다. 다섯 명의 장정이 있는 가호는 둘을 모으고 네 명 이하의 장정이 있는 가호는 셋을 모아서 1명을 징발하였다. 요역 징발에는 아무런 보상이 없었다.**

|

075 **국가 재정과는 무관했던 환곡 이자의 수취** | 1650년 이 전까지 환자(還子)[흉년이나 춘궁기에 곡식을 빈민에게 대여하고 추수기에 이를 환수하던 제도]는 국가의 재정과 무관하였다. 환자곡(還子穀)의 양도 적었고 농민들이 봄에 빌린 곡식을 가을에 관청에 돌려 주는 과정에 국가는 거의 개입하지 않았다. 관청 창고의 곡식을 새나 쥐가 먹어 축이 나면 환자곡의 양이 감소할 것이므로 관청에서는 자연 감소분을 상정하여 이자로 일정량의 곡식을 추가하여 받았는데 1650년[효종 1]부터 이러한 모곡(耗穀)[곡식을 쌓아 둘 동안에 축이 날 것을 생각하여 한 섬에 몇 되씩 덧붙여 받는 곡식]의 5분의 4를 장부에 올려 국가 재정에 충당하였다.

|

076 **직파법과 모내기** | 16세기 이전에는 봄에 논을 갈아 정리한 후에 마른 논에 씨 붙임을 하거나 물댄 논에 벼 종자를 뿌렸다. 17세기에 제초가 쉽고 수확률이 직파법(直播法)[모를 길러 옮겨 심지 않고 논밭에 씨앗을 직접 뿌리는 벼농사법]보다 1.5배 정도 높은 모내기 농사법이 전국에 보급되었다. 직파법을 할 때는 농사를 망쳐도 이런저런 구실을 만들어 전세를 부과할 수 있었으나 가물이 들어 모내기를 못하면 맨땅에 전세를 부과할 수 없었기 때문에 국가에서는 모내기를 억제하려고 하였다. 모내기법은 모를 심는 기간(음력 4~5월)에 비가 오지 않으면 농사를 망칠 위험이 있었다. 17세기에 남부 지방에서는 모내기법이 우세하였고, 북부 지방에서는 직파법이 우세하였고, 중부 지방에서는 직파와 모내기가 반반이었다.

|

077 **농민과 양반과 가문** | 15세기에는 농민도 과거를 볼 수 있게 하였으나 그들은 책을 구하기 어려웠고 지방의 서당은 교사의 수준도 낮았으므로 과거에 급제할 가능성은 거의 없었다. 과거에 응시하는 사람은 호적과 추천서와 신원

김인환 金仁煥 KIM Inhwan
유교조선 지성사론 儒教朝鮮 知性史論
The Intellectual History of the Confucian Joseon

보증서를 제출해야 했다. 관직이 있고 훌륭한 선조가 있고 학식이 있고 지역에서 도덕적 평판이 있고 시문과 서예의 재능이 있는 사람만이 양반으로 인정되었다. 가문의 역사는 양반과 농민을 구별하는 기본 경계가 되었다. 향촌에 사는 양반들도 과거에 급제해서 관직을 받을 수 있었고 혼인 관계와 교우 관계로 다른 양반과 결속하여 정치 세력을 만들 수 있었으며 의례를 준수한다는 명성을 통하여 지역 정치에 영향력을 행사할 수 있었다. 16세기에 양반이 과거 급제와 고위 관직을 독점하더니 17~18세기에 과거에서 높은 성적을 거둔 가문들이 그들보다 떨어지는 성적을 올린 가문들을 중앙 정계에서 몰아냈고 19세기에는 한 가문이 관직을 독식하게 되었다.

078 **쿠데타와 당파** | 유교 사상은 국왕의 통치에 도전하는 행위를 악으로 간주하였다. 그러나 살아남으려는 관리들의 필사적인 행동은 때때로 왕을 폐위시키기도 했다. 유교 조선에는 부도덕한 국왕을 교체할 수 있는 평화적이고 정규적인 방법이 없었다. 그러므로 폐위에는 유혈과 보복이 수반되었다. 1623년의 무장(武裝) 정변[인조반정(仁祖反正) : 1623년(광해 15) 3월에 인조의 친인척 등 서인 일파가 광해군과 대북(大北)파를 몰아내고 능양군(綾陽君)[인조]을 왕으로 옹립한 군사 정변.] 이후 서인[西人]파가 정국을 주도하였다. 서인파의 내분을 틈타서 남인[南人]파가 간혹 정권을 잡기도 하였으나 1680년 이후로는 서인파 중에서도 송시열[宋時烈, 1607~1689] 당파인 노론[老論]파가 압도적인 우위를 차지하였다.

079 **토지와 노비와 관직과 주희** | 전근대 사회의 기본 생산 수단은 토지와 노비였다. 관직은 토지와 노비를 많이 가질 수 있는 가장 으뜸가는 수단이었다. 고위 관원의 90퍼

센트 이상이 문과 급제자였다. 중인과 상인은 정규 관원이 될 수 없었다. 고위 관직에 오르려면 과거를 보아야 했고 과거 준비에 필요한 교육 내용은 <사서(四書)>에 대한 주희[朱熹, 1130~1200]의 주석으로 구성되어 있었다. 국가는 주희의 철학을 배운 사람만을 관리로 임용하였다. 관직은 제한되어 있는데 과거 응시자의 수효는 나날이 증가하였으므로 관리가 될 자격을 가진 사람들은 문벌과 학벌에 따라 당파를 형성하여 권력을 추구하였다. 문벌과 학벌은 출신 지역과 연관될 수밖에 없었으므로 16세기에는 경상도 학파[남인(南人)]와 경기도 학파[서인(西人)]가 대립하였고 17세기에는 충청도 지방의 지식인들이 진출하여 경기-충청 학파[노론(老論)]를 형성하였다.

080 **당파의 집권에 따라 뒤바뀌는 나라의 위인** | 공자와 공자의 제자 72명, 그리고 **사성(四聖)**[안자(顔子), 증자(曾子), 자사자(子思子), 맹자(孟子)], **십철(十哲)**[공자의 제자 가운데 뛰어난 열 사람. 안회(顔回), 민자건(閔子騫), 염백우(冉伯牛), 염옹(冉雍), 재아(宰我), 자공(子貢), 염구(冉求), 자로(子路), 자유(子游), 자하(子夏)], **송조 6현(宋朝六賢)**[주돈이(周敦頤), 정호(程顥), 정이(程頤), 소옹(邵雍), 장재(張載), 주희(朱熹)]을 제사하는 문묘(文廟)[大聖殿(대성전)]에 우리 나라의 선현도 올려서 함께 제사하자는 논의가 1570년[선조 3]에 발의되어 1611년[광해 3]에 김굉필[金宏弼, 1454~1504], **정여창**[鄭汝昌, 1450~1504], 조광조[趙光祖, 1482~1519], **이언적**[李彦迪, 1491~1553], **이황**[李滉, 1501~1570]이 배향되었다. 인조가 즉위[1623년]한 지 한 달도 안 되어 김장생[金長生, 1548~1631]은 제자 김류[金瑬, 1571~1648], **이귀**[李貴, 1557~1633], **최명길**[崔鳴吉, 1586~1647], **김상헌**[金尙憲, 1570~1652] 들을 시켜서 이이[李珥, 1536~1584]와 성혼[成渾, 1535~1598]을 문묘에 올리자고 상소하게 하였다. 그 때마다 임금들은 "나라의 제전

아주까리 수첩 8 다 말하게 하라
김인환 金仁煥 KIM Inhwan
유교조선 지성사론 儒敎朝鮮 知性史論
The Intellectual History of the Confucian Joseon

을 가볍게 논의할 수 없다"고 하며 결정을 유예하였으나, 1680년[숙종 6] 서인들은 현종[顯宗, 이원(李棩), 1641~(즉위 1659)~1674]의 서자들과 반역을 도모한다고 고변하여 남인(경상도 학파)을 몰아낸[경신환국(庚申換局)] 이듬해에 이이와 성혼을 문묘에 배향하였다. 8년 뒤인 1689년에 장소의(張昭儀)[희빈 장씨[禧嬪張氏, 장옥정(張玉貞), 1659~1701]를 말함.] [소의(昭儀)는 조선 시대 왕의 후궁(後宮)에게 내린 품계다. 빈(嬪), 귀인(貴人)에 다음가는 자리이며 정2품이다.]의 왕비 책봉에 반대하다 서인이 쫓겨나자 이이와 성혼의 위패도 문묘에서 나오게 되었고, 1694년[숙종 20]에 성혼의 문인들[소론[少論]]이 집권함에 따라 다시 들어갔다. 서인은 결국 이이와 성혼뿐 아니라 김장생, 송시열, 송준길[宋浚吉, 1606~1672]까지도 문묘에 배향해 냈다.

081 **문묘 배향을 둘러싼 서인 당파의 무지막지함** | 정치 세력을 모아 문묘(文廟) 종사(從祀)[학덕 있는 사람의 신주를 문묘, 사당 등에 모심]를 실현하려다 보니 서인은 조정의 위계 질서를 무시하고 국왕을 강박하지 않을 수 없었다. 서인 김상헌[金尙憲, 1570~1652]은 남인 윤의립[尹毅立, 1568~1643] [1625년(인조 3) 윤의립의 딸이 인조의 맏아들 소현세자의 빈으로 3간택에 올랐다. 인조와 인열왕후(仁烈王后 韓氏, 1594~1636)가 모두 낙점했으나 서인들이 윤의립의 조카가 이괄(李适, 1587~1624)의 난에 가담한 역적이므로 안 된다며 반대한다. 인조가 화를 내며 '내 뜻은 이미 정혼하려 하였다'고 했으나 서인 김자점(金自點, 1588~1651)이 '일국 안에 처녀가 얼마나 많은데 하필 역적 집의 자식과 혼인을 정하면 후세에 물의가 될 것'이라고 직을 걸고 따졌다. 임금이 '혼인은 부모가 주관한 일이고 남들이 입을 댈 일이 아니'라고 했으나 국혼이므로 대신들(서인)이 격렬하게 반대하여 결국 서인 강석기(姜碩期, 1580~1643)의 딸[민회빈 강씨(愍懷嬪 姜氏), 1611~1646]로 바뀌었다.]의 딸과의 국혼을 막으려고 반대자를 가리지 않고 역적으로 몰았

『예기(禮記)』청대 수진(袖珍)[소맷자락에 들어갈 크기의 작은 책] 목판본 권21책 표지.『예기』는 유가 오경[五經 : 시경 서경 역경 춘추 예기]의 하나다. '예경(經)'이라 하지 않고 '예기(記)'라 한 것은 예(禮)에 관한 경전을 보완·주석하였다는 뜻이다. 공자 사후 축적된 예에 대한 기록들을 전한(前漢, 기원전 202~기원전 8)[수도 장안의 위치가 후에 세워진 후한의 수도 낙양보다 서쪽에 있어서 서한(西漢)이라고도 불린다.] 때 대덕(戴德)과 대성(戴聖)이 수집하여 각각 85편과 49편으로 추려 편찬한 것이『대대례기(大戴禮記)』와『소대례기(小戴禮記)』인데 이것이 예기의 시초다. 후한(後漢, 25~220) 때 정현(鄭玄, 127~200)이『주례(周禮)』·『의례(儀禮)』와 함께『소대례기』에 주석을 붙여 삼례(三禮)라 칭하게 된 후 49편으로 이루어진『소대례기』가『예기』로 자리잡았고 이후 많은 주석서가 간행되었다.

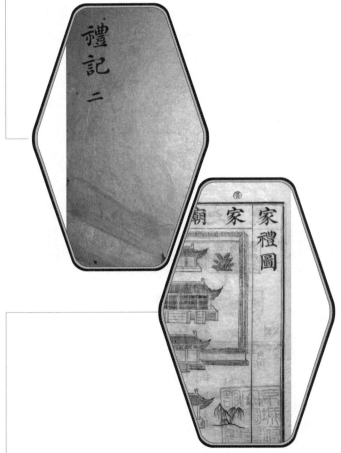

『가례(家禮)』1769년『주자가례(朱子家禮)』를 8권 3책으로 간행한 판본의 삽화. 본문은 금속 활자인 무신자(戊申字)로, 가례도는 목판으로 인쇄했다.『주자가례』는 명나라 때 구준(丘濬)이 가례에 관한 주자의 학설을 모아 편찬한 것으로『가례(家禮)』라고도 하며, 관례(冠禮), 혼례(婚禮), 상장례(喪葬禮), 제례(祭禮)로 구성되어 있다.

김인환 金仁煥 KIM Inhwan
유교조선 지성사론 儒教朝鮮 知性史論
The Intellectual History of the Confucian Joseon

다.[서인 전체가 남인과의 국혼에 반대했다. 인조반정의 실무를 맡았던 김자점이 먼저 상소를 올렸으나[1625년(인조 3)] 그는 1651년(효종 2)에 사형당해서 가문이 몰락했지만, 김상헌의 후손들[장동 김씨 : 김상헌→김수항→김창집→김조순]은 계속 적당(敵黨)과의 국혼을 반대하고 국혼을 통한 권력 독점으로 세도 정치를 했다.] **무고한 인성군**[仁城君, 이공(李珙), 선조의 일곱째 아들, 1588~1628년]**을 역적으로 몰아 죽이게 한 것도 김상헌이었다.**[주 12] [남하정, 『동소만록(桐巢漫錄)』(여강출판사, 1983), 133.] **최명길**[崔鳴吉, 1586~1647]**은 성균관의 남인계 유생들을 전부 처벌하려 하였고, 이귀** [李貴, 1557~1633]**는 영의정 이원익**[李元翼, 1547~1634]**과 우 의정 신흠**[申欽, 1566~1628]**을 무시하고 마음대로 결정하 였고, 경상감사 원탁**[元鐸, 1566~?]**은 도산서원 원장 이유 도**[李有道, 1565~1626, 이황의 형 이해(李瀣)의 손자.]**를 때려죽였 고, 김수항**[金壽恒, 1629~1689]**은 영남의 풍속이 변했으니 경상도 사람은 더 이상 선비로 대접하면 안 된다고 상소 하였다.**

082 『**예기(禮記)**』**냐** 『**주자가례(朱子家禮)**』**냐** | 경상도 학파 의 정구[鄭逑, 1543~1620]**와 허목**[許穆, 1596~1682]**은 도덕 철학인** 『**예기(禮記)**』**를 중시하였고, 경기-충청 학파의 김장생**[金長生, 1548~1631]**과 송시열**[宋時烈, 1607~1689]**은 『주자가례(朱子家禮)』를 중시하였다.** 『**주자가례**』**는 주 희가 생활 규범인** 『**의례(儀禮)**』[『주례(周禮)』, 『예기(禮記)』와 함께 삼례(三禮)의 하나]**에 기초하여 상례와 제례의 실행 규칙 을 만든 것이었다. 1659년에 죽은 효종의 장례 의식에서 인조**[효종의 아버지]**의 계비(繼妃)인 자의대비(慈懿大妃) 조씨**[趙氏, 1624~1688]**가 3년, 1년, 9개월 중 어느 기간을 택하여 상복을 입을 것인가 하는 문제가 논쟁을 야기하였 다. 송시열은 왕도** 『**주자가례**』**를 따라야 하므로 맏아들이 아닌 효종에 대하여 어머니 조씨는 1년복[朞年服**(기년복)**]**

을 입어야 한다고 주장하였다. 허목은 국왕의 종통(宗統)을 중시해야 한다는 『예기』의 주(注)를 인용하며 맏아들의 상에 해당하는 꿰맨 상복[齊衰(자최)] 3년복을 입어야 한다고 주장하였다(아버지의 경우에는 꿰매지 않은 상복을 입는다). 1674년[현종 15]에 효종의 왕비 인선왕후(仁宣王后) 장씨[張氏, 1619~1674]가 죽자 다시 자의대비의 상복이 문제로 제기되었다. 맏며느리로 보면 1년복을 입어야 하고 맏며느리가 아니라고 보면 아홉 달 복[大功服(대공복)]을 입어야 했기 때문이었다.

083 **'문명 대 야만'이라는 야만** ㅣ 논쟁은 문명한 조선과 야만적인 만주족의 차이를 스스로 확인하려고 한 의도에서 야기되었을 것이나 그것이 그릇된 방향으로 전개되어 서로 상대 당파를 정권에서 밀어내어 살육하는 결과를 낳았다. 1682년에 남인을 정권에서 몰아내는 것으로 상례 논쟁은 일단락되었다. 왕들은 거의 변덕에 가까운 태도로 한 당파에서 다른 당파로 지지를 변경하면서 고의로 당쟁을 지속시켰다. 국왕이 우호적인 당파를 지원하던 시대로부터 국왕이 당파에 포위되는 시대를 거쳐 끝내는 국왕이 한 가문의 포로가 되는 시대로 바뀌었다. 경기도 당파가 주장한 대동법은 같은 서인 당파인 충청도 당파가 반대하여 전국에 실시될 때까지 백년이 걸렸다. 서인 당파는 반청의 강도에 따라서 송시열 당파인 노론[老論]과 송시열 반대파인 소론[少論]으로 나누어졌다.

084 **멸망한 명에 충성하듯 무능한 왕에게 의리를 지켜라** ㅣ 청나라에게 항복하고 신하가 될 것을 맹세한 이후에도 서인 정권은 쿠데타의 명분이었던 반청을 포기할 수 없었다. 반청을 포기하면 광해군을 축출한 무장 정변이 잘못이 되며 그들 서인 정권이 존립할 이유가 없어질 것이기

아주까리 수첩 **8** 다 말하게 하라
김인환 金仁煥 KIM Inhwan
유교조선 지성사론 儒教朝鮮 知性史論
The Intellectual History of the Confucian Joseon

때문이었다. 그들은 멸망한 명나라에 대해 충성하고 청나라에 반대한다는 것을 백성들에게 선전하며 청나라와 전쟁할 것[북벌론(北伐論)]을 주장하였다. 왕이 망한 명나라에 대한 의리를 지키듯이 백성들도 무능한 왕에게 의리를 지켜야 한다고 백성들에게 강요하는 것이 북벌론의 실질적인 내용이라고 할 수 있다. 북벌론은 1650년부터 1670년 사이에 논의되었다. 1652년[효종 3]에는 화포 부대를 편성하고 1656년에는 조총 기술을 개발하는 등 부분적으로 계획이 추진되기도 하였다.

085 **중앙군과 지방군 등 군역과 군사력의 변화** | 군사 행정권을 장악한 병조[兵曹]의 문관들은 왕권에 미칠 수 있는 위험을 방지하기 위하여 군대에 고정된 지휘관을 두지 않았고 지휘관에게 일정한 군대를 주지 않았다. 일정한 복무 기간이 끝나면 군대도 새롭게 편성되었고 지휘관도 새롭게 배치되었다. 1593년[선조 26]에 고정된 지휘관이 모집된 단위 부대를 통수하는 훈련도감(訓鍊都監)[조선 시대에 수도의 수비를 맡아보던 군영]을 설치하였다. 훈련도감의 병사 4,000명에게는 사병 한 사람에 네 명의 보인을 붙였다. 그러나 국가에서는 1만 6,000명의 보인에게서 받은 군포를 군사력을 강화하는 데 쓰지 않았다. 1652년에 서울에서 군역에 복무하는 군인은 훈련도감과 국왕 호위대인 어영청(御營廳)을 합하여 6,000명 정도였다.[『효종실록』 효종 3년 6월 29일 기사] 중앙군은 의무병제에서 고용병제(직업 군인제)로 개편되었다. 지방군[속오군(束伍軍)]은 주로 노비로 충원되었다. 국가는 병력의 부족을 노비의 입대로 해결하려고 하였다. 이전에는 양반과 노비는 군역을 면제받았다. 1594년 1월 25일에 도성의 노비들을 모두 입대시켰고, 1600년[선조 33]에 노비를 면천(免賤)[천민의 신분에서 벗어남]시켜 군사로 징발하였고, 1602

년에 양반의 사노비를 사수(射手)[궁수(弓手)]로 복무하게
했다가 1603년에 그 주인에게 반환했다.

086 **노비에 대하여** | **공노비는 1484년에 26만 1,984명이었
다.**[『성종실록』권 169, 15년 8월 정사] [이 수치는, 신역을 바치지 않
고 도망친 노비를 찾고자 설치한 노비추쇄도감(奴婢推刷都監)에서 추
쇄한 경외(京外) 노비 수이다. 이 때 따로 역노비(驛奴婢) 9만 581명이
조사되었으므로, 공노비는 합 35만 2,565명이었다. 경외 노비는 지방
에 거주하거나 지방 관청에 소속된 노비를 말한다. 역노비는 역에서 말
을 기르고 우편물 배달과 짐의 운송 등을 맡은 이들로, 흔히 역졸이라 한
다.] **1655년에는 등록된 공노비가 19만 명이었는데 그 중
노비 신공(奴婢身貢)**[소속처나 주인집으로부터 독립적인 생활을
영위하는 납공노비들이 신역 대신(입역하여 노동력을 제공하는 대신)
에 매년 일정량의 포(布)를 납부하는 것]**을 바치는 인원수는 2만
7,000명이었다.**[『효종실록』권 14, 6년 정월 임자] [임진왜란 후
국가 재정이 파탄나자 노비 신공을 더 거두려고 효종이 100년 만에 노
비추쇄도감을 부활시키고 대대적 색출에 나섰다. 목표는 도망 노비 10
만 명을 찾아내는 것이었으나, 최종 밝혀진 누락자는 1만 8,000명에 그
쳤고, 이후로 조선 내내 추쇄도감은 설치되지 않았다.] **1636년에 사
노비 40만**["私賤多至四十餘萬" : 『인조실록』인조 14년 9월 20일
갑오], **1655년에 공노비 19만**["各司奴婢案付者十九萬" : 『효종
실록』효종 6년 1월 27일 임자] **정도가 있었는데, 그 가운데 8
만 6,073명이 지방군에 소속되어 있었다.**["束伍軍單只八萬
六千七十三人" : 『인조실록』인조 14년 7월 4일 병오] [팔도의 군인 중
평안도와 각도의 여러 군인을 제외한 속오군만의 수치이다. 속오군은
일부 양인도 있었으나 공·사노비가 거의 대부분이었고, 시대가 흐를수
록 점점 사노비로만 채워졌다.] **전쟁 중에 노비 문건이 불타 버
리고 노비들이 대대적으로 도망하여 노비의 수가 줄어들
었다. 16세기에 인구의 30퍼센트**[순조 1]**였던 노비는 차
차 줄어 18세기에는 인구의 10퍼센트가 되었다. 1801년**

아주까리 수첩 **8** 다 말하게 하라
김인환 金仁煥 KIM Inhwan
유교조선 지성사론 儒教朝鮮 知性史論
The Intellectual History of the Confucian Joseon

[순조 1]에 공노비가 없어졌다.

087 **쪼그라든 군인의 숫자** | 15세기에는 농민이 직접 병역을 담당하였다. 병역을 담당하는 장정과 몇 명의 방조자(**幇助者**)[거들어 도와주는 사람] [**보인(保人)**[조선 시대 군사비 충당을 위해 정군에게 딸린 경제적 보조자]]을 하나의 군호(軍戶)로 묶어, 병역 기간 동안 보인이 무명[면포]을 내어 현역 군인의 생활을 방조하게 하였다. 15세기에 장정 18만 명, 보인 32만 명이었던 병력은 17세기에 6만 명으로 줄어 있었다. 17세기에 중앙군을 직업 군인으로 충원하고 지방군을 노비로 충원하면서 병역 제도가 현물 군포제(軍布制)로 바뀌었다. 병조는 군대를 양성하고 훈련하는 기관이 아니라 그저 군포[무명[면포]]를 거두어들이는 부서가 되었다.

↓

유교조선儒教朝鮮 지성사론知性史論
C 17세기 C-2 규범주의

088 **전후 실추된 권위를 규범주의로 돌파하려던 송시열** | 임진왜란(壬辰倭亂)[음력 1592년 4월 13일~1598년 11월 19일]과 병자호란(丙子胡亂)[음력 1636년 12월 8일~1637년 1월 30일]을 겪고 나서 조선에서 유교의 이상주의는 철저하게 파괴되었다. 경제는 회복이 불가능할 정도로 무너졌고 침략자 앞에서 무능하고 비겁했던 왕과 양반의 권위는 완전히 실추되었다. 17세기를 대표하는 철학자 우암 송시열[尤庵 宋時烈, 1607~1689]은 이상주의 대신에 규범주의(規範主義)

를 구상하였다. 진리를 절대 표준으로 고정시켜 놓고 작용과 운동을 모두 물질적 에너지 또는 감각적 능력에 귀속시킴으로써 송시열은 세상을 지배하는 악의 보편성을 설명할 수 있었으며 악이 아무리 강하더라도 절대 표준을 따라야 한다는 진리의 불변성을 주장할 수 있었다. 불변체인 리(理)와 가변체인 기(氣)의 대립을 강조하기 위하여 송시열은 율곡 이이[栗谷 李珥, 1536~1584]의 이기설[理氣說]을 추종하였다.

|

089 인의예지가 리(理)라는 퇴계와, 인의예지는 기(氣)이고 삼강오륜이 리(理)라는 율곡

| 퇴계[退溪 李滉, 1501~1570]의 철학에서 리는 이성에 해당하고 기는 감성에 해당하므로 리와 기가 다 같이 인간의 마음에 내재하는 가변체이다. 그러나 한 세대 뒤인 율곡의 철학에서는 리는 참에 해당하고 기는 마음에 해당하므로 리는 인간의 안팎에 두루 맞는 불변체이고 기는 인간의 안에서 움직이는 가변체이다. 율곡에 의하면 "리가 아니면 기는 근거할 데가 없고 기가 아니면 리는 의거할 데가 없기 때문에 리와 기는 두 개도 아니고 하나도 아니다.[非氣則不能發 非理則無所發(비기즉불능발 비리즉무소발)]"[주 13] [『율곡전서(栗谷全書)』](성균관대학교 대동문화연구원, 1987), 198.] 마찬가지로 참이 아니면 마음은 근거할 데가 없고 마음이 아니면 참은 의거할 데가 없으므로 참과 마음은 둘도 아니고 하나도 아니다. 퇴계는 인의예지를 리라고 하였으나 율곡은 인

의예지를 기라고 하고 삼강오륜을 리라고 하였다. 율곡에게는 물질과 육체와 이성[性(성)]과 감정[情(정)]과 의지[意(의)]가 모두 기이고, 물질과 육체와 이성과 감정과 의지가 따라야 할 가치의 최고 표준이 리이다. "리는 한 자도 더하거나 뺄 수 없다.[夫理上不可一字(부리상불가일자)]"[주 14] [『율곡전서 I』(1987), 209.] 율곡은 자연 법칙도 진리라고 하였고 도덕 법칙도 진리라고 하였으나 불변하는 진리의 핵심은 결국 선이다. 인간의 타고난 감정 가운데는 선한 감정인 인의예지가 있다. 마음과 참은 분리될 수 없는 것이다. 배고플 때 먹고자 하는 감정은 결코 악이 아니다. 그러나 육체의 욕구가 때로는 보편적 진리에서 벗어나는 사심을 일으킨다. 이성으로 참을 인식하고 의지로 사심을 바로잡아 감정을 참으로 돌이키면 참된 사람이 된다. 주체적으로 참[理(리)]을 실현하는 사람을 참된[誠(성)] 인간이라고 한다.

ㅣ

090 **진리에는 고금이 없으나 시국에는 고금이 있다** ㅣ 율곡은 해야 할 일을 하는 데 학문의 본질이 있다고 하였다. "학문에 어찌 다른 것이 있겠는가? 다만 일상생활에서 옳은 것을 찾아서 실천할 따름이다.[學問豈有他異哉? 只是日用間求其是處, 行之而已矣(학문기유타이재? 지시일용간구기시처, 행지이이의)]"[주 15] [『율곡전서(栗谷全書) II』(성균관대학교 대동문화연구원, 1987), 170.] 하기 전에 먼저 알아야 한다. 함은 감정의 작용이고 앎은 이성의 작용이다. 마음은 몸의 주인이고

김인환 金仁煥 KIM Inhwan
유교조선 지성사론 儒敎朝鮮 知性史論
The Intellectual History of the Confucian Joseon

의지는 마음의 주인이다. 마음을 바르게 해서 앎과 함을 일치시키는 것이 의지이다. 율곡은 "진리에는 고금이 없으나 시국에는 고금이 있다.[道無古今時有古今(도무고금 시유고금)]"[주 16] [『율곡전서 II』(1987), 59.]고 했다. "개혁[更張(경장)]해야 할 때 보수[守成(수성)]하는 데만 힘을 쓰는 것은 병이 들었는데 약을 먹지 않고 죽을 날을 기다리는 것과 같다"[주 17] [『율곡전서 II』(1987), 32.]고도 하였다.

091 **송시열이 퇴계에 반대하고 율곡을 따른 이유** | 리를 불변체로 보는 율곡의 이기설이 반청을 절대 표준으로 내세우는 데 적합하고 진리는 불변이나 법제[法制]는 가변이라는 율곡의 개혁 사상이 서인의 무장 정변을 정당화하는 데 적당하다고 생각해서 송시열은 퇴계에 반대하고 율곡을 따랐을 것이다.

092 **주희를 교조로 하여 항복과 북벌이 불변의 진리라는 송시열** | 송시열은 주희의 말과 글을 절대 표준으로 설정하고 그에게 조금이라도 주희의 생각과 다르다고 판단되는 주장은 가차 없이 이단[斯文亂賊(사문난적)[사문(斯文)은 말 그대로는 '이 학문(學問)'이나 '이 도(道)'라는 뜻인데, 조선에서는 '유학의 도의(道義)나 문화'를 이르는 말로 쓰였다. 따라서 '사문난적'은 주자적 유교 교리를 어지럽히는 적을 뜻한다.]]으로 몰았고 그렇게 주장하는 사람은 박해하였다. 송시열에 의하여 『주자대전(朱子

大全)』[송대의 성리학자 주희(1130~1200)의 문집으로 121권(원집 100권, 속집 11권, 별집 10권)이 완전히 간행된 것은 1265년이다. 원제는 『회암선생주문공문집(晦庵先生朱文公文集)』이다. 조선에는 1476년(성종 9년) 명나라에 파견된 정효상(鄭孝常)과 박양신(朴良信)이 가지고 왔고, 1543년(중종 38)에 이황과 기대승 등이 발췌하여, 1575년(선조 8)에 유희춘(柳希春)과 조헌(趙憲) 등이 편집하여 간행했다.]**은 교과서에서 성경으로 격상되었다. "주자가 만 길이나 우뚝 서서 영원한 스승이 되었다."**[주 18] [「답이이중(答李彝仲) 병진년 10월 21일」, 『송자대전(宋子大全) 三』(斯文學會, 1971), 75권 217.] **그는 국왕이라도 장자(長子)가 아니고 차자(次子)이면 『주자가례(朱子家禮)』에 나오는 대로 차자의 처지에 맞는 상례를 택해야 한다고 주장했다. 그에게는 왕도 주자교의 신자일 뿐이었다. 그는 주희가 말하는 리 즉 도를 깨달아서 후세에 전하는 데 자기의 사명이 있다고 생각하고 나라가 망하더라도 도를 지켜야 한다고 주장했다. 도는 생명보다도 우월하고 국가보다도 우월한 가치이므로 그에게 도의 존망은 국가의 멸망보다 더 중요한 사건이 된다. "도란 세상에서 없어진 적이 없으나 사람으로 보면 도가 계승된 시대와 도가 단절된 시대의 차이가 있다. 도가 이어지는 밝은 시대가 있고 도가 끊어진 어두운 시대가 있으니 주자는 이것은 다 천명에 좌우되는 것이요 사람의 지력으로 해결할 수 있는 것이 아니다."**[주 19]「포은 정선생 신도비명(圃隱 鄭先生 神道碑銘)」, 『송자대전 五』(1971), 154권, 390.]**라고 했다. 인조의 항복을 어쩔 수 없는 일이라고 변명하고 청나라와 전**

아주까리 수첩 **8** 다 말하게 하라
김인환 金仁煥 KIM Inhwan
유교조선 지성사론 儒教朝鮮 知性史論
The Intellectual History of the Confucian Joseon

쟁하는 것을 불변의 진리라고 옹호하는 북벌(北伐)의 논리에서 송시열이 가장 중요하게 생각한 것은 사심을 버리고 진리에 복종하는 인간의 의지였다. "사(私) 한 글자는 온갖 일에 병이 된다.[私之一字 百事之病(사지일자 백사지병)]"[주 20] [「연보(年譜)」77歲條,『송자대전 七』(1971), 231.] 송시열은 천리와 물리와 심리가 다 동일한 리이므로 사심만 없어지면 저절로 물리와 심리가 합일된다고 해석하였다. "이른바 물리라고 하는 것은 본래 내 마음에 갖추어져 있는 것이지 사람이 탐구한 후에 생기는 것이 아니다."[주 21] [「답이여구(答李汝九) 병진년 9월 12일」,『송자대전 三』(1971), 70권 523.] 그는 사심이 없는 마음을 정직한 마음이라고 하고 북벌을 광명정대한 마음의 자발적인 행동이라고 하였다.

093 **광해군은 쫓아내도 되고 명나라 숭정제는 쫓아내면 안 된다?** | 절대 원리가 이미 명명백백하게 드러나 있으므로 인간에게 가장 중요한 것은 원리에 어긋나는 감정을 원리에 일치하는 감정으로 전환해 내는 의지이다. 반청을 선이며 진리라고 규정하려면 오직 생사를 걸고 반청을 실천하는 의지 하나로 사람됨을 평가할 수밖에 없었다. 태조 주원장[朱元璋, 1368~(즉위 1368)~1398]부터 의종(毅宗) 숭정제(崇禎帝) 주유검[朱由檢, 1611~(즉위 1627)~1644]까지 명조(明朝)[1368~1644]는 중국의 어느 왕조보다도 더 포악하게 사람을 많이 죽인 왕조였다. 숭정제가 원숭환[袁崇煥, 1584~1630] [명나라 말기 후금(後金)과의 전

쟁에서 연전연승하던 장군. 정쟁에 휩싸여 억울하게 죽임을 당했다. 청 말의 사상가 양계초(梁啓超)는 원숭환을 '중국의 가장 위대한 군인'이라 평했다.]을 죽인 것이 군사력을 붕괴시킨 첫째 요인이었다거나 명조를 멸망시킨 것은 만주가 아니라 이자성[李自成, 1606~1645]의 농민군이었다는 사실을 우암[송시열]은 외면하였다. 조선왕 광해군은 쫓아내도 되고 명나라 숭정제는 쫓아내면 안 된다는 논리도 설득력이 약하다고 할 수 있다. 그러나 '송조—명조—조선조'로 이어지는 문명(civilization)과 '일본—만주'로 대표되는 야만성(animalism)을 선과 악으로 대조하는 우암의 규범주의는 17세기의 경제 파탄과 국력 붕괴 속에서 한국인들이 주체성을 지켜 내게 하는 동력으로 작용하였다. 그는 야만 국가의 강약사관(强弱史觀)과 문명 국가의 선악사관(善惡史觀)을 대조하여 강약사관을 따르면 사람이 금수가 될 것이라고 생각하였다. | "저들에게 몸을 굽혀 명분이 이미 정해졌으니 저들이 중국 황제를 죽인 것[弘光之弑(홍광지시)][홍광은 안종(安宗) 홍광제 주유숭(朱由崧) 때의 연호. 1644년(숭정 17) 4월 25일에 대순(大順)의 황제를 자처한 이자성에게 북경이 함락되어 숭정제가 스스로 목숨을 끊은 후, 숭정제의 사촌인 주유숭이 6월에 남경에서 왕위에 올랐다. 1645년(홍광 1) 6월 청나라에 남경이 함락되면서 홍광제는 북경으로 압송되었다가 이듬해 처형되었다.]과 그리고 또 우리가 당한 치욕을 돌아볼 여지가 없다고 주장한다면 공자 이래의 대경대법(大經大法)[공명 정대한 원리와 법칙]이 사라져 장차 인류의 대법이 무너져서 자식이 아비 있음과 신

아주까리 수첩 ● 8 다 말하게 하라
김인환 金仁煥 KIM Inhwan
유교조선 지성사론 儒敎朝鮮 知性史論
The Intellectual History of the Confucian Joseon

하가 임금 있음을 알지 못하게 되어 사람들이 금수의 무리가 될 터이니 이것은 참으로 두려운 일이 아닐 수 없는 것이다."[주 22] [『송자대전 一』(1971), 199.]

094 명을 위해 복수하는 것이 조선 사람의 의무라는 우암 | 우암은 인조가 청 태조에게 항복한 사건과 함께 홍광제(弘光帝)[주유숭(朱由崧), 1607~(재위 1644~1645)~1646, 남명의 제1대 황제이며 명나라로는 제17대다.]가 남경에서 잡혀 북경에서 죽은 사건을 언급하였다. 이자성의 반란군에 붙잡히지 않으려고 자살한 숭정제의 사촌 주유숭은 남경에서 즉위하여 홍광제가 되었으나 1년(1644~1645)만에 청나라 편에 선 명나라 군사들에 의하여 쫓겨났다. 우암은 명나라를 위해 복수하는 것이 조선 사람의 의무라고 생각하였다. | "임진년의 변란으로 종묘사직이 폐허가 되었다가 다시 보존되었고 백성이 거의 죽었다가 다시 살아났으니 우리 나라의 풀 한 포기 나무 한 그루, 백성들의 터럭과 머리카락 한 올 한 올이 모두 황제의 은혜를 입지 않은 것이 없다.[壬辰之變 宗廟已墟而復存 生民幾盡而復蘇 我邦之一草一木 生民之一毛一髮 莫非皇恩之所及也 (임진지변 종묘이허이부존 생민기진이부소 아방지일초일목 생민지일모일발 막비황은지소급야)]"[주 23] [『송자대전 一』(1971), 198.]

095 문명과 야만과의 투쟁? | 우암은 사약을 받고 죽을 때[1689년(숙종 15)]에 제자

권상하[權尚夏, 1641~1721]에게 만동묘(萬東廟)를 세우라고 유언할 정도로 명나라에 대한 의리를 중요하게 생각하였다. 권상하는 1704년[숙종 30] 화양동(華陽洞)[충북 괴산군]에 묘실을 짓고 선조의 서찰[임진왜란 중이던 1597년 선조가 명나라에 충성을 표시하고자 보낸「피무변명주(被誣辨明奏)」.]에 나오는 '만절필동(萬折必東)'[황하는 만 번 꺾이어도 중국의 동해, 즉 한국의 황해에 이르고 만다.]을 따서 '만동묘'라 일컫고 그 해 3월에 임진왜란에 파병한 신종(神宗) 만력제(萬曆帝) 주익균[朱翊鈞, 1563~(즉위 1572)~1620]과 명나라 마지막 황제 의종 숭정제 주유검의 제사를 모셨다. 숙종이 그것을 알고 갸륵하게 여기어 같은 해 서울 창덕궁에 대보단(大報壇)을 세우게 하였다. 그러나 우암이 반청의 이유로 제시한 것은 명나라를 위한 복수가 아니라 야만과의 투쟁이었다. | "명은 유적(流賊)에게 망한 것이요 직접 청에게 망한 것은 아니므로[大明亡於流賊 非亡於胡也(대명 망어유적 비망어호야)] 복수의 의리는 없다고 할 것이다. 그러나 치욕을 씻는다는 의리를 주제로 삼는다면 그 속에 복수의 의리 또한 있는 것이다. 문명의 땅을 탈취하고 문명의 백성을 야만에 이르게 한 것이 원수가 아닌가?"[주 24] [「최신록(崔愼錄)」,『송자대전 七』(1971), 부록 18권 어록(語錄), 407.]

|

096 **청에 조공을 하면서 반청도 해야 하는 난처함** | 청나라에 조공을 바치면서 청나라 모르게 해야 하는 반청은 구차하고 곤란한 프로젝트라 하겠으나 우암은

아주까리 수첩 ⑧ 다 말하게 하라
김인환 金仁煥 KIM Inhwan
유교조선 지성사론 儒教朝鮮 知性史論
The Intellectual History of the Confucian Joseon

북벌이라는 국가의 장기 계획이 공의(公義)를 회복하고 재용(財用)을 절약하고 국력을 기르는 데 필요하다고 생각하였다. 1623년[광해 15 / 인조 즉위년] 7,200명의 병력으로 서인이 일으킨 쿠데타의 명분이 반청이었으므로 효종이나 숙종으로서는 반청을 부정하면 왕좌의 근본이 흔들릴 상황에 처해 있었다. 17세기의 조선 왕들은 신하로서 청나라에 조공을 하면서 또한 반청의 명분을 지켜야 하는 난처한 처지에서 벗어날 수 없었다. 우암이 1649년[기축] [인조 27 / 효종 즉위년]에 효종에게 「기축봉사(己丑封事)」를 올린 것은 타협의 방법을 제시하기 위함이었다. 봉사(封事)는 내용이 누설되지 않도록 검은 주머니에 넣어 왕에게 올리는 글이다. 표면의 주제는 청나라와 전쟁을 해야 한다는 내용이지만 이면적인 주제는 국가의 내실을 정비해야 한다는 것이다. | "비록 형세가 부득이하여 어쩔 수 없이 조공하면서도 아픔을 참고 원망하는 마음을 머금고 그만둘 수 없다는 자세를 10년, 20년 동안 절박하게 지키면 때가 올 것이요, 비록 창을 들어 죄를 묻고 명의 은혜를 갚지 못 한다 하더라도 명분을 바르게 하며 이치를 밝히며 의리를 지키면 군신·부자 사이에 유감은 없을 것입니다."[주 25] [『우기(偶記)』, 『송자대전 一』(1971), 132권, 663.]

|

097 **천리(天理)?** | "공정하고 사심 없는 사람이라야 정직한 평심으로 원수를 갚을 수 있다[以直報怨 此公而無欲者 能之(이직보원 차공이무욕자 능지)]"[주 26] [『기

축봉사(己丑封事)」, 『송자대전 四』(1971), 5권, 199.]고 하면서 우암은 천리(天理)를 반청의 근거로 삼고 나라가 망할지라도 천리를 지켜야 한다고 주장하였다. |

"인욕(人慾)이란 천리에 근본을 두고 천리에서 비롯하는 것이지만 천리와 티끌만한 차이가 생기면 천리에서 벗어나 인욕이 되는 것입니다. 먹고 마시는 것은 천리이나 배를 불리고자 하면 인욕이 되고, 남녀가 관계하는 것은 천리이나 색정을 좇으면 인욕이 되고, 집을 짓는 것은 천리이나 높은 대에 조각 담장을 세우면 인욕이 되고, 존비를 구별하는 것은 천리이나 임금만 높이고 신하를 억누르면 인욕이 되고, 자애를 베푸는 것은 천리이나 간악한 자를 허용하면 인욕이 되고, 위엄 있게 행동하는 것은 천리이나 어진 이를 거만하게 대하면 인욕이 되고, 작은 나라가 큰 나라를 섬기는 것은 천리이나 수치를 무릅쓰고 원수를 섬기면 인욕이 됩니다."[주 27] [「기축봉사(己丑封事)」, 『송자대전 四』(1971), 5권, 188.]

|

098 『**중용(中庸)**』**을 독자적으로 해석했다고 윤휴를 죽이다** | 우암 송시열은 주희의 사상을 절대 표준으로 설정하고 주희의 <집주(集注)>[『논어집주(論語集注)』, 『맹자집주(孟子集注)』]를 그대로 받아들이지 않으면 이단으로 배척하였다. **산림(山林)**[조선 중기 민간에 은거하면서 제자나 유학자(성리학자)들을 통해 조정에 영향력을 행사했던 인물들을 이른다. 산림(山林)은 사림(士林)들이 훈구(勳舊)를 밀어내고 정권을 장악하는

아주까리 수첩 8 다 말하게 하라
김인환 金仁煥 KIM Inhwan
유교조선 지성사론 儒敎朝鮮 知性史論
The Intellectual History of the Confucian Joseon

과정과 뒤따르는 붕당 정치기에 큰 영향력을 행사했으나, 숙종과 영조-정조 시기를 거치면서 쇠했다. 초기에는 사림과 같은 뜻으로 쓰이다가, 성종 때 중앙의 사림들을 지배하는 지역의 존재들이 나타나면서 구분해서 부르기 시작했다. 성리학계 안에서 식견이 높은 학자들로서 지방 사족들의 여론을 대변하고 조정에 제자를 출사시켜 영향력을 끼치는 존재가 된다.]**의 천거로 관계에 진출하여 효종에게 북벌의 철학적 근거를 제공하고 숙종에게 지배 체제의 강화 방안을 제공하며 17세기에 지배적인 영향력을 행사한 그는 항상 대의명분을 내세워 정적을 축출하였다. 윤휴**[尹鑴, 백호(白湖), 1617~1680]**는 『중용(中庸)』을 독자적으로 해석했다는 이유로 사형을 당했다. 우암은 주희가 살았던 상황이 자신의 시대와 같다고 판단하고 모든 일을 주희가 실천한 대로 하려고 하였다.**

099 **주희의 학설로 주희의 학설을 공격하는 것을 막으라** | 『주자대전』**에도 초년과 만년의 내용이 차이를 보이는 글들이 있고 제자들이 기록한 『주자어류(朱子語類)』**[주희와 문인들 간의 문답 기록을 분류 편찬한 것으로 100명이 넘는 인물들과의 기록을 모았다. 주자의 사상을 아는 데 중요한 문헌이나, 주자의 설과 모순되는 내용도 적지 않다. 주자의 어록과 어류의 종류는 14종이 전하는데, 주자 사후 70년이 지나 편집 간행(1270년)된 여정덕(黎靖德)의 『주자어류』[원제는 『주자어류대전(朱子語類大全)』]가 가장 내용이 풍부하다.]**에는 기록자의 기억력이나 이해 수준에 따라 서로 맞지 않는 내용의 글들이**

우암 송시열(尤庵 宋時烈, 1607~1689)의 『주자대전차의 (朱子大全箚疑)』 표지.

『**주자대전차의(朱子大全箚疑)**』는 송시열이 『주자대전(朱子大全)』에서 난해한 구절을 뽑아 주석을 붙인 책(원집 100권, 속집 11권, 별집 10권, 합 17책)이다. 초고는 1678년에 완성되었다. 송시열의 자서(自序)와 연보에 의하면, 손자 송주석(宋疇錫, 1650~1692)의 도움과 김수항(金壽恒)의 자문을 받아 편성했다. 완성한 뒤에도 미진한 부분이 있을까 하여 고치기를 계속했으며, 83세로 세상을 떠나던 해(1689년, 숙종 15) 2월에 서문을 써서 제자 권상하(權尙夏)에게 주며 김수항의 아들 김창협(金昌協, 1651~1708)과 함께 마무리지을 것을 당부했다. 이로 미루어 위 사진의 판본은 송시열이 죽은 뒤에 권상하가 김창협 등과 최종적으로 수정, 보완한 것을 정유자(丁酉字)[1777년(정조 1)에 제작된 여섯 번째 갑인자(1434년) 활자.]로 간인한 것으로 보인다. 『주자대전차의』처럼 『주자대전』 전체를 대상으로 한 주석서는 중국에도 전하는 것이 없다.

있는 것을 보고 우암은 『주자대전』에서 의문 나는 구절들을 바르게 해석함으로써 주희의 학설로 주희의 학설을 공격하는 사태를 막기 위하여 1678년[숙종 4]에 『주자대전차의(朱子大全箚疑)』[차의(箚疑)는 의심나는 것을 기록하다라는 뜻으로, 주석서, 해설서를 말한다.]를 지었다. 송시열은 83세로 세상을 떠나기 4개월 전인 1689년[숙종 15] 2월에 권상하[權尙夏, 1641~1721]에게 책의 내용을 수정하라고 지시하며 서문을 지어 주었다. 한원진[韓元震, 1682~1751]은 스승 권상하가 받은 우암의 분부를 따라 『주자대전』과 『주자어류』 전체를 분석하여 1741년[영조 17]에 『주자언론동이고(朱子言論同異考)』를 완성하였다.

100 **천리(天理) 불변론에 기초한 규범주의** | 『주자어류』에는 『주자대전』과 일치하지 않는 내용이 들어 있었다. 칠정(七情)은 기가 발현한 것이고 사단(四端)은 리가 발현한 것이라는 말은 『주자어류』 가운데 보광(輔廣)[?~?, 송(宋, 960~1279)나라 때의 학자. 주희의 문인(門人). 주희 사후 고향인 조주[趙州 : 지금의 하북성(河北省) 조현(趙縣)]에 돌아가 제자를 육성했다.]이 기록한 부분에 한 번 나오는데, 퇴계는 이 말을 선악혼재의 칠정은 기발이승(氣發理乘)[기가 먼저 나오고 이가 탄다.]이고 순선무악의 사단은 이발기수(理發氣隨)[이가 먼저 발하고 나중에 기가 따른다.]라고 해석하였다. 그러나 우암은 이 말을 주희의 정론이 아니라고 부정하고 율곡을 따라 현상과 본질을 모두 기발이승 하나로 해석하였다. 사람의 인식은 직관

한원진(韓元震, 1682~1751)의 『주자언론동이고(朱子言論同異攷)』 표지. [열화당책박물관 소장]

『주자언론동이고(朱子言論同異攷)』는 한원진이 1741년(영조 17)에 6권 3책으로 완성했다. 우암(尤庵) 송시열(宋時烈)이 1689년(숙종 15)에 착수하여 10조(條)만을 끝낸 채 죽자, 그것을 우암의 제자 권상하를 거쳐 다시 그 제자인 한원진이 계승하여 완간한 것이다. 주희(朱熹) 사상에서 시기에 따라 같고 다른 바[同異(동이)]를 고증(考證)하고 논했다. 시간상의 선후와 의리(義理)라는 표준을 세우고 말은 다르더라도 내용에서는 뜻이 서로 통하는 것, 본래는 다름이 없는 것인데 학자들이 다르게 본 것 등으로 나누어 정리했다.

의 발현[氣發(기발)]과 진리의 척도[理乘(이승)]가 결합한 것이며 칠정뿐 아니라 사단에도 악이 개입할 여지가 있다는 것이 우암의 해석이었다. 그에 의하면 운용하고 조작하는 모든 것은 기가 하는 일이다. 리(理) 즉 도(道)는 운용하거나 조작하는 일을 하지 않는 영원불변의 절대 척도라는 것이 그의 주장이었다. 설령 불변의 진리가 있다고 하더라도 시야가 제한되어 있기 때문에 사람은 자기 눈으로 본 것을 분명하게 이해하고 남의 말을 들어서 남이 본 것으로 자신의 제한된 시야를 보충하면서 그 진리에 접근할 수밖에 없다는 사실을 우암은 인정하지 않았다. 리를 사람의 지성에서 독립된 불변체로 고정시킨 우암의 천리(天理) 불변론은 독단론의 혐의를 벗어날 수 없다. 그러나 강력해진 일본과 만주의 강약사관에 맞서서 송명 성리학의 선악사관을 옹호한 규범주의의 핵심에 있는 것은 진리를 위하여 희생하겠다는 비극적 결단일 것이고 그러한 결단은 우암 당대의 지식인들에게 패배와 몰락의 시대를 견디게 한 동력이 되어 주었다고 할 수 있을 것이다.

101 **17세기 한국 문단을 주도한 석실서원의 안동 김씨 집안** | 17세기의 지식인들은 서인이건 남인이건, 현실을 무시한 반청으로 10년간 세력을 잡고 고경(古經)[『예기(禮記)』 등]을 무시한 복제(服制)[유교식 상례(喪禮)를 치를 때 입는 상복(喪服) 제도]로 현종대와 숙종대에 15년간 세력을 잡은 송시열의 덕을 입거나 해를

입으면서, 정치 현실과 거리를 취하려고 노력하였다. 남양주 덕소[德沼]의 석실서원(石室書院)[안동 김씨의 서원. 1654년에 김상용·김상헌 형제를 배향한 석실사가 시초로, 1663년에 사액(賜額)[왕이 편액(扁額)을 내림]을 받았고, 이후 김상헌의 후손들이 교육을 담당하며 북벌론의 재야 중심이 되었다.]은 **17세기 문학이 송시열의 규범주의로부터 어떠한 영향을 받았는가를 살펴볼 수 있는 전형적인 사례가 된다. 작품의 완성도로만 판단한다면 백주(白洲) 이명한**[李明漢, 1569~1645], **동주(東洲) 이민구**[李敏求, 1589~1670], **동명(東溟) 정두경**[鄭斗卿, 1597~1673], **현주(玄洲) 이소한**[李昭漢, 1598~1645], **백곡(柏谷) 김득신**[金得臣, 1604~1684], **반계(磻溪) 유형원**[柳馨遠, 1622~1673], **호곡(壺谷) 남용익**[南龍翼, 1628~1692], **식암(息庵) 김석주**[金錫胄, 1634~1684] **등의 한시를 전반적으로 분석해야 17세기 한국 한문학의 양상을 균형 있게 파악할 수 있겠으나, 규범주의에 대한 반응이라는 시각으로 본다면 석실서원의 안동 김문(金門), 그 가운데도 5천여 수의 한시를 남긴 삼연(三淵) 김창흡**[金昌翕, 1653~1722]**을 당대 문학의 중심 위치에 배정하지 않을 수 없을 것이다. 청음(清陰) 김상헌**[金尙憲, 1570~1652]**은 둘째 형의 아들 광찬**[金光燦, 1597~1668]**을 양자로 들여서 손자 운곡(谷雲) 김수증**[金壽增, 1624~1701], **퇴우당(退憂堂) 김수흥**[金壽興, 1626~1690], **문곡(文谷) 김수항**[金壽恒, 1629~1689]**을 얻었고 그 중 김수항의 아들 몽와(夢窩) 김창집**[金昌集, 1648~1722], **농암(農巖) 김창협**[金昌協, 1651~1708], **삼연(三淵) 김창흡**[金昌翕,

김인환 金仁煥 KIM Inhwan
유교조선 지성사론 儒教朝鮮 知性史論
The Intellectual History of the Confucian Joseon

1653~1722], **노가재(老稼齋) 김창업**[金昌業, 1658~1721], **포음(圃陰) 김창즙**[金昌緝, 1662~1713], **택재(澤齋) 김창립**[金昌立, 1666~1683]이 17세기 한국 문단을 주도했다고 할 수 있다. 여섯 형제 가운데 맏이인 창집을 제외하고 다섯 형제가 벼슬을 하지 않고 은둔하며 문학에 전념하였는데 나는 이들의 은둔주의가 송시열의 규범주의와 무관하지 않다고 생각한다.

102 **서인의 정권 쟁탈 과정** | 서인은 광해군을 친청파[親淸派]로 몰아 쫓아내고 **1623년**[광해 15 / 인조 즉위년]에 인조를 옹립한 이후 정국을 주도하게 되었다. 인조의 둘째 아들인 효종 때 등용[1649년][효종 1]된 송시열은 남인에 대한 서인의 정치적 우위를 공고하게 하고 나중에 정권을 독점할 수 있는 이론적 기반을 마련하였다. **1659년**[효종 10][기해(己亥)]에 효종이 승하하자 맏아들이 아니라는 이유로 인조의 계비(繼妃)[자의대비(慈懿大妃)] **조씨(趙氏)**[1624~(책봉 1638)~1688]가 '1년 복'을 입어야 한다고 주장[기해예송(己亥禮訟)]한 송시열은 **1674년**[현종 15][갑인(甲寅)]에 효종비 인선왕후(仁宣王后) 장씨(張氏)[1619~1674]가 승하하니 다시 맏며느리가 아니라는 이유로 조씨가 '아홉달 복'을 입어야 한다고 주장[갑인예송(甲寅禮訟)]하였다. 현종은 송시열이 효종에게 영화를 누린 후 이제는 적통(嫡統)이 아니라고 부왕(효종)을 폄하한다고 생각하고 이번에는 '1년 복'을 시행하도록 지시하였다. **1675년**[숙종 1][을묘(乙卯)]에

숙종은 송시열을 물리치고 남인을 등용하였으나 남인은 1680년[숙종 6][경신(庚申)]에 원로 대신 허적[許積, 1610~1680]의 망나니 아들 허견[許堅, ?~1680]이 복선군(福善君)[이남(李柟), 인조의 손자, 인평대군(麟坪大君)의 2남, ?~1680] 추대를 모의하였다는 김석주[金錫冑, 1634~1684]의 밀고로 쫓겨났다. 이 때 김석주의 남인 타도 방법이 너무 음험했으므로 후에 남인에 대하여 유화적인 소론이 남인을 완전히 배제해야 한다는 노론과 대립하게 되었다. 1689년[숙종 15][기사(己巳)]에 장희빈(張禧嬪)[장옥정(張玉貞), 1659~1701]의 아들을 세자로 책봉하는 문제로 서인이 배제되었으나 1694년[숙종 20][갑술(甲戌)]에 장희빈이 폐위된 이후로는 서인이 정권을 독점하였다.

노론의 정치적 무기로 작용한 석실서원의 은둔주의 | 남인을 몰아낸 후 서인 강경파(노론)는 서인 온건파(소론)를 적으로 규정하고 공격하였다. 소론과의 생사를 건 투쟁 과정에서 석실서원의 은둔주의는 효과적인 정치적 무기로 작용할 수 있었다. 김수항은 송시열을 지지하여 1675년에 전라도 영암으로 유배되었고 1680년에 풀려나 1681년에 영의정이 되었다가 1689년에 사사(賜死)[극형에 처할 죄인을 대우하는 뜻으로, 임금이 독약을 내려 자결하게 함]되었다. 그 맏아들 김창집은 경종[景宗, 이균(李昀), 1688~(즉위 1720)~1724] 때 연잉군(延礽君)[영조(英祖), 이금(李昑), 1694~(즉위 1724)~1776]을 세제(世弟)[왕위(王位)를 이어

아주까리 수첩 8 다 말하게 하라
김인환 金仁煥 KIM Inhwan
유교조선 지성사론 儒敎朝鮮 知性史論
The Intellectual History of the Confucian Joseon

받을 임금의 아우]로 삼아 대리청정하게 하자고 주장하며 소론과 맞서다가 1722년[경종 2]에 사사(賜死)되었다.

104 18세기 노론의 정계 장악과 19세기 장동 김씨의 정권 독점 | 은둔주의는 강력한 적들의 화살을 피할 수 있는 안전 거리를 확보하게 하였고 기회주의적 태도를 피할 수 없었던 관료보다 더 유리한 지점에서 적을 공격하게 하였다. 영조의 등극에 공을 세운 노론은 18세기 내내 권력을 독점하면서 국왕에게 공정하게 보이려고 간혹 소수의 남인이나 소론의 참여를 허용하였으나 19세기에 들어서 규범주의가 약화되자 명분을 내던지고 무자비한 권력 투쟁을 전개하여 왕권을 무력화하고 남인과 소론을 정계에서 완전히 배제하였다. 경복궁 북쪽의 북악산과 인왕산 사이에 있는 장동(壯洞)마을[청운동, 효자동, 사직동 일대의 서촌(西村) 지역. 장의동(藏義洞, 壯義洞)으로도 불렀다.]의 안동 김씨들이 1800년[정조 24 / 순조 즉위년]부터 1863년까지 정권을 독점하였다. 이 기간에는 장동 김씨의 가족 회의가 국무회의를 대체하였다. 18세기 정조[正祖, 이산(李祘), 1752~(즉위 1776)~1800]대의 문신 강한(江漢) 황경원[黃景源, 1709~1787]의 시 「남관행(南館行)」에는 규범주의가 기회주의가 될 수밖에 없는 이유가 간접적으로 드러나 있다.

陪臣繫獄皆忻忻	대신들 옥에 갇혀서 모두 기뻐하며
願得一死酬帝德	한 번 죽어 황제의 은덕을 갚을 수 있기 원했네
帝德蕩蕩如天地	황제의 은덕은 천지처럼 넓으니
唯懼百年酬不得	일생에 못 갚을까만 두려워했을 뿐일세
文貞李公有大節	절개를 굳게 지킨 문정공 이경여[李敬與, 1585~1657]는
少登帷幄竭忠直	젊을 때부터 임금님 모시며 정성을 다했네
一自烈帝死社稷	명나라 의종(毅宗)이 사직을 위해 자살한 후
首陳復讎立人極	복수할 것을 앞장서 아뢰어 윤리[인극(人極)][인륜의 지고함] 를 확립했고
終身不聞絲竹聲	심양에서 평생토록 음악을 듣지 않았으며
唯自西向長歎息	오직 서쪽을 향해 길이 탄식할 뿐이었네
自稱亡國一孤臣	망국의 외로운 신하라고 자칭하고

포천 출신의 **백강 이경여**[白江 李敬輿, 1585~1657]는 세종의 7대손으로 17세에 과거에 급제하고 20대 중반 관직에 들었으나 광해군 때 낙향했다가 인조반정 후에 다시 조정에 나갔다. 1636년 병자호란 때 임금을 모시고 남한산성으로 피난했다. 황경원[黃景源, 1709~1787]의 「명배신전(明陪臣傳)」에 따르면 "숭정 10년(1637)에 경상관찰사가 되었을 때 청나라 사람들이 명나라 유민을 대대적으로 수색하자 이경여는 '중국의 자제들을 묶어서 오랑캐들에게 보내는 짓을 신은 차마 할 수가 없다.'고 하며 한 사람도 보내지 않았다"고 한다. 1642년에 선천부사(宣川府使)로 있던 이계(李烓)가 명나라와 밀무역을 하다가 청에 발각된 일이 있었다. 위기에 처한 이계는 오히려 이경여 등이 명나라 선박과 밀무역하는 것을 묵인하고 청나라 연호 숭덕(崇德)을 사용하지 않는다고 밀고했고, 이에 이경여는 김상헌(金尙憲), 최명길(崔鳴吉)과 함께 심양으로 호송되어 1년 반 동안 구금되었다. 이경여는 이듬해(1643년)에 은 1,000냥을 바치고 풀려난 후, 인질로 심양에 머물던 소현세자(昭顯世子) 밑에 있다가 1645년에 소현세자가 청에 상소하여 세자를 따라 귀국할 수 있었다. 이경여는 영중추부사(領中樞府事)라는 이름뿐인 임시 벼슬로 전임되었다가 우의정을 거쳐 영의정까지 올랐다. 1650년에 이경여가 다시 사은사로 청나라에 들어갔을 때 청에서 "전에 죄를 사면하여 내보내기는 했으나, 그런 자를 승진시켜 정승으로 삼은 것은 옳지 않다."는 이유를 들어 두 번째로 심양에 억류했다. 황경원은 1755년 8월 진하겸사은부사가 되어 청나라 연행에 참여한 일이 있고, 연행 동안 몇 점의 시를 남겼는데, 「남관행」, 「북관행」도 그에 속한다. 이경여, 김상헌, 최명길이 1642년에 심양에서 구금된 곳이 북관이고, 소현세자가 머물던 곳이 질관(質館), 곧 남관이다.

김인환 金仁煥 KIM Inhwan
유교조선 지성사론 儒敎朝鮮 知性史論
The Intellectual History of the Confucian Joseon

上殿淚涕霑衣裓 대궐에 들어설 때마다 눈물로 옷자락을 적셨네
상 전 누 제 점 의 극

瀋陽初括明遺民 처음 명나라 유민을 수색하여 돌려보내라고 했을 때
심 양 초 괄 명 유 민

公按嶺南獨悲惻 영남 관찰사 이공(李公)이 홀로 슬퍼하며
공 안 영 남 독 비 측

抗言竟不送一人 한 사람도 보내지 않겠다고 항의하고
항 언 경 불 송 일 인

保此餘氓不出閾 명나라의 남은 백성이 문지방을 나가지 않게 보호하였네
보 차 여 맹 불 출 역

瀋陽過聽讒人言 1642년에 연호 사용에 반대했다는 그릇된 참소로
심 양 과 청 참 인 언

囚羈數月還故國 청나라에서 1년 반 억류됐다가 돌아왔으나
인 기 수 월 환 고 국

冠蓋迢迢入瀋陽 1644년에 사은사(謝恩使)로 청나라[심양] 들어갈 때
관 개 초 초 입 심 양

至痛在心人誰識 마음의 통한을 알아주는 이 없었어도
지 통 재 심 인 수 식

自古聘問是賓禮 예로부터 외교는 나라의 큰일이라고 여기고
자 고 빙 문 시 빈 례

奉命庶幾無愧色 임금님의 분부를 받드는 데 부끄러운 기색이 없었네
봉 명 서 기 무 과 색

[주 28] [황경원, 「남관행(南館行)」, 『강한집(江漢集) I』(이화여자대학교 한국문화연구원, 2015), 148.]

조선 왕권의 무력화가 목적이었던 서인의 규범주의 | 서인들은 자신들이 명나라의 신하이기 때문에 명나라의 제후인데도 명나라에 대한 충성심이 부족한 광해군을 쫓아내는 것이 당연하다고 생각했고 명나라가 망한 후에도 폭정을 펴다 자살한 명나라의 마지막 황제[의종(毅宗) 숭정제(崇禎帝)]를 위해서 음악

백강 이경여[白江 李敬輿, 1585~1657]의 **필적**, 1650년에 쓴 편지이나 수신자는 알 수 없다. [캐나다 로열 온타리오 박물관(Royal Ontario Museum) 소장]

아주까리 수첩 **8** 다 말하게 하라
김인환 金仁煥 KIM Inhwan
유교조선 지성사론 儒敎朝鮮 知性史論
The Intellectual History of the Confucian Joseon

도 듣지 않고 살았다. 명나라 황제는 정치를 잘못해도 충성해야 하고 조선의 임금은 정치를 잘못하면 쫓아내야 한다는 서인의 규범주의는 그 실질적인 목적이 왕권의 견제에 있었다. 조선의 국왕과 관료는 모두 명나라 황제의 신민이라는 점에서 동격이며 그 차이는 절대적인 차이가 아니라 명나라 관직의 위계에 따른 상대적인 차이에 지나지 않는다는 노론의 비현실적인 반청향명(反淸向明)은 19세기에 이르러 현실에서도 효과를 발휘하여 결국 조선의 왕권을 무력화하고 말았다. 17세기에 서인의 규범주의는 정기적으로 청나라에 사신으로 들어가 황제에게 머리를 조아려야 하는 기회주의를 피할 수 없었다.

106 **노론의 최종 목표는 권력의 독점** ǀ 대내용 북벌론과 대외용 사대론이 공존하던 17세기로부터 북벌론이 소멸하고 청나라의 문화적 우위를 인식하면서도 대명의리(對明義理)는 유지하려고 하던 18세기를 거쳐 명분을 포기하고 실리를 추구하여 정권을 장악한 19세기에 이르기까지 노론의 최종 목표는 권력의 독점에 있었다. 그 기간에 안동 김씨 가문은 15명의 정승과 35명의 판서와 3명의 왕비를 배출하였다. 17세기에 은둔주의는 노론에게 기회주의를 피해서 반대파를 공격하기 좋은 명분으로 작용하였다.

107 **인심의 동향 파악도 겸한 김창흡의 여행** ǀ 은거와 여행이 김창흡의 한 면이었

다면 소론에 대한 집요한 공격이 김창흡의 다른 한 면이었다. 17세기 시인 김창흡의 독특한 위상은 정치 의식과 은둔주의의 공존에 있다. 김창흡은 1671년[현종 12]부터 평생 일곱 번 금강산(金剛山, 1,638m)을 유람했다. 부친의 유배지인 전라도를 비롯하여 충청도와 황해도도 자주 왕래하였으며 1698년[숙종 24]에 큰형[김창집(金昌集, 1648~1722)]이 강화유수(江華留守)[유수(留守)는 고려·조선 시대에 서울 이외의 옛 도읍지나 행궁이 있던 곳 또는 군사적 요지에 두었던 유수부(留守府)의 관직이다. 김창집은 1698년 11월 강화유수에 제수된다.]가 되자 김상헌의 형 선원(仙源) 김상용[金尙容, 1561~1637][김상용은 병자호란 때 세자빈과 원손 등을 수행하여 강화도에 피란했다가 함락되자 남문루에 있던 화약에 불을 지르고 순절하였다.]이 자폭(自爆)한 강화도 남문루(南門樓)를 세 차례 찾았고 1706년[숙종 32]에 평안도, 1708년[숙종 34]에 경상도, 1716년[숙종 42]에 함경도를 여행하였다. 여행은 고을 수령으로 있는 친척이나 친지의 도움을 받았으며 마부가 딸린 말을 타거나 승려들이 끄는 가마를 이용해 움직였다. "초아흐레 맑음. 일찍 일어나 하산하려는데 노승 축경(竺敬)이 공손히 손을 모으고 가마 앞에서 '다른 날에는 가마 없이 오시면 좋겠습니다'라고 웃으며 말했다.[初九日晴. 早起下山, 敬衲叉手, 輿前而笑曰, 他日來時, 除此物可矣.(초구일청. 조기하산, 경납차수, 여전이소왈, 타일래시, 제차물가의.)]"[주 29][김창흡,「오대산기(五臺山記)」,『삼연집(三淵集) : 韓國文集叢刊 165』(民族文化推進會, 1996) 권24, 503.] 노승의 말에는 승려들 고생 좀

김인환 金仁煥 KIM Inhwan
유교조선 지성사론 儒敎朝鮮 知性史論
The Intellectual History of the Confucian Joseon

그만 시키라는 뜻이 들어 있다. 술자리에서 조정만[趙正萬, 1656~1739] [조정만은 1705년 평양서윤(平壤庶尹)으로 부임했다.]의 시에 운을 맞추어 지은 시를 보면 수령들은 김창흡을 맞아 흔히 잔치를 베풀었던 것을 알 수 있다.

雪嶽幽棲客 설악산은 나그네가 그윽하게 깃들 만하고
관하우박유
關河又薄遊 대동강은 또 잠시 노닐기 좋으이
수신유청월
隨身有淸月 이 몸 가는 곳마다 따르는 맑은 달이
복야재고루
卜夜在高樓 오늘 밤에는 높은 누대[평양 연광정(練光亭)]에 있네
검무어룡정
劍舞魚龍靜 칼춤을 보려고 어룡도 숨을 죽이고
배행성한류
杯行星漢流 술잔 가는 대로 은하수가 흐르는데
계명상고기
鷄鳴相顧起 닭이 울자 서로 돌아보며 일어나
류흥목란주
留興木蘭舟 남은 흥취를 배에 싣는다

[주 30] 「야등연광정 차조정이운(夜登練光亭 次趙定而韻)」, 『삼연집』(1996), 권8, 166.]

여행은 시의 소재를 구하는 데 필요했을 뿐만 아니라 인심의 동향을 파악하여 관료인 형이나 아들 손자에게 그 실정을 알리는 데에도 필요했을 것이다.

남 한 강 도 함 후 선
南漢江都陷後先 남한산성과 강화도가 선후로 무너질 때

삼연 김창흡(三淵 金昌翕, 1653~1722)의 『삼연집(三淵集)』 표지. 1732년.

김창흡(金昌翕)은 포천 출신으로 본관은 안동, 자는 자익(子益), 호는 삼연(三淵)이며, 좌의정 김상헌(金尙憲)의 증손이자 영의정 김수항(金壽恒)의 셋째 아들이다. 『삼연집(三淵集)』은 원집 36권 18책, 습유 32권 16책으로 되어 있다. 시를 모은 원집의 권1~권16은 1673년부터 1722년까지의 작품이 연대순으로 실려 있다. 김창흡이 살았던 철원 삼부연(三釜淵), 한강 저자도(楮子島), 영평 백운산(白雲山), 양근 벽계(檗溪), 설악산 등에서 지은 시와 강화, 속리산, 금강산, 관서, 영남, 관북, 호남 지방을 유람하고 지은 시들이 많다. 정조는 김창흡의 시에 대해 "근고에 없는 격식을 갖추었고 중국의 명가에 끼여도 부끄러울 것이 없"으나 "치세(治世)의 음(音)이 아니다. 이른바 인구에 회자된다는 것이 순전히 침울하고 쓸쓸한 의태로, 충화(冲和)하고 평담(平淡)한 기상이 전혀 없다."고 평하기도 했다.

김인환 金仁煥 KIM Inhwan
유교조선 지성사론 儒敎朝鮮 知性史論
The Intellectual History of the Confucian Joseon

弟兄雙節日星懸
제 형 쌍 절 일 성 현
형제의 절개는 해와 별처럼 높이 걸렸네

降書碎手城摧哭
항 서 쇄 수 성 최 곡
항서를 찢는 손은 성민들의 울음을 재촉하였고

高焰投身羽化僊
고 염 투 신 우 화 선
불길에 던진 몸은 신선이 되어 하늘로 올라가셨네

義熟連床講有素
의 숙 연 상 강 유 소
평소에 책상을 나란히 하여 공부하면서 의리를 익혔으니

心符易地處皆然
심 부 역 지 처 개 연
마음이 같았으므로 사정이 바뀌었다면 몸가짐도 같았으리라

諸孫若昧春秋義
제 손 약 매 춘 추 의
만약 자손들이 춘추의 대의를 지키지 못한다면

便是全忘二祖年
변 시 전 망 이 조 년
두 분 선조가 겪으신 난리가 그 즉시 온통 망각되고 말 것이다

[주 31] 「남문루(南門樓) 기이(其二)」, 『삼연집』(1996), 권7, 135.]

108 김창흡의 「벽계잡영」과 「갈역잡영」| 김창흡은 1673년[현종 14]에 진사 시험에 급제했으나 관직을 포기하고 양평 벽계(檗溪), 과천 반계(盤溪)[지금의 서울 반포본동], 철원 삼부연(三釜淵), 설악산 백연(百淵)[백담(百潭). 김창흡은 1698년 이 곳의 거처를 백연정사(百淵精舍)라 이름했다.], **인제 갈역(葛驛)**[인제 쪽 설악산 입구. 1711년 이 곳의 거처를 갈역정사(葛驛精舍)라 이름했다.] [설악산 백연(百淵)과 인제 갈역(葛驛)은 같은 지역으로 지금의 인제(麟蹄)군 북면 용대리(龍垈里)에 속한다.] **등에 은거하여 시 창작에 전념하였다.** 김창흡의 전원시와 산수시, 특히 60세 이후에 지은 「벽계잡영(檗溪雜詠)」 49수와 「갈역잡영(葛驛雜詠)」 392수는 17세기 한국 한시의 가장 높은 수준을 보여 준다.

物分群品在 사물은 여러 종류로 나뉘어 존재하나
物 分 群 品 在

理就一源看 이치는 한 근원에 나가야 볼 수 있네
理 就 一 源 看

便覺頭頭是 하나 하나 다 옳으며 낱낱이 참으로 완전하게
便 覺 頭 頭 是

眞成箇箇完 이루어져 있다는 것을 문득 깨닫겠네
眞 成 箇 箇 完

蝶依菁葉舞 나비는 무잎에 기대어 춤추고
蝶 의 청 엽 무

蚓傍莧根蟠 지렁이는 비름 뿌리 옆에서 기어 다니네
蚓 傍 莧 根 蟠

莫厭池蛙鬧 못의 개구리 소리 시끄럽다고 싫어하지 말고
莫 厭 池 蛙 鬧

陰晴爾自懽 빛과 그늘을 편안한 마음으로 즐기세
陰 晴 爾 自 懽

[주 32] 「벽계잡영(檗溪雜詠) 기십삼(其十三)」, 『삼연집』(1996), 권12, 242.]

浹旬連霧雨 열흘 동안 이어 안개 끼고 비가 오니
浹 旬 連 霧 雨

稀少見星時 별 볼 때가 드물다
稀 少 見 星 時

院溽蒼苔産 젖은 담에는 푸른 이끼가 생기고
院 溽 蒼 苔 産

籬欹雜卉支 기운 울에는 온갖 풀이 돋는다
籬 欹 雜 卉 支

蛇驕探雀鷇 뱀은 방자하게 참새 새끼를 찾고
蛇 驕 探 雀 鷇

燕弱掛蛛絲 갓난 제비는 거미줄에 걸렸구나
燕 弱 掛 蛛 絲

物態供孤笑 만물의 모습에 혼자 웃음 지으며
物 態 供 孤 笑

詩成半俚辭 시를 지으니 반 너머 속어일세
詩 成 半 俚 辭

김인환 金仁煥 KIM Inhwan
유교조선 지성사론 儒教朝鮮 知性史論
The Intellectual History of the Confucian Joseon

[주 33] 「벽계잡영(蘗溪雜詠) 기십칠(其十七)」, 『삼연집』(1996), 권12, 243.

|

酒甕茶甌繞榻陣 술 단지 찻사발은 상 둘레에 놓여 있고
주 옹 다 구 요 탑 진
起居隨意卽天眞 뜻대로 생활하니 꾸밈이 전혀 없네
기 거 수 의 즉 천 진
風扉盡日如相語 바람에 사립문이 종일 대화하듯 말을 건네니
풍 비 진 일 여 상 어
勝接塵中不韻人 세상의 운치 없는 사람 만나는 것보다 낫구나
승 접 진 중 불 운 인

[주 34] 「갈역잡영(葛驛雜詠) 기구(其九)」, 『삼연집』(1996), 권14, 296.

|

今日看廉恥 이제 보니 염치는
금 일 간 염 치
靑尨肚裏存 검은 삽사리 뱃속에 있구나
청 방 두 리 존
尋常櫟釜際 평소에 솥 바닥 긁을 때도
심 상 력 부 제
不欲向廚蹲 부엌을 향해 앉지 않네
불 욕 향 주 준

[주 35] 「갈역잡영무술(葛驛雜詠戊戌) 기십사(其十四)」, 『삼연집』(1996), 권15, 310.

|

潔池如有待 맑은 연못이 나를 기다리는 듯하고
척 지 여 유 대
纖月送飛光 초승달은 하늘에서 빛을 보내는데
섬 월 송 비 광
潛魚松檻底 물고기들은 소나무 난간 아래 잠기어
잠 어 송 함 저
聽我誦詩長 밤새 내 시 읊는 소리를 듣는다
청 아 송 시 장

[주 36] [「갈역잡영무술(葛驛雜詠戊戌) 기백이(其百二)」, 『삼연집』(1996), 권15, 315.]

109 **소론이라고 박세당을 공격한 김창흡** | 1694년[숙종 20][갑술(甲戌)]에 남인을 쫓아내고 서인이 정국을 주도하게 되었다. 정계에서 축출된 남인은 이후 조선이 망할 때까지 정치의 주변부에 머물러 있어야 했다. 남인을 배제한 안동 김문은, 서인이면서도 남인에 유화적이던 소론을 공격하기 시작하였다. 1680년[숙종 6]에 시작한 서계(西溪) 박세당[朴世堂, 1629~1703]의 『사변록(思辨錄)』이 1693년[숙종 19]에 완성되었다. 필사본이 유포되기 시작한 것이 1703[숙종 29]인데 책이 세상에 나오기 10년 전에 김창흡은 이미 박세당을 비판하였다. | "세상일은 구르고 굴러 끝내 한 괴물에 갇혀 깨뜨릴 수 없게 되었습니다. 하늘이 시킨 운명이라면 진실로 어쩔 수 없겠으나 그 논설이 너무나 어그러지고 더럽습니다. 악한 사람을 물리치고 착한 사람을 등용한 요순의 모범을 실행할 수 없게 되었고, 한나라와 송나라의 충신과 현사들을 음험한 무리에 귀속시키고 끝내는 주자와 다른 주장을 세우기에 이르렀으니 은연중에 옛사람의 견문이 부족하다는 뜻이 있습니다. 흉악한 역신을 보호하는 자들이야 한때의 일에 지나지 않겠지만 경전을 배반하고 성인을 모독하여 세상을 다스리는 도리에 무궁한 해가 될 것은 이루 다 말로 할 수 없습니

아주까리 수첩 **8** 다 말하게 하라
김인환 金仁煥 KIM Inhwan
유교조선 지성사론 儒敎朝鮮 知性史論
The Intellectual History of the Confucian Joseon

다."[주 37] [김창흡, 「상백부(上伯父)」, 『삼연집』(1996), 습유(拾遺) 권13, 455.]

110 **두 집안의 희생으로 목숨을 보전하고 서인 집권이 가능했던 사실은 외면** | 1698년[숙종 24] 6월에는 김수항의 유배를 주장했던 남인 오시복[吳始復, 1637~1716]의 임용을 건의했다는 이유로 우의정 명곡(明谷) 최석정[崔錫鼎, 146~1715]에게 절교 편지를 보냈다. 편지에서 김창흡은 병자호란 당시 항복 문서를 초안한, 최석정의 조부 지천(遲川) 최명길[崔鳴吉, 1586~1647]의 행실 을 문제 삼았다. 그의 조부를 가리켜 "얼굴은 명나라 사람이고 창자는 청나 라 사람[漢面胡腸(한면호장)]"[주 38] 「여최상석정(與崔相錫鼎)」, 『삼연집』(1996), 권 22, 465.]이라며 비난했다. 최명길이 항복 문서를 썼기 때문에 김상헌의 목숨 이 보전될 수 있었고 박세당의 둘째 아들 박태보[朴泰輔, 1654~1689]가 인현왕 후[仁顯王后 민씨(閔氏), 1667~1701]의 폐출에 반대하다 장살(杖殺)되었기 때문에 1694년[숙종 20]에 서인이 다시 집권할 수 있었다는 사실은 외면했다. 오로지 안동 김문의 집권을 위해서는 경쟁 관계인 두 집안을 배제해야 하겠다는 정치 논리에 의거한 공격이었다.

111 **안동 김문의 집권을 위해 경쟁 집안 공격** | 1703년[숙종 29]에 박세당의 『사 변록』이 유포되자 김창흡은 박세당의 제자 이덕수[李德壽, 1673~1744]에게

3,500자에 달하는 장문의 편지를 보내서 그의 스승을 비판했다. | "주자의 도가 다 옳은 것은 아니며 주자의 말이 다 마땅한 것은 아니라고 수시로 우쭐 대는 것이 또한 결딴난 시대의 일이다. 우암옹(尤庵翁)[송시열]은 이러한 풍조 에 전혀 어두워 한결같은 뜻으로 주자를 신앙하고 목숨을 바쳐 주자를 호위하 며 주자의 말을 축관(祝官)[상·제례 의식 때에 축문을 읽는 사람]이 종묘의 신주 받 드는 것 같이 높였다. 주자에게 무례한 자를 보면 매가 참새를 쫓듯 하며 처음 부터 끝까지 힘껏 싸워서 공의(公議)를 드높이 우뚝 세운 것은 대개 동쪽으로 오는 미친 물결을 돌이켜 주자의 바른 근원에 도달하게 하고자 한 것인데 서 쪽의 탁류가 윤휴[尹鑴, 1617~1680]에게서 나와서 윤증[尹拯, 1629~1714]에게 넘 치고 박세당[朴世堂, 1629~1703]에게 흘러들어 바야흐로 비슷한 무리를 모아 따로 파벌을 만들었으니 그들의 이와 같은 향배(向背)는 전혀 괴이한 일이 아 닌 것이다."[주 39][여이덕수서(與李德壽書)」,『삼연집』(1996), 권22, 469.]
|

112 **성균관 유생을 움직여 박세당을 유배 보내다** | 1703년[숙종 29] 4월 17일에 김창흡은 성균관 유생 179명에게 박세당 반대 상소를 올리게 하였다. 박세당 은 사문난적(斯文亂賊)으로 몰려 4월 28일에 전라도 옥과(玉果)[곡성]로 유 배 처분을 받았으나 이인엽[李寅燁, 1656~1710]의 상소로 귀양이 정지되었다. 6월 21일에 숙종은 송시열의 제자 권상유[權尙游, 1656~1724]에게 『사변록』을

논파하는 공박문[攻駁文]을 지으라고 명령했고, 권상유는 김창협·김창흡 형제와 상의하여 변설문[辨說文]을 작성해서 올렸다. 『서계집(西溪集)』연보에 의하면 박세당은 "5월에 고향으로 돌아와[五月還歸石泉(오월환귀석천)]"[주 40][『연보(年譜)』, 『서계집(西溪集)』(1994), 449.] 8월 21일에 죽었다.

113 **『대학』에 자신의 글을 끼워 넣은 주희, 이해를 위해 순서만 바꾼 박세당** | 박세당은 <사서(四書)>를 자세히 읽고 해석하면서 자신의 생각을 기록하였는데 『논어』와 『맹자』의 해석에는 크게 문제될 만한 내용이 없으나 『대학』과 『중용』특히 『대학』해석에서 주희의 <장구(章句)>[주희가 『대학』과 『중용』을 해석한 주(註)의 명칭, 즉 『대학장구(大學章句)』와 『중용장구(中庸章句)』]에 대해 이견을 보였다. 박세당은 『대학』의 구성에 문제가 있다고 판단하고 착간(錯簡)[책장(冊張)[낱낱의 종잇장]이나 편(篇), 장(章) 등의 차례가 잘못된 것]을 바로잡으려 하였다. 자신이 지은 128자의 글을 『대학』의 본문에 끼워 넣어 '격물치지(格物致知)'를 보완한 주희의 『대학장구(大學章句)』에 비한다면 박세당의 『사변록』은 본문에 손을 댄 것은 아니고 내용의 변개(變改)[다르게 바꾸어 새롭게 고침]가 없으므로 이단사설(異端邪說)이라는 비판은 적절하지 않다. "내가 전도(顚倒)된 편간(編簡)의 순서를 바꾼 것은 부득이한 데서 나온 것이고 이런 짓을 해서 참망(僭妄)한 죄를 얻기를 좋아함이 아니다."[주 41][박세당, 『국역 사변록』(민족문

서계 박세당(西溪 朴世堂, 1629~1703)의 『사변록(思辨錄)』 중 「중용(中庸)」을 다룬 첫 장.

박세당은 40세를 전후하여 벼슬에 나아가지 않고 수락산(水落山) 아래 석천동(石泉洞)에서 강학(講學)과 고전 연구에 몰두했다. 그 결과들이 52세(1680년)부터 65세(1693년) 사이에 나타나는데, 1680년(숙종 8)에서 1693년(숙종 19) 사이에 쓴 『사변록(思辨錄)』도 이 시기의 작품이다. 『통설(通說)』이라고도 한다. 1책은 『대학』, 2책은 『중용』, 3책은 『논어』, 4~5책은 『맹자』, 6~9책은 『상서』, 10~14책은 『시경』에 관한 것이다. 『대학』과 『중용』의 해석에 역점을 두었고, 주자의 설을 점검하면서 독자적인 해석을 가한 것이 많다. 자기 식의 해석을 했기 때문에 당시 정계·학계에서 '사문난적(斯文亂賊)'으로 몰리기도 했지만, 고증학적 비판과 경서에 대한 독창적 해석 등으로 이후 지성계에 많은 영향을 주었다.

김인환 金仁煥 KIM Inhwan
유교조선 지성사론 儒敎朝鮮 知性史論
The Intellectual History of the Confucian Joseon

화추진회, 1968), 175.] **박세당은 문단의 순서를 조금만 바꾸면 본문의 의미를 더욱 분명하게 전달할 수 있다고 생각하였다. 주희의 <사서집주(四書集注)>** [남송(南宋) 때 주자가 정리한 <사서>[『논어』, 『맹자』, 『대학』, 『중용』]에 대한 주석서[장구 2권, 집주 2권]를 모아 일컫는 말. <사서장구집주(四書章句集注)>라고도 한다. 『대학장구(大學章句)』 1권, 『중용장구(中庸章句)』 1권, 『논어집주(論語集注)』 10권, 『맹자집주(孟子集注)』 14권, 총 26권으로 이루어져 있다.]**와 다른 것은 다음과 같이 대부분 단어 해독의 문제였다.**

114 **박세당의 『사변록』이 주희와 다른 것은 단어 해독뿐** ㅣ "대인이 되기 위한 배움의 길은 사욕을 제거함으로써 제 안에 내재하는 밝은 덕을 밝히는 데 있으며, 다른 모든 사람들을 친애하여 그들이 자신들의 밝은 덕을 밝히게 하는 데 있으며 선의 완성을 목표로 간직하고 흔들리지 않는 데 있다[**大學之道, 在明明德, 在親民, 在止於至善**(대학지도, 재명명덕, 재친민, 재지어지선)]"를 주희는 삼강령(三綱領)이라 하였으나 박세당은 해야 할 일은 명덕을 밝히는 일과 백성을 친애하는 일일 뿐이라고 보았다. 최고선[**至善**(지선)]은 명덕을 밝히는 일과 백성을 친애하는 일이 목적이므로 강령은 둘이라는 것이다. "이 책에 명덕을 밝히는 조목이 다섯이고 백성을 새롭게 하는 조목이 셋인데 지선에 그치는 조목은 마침내 찾아볼 수 없으니 이 책의 강령이 둘뿐인 것을 알겠다."[주 42] [박세당, 『국역 사변록』 (1968), 16.] ㅣ 『논어(論語)』 「공야장(公冶長)」의 "다른 사람이

「공야장(公冶長)」의 이 구절["다른 사람이 저를 무시하는 것을 원하지 않듯이 저도 다른 사람을 무시하는 일이 없게 하려 합니다[我不欲人之加諸我也, 吾亦欲無加諸人(아불욕인지가저아야, 오역욕무가저인)]"]은 제자인 자공(子貢)이 공자에게 하는 말이다. 공자가 자공의 이 말을 듣고, "네가 미칠 경지가 아니다."라고 대답한다. 이 대화를 두고 주희는 다음과 같은 집주를 붙였다. 【 정자(程子)[정호·정이 형제]가 말하기를, "**남이 나를 무시하기를 바라지 않고, 나 또한 남을 무시하는 일이 없기를 바라는 것**[欲無(무욕)]이 인(仁)이다. 자기 자신에게 하고 싶지 않다면 남에게도 베풀지 않는[勿(물)] 것은 서(恕)이다. 서라면 자공도 혹시 노력해 다다를 수 있겠으나, 인(仁)에는 미치지 못한다." 내(주희)가 보기에는, 무(無)라는 경지는 저절로 그렇게 되는 것[自然而然(자연이연)]이고, 물(勿)이라는 것은 금지를 말하니, 이러한 까닭으로 '인'과 '서'가 구별된다.[程子曰, "**我不欲人之加諸我, 吾亦欲無加諸人**, 仁也. 施諸己而不願, 亦勿施於人, 恕也. 恕則子貢或能勉之, 仁則非所不矣." 愚謂無者自然而然, 勿者禁止之謂, 此所以爲仁恕之別.(정자왈, "아불욕인지가저아, 오역욕무가저인, 인야. 시저기이불원, 역물시어인, 서야. 서즉자공혹능면지, 인즉비소급의." 우위무자자연이연, 물자금지지위, 차소이위인서지별.)】 즉 주희는 정자가 인(仁)과 서(恕)를 나눈 지점을 '무(無)'와 '물(勿)'의 글자 차이로 보았다. 자공의 수준은 '자연히 그렇게 되는'무'의 경지에 이르지 못하고, 억지로 '금지하는' '물' 밖에 되지 않으므로 공자가 "네 경지가 아니다"라고 잘랐다는 것이다. 하지만 박세당은 정자가 인과 서를 나눈 지점은 고작 무냐 물이냐를 따지는 게 아니지 않느냐고 질문하는 것이다. 정자의 말에서 '욕무'와 '물'을 박세당의 해석대로 차이를 두지 않고 동일한 의미로 읽을 경우에, 내가 남에게 받고 싶지 않은 대접[加(가)][加에는 '업신여기다'는 뜻이 있다.]를 남에게 하지 않는 것이 '인(仁)', 내가 자신(己기)에게 하고 싶지 않은 짓을 남에게도 안 하는 것이 '서(恕)'로 그 의미가 바뀐다. 여기에서 자신의 욕구를 살피는 서(恕)는 쉽게 추론 가능하기 때문에 자공이 할 수 있지만, 인(仁)은 마음의 경지가 더 넓어야 하므로 아직 자공이 할 수 없다는 뜻으로 바뀐다. 정자가 언급한 "施諸己而不願, 亦勿施於人(시저기이불원, 역물시어인)"이라는 구절은 『논어』와 『중용』의 다른 곳에도 등장한다. 충서(忠恕)를 하는 방법은 자기가 자기 스스로에게 베풀어 보았더니 바라지 않는 것이면 남에게도 베풀지 않는 것이므로, 도와 거리가 멀지 않고 누구나 간단히 할 수 있다는 내용이다.

저를 무시하는 것을 원하지 않듯이 저도 다른 사람을 무시하는 일이 없게 하려 합니다[我不欲人之加諸我也, 吾亦欲無加諸人(아불욕인지가저아야, 오역욕무가저인)]"[원문 가운데 '加(가)'는 '무시한다', '강요한다', '기만한다'는 의미이다.]라는 구절을 두고는 "주자는 무(無)자는 자연 그렇다는 뜻이요 물(勿)자는 금지한다는 뜻이니 이것이 인(仁)과 서(恕)의 구별이 되는 까닭이라고 했는데 '무[無 : 없다]'는 자연히 그렇다[自然而然(자연이연)]는 뜻이 되지만 '욕무[欲無 : 없고자 한다]'를 어찌하여 자연히 그렇다는 뜻으로 해석할 수 있겠는가. 없고자 한다는 것과 금지한다는 것이 다르다 함을 어리석은 소견으로는 감히 알지 못하겠다."[주 43] [박세당, 『국역 사변록』(1968), 201.]고 하였다.

박세당은 주자가 『주례(周禮)』에서 "공의 땅은 **방오백리**[公之地方五百里(공지지방오백리)]"라고 했음을 언급하는 대목을 지적한 것이다. 맹자는 "천자는 방천리(사방 천 리), 제후는 방백리(사방 백 리)"라고 짧게 썼으나 주자는 이를 두고 그게 아니라 『주례』에서는 공은 방오백리, 제후는 방사백리"로 다르다며 지위별 봉토를 세분해 설명하는 긴 토를 단다. 단, 주자가 이러한 토를 단 부분은 『맹자(孟子)』「고자(告子) 하(下)」편이 아니라 비슷한 내용이 등장하는 「만장(萬章) 하(下)」편이다. 어쨌든 『주례』의 논리대로라면 '방천리', '방백리'는 각각 사방 천 리, 사방 백 리를 뜻했으니 '방오백리' 또한 사방 오백 리가 되고 그러면 면적으로는 방백리의 25배이지 4배가 아니다. 주자는 자기 손으로 "공의 땅은 방오백리"라고 불필요한 토를 달아 놓고 "백리국을 오백리국으로 늘리려면…"이라고 운을 뗐으니, 여기서 오백리국은 "백리 나라 네 개를 병합해서 한 나라를 만든"다고 되는 것이 아니라는 지적이다. 맹자의 원 구절은 단지 처음 주공이 노나라를 제후국으로 봉할 때는 다른 모든 제후국과 마찬가지로 넓은 땅 중 방백리만을 정했는데, 시대가 흘러 지금의 노나라는 방백리인 나라를 다섯 개나 가지게 되었다는 이야기다.

김인환 金仁煥 KIM Inhwan
유교조선 지성사론 儒教朝鮮 知性史論
The Intellectual History of the Confucian Joseon

115 산수 문제 | 『맹자(孟子)』 「고자(告子) 下」의 "지금 노나라는 사방 백 리 되는 땅이 다섯이나 된다[今魯方百里者五(금노방백리자오)]"에 대한 주희의 주(註) "백 리의 나라를 오백 리로 넓히려면 백 리의 나라 네 개의 땅을 병합해서 한 나라를 만들어야 한다[如百里之國, 欲增到五百里, 須併四箇百里國地方, 做得一國(여백리지국, 욕증도오백리, 수병사개백리국지방, 주득일국)]"를 비판하면서 박세당은 "사방(方)이 각각 오백 리라면 사방 백 리의 나라 25개가 있어야 한다. 어찌 다섯 개의 백 리로 만들 수 있겠는가? '지금 노나라는 사방 백 리 되는 땅이 다섯이나 된다'는 말은 원래의 자기 땅 사방 백 리에다 네 개의 사방 백리국(百里國)을 병합하여 현재의 노나라가 되었다는 뜻이다."[주 44] [박세당, 『국역 사변록』(1968), 2405.]라고 하였다.

|

이런 정도의 이의 제기를 사문난적으로 규정한다는 것은 17세기라는 시대 배경을 고려한다고 하더라도 이해하기 어려운 일이고 그 이면에 정치적 목적이 있다고 생각하지 않을 수 없다. 김창흡의 문학과 사상에는 표층의 은둔주의와 심층의 권력 의지라는 의식의 이중 구조가 작용하고 있었다. 이러한 이중 구조는 17세기를 지배하던 규범주의의 한 귀결이었다. 🌏 ✪

A

B

C

D-1

한정 단계

220

D

18
세
기

D-2

현
실
주
의

228

E

F

아주까리 수첩 8 다 말하게 하라

김인환 金仁煥 KIM Inhwan

유교조선 지성사론 儒敎朝鮮 知性史論

The Intellectual History of the Confucian Joseon

¹¹⁶ **15~18세기의 물품 화폐: 쌀―삼베(마포)―무명(면포)
―추포 |** 유교조선에서는 쌀과 삼베[마포(麻布)]와 무명
[면포(綿布)]이 교환 수단으로 사용되었다. 15세기 후반
에 물품 화폐는 삼베에서 무명으로 바뀌었다. 15세기에
교환 비율은 무명 1필(疋)이 쌀 5말[두(斗)]에 해당하였고
5승(升) 무명 1필은 5승 삼베 2필에 해당하였다.[주 45] [방
기중, 『조선 후기 경제사론』(연세대학교 출판부, 2010), 26.] **16세
기에는 5승포(五升布)**[80올의 날실(=한 새)로 만든 천이 한 승
포다. 『경국대전(經國大典)』은 면포의 규격을 폭 8촌(37.4cm), 한 새
를 1승(升)으로 하여 5승(400올)을 8촌 폭, 35척(약 16.35m) 길이로
짠 것을 정포(正布)로 규정했다.]**가 추포(麤布)**[거칠게 짠 베(포).
특히 3승 이하의 실을 사용해 성글거나 짧게 짠 베로, 일상에서 저액 통
화 단위로 유통되었다.]**로 대체되고 그 길이도 점점 짧아져서
무명 1필의 교환 비율이 쌀 1말 이하로 떨어졌다.** 성글고
굵은 3승포가 중간 품질의 5승포를 밀어내고 교환 수단
으로 통용되었다. 15세기 백 년 동안 인구가 증가하여 쌀
의 수요가 증가하였고 쌀의 생산량에 비해 면화의 생산량
이 더 빠르게 증가한 것도 면포 가격 하락의 요인으로 작

220   아주까리 수첩 ● 8 ● 다 말하게 하라
김인환 金仁煥 KIM Inhwan
유교조선 지성사론 儒教朝鮮 知性史論
The Intellectual History of the Confucian Joseon

용했다. 18세기에 쌀 1섬의 가격은 5냥이었다.[주 46] [방기중,『조선 후기 경제사론』(2010), 265.] 2023년 현재 쌀 1섬(상등미 140kg)의 가격이 35만 원인데 지금의 쌀 1섬은 18세기의 2배 정도[한 말[두(斗)]은 열 되로 일정하지만 한 섬은 열 말, 열다섯 말, 스무 말로 시대에 따라 일정하지 않았다.]이므로 18세기의 1냥은 대략 3만 5,000원[350,000×1/2×1/5]이 된다. 17세기 중엽까지 유통 경제를 지배하던 일반적 등가물은 면포였다. 특히 조악한 무명인 추포가 농민들 사이에 거래 수단으로 사용되었다. 의복 재료로서 상품의 성격을 상실한 추포가 거래를 담당하게 되면서 추포 인플레이션이 물가 상승을 주도했다. 농민의 생활이 곤란해졌거니와 화폐 축장(蓄藏) 기능[유통 과정에서 분리되어 나중의 구매를 위한 대기 상태에 있어도 실제 가치를 지니는 것]을 결여한 추포는 상인들의 자본 축적에도 장애가 되었다. 유형원[柳馨遠, 반계(磻溪), 1622~1673]은 "지금 추포 거래를 보건대 화폐가 반드시 시행되어야 한다는 데는 의심의 여지가 없다[以今麤布交易觀之 則不待他言 而知錢之必行無疑矣(이금추포교역관지 즉불대타언 이지전지필행무의의)]."[주 47] [유형원,『반계수록(磻溪隧錄)』권8 (明文堂, 1982), 159.]고 하였다. 1705년[숙종 31]에 무명 1필을 2냥 5전으로 정하였고 1716년[숙종 42]에는 2냥으로 정하였다.[주 48] [『비변사등록』6 (국사편찬위원회, 1959), 856.]

117 **전결세(田結稅)[토지세] 납부 수단―물품에서 점차 동전으로[금납(金納)]** | 18세기의 조세는 전결세(田結稅)[토지에 부과하는 다양한 형태의 세를 통틀어 말한다. 땅에 매기는 전세(田稅), 공물을 전세의 형태로 부과한 대동세(大同稅), 훈련도감을 위한 삼수미세(三手米稅) 등이 대표적이다.]와 군역세(軍役稅)가 있었다. 쌀을 걷어 배로 운반하였고 물길이 불편한 곳에서는 무명이나 삼베로 걷어 육로로 운반하였다[近年身役田

『비변사등록(備邊司謄錄)』의 첫 기록인 광해 9년(光海9年)(1617년)의 『광해조비
변사등록(光海朝備邊司謄錄)』 제1책의 표지와 내지. 서울대 규장각 소장.

아주까리 수첩 **8** 다 말하게 하라
김인환 金仁煥 KIM Inhwan
유교조선 지성사론 儒教朝鮮 知性史論
The Intellectual History of the Confucian Joseon

役 皆以錢布参半收捧矣(근년신역전역 개이전포참반수봉의)**]**.

[주 49] [『승정원일기』20 (국사편찬위원회, 1973), 259.] **대체로 쌀로 반, 무명으로 반을 걷었는데 동전의 유통이 증가하면서 쌀로 걷는 조세를 반으로 묶어 두기 어려워졌다. 배가 닿기 어려운 지역에서 쌀을 걷어 운송하려면 경비가 과다하게 지출되었으므로 처음부터 동전으로 걷는 것이 편리했기 때문이었다. 추포의 인플레이션이 심해지자 추포는 더 이상 거래 수단으로 사용되지 못하기에 이르렀고 18세기에는 의료(衣料)**[옷감이나 입을 거리]**로 사용될 수 있는 면포만 화폐로 유통되었다. 추포는 사용 가치를 상실하고 오직 물품 화폐로만 사용되는 무명이었다. 농민들은 이 조악한 무명을 교환 수단으로 사용하였고 더 나아가 조세를 지불하는 데조차 추포를 사용하였다. 하지만 국가로서는 쓸모없는 추포를 받을 이유가 없었으므로 1678년**[숙종 4]**에 동전을 소액 명목 화폐로 유통시키는 것이 필요하다고 결정하였다. 18세기 중엽에는 전세(田稅)와 대동세(大同稅)의 금납**[金納, 세금이나 소작료를 돈으로 냄]이 황해도 15개 읍과 경상도 27개 읍에 공인되었고 19세기 중엽까지 21개 읍에 추가로 허용되었다.**[주 50] [방기중, 『조선 후기 경제사론』(2010), 264.] **그러나 전라도의 금납은 끝내 허용되지 않았다.**

|

118 **동전 유통의 확산 | 18세기에 동전 유통은 더욱 확대되었다. 1772년**[영조 48] **이후 1857년**[철종 8]**까지 천만 냥을 넘는 동전이 발행되었다는 사실이『조선왕조실록(朝鮮王朝實錄)』, 『일성록(日省錄)』**[1760년(영조 36) 1월부터 1910년(융희 4) 8월까지 151간 국정의 제반 사항을 기록한 일기체 연대기. '왕의 일기'라고도 하는데, 모태가 된 것은 정조가 세손 시절부터 쓴『존현각 일기(尊賢閣日記)』이다. 실록은 왕이 죽은 후 편찬되고 사고(史庫)[국가의 중요한 서적을 보관하던 서고. 강화의 정족산, 무주의 적상산, 봉화의 태

백산, 평창의 오대산에 있었다.]에 비장하므로 임금이라 해도 함부로 볼 수 없었다. 이에 정조가 정사(政事)에 참고하고자 별도로 일기를 작성하기 시작했고, 후대 왕의 업무에 영향을 더 직접적으로 미칠 수 있었다.], 『비변사등록(備邊司謄錄)』[1617년(광해 9)부터 1892년(고종 29)까지 280여 년(12왕조) 동안 조선 중·후기 최고 의결 기관이었던 비변사에서 처리한 사건을 기록한 것. 등록(謄錄)은 원 문서의 내용 중 보존할 만한 것을 선별하여 따로 옮겨 적는 것 또는 그렇게 편찬된 책을 말한다.] 등의 기록으로 확인된다.[주 51] [방기중, 『조선 후기 경제사론』(2010), 238.] 동전이 쌀과 무명을 대신하여 가치의 척도가 되고 교환과 거래의 수단이 되고 지불과 저장의 수단이 되었다. 동전이 일반적 등가물로 등장하자 쌀과 무명은 동전과의 교환을 전제로 하는 한에서만 화폐의 기능을 담당하도록 바뀌었다. "근래 돈이 아니면 물건을 살 수 없게 되었다. 비록 쌀과 무명이 있더라도 돈으로 바꾼 후에야 물건을 살 수 있다.[近來各樣物種 非錢則不得貿 故雖有米木 必作錢然後轉貿(근래각양물종 비전즉부득무 고수유미목 필작전연후전무)]."[주 52] [『비변사등록』 10 (1959), 135.]

119 **자급 원리의 회계 체계와 맞지 않았던 화폐 경제** | 화폐 경제는 유교조선의 현물 조세에 입각한 재정 운용을 동요시켰다. 화폐 경제의 확대는 자급 원리의 회계 체계와 맞지 않았다. 숙종은 1679년에 면포로 내는 조세에 한해서만 동전으로 납부할 수 있게 하고자 하였고, 영조는 세 차례(1727년, 1729년, 1734년)나 동전을 정지시키고 다시 무명을 돈으로 사용하게 하려고 하였다. 그러나 이러한 시도들은 농민에게 화폐난과 면포난이라는 이중 부담만 가중시키고 실패하였다. 농민들이 쌀로 동전을 구입한 후 다시 그 동전으로 면포를 구입해야 했기 때문이었다.

120 **군역세(軍役稅) 납부 수단** | 1785년[정조 9]에 역종(役

120 種)[병역의 종류]**에 따라 납부 방식을 정하여, 훈련도감**[訓 鍊都監, 조선 후기 한성부의 방위를 맡은 중앙군. 임진왜란을 계기로 병 농(兵農)을 분리한 모병제 도입으로 설치되고, 일반 장정들은 군역 대 신 군포(軍布)라 하여 1년에 2필씩 포를 냈다.] **소속의 군포는 무명 으로 걷고, 훈련도감 이외의 병조·금위영·어영청**[임진왜 란 이후 선조 때 설치된 훈련도감, 후금(청)에 대응하기 위해 인조 때 설 치된 어영청(御營廳)·총융청(摠戎廳)·수어청(守禦廳), 그리고 영조 때 수도를 방위하기 위해 설치된 금위영(禁衛營)을 합쳐 오군영(五軍營) 이라 한다. 훈련도감·어영청·금위영은 한양 도성을, 총융청은 북한산 성을, 수어청은 남한산성을 방어했다.] **같은 중앙 군문(軍門) 소 속의 군포는 무명과 동전을 반씩 걷고, 각 지방의 아문(衙 門)**[관아] **소속 군포는 동전으로 걷게 하였다.**

121 **군역세의 금납화 가속** | 정조 연간을 분기점으로 하여 모 든 세목에 걸쳐서 조세는 금납화[**非錢則不捧**(비전즉불 봉)][주 53][『비변사등록』16 (1959), 97.]**되었다. 세목별로 볼 때 전결세보다 군역세의 금납화가 더 널리 시행되었다. "『만기요람(萬機要覽)』**[1808(순조 8)년에 서영보(徐榮輔), 심 상규(沈象奎) 등이 왕명을 받아 편찬한 책. 18세기 후반부터 19세기 초 조선 왕조의 재정과 군정이 「재용편(財用篇)」과 「군정편(軍政篇)」 으로 정리되어 있다.] **「재용편」에 의하면 호조와 선혜청**[宣 惠廳, 대동미와 대동목, 대동포 등의 출납을 맡아보던 관아로 1608년 (광해 즉위년)에 설치되었다.]**의 1년 수입 가운데 동전의 비율 은 18세기 중엽에 20%, 18세기 후반에 25~30% 수준 (60~70만 냥)이었다."**[주 54][방기중, 『조선 후기 경제사론』 (2010), 267.] **지방의 경우에는 군역세의 80%가 동전으 로 징수되었다. 재정이 중앙 정부를 중심으로 운영되었 기 때문에 늘 궁핍했던 지방 재정은 균역법(均役法)**[1750 ~1751년(영조 26~27) 군역의 부담을 경감시키기 위해 시행한 제도. 군 포 2필씩 받던 군역(군포)을 1필로 감하고, 그 부족분을 다른 세금(어

세·염세·선세·선무군관포 등)으로 보충했다. 그러나 군포의 근본 성격에는 변동이 없었으므로 군역 대상자의 도망은 여전했고, 도망자·사망자의 군포가 면제되지 않아 이를 다른 양인이 2중·3중으로 부담함으로써 실효를 거두지 못했다.]**을 계기로 더욱 악화되었다. 지방의 감영(監營)**[관찰사(觀察使)가 업무를 보던 관청]**과 병영(兵營)**[병마절도사(兵馬節度使)가 주둔한 관서]**과 군현(郡縣)에서는 군역 담당자의 수를 늘려서 모자란 경비를 충당하였다.**

122 동전 유통과 맞물린 장시(場市)의 확산과 상인의 진출 |

조세를 동전으로 납부하려면 동전이 유통되어야 하고 동전이 유통되려면 상품이 교환되는 시장이 형성되어야 한다. **18세기 후반기에는 전국에 천 개가 넘는 지방 시장**[장시(場市): 15세기 후반 전라도 지방에서 열리기 시작하여 16세기에 전국의 군·현마다 개설되었다. 성립 초기에는 한 달에 2회 열리는 보름장이었고, 16세기를 거치며 열흘장 또는 오일장으로 발달하였다. 장문(場門), 향시(鄕市), 허시(墟市), 오일장이라고도 한다.]**이 있었고 그 가운데 군현 단위의 5일장은 90%나 되었다. 5일에 한 번 열리는 장마당(market place)은 17세기에 나타났는데 1770년에 편찬된『동국문헌비고(東國文獻備考)』**[영조 46년 홍봉한(洪鳳漢) 등이 왕명을 받아 조선의 정치·경제·문화 등 각종 제도와 문물을 분류 정리하여 100권으로 편찬.]**에 의하면 5일장은 평안도 134, 함경도 28, 황해도 82, 강원도 68, 경기 101, 충청도 157, 전라도 216, 경상도 276개소로서 합하면 1,062개소나 되었다.**[주 55] [이헌창,『한국경제통사』(해남, 2021), 131.] **5일장이 열린다는 것은 하나의 장이 한 달에 6회씩 열린다는 것을 의미하므로 한 고을에 다섯 개의 장이 서로 다른 날에 선다면 매일 빠짐없이 어디선가는 장이 열리고 있게 된다. 시장들은 한 고을 안에서 연쇄를 형성하였을 뿐 아니라 한 고을의 범위를 벗어나 다른 고을들의 시장들과 연결되어 넓은 시장권을 형성하였다. 평**

아주까리 수첩 ⑧ 다 말하게 하라
김인환 金仁煥 KIM Inhwan
유교조선 지성사론 儒教朝鮮 知性史論
The Intellectual History of the Confucian Joseon

양, 의주, 함흥, 개성, 서울, 전주, 대구 등은 각지의 물산이 모이고 흩어지는 큰 상업 도시들이었고 18세기 말에 새롭게 성을 쌓은 수원도 큰 상업 도시로 성장하였다. 여러 고을에 걸쳐서 장시(場市)들 사이의 경제적 연계가 형성되면서 전국적으로 유통되는 상품의 종류가 늘어났다. 이전에는 농산물, 수산물, 수공업 제품을 매매하는 상인들이 일정한 지역 안에서 상업에 종사하였다면 18세기에는 상인들이 먼 지방에까지 진출하여 활동하였다. 과거에 소비를 위해 생산하던 거의 모든 물품이 18세기에는 시장에서 거래되었다. 미곡·담배 등의 농산물과 면포·마포·명주 등의 섬유 제품과 토기·유기·자기·목기 등의 수공업 제품이 모두 시장에서 유통되었다.

|

123 **화폐 유통 주도권, 국가에서 지방 권력과 권문세가에게로** | 국가에서는 **환곡(還穀)**[춘궁기에 곡식을 대여하고 추수기에 이를 환수하는 제도]**도 환미(還米) 1석을 3냥으로 계산하여 화폐로 받았다.**[주 56] [『비변사등록』 13 (1959), 599~600.] 유교조선의 재정 원리는 군현 단위의 총액제였다. 총액제는 군현의 조세 납부 책임을 강화하여 조세 수입을 보장받는 국가의 향촌 지배 정책이었다. 수령의 과제는 조세 상납의 의무를 완수하고 지방 재정을 확보하는 데 있었다. 수령을 책임자로 하는 지방의 징세 기구가 활성화되어 국가 재정 운용의 전면에 나오게 되었고 이에 따라 국가는 조세 운용의 독점적 지위를 상실하게 되었다. 국가의 화폐 통제력도 약화되어 화폐 유통의 주도권이 지방의 징세 기구와 이들의 배후에 있는 중앙의 권문세가에게 이전되었다. 19세기에 지방 수령 권력의 강화와 중앙 국가 권력의 해체가 동시에 진행됨에 따라 유교조선의 총체적인 재정 위기가 초래되었다.

↓

D 18세기 D-2 현실주의

124 **생각 따로 행동 따로 가는 허학(虛學)[얼치기 학식]** | 연암(燕巖) 박지원[朴
趾源, 1737~1805]은 원리로 쉽게 환원할 수 없는 사실의 완강함과 준열함을 투
철하게 인식하고 있었다. 그는 『주역(周易)』을 읽고 그것으로 현실을 해석하
는 사람을 비웃었다. 그는 『주역』이 유학의 기본 교과서라는 데 반대하지 않
았다. 다만 현실의 계기는 무한하고 개념의 체계는 유한하므로 현실의 세부
를 통해서 하나하나 검증하지 않은 지식은 현실 인식에 도움이 되지 않는다고

생각했기 때문에 박지원은 기존의 지식에 근거하여 사물을 해석하는 것보다 사물에 근거하여 지식을 구성하는 것이 더 중요하다고 주장하였다. 『주역』을 읽는 사람은 괘(卦)와 효(爻)의 구조를 배우는 데 그칠 것이 아니라 현실의 부분과 전체를 속속들이 경험하고 해석하면서 현실의 동적 체계를 파악하고 그것을 기호로 번역해 낼 때 복희(伏羲)[태호복희씨(太昊(皞)伏羲氏). 성은 풍(風)이고, 기원전 2800년경[기원전 36세기(3500년경) 또는 기원전 40세기(4000년경)라는 설도 있다.]에 살았다고 전한다. 사마천(司馬遷, 기원전 145~기원전 86)의 『사기(史記)』에 태호복희와 여와(女媧)는 동이족(東夷族)이라 기록되어 있다. 팔괘(八卦)의 도상을 정리했는데, 이는 역(易)[『주역(周易)』](64괘)의 기초가 되었다.]가 겪었던 고심을 스스로 겪어 내지 않으면 생각 따로 행동 따로 가는 허학(虛學)[Halbwissen(얼치기 학식)]을 면하지 못한다는 것이 박지원의 일관된 지식 이론이었다. 그는 친구 이한진[李漢鎭, 1732~1815]에게 보낸 편지에서 책을 읽기 전에 먼저 자연을 읽어야 한다고 주장하였다.

125 **현실은 무한하고 개념은 유한하다는 것을 투철하게 인식한 박지원 |** "알뜰하고 부지런하게 글을 읽기로 복희와 대등한 사람이 누구일까요? 그 얼과 뜻이 누리에 펼쳐져 있고 만물에 흩어져 있으니 우주 만물이 글자로 적지 않은 글이 되는 것입니다. 후세에 열심히 글을 읽는다고 하는 자들이 거친 마음과 옅

연암 박지원[燕巖 朴趾源, 1737~1805]의 『**연암집(燕巖集)**』. 창강 김택영 편집본, 대한제국 1901년. [국립중앙
박물관 소장]

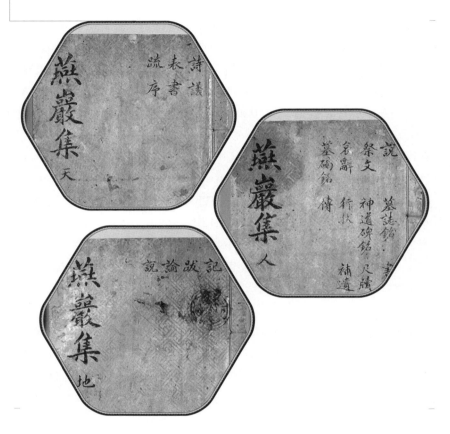

김인환 金仁煥 KIM Inhwan
유교조선 지성사론 儒教朝鮮 知性史論
The Intellectual History of the Confucian Joseon

은 지식으로 마른 먹과 낡은 종이 사이에 흐린 시력을 소모하며 좀오줌과 쥐똥을 찾아 모으는 것은 이른바 지게미를 먹고 취해 죽겠다고 하는 것과 같습니다. 어찌 슬픈 일이 아니겠습니까? 저 허공을 날며 우는 것은 얼마나 생생합니까? 새 조(鳥) 자 한 글자로 싱겁게 이 생생함을 없애 버리면 빛깔이 묻히고 모양과 소리가 누락됩니다. 새라는 글자가 촌 늙은이의 지팡이 끝에 새겨진 새와 무엇이 다르겠습니까? 어떤 사람은 새 조 자가 평범하여 싫다고 가볍고 맑은 글자로 바꾸려고 생각하여 새 금(禽) 자로 고칩니다. 이것이 바로 독서한 것만으로 작문하는 자들의 병폐입니다. 아침에 일어나 보니 푸른 나무가 그늘을 드리운 뜰에서 마침 새가 지저귀고 있기에 책상을 치며 '이것이 바로 날아가고 날아오는 글자요 서로 부르며 화답하는 글월이로구나. 다섯 빛깔 무늬가 들어 있어야 문장이라고 하는 것이라면 이것보다 더 좋은 문장은 없을 것이다. 나는 오늘 책을 읽은 것이다.'라고 외쳤습니다."[주 57] [「답경지(答京之) 지이(之二)」,『연암집(燕巖集)』(경인문화사, 1974), 92.]

|

126 하늘을 보면 푸른데 하늘 천(天) 자는 푸르지 않다 | 사물보다 지식이 중요하고 현실보다 개념이 중요하다고 생각하는 사람(유한준[俞漢雋, 1732~1811])에게 보낸 짧은 편지에서도 그는 관념보다 실재를 더 중요하게 여기는 현실주의의 우위를 강조하였다. | "마을 아이에게 『천자문』을 가르쳐 주다가 읽기 싫

『**연암집(燕巖集)**』은 연암 박지원의 산문을 엮은 문집이다. 연암은 생전에 자신의 글들을 스스로 끊임없이 수정하고 편집해 문집을 여러 차례 만들어 남긴 일이 있다. 그리고 이런 자필본들을 둘째 아들 박종채(朴宗采, 1780~1835), 처남 이재성(李在誠, 1751~1809) 등이 수습해 1820년대에 편집해 집안에서 필사본으로 물려 온 바 있다. 그와 별도로 박지원의 글들은 인기가 많아 필사본으로 유통되었다. 조선 말 한문 문장의 마지막 대가로 꼽히는 창강 김택영(滄江 金澤榮, 1850~1927)은 일제를 피해 중국으로 망명한 다음 자신이 보기에 "천 년의 역사 가운데 일찍이 존재한 적이 없던 바"였던 연암의 글을 나름으로 모으고 편집해 『연암집』을 6권 2책으로 간행했다. 김택영은 생전에 이 초간본을 2차례 더 보강해 내기도 했다. 그 뒤 1932년에 연암의 후손인 박영철(朴榮喆, 1879~1939)이 집안에 내려오던 필사본을 저본으로 삼고 『열하일기』, 『과농소초』 등을 더해서 『연암집』 17권 6책을 별도로 간행했다. 한문학자 이가원(李家源, 1917~2000)이 1986년 자신의 수많은 소장품과 함께 연암 집안의 수택본(手澤本, 초본)을 단국대에 기증하면서 그 초본도 실체가 공개되어 여러 이본이 존재하게 되었다. 2017년 '연암집 정본화 사업'이 시작되어 2023년 『연암집』이 다시 출간되었다.

김인환 金仁煥 KIM Inhwan
유교조선 지성사론 儒教朝鮮 知性史論
The Intellectual History of the Confucian Joseon

어함을 나무랐더니 하늘을 보면 푸른데 하늘 천(天) 자는 푸르지 않아서 싫다고 합니다. 이 아이의 총명함이 글자 만든 창힐[문자(한자)를 만들었다고 전해지는 고대의 인물. 창힐(蒼頡 또는 倉頡, 기원전 24세기 전후로 추정)이 문자를 만들었다는 전설은 중국의 전국 시대 말기쯤에 퍼져 있었고, 『순자』의 「해폐(解蔽)」, 『한비자』의 「오두(五蠹)」, 『여씨춘추』의 「군수(君守)」 등에 언급되어 있다.]을 주리게 할 만하군요[里中孺子 爲授千字文 呵其厭讀 曰 視天蒼蒼 天字不碧 是以厭耳 此兒聰明 餒煞蒼頡(리중유자 위수 천자문 가기염독 왈 시천창창 천자부벽 시이염이 차아총명 뇌살창힐)]."[주 58] [「답창애(答蒼厓)」지이(之三),『연암집』(1974), 93.]

|

127 자연를 그대로 경험하고 문제를 찾아 질문할 수 있는 사람 | 박지원에 의하면 실재는 표상이 포괄할 수 없는 미지의 세계이므로 자연이 현시하는 그대로 경험하고 문제를 찾아 질문할 수 있는 사람만이 자연을 바르게 재현할 수 있다. 박지원은 코끼리를 처음 보는 사람이 코를 주둥이로 생각하여 코를 따로 찾기도 하고 어금니를 다리로 착각하여 다리를 다섯으로 세기도 하고 새끼를 배어서 낳을 때까지 5년이 걸리네, 12년이 걸리네 다투기도 하는 것을 보고 추상적인 원리의 연구에 앞서서 구체적인 사물의 연구가 먼저 수행되어야 한다는 사실을 확인하였다. 그는 원리가 사물에서 나오는 것이지 사물이 원리에서 나오는 것은 아니기 때문에, 사물을 면밀하게 연구하면 이미 알고 있는 원리

보다 사물을 더 잘 설명할 수 있는 새 원리를 찾아 낼 수 있다고 생각하였다. | "무릇 코끼리란 우리의 육안으로 볼 수 있는 동물인데도 그 이치를 모르는 것이 이와 같은 터에, 하물며 천하의 사물이란 코끼리보다도 만 배나 복잡함에랴. 그러므로 성인이 『주역』을 지을 때 코끼리 상(象) 자를 취해서 상왈(象 曰)이라는 말로 괘의 형상이 지닌 의미를 풀어 낸 것은 이 코끼리의 형상을 보고 만물의 변화하는 이치를 연구했기 때문이로구나."[주 59] [「상기(象記)」, 『연암집』(1974), 271.]

|

128 **유용하다면 그 법이 오랑캐 것이어도 주저 없이 배워야 한다** | 박지원은 농민의 경제적 안정을 현실 문제의 핵심으로 인식하였다. 그는 농민에게 유익하고 국가에 유용하다면 그 법이 오랑캐에게서 나왔다 하더라도 주저 없이 배워야 한다고 하였다. 박지원이 볼 때에 18세기 조선에서 반드시 변해야 할 것은 농사 기술과 농업 교육이었다. 국가에서 모범 밭을 서울 동서 교외에 설치하고 농사에 정통한 사람을 지도원으로 삼아 농가 청년 수백 명을 선발하여 경작하게 하되, 옛 방식 하나하나에 대하여 활용할 만한가, 편리한가를 따져서 새로운 영농 기술을 개발하고 그 청년들을 각 읍과 각 면에 보내어 농사 기술을 보급하자는 것이 박지원의 시험 전제(試驗田制)이다. 박지원은 1799년 [정조 23]에 『농사일의 길잡이[과농소초(課農小抄)]』[1798년 11월 정조는 농업의

아주까리 수첩 8 다 말하게 하라
김인환 金仁煥 KIM Inhwan
유교조선 지성사론 儒敎朝鮮 知性史論
The Intellectual History of the Confucian Joseon

여러 문제를 해결하고자 전국에 농정을 권하고 농서(農書)를 구하라는 명을 내렸다. 이에 당시 면천(沔川, 충남 당진 지역)군수였던 박지원이 1799년 3월에 토지 소유 제한론인 「한민명전의(限民名田議)」과 함께 이 글(『과농소초』)을 올렸는데, 이는 이미 전에 썼던 초고를 기반으로 정리한 것이었다. 이 책은 당시 여러 농서 가운데 체계가 가장 완벽하다고 평가되었다.]**를 썼다. 그 목차는 다음과 같다.**

|

1. 때
2. 날씨
3. 흙
4. 연모
5. 밭갈이
6. 거름
7. 물
8. 씨앗
9. 심기
10. 김매기
11. 거두기
12. 소
13. 소유 제한

|

129 **박지원의 실학(實學)은 농사에 대한 지식** | 박지원이 '실학(實學)'이라고 한 것은 농사에 대한 지식이었다. 그에게는 농사를 지을 줄 아는 지식인이 바로 실학자였다. "송나라 사람 안정(安定)[안정선생(安定先生)으로 불린 북송대의 학자 호원(胡瑗, 993~1059)을 말한다.]이 학교 규칙에 농전[農田, 농토]과 수리[水利, 물을 저장하거나 흐름을 바꾸어 농사에 활용하는 일] 과목을 설치한 것은 다름아니라 실학을 소중하게 여긴 것이다[安定學規乃設農田水利之科 無他貴實學也(안정학규내설 농전수리지과 무타귀실학야)]."[주 60] [『연암집』(1974), 345.]라고 믿는 박지원은 정조에게 "지금 부화[附和, 주견이 없이 경솔하게 남의 의견에 따름]하고 배우지 못한 선비들에게 게으르고 무식한 백성들을 인도하게 하는 것은 술 취한 사람에게 눈먼 사람을 도와주게 하는 것과 무엇이 다르겠습니까?"라고 질문하며 실용에 무지한 지식인들의 실상을 지적하였다. "사람들은 돈이 있어야 굶주리지 않는다는 것만 알고, 돈만 가지고서는 아무 것도 하지 못한다는 것을 알지 못한다[人知有貨之可以不饑 而不知徒貨之不足恃也(인지유화지가이불기 이부지도화지 부족시야)]."[주 61] [『연암집』(1974), 337.]는 한탄 속에 당시의 세태에 대한 박지원의 비판이 포함되어 있다.

|

130 **『농사일의 길잡이[과농소초(課農小抄)]』—때와 날씨** | 씨 뿌리고 밭가는 시기를 잃지 않으려면 무엇보다 먼저 까다로운 정치와 무리한 사역[使役, 나라에

아주까리 수첩 **8** 다 말하게 하라
김인환 金仁煥 KIM Inhwan
유교조선 지성사론 儒敎朝鮮 知性史論
The Intellectual History of the Confucian Joseon

서 시키는 노동. 부역(負役).]**이 없어져야 한다.**[『연암집』(1974), 338.] 요즈음 말로 하면 꼭 필요하지 않은 규제는 철폐되어야 하는 것이다. 일찍 심는 자는 시한을 앞질러서 심고, 늦게 심는 자는 시한에 미치지 못하여 춥고 더운 때를 맞추지 못하기 때문에 곡식에 쭉정이가 많다. 박지원은 네 철을 정확하게 구분하여 알맞은 때에 오곡을 심을 뿐이라는 황제[黃帝 : 황제 헌원씨(黃帝軒轅氏), 기원전 28~27세기경 추정. 『황제내경(黃帝內經)』, 『황제외경(黃帝外經)』, 『황로백서(黃老帛書)』라고도 불리는 『황제사경(黃帝四經)』등 황제의 저작이라고 알려져 있는 여러 책들은 대개 한나라 시기 이후에 만들어진 것으로 추측한다.]**의 말을 인용하였다.**[『연암집』(1974), 338.] 농사짓는 데 때를 잃지 않으면 먹는 것이 궁색하지 않을 것이나 때를 알아서 남보다 먼저 하지 않으면 1년 내내 바쁘기만 하다. 때를 아는 것이 첫째요 땅을 아는 것이 그 다음이다. 마땅한 것을 알고, 버리면 안 될 것을 챙기고, 해서는 안 될 것을 피하면 사람의 힘이 하늘을 이길 것이다. 힘에 적합한 것이 무엇인가를 알지 못하면 아무리 수고해도 공이 없을 것이다.[『연암집』(1974), 340.]

131 **『농사일의 길잡이[과농소초(課農小抄)]』—흙과 김매기 |** 밭두둑을 만들 때 너무 높게 하면 윤기가 빠져 버리고 한 쪽으로 기울게 하면 줄기가 미끄러져 내린다. 바람이 불면 줄기가 쓰러지고 흙을 높이 올리면 뿌리가 드러난다.[『연암집』(1974), 338.] 밭두둑은 넓게 만들고 골은 적게 만들되 깊게 해서 땅속

의 습기를 얻고 땅위의 햇빛을 받아야 곡식이 고르게 자란다.[『연암집』(1974), 338.] 솎아 주지 않으면 쑥밭이 되고 너무 솎아 주면 성기어진다. 사람들은 "잡초가 곡식의 싹을 침해하는 줄만 알고 싹들끼리 서로 침탈하는 것은 알지 못한다[知草之能竊苗 而不知苗之相竊也(지초지능절묘 이부지묘지상절야)]."[주 62] [『연암집』(1974), 339.] 그러므로 밭은 깊이 갈고 고루 갈아야 하며 한꺼번에 많이 갈려고 하지 않아야 한다.[『연암집』(1974), 363.] 봄갈이는 얕게 하고 가을갈이는 깊게 하며 초경[初耕]은 깊게 하고 재경[再耕]부터는 얕게 한다. 제초는 다만 풀을 뽑는 데 그치는 일이 아니라 "흙이 익어 곡식을 많이 내게 하는 [地熟而穀多(지숙이곡다)]"[주 63] [『연암집』(1974), 390.] 일이기도 하다. 싹이 두둑에 나오면 호미로 두어 번 깊이 김매고 풀을 뽑아 준다. 풀이 없다고 그만두지 말고 여러 번 제초해야 한다. "호미와 가래가 들어가지 않는 곳에는 곡식 한 포기도 서지 못하고, 답답한 기운이 생기는 곳에는 온갖 해충이 모여든다."[『연암집』(1974), 341.] 호미와 가래가 들어가지 않는다는 것은 두루 골고루 매주지 않는 것을 말하고 답답한 기운이 생긴다는 것은 물을 돌려서 더운 기운을 거두어 빼버린 뒤에 새 물로 바꾸어 놓은 다음 곡식을 심지 않는 것을 말한다.

132 『농사일의 길잡이[과농소초(課農小抄)]』—밭갈이와 거름 | 거친 땅을 개간

238   아주까리 수첩 ■8■ 다 말하게 하라
김인환 金仁煥 KIM Inhwan
유교조선 지성사론 儒敎朝鮮 知性史論
The Intellectual History of the Confucian Joseon

할 때에 써레[쟁기로 갈아 놓은 흙덩이(쟁깃밥)를 잘게 부수거나 땅바닥을 판판하게 고르는 데 사용하는 농기구. 긴 각목에 둥글고 끝이 뾰족한 살을 7~10개 박고 손잡이를 가로 대어 각목의 양쪽에 밧줄을 달아 소나 말이 끈다.]**와 쇠스랑**[땅을 파헤쳐 돌을 고르거나 두엄, 풀무덤 등을 쳐내는 데 쓰는 갈퀴 모양의 농기구]**으로 두 번 흙을 고르고 기장, 조, 피 따위를 뿌린 후에 흙을 덮고 흙덩어리 부수는 일을 두 번 하면 이듬해에 벼를 심을 수 있다. 높은 밭이거나 낮은 밭이거나 봄가을로 갈 때에 건조한 것과 습한 것을 분별해야 한다. 봄갈이에는 즉시 흙덩이를 부수고 두둑을 고르나, 가을갈이에는 흙이 마르기를 기다려서 흙덩이를 부수고 두둑을 고른다.**[『연암집』(1974), 363.]** 추수 후에 소의 힘이 부족하여 즉시 가을갈이를 하지 못할 때, 메기장·검은 기장·수수·차조 등을 거둔 자리에 인분(人糞)을 퍼부어 두면 흙이 굳지 않는다. 초겨울에 흙덩이를 부수고 두둑을 뭉개어 주며 소로 경운(耕耘)하면 가뭄 걱정이 없어질 것이다.**[『연암집』(1974), 364.]** 박지원은 거름을 금처럼 아끼라[惜糞如金(석분여금)]고 하면서 "농가 곁에는 거름을 저장하는 집을 짓되 처마를 낮게 하여 비바람을 피하게 해야 한다"**[『연암집』(1974), 368.]**고 권고하였다. 그러나 생분(生糞)은 주지 말라고 하였다. "만일 갑자기 생분을 주거나 거름을 너무 많이 주면 거름의 힘이 너무 치열해져서[糞力峻熱(분력준열)] 곡식이 타죽는다."**[『연암집』(1974), 368.]**

수전번차(水轉翻車)를 설명하는 중국 농업서의 목판 삽화, 『고금도서집성(古今圖書集成)』, 청 18세기 초.

박지원의 『과농소초(課農小抄)』(1799)는 전체적으로 명말의 농업학자이자 천주교도였던 서광계(徐光啓, 1562~ 1633)의 『농정전서(農政全書)』를 참조했다. 자신이 기존에 여러 농서에서 발췌해 모아 두었던 초록에 『농정전서』 의 내용을 더하는 방식으로 완성해 나갔다. 그리고 농기 부분은 원나라 때의 농학자인 왕정(王禎, 1271~1333)이 삽화를 더해 백과 사전적으로 집대성한 『농서(農書)[왕정농서]』를 주로 인용했다. 용미차, 용골차, 통륜(통차) 등 은 모두 『왕정농서』에서 가져온 것이다.

김인환 金仁煥 KIM Inhwan
유교조선 지성사론 儒教朝鮮 知性史論
The Intellectual History of the Confucian Joseon

¹³³ 『**농사일의 길잡이[과농소초(課農小抄)]**』**—연모** | 박지원은 농사일에 유용하게 쓰이는 각종 연장과 연모에 대해서도 자세히 논술하였다. 논에 물을 대는 **용골차(龍骨車)**[물을 끌어올리는 양수기(揚水機). 나무판(용골판)들을 체인처럼 연결하고 이것을 물에 담가 놓고 움직여서 물을 이동시킨다. 번차(翻車)라고도 한다.]**와 용미차(龍尾車)**[관개할 때 물을 퍼 올리는 기계. 긴 통 안에 나선형으로 날을 세우고 이 날을 회전시켜 물을 이동시킨다.]**와 유수통(流水筒)**의 얼개를 설명하고, 용골차에 속하는 **수전번차(水轉翻車)·우전번차(牛轉翻車)·인답번차(人踏翻車)** 등과, 유수통에 속하는 **여마통차(驪馬筒車)·고륜통차(高輪筒車)**[통차(筒車)는 물레방아의 일종] 등의 사용 방법을 설명하였다. 정조에게 조선의 농기구와 곡물 창고가 낙후한 실정을 보고하고 박지원은 당시에 오랑캐라고 멀리 하던 청나라의 기구 제작 기술과 창고 건축 기술을 도입하자고 청하였다.

¹³⁴ **박지원의 시대—일용할 기계가 있어야 사는 시대로 가는 중간 단계** | 박지원은 기계와 기술의 보편성을 인식하고 있었다. 보편적 기술은 어느 지방에만 사용되는 것이 아니라 누구나 배우고 익힐 수 있는 것이다. 수리 시설의 설계를 설명한 부분은 건축과 도시 계획에 대한 박지원의 도저한 이해를 보여 준다. "사방이 겨우 몇 천 리 밖에 안 되는 나라인데 백성의 살림살이가 이다지 가난한 것은 한 마디로 해서 나라 안에 수레가 다니지 못하기 때문이다[方數

千里之國 民萌産業是其貧 一言以蔽之曰 車不行域中(방수천리지국 민맹산업시기 빈 일언이폐지왈 거불행역중)]."[주 64] [『연암집』(1974), 174.]. 그는 수레와 벽돌의 제조 방법을 청나라에게 배우자고 주장하였으나 청나라 기술을 일방적으로 도입하자고 주장하지는 아니하였다. 박지원은 18세기 조선의 기술 체계와 기술 수준을 명확하게 파악하고 그러한 체계와 수준을 개선하고 향상시키는 방향으로 청나라의 농업 기술을 이용하려고 설계하였다. 현대의 기업가가 이윤율과 이자율을 척도로 삼아 투자의 우선 순위를 결정하려고 하는 데 반하여 박지원은 농민의 경제적 안정이라는 복지 후생의 효율을 기준으로 삼아 정책의 우선 순위를 결정하려고 하였다. 어느 경우에나 사회의 기술 생산 체계를 먼저 파악하지 못하면 투자와 정책의 방향을 결정할 수 없다. 박지원은 고을 단위로 농민 1인당 평균 농지와 실제로 농민이 소유하고 있는 1인당 농지를 비교하여 18세기 조선의 토지 독점도를 계산하였다.[『연암집』(1974), 397.] 『과농소초』에 소개되어 있는 농기구들을 통해서 우리는 박지원의 시대가 가래·쟁기·호미의 시대와 경운기·이앙기·트랙터·콤바인의 시대 사이에 있었다는 사실을 이해하게 된다. 일용할 양식만 있으면 되었던 시대에서 일용할 양식과 일용할 기계가 있어야 사는 시대로 이행하는 중간 단계에 처하여 기계의 유용성은 인식하고 있었으나 기술 생산 체계 속에서 기계가 고유의 자리를 차지하지 못했던 것이 18세기 조선 사회의 실정이었다.

김인환 金仁煥 KIM Inhwan
유교조선 지성사론 儒敎朝鮮 知性史論
The Intellectual History of the Confucian Joseon

균등한 분배[균전(均田)]**나 평등한 분배**[정전(井田)]**보다 소유 상한의 제한**[한전(限田)]**이 현실적** ┃ 박지원은 사회 현실을 기술 생산 체계로 파악하고 '등록된 소유 토지[民名田(민명전)]'를 제한하는 방안을 내놓았다. 정조에게 바친 「한민명전의(限民名田議)」는 "오래전부터 선비의 한(恨)은 부호의 겸병에 있었습니다[千古之士之恨 未嘗不先在於豪富兼倂也(천고지사지한 미상불선재어호부겸병야)]"[주 65] [『연암집』(1974), 397.]라는 단언으로 시작된다. 토지의 소유를 제한하지 않고 산업과 교육을 말하는 것은 "단청[丹靑 : 채색 안료. 또는 이를 사용하여 그린 그림.]을 갖추고 공교하게 모사할 수 있다 하더라도 그림의 바탕이 되는 종이와 비단이 없으면 그림 그리는 자가 붓과 먹을 사용하지 못하는 것과 같"[『연암집』(1974), 399.]다. 박지원은 전토[田土, 논과 밭]와 호구[戶口, 집의 수효와 식구 수]를 계산하여 배분량을 산출하고 균등한 분배[균전(均田)]나 평등한 분배[정전(井田)]보다 소유 상한의 제한[한전(限田)]이 현실적인 이유를 해명하였다. 토지 소유의 상한을 제한하는 것은 "소순(蘇洵)[1009~1066, 호 노천(老泉). 당송 팔대가(唐宋八大家)의 한 사람이며, 아들 소식(蘇軾)·소철(蘇轍)과 함께 삼소(三蘇)라 불린다.]의 이른바 조정에 조용히 앉아서 법령을 내리되 백성을 놀라게 하지도 않고 대중을 동요시키지도 않는 방법[此蘇老泉所謂端坐於朝廷 下令於天下 不驚民不動衆(차소노천소위단좌어조정 하령어천하 불경민부동중)]"[주 66] [『연암집』(1974), 388.]이라고 할 수 있기 때문이다.

136 **등록된 소유 토지[민명전(民名田)]를 제한[한(限)]하자는 주장[의(議)]** |

1. 토지 소유의 상한을 법으로 정하고 상한 이상의 토지 매입을 금한다.

2. 법을 지키지 않는 자의 토지는 몰수한다.

3. 이 법이 시행되기 전에 사들인 것이라면 상한을 넘는 토지라도 허용한다.

|

137 **한전(限田)이 실행되지 못하여 생긴 결과는?** | 박지원은 최대한도로 관대하고 유연한 법령을 만들되 시행은 타협 없이 준열하게 집행해야 한다고 진술하였다. "귀척[貴戚, 임금의 인척]의 못된 관례가 어느 시대인들 없었겠습니까? 임금은 나라의 주인입니다. 근본적으로 궁구해 볼 때 국토는 누구의 소유이며 국토를 전유(專有)할 수 있는 사람은 누구입니까[貴戚近習何代無之哉? 夫帝王者率土之主也. 究其本 則孰所有而孰能專之(귀척근습하대무지재? 부제왕자솔토지주야. 구기본 즉숙소유이숙능전지)]?"[주 67] [『연암집』(1974), 398.] 왕조 말기(1876~1910)에 이르기까지 한전(限田)의 법령이 제정되지 못하고 비타협적으로 집행되지 못한 데에 국치의 원인이 있을 것이다.

|

138 **박지원의 중국 여행, 아이러니의 시작** | 박지원은 44세 때[1780년(정조 5)] 외교 사절단[청나라 건륭제(乾隆帝)][고종(高宗), 1711~(재위 1735~1796)~1799]]의 70세 생일 축하 사절단]의 일원이 되어 중국을 여행하였다. 직무를 맡은 정식 사절단에

김인환 金仁煥 KIM Inhwan
유교조선 지성사론 儒教朝鮮 知性史論
The Intellectual History of the Confucian Joseon

속하지는 않았으나 팔촌형[박명원(朴明源, 1725~1790), 영조의 사위]인 사절단장의 배려로 비공식 수행원이 될 수 있었다. 외교 실무는 통역관들이 맡았고 많은 마부들이 말을 관리했다. 마부의 우두머리들은 중국어도 곧잘 할 줄 알아서 사절단의 잡무 처리를 도와주었다. 박지원의 말고삐를 잡는 창대와 우두머리 마부들 중의 하나인 장복이는 여행길에 박지원의 말동무들이었다. 압록강을 건너자마자 중국의 반듯한 길과 길에 다니는 수레와 마차가 좋아 보여서 장복에게 "죽어서 중국에 태어나게 해 준다면 어떻겠느냐?"고 물어 보았더니 장복은 "중국은 되놈의 나라입니다. 소인은 싫사옵니다."라고 대답했다.[주 68] [박지원, 김혈조 역, 『열하일기 I』(돌베개, 2009), 61.] 말동무로 자주 등장하는 인물은 무관인 정 진사(鄭進士)와 의원[醫員]인 변계함(卞季涵)인데 그들은 박지원의 말을 알아듣지 못하는 경우가 많았다. 독백이 되는 경우가 많은 조선인들과 말로 하는 대화에 비교해서 왕민호[王民皞, 곡정(鵠汀), 1726?~?]나 윤가전[尹嘉銓, 형산(亨山), 1711~1781?] 같은 중국인들과 글로 써서 하는 대화가 더 마음이 잘 통한다는 기록에는 박지원이 전달하려고 한 아이러니가 들어 있다.

139 **1783년 『열하일기(熱河日記, The Jehol Diary)』 완성** | 박지원은 1780년 5월 서울을 떠나 6월에 압록강을 건너고 8월에 북경[北京, 연경(燕京)]에 들어가 유람하고 10월에 귀국한 후 3년 동안, 18세기에 나온 112종의 연행록

연암 박지원[燕巖 朴趾源, 1737~1805]의 『연행음청(燕行陰晴)』곤(坤), 조선 1780. 『열하일기(熱河日記)』의
저본(底本)격인 자료다. [단국대 연민문고]

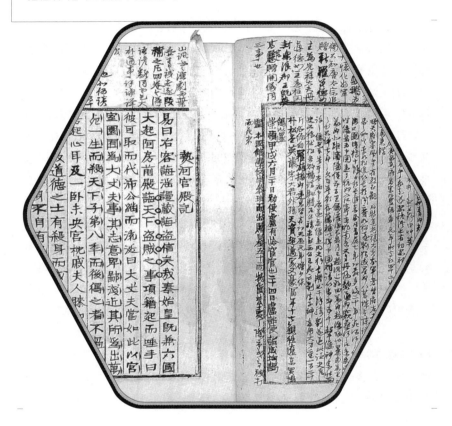

2023년에 공개된 『연행음청(燕行陰晴)』은 박지원이 1780년(정조 4) 청나라 연행을 마치고 돌아와 여정을 정
리[5월 10일(개성에서 출발)~5월 25일(한양에서 출발)~10월 27일]한 친필 즉 수고본(手稿本)으로, 3년 후인
1783년에 완성하는 『열하일기(熱河日記)』의 재료가 된다. 『열하일기』의 첫 권 「도강록(渡江錄)」은 압록강을 건
너는 6월 24일부터 시작하지만, 『연행음청』은 5월 10일 개성(開城)에서 한양으로 가는 일정부터 기록한다. 왼쪽
의 「열하궁전기(熱河宮殿記)」는 기존의 『열하일기』에 수록되지 않았던 새로운 글이다. 박지원은 이 초본(『연행음
청』)에 날씨, 일정 등을 기록하고, 그 여백에 여러 자료를 작은 글씨로 빼곡히 써 두어, 『열하일기』가 문학적·사상
적 의의를 얻는 과정을 더듬게 한다.

김인환 金仁煥 KIM Inhwan
유교조선 지성사론 儒敎朝鮮 知性史論
The Intellectual History of the Confucian Joseon

(燕行錄)[청나라를 다녀온 사신이나 수행원이 남긴 사행 기록(使行記錄). 청의 수도 북경을 옛 이름인 연경(燕京)이라고도 불러 '연행록'이라는 제명이 생겼다.] **가운데 가장 뛰어난 여행기, 『열하일기(熱河日記, The Jehol Diary)』**[1783년] [Jehol은 熱河(Rèhé)의 옛 발음. 熱河兒(Rèhér)의 프랑스어 발음 Geho-eul이 변형되어 Jehol이 되었다.] [열하(熱河)[러허(Rèhé)]는 북경(연경)에서 동북쪽으로 (직선 거리) 170km 정도 떨어져 있다. 하북성(河北省) 승덕(承德청더)의 북부, 무열하(武烈河) 서쪽 일대의 좁고 긴 골짜기 위에 위치한 열하 행궁(熱河行宮)과 그 일대를 말한다. 서쪽은 몽골고원의 일부분이다. 열하는 1703년 강희제(康熙帝, 재위 1661~1722)가 피서산장(避暑山庄)을 건설(1790년에 이르기까지 90여 년에 걸쳐 완성)한 뒤에 이를 가리키는 말로 사용되었다. 피서산장은 산들로 둘러싸여 지세가 높고 기후는 적당하여 청대 황제들이 여름 더위를 피해 머물곤 했다.]**를 지었다.**

140 **우리 땅을 줄어들게 한 이들은 누구인가―한사군 위치 비정과 기자 관련 지명의 허구** | 물품이 오기까지 열흘이나 기다렸다가 떠나려고 하는데 장마가 시작되어 비를 맞으며 강을 건넜다. 강을 건너면서 박지원은 조선과 중국의 경계가 강과 언덕의 사이를 말하듯이 도(道)라는 것도 하나의 선이 아니라 선과 선의 사이를 말하는 것이라는 생각에 잠겼다가 조선과 중국의 경계도 고정된 것이 아니었다는 연상에 이르렀다. 만주 벌판은 원래 조선의 옛 땅이었다. | "후세에 땅의 경계를 상세하게 알지 못하고서 한사군[漢四郡]의 땅을 모두 압

『**열하일기(熱河日記)**』의 소제목들은 다음과 같다. 도강록(渡江錄)[압록강~요양(遼陽라오양) 15일]—성경잡지(盛京雜識)[십리하(十里河)~소흑산(小黑山) 5일]—일신수필(馹汛隨筆)[신광녕(新廣寧)~산해관(山海關) 9일]—관내정사(關內程史)[산해관~연경(燕京)(북경) 11일]—막북행정록(漠北行程錄)[연경~열하(熱河) 5일]—태학유관록(太學留館錄)[열하의 태학(太學) 6일]—환연도중록(還燕道中錄)[열하~연경 6일]—경개록[열하의 태학선비 목록]—황교문답(黃敎問答)[세계 정세]—반선시말(班禪始末)[반선(班禪)[판체 라마]에게 취한 정책. 티베트 불교의 역사와 원리]—찰십륜포(札什倫布)[찰십은 티베트 말로 '대승이 살고 있는 곳', 반선(班禪)[판체 라마]에 대한 기록]—행재잡록(行在雜錄)[청 고종의 행재소(行在所)]—망양록(忘羊錄)[음악에 대한 토론]—심세편(審勢篇)[조선 선비들의 폐단]—산장잡기(山莊雜記)[열하행궁(피서산장)에서의 견문]—환희기(幻戱記)[요술에 관한 기록]—피서록(避暑錄)[열하 피서산장 기록]—구외이문(口外異聞)[고북구(古北口) 밖에서 들은 기이한 이야기]—옥갑야화(玉匣夜話)[신용 문제, 허생(許生)의 행적]—황도기략(黃圖紀略)[황성(皇城) 북경의 문물과 제도]—알성퇴술(謁聖退述)[북경의 이모저모]—앙엽기(盎葉記)[홍인사(弘仁寺)~이마두총(利瑪竇塚)[마테오 리치의 무덤]]—동란섭필(銅蘭涉筆)[가악(歌樂)]—곡정필담(鵠汀筆談)[천문]—희본명목(戱本名目)[만수절(萬壽節) 연극 놀이의 대본과 종류]—금료소초(金蓼小抄)[의술(醫術),『동의보감』 언급]—양매시화(楊梅詩話)[양매서가(楊梅書街)에서 중국선비들과 주고받은 기록]

김인환 金仁煥 KIM Inhwan
유교조선 지성사론 儒教朝鮮 知性史論
The Intellectual History of the Confucian Joseon

록강 안으로 한정해 사실을 억지로 비틀어 배분하고 그 안에서 패수[浿水]가 어딘지 찾으려 하여 압록강을 패수라 하기도 하고 청천강을 패수라 하기도 하고 대동강을 패수라 하기도 하였다. 이것은 조선의 옛 땅을 전쟁도 하지 않고 줄어들게 한 격이다. 이렇게 된 것은 무엇 때문인가? 평양을 어느 한 곳에 고정시키고 패수의 위치를 당겼다 밀었다 한 까닭이다. 나는 한사군 땅에는 요동뿐 아니라 여진 땅도 들어간다고 생각한다. 『한서지리지(漢書地理志)』[『한서(漢書)』는 1세기 후한 때의 역사서로 유방이 한나라(전한)를 창건한 기원전 206년부터 왕망의 신나라가 망한 기원후 23년까지의 역사를 담고 있다. 신나라가 망한 후부터 후한이 망할 때까지의 기록인 『후한서』와 구별하기 위해 『전한서』라고도 한다. 총 100편 120권으로 이루어진 『한서』는 왕들의 이야기인 본기 외에 표, 지, 열전으로 구성되는데 그 중 제28권이 「지리지」로, 당시 지명과 그 영역을 기록해 놓았다.]에 현도와 낙랑만 있고 진번과 임둔이 보이지 않기 때문이다."[주 69] [『열하일기 I』(2009), 84.] | 기자[箕子, 기원전 11세기경. 상(商)[은(殷)]나라[기원전 1600경~1046경]의 왕족. 성은 자(子), 이름은 서여(胥餘) 또는 수유(須臾). 기자는 작위명이자 별칭이다. 상나라가 주(周)나라[기원전 1046~256]에게 망하자 조선으로 망명했다고 전해진다. 『상서대전(尙書大全)』[중국 최초의 역사서인 『상서(尙書)』에 주석과 본문을 추가한 책. 한나라 이전의 『상서』에는 나타나지 않는 기자 동래설(箕子東來說)이 나온다.]에 따르면 기자는 주나라의 지배를 거부하고 조선으로 망명했는데, 주나라 무왕(武王)은 이를 듣고 기자를 조선에 봉했다고 되어 있고, 반대로 사마천의 『사기(史記)』「송미자세가(宋微子世家)」에는 주나라 무왕이 기자를 조선에 봉하여 기자가 조선

에 가서 나라를 일으켰다고 되어 있다. 고려와 조선의 성리학자들이 믿었던 기자 동래설이나 기자조선(箕子朝鮮)은 고고학과 역사학이 발달하면서 그 실체에 대한 의심이 꾸준히 제기되어 오고 있다.]가 동쪽으로 올 때 그가 머물렀던 곳은 모두 평양이라고 했고 지금 대동강 가의 평양은 여러 평양들 가운데 하나라는 것이 박지원의 생각이었다. "지금 대동강을 패수라고 여기는 자들은 자기 나라 땅을 줄어들게 만드는 자들이다."[주 70] [『열하일기 I』(2009), 87.]

141 **벽돌로 쌓은 성과 돌로 쌓은 성** | 그러나 지난 일보다는 지금 해야 하고 지금 할 수 있는 일이 더 중요한 법이다. 박지원은 벽돌로 쌓은 중국의 성과 돌로 쌓은 조선의 성을 비교해 보고 벽돌 굽는 법을 배워야 한다고 정 진사에게 말했다. 정 진사는 도리어 돌성이 더 좋다고 대답했다. 박지원이 듣기에는 돌성은 겉으로는 든든해 보이지만 속은 우툴두툴 고르지 않아서 장마에 돌 하나만 튕겨 나오면 무너지는 것을 모르고 하는 소리였다. 박지원은 "벽돌이 돌보다 좋다는 것이 어찌 돌 하나와 벽돌 하나를 맞견주는 것이겠는가?"라는 박제가[朴齊家, 초정(楚亭), 1750~1805]의 말을 인용하여 회반죽이 고르게 들어가 가지런하게 엉겨붙은 벽돌의 우수성을 설명해 보지만 정 진사를 설득하는 데는 실패했다. 열흘을 가도 산 하나 보이지 않는 아득한 광야에서 박지원은 통곡이 나올 것 같은 느낌을 받았다. 하늘과 땅이 맞붙은 그 곳에서 그는 세상에

김인환 金仁煥 KIM Inhwan
유교조선 지성사론 儒敎朝鮮 知性史論
The Intellectual History of the Confucian Joseon

막 태어난 아기가 출생 신고의 울음을 터뜨리듯이 새로 태어나는 충격을 받았다. "갓난아이가 어머니 태중에 있을 때 캄캄하고 막히고 좁은 곳에서 웅크리고 부대끼다가 갑자기 넓은 곳으로 빠져나와 손과 발을 펴서 기지개를 켜고 마음과 생각이 확 트이게 되니 어찌 참소리를 질러 억눌렀던 정을 다 크게 씻어내지 않을 수 있겠는가!"[주 71] [『열하일기 I』(2009), 131.]

142 깨진 기와 조각과 똥덩어리를 쓸모로 만드는 문물 제도 | 심양[瀋陽(선양) : 요녕성(遼寧省랴오닝성)의 성도(省都). 심주(瀋州)·성경(盛京)·봉천(奉天)으로도 불렸던 심양은 고대에는 고조선·고구려의 땅이었다. 발해 때는 심주(瀋州)로 불렸고 명대에는 심양위(瀋陽衛)가 설치되었다. 명 후기 17세기 초반, 사르후 전투에서 승리한 만주족의 누르하치가 점령하여 1625년 후금(後金)의 수도로 정했고 1634년에 성경(盛京)[만주어 : 묵던(Mukden)]으로 개칭했다. 청으로 이름을 고친 후금이 1644년 수도를 북경으로 천도하면서 1657년에 봉천부(奉天府)가 되었다. 후금의 수도일 때 만든 심양고궁(瀋陽故宮)이 남아 있다. 조선 후기 청으로 가던 사행 경로는 청에서 정했는데, 북경으로 가는 도중 심양을 거치게 되어 있다.]에 들어가 어느 전당포를 구경하는데 주인이 글씨를 써 달라고 했다. 박지원은 길에서 본 '기상새설(欺霜賽雪)'이란 네 자를 써 주었더니 주인이 못마땅해 했다. '마음이 서리처럼 깨끗하고 눈처럼 희다'는 뜻으로 알았는데 기실은 밀가루 가게 이름이었던 것이었다. 박지원은 중국에서 가장 볼 만한 것은 깨진 기와 조각과 냄새 나

는 똥덩어리에 있다고 생각했다. 깨진 기와 조각은 쓸모없는 물건인데 사람들이 담을 쌓을 때 기와장으로 물결 무늬와 동그라미 무늬를 만들고 동전 구멍 모양도 만들었다. 깨진 기와 조각을 내버리지 않으니 천하의 아름다운 무늬가 다 갖추어지게 되었다. "똥오줌은 더러운 물건이다. 그러나 사람들이 이것을 금싸라기처럼 아껴서 비료로 쓴다. 삼태기를 들고 말 꼬랑지를 따라다니며 말똥을 주워 모으니 길에는 부스러기 하나 버려진 것이 없다. 이렇게 모은 똥을 쌓아 두는데 네모로 팔모로 누각 모양으로 만든다. 똥거름을 쌓아올린 모양을 보면 천하의 문물 제도가 여기에 버젓이 갖추어져 있다는 것을 알 수 있다."[주 72] [『열하일기 I』(2009), 253.]

제대로 된 수레 만드는 일과 은화의 낭비 | 박지원은 특히 사람이 타는 수레와 짐을 나르는 수레를 민생의 중요한 수단이라고 생각하였다. 조선에서 사용되는 수레는 바퀴가 똑바르지 못하고 바퀴자국이 궤도에 맞지 않아서 수레가 없는 것과 마찬가지이니 제대로 된 수레를 만드는 일이 조선의 시급한 과제라고 주장했다. 산이 많고 길이 좁은 조선에는 수레가 적합하지 않다는 사람들의 의견을 어리석다고 여긴 박지원은 "수레가 다니게 된다면 길은 저절로 뚫리게 마련이니 어찌 길이 좁다거나 고개가 높다는 것이 걱정거리가 될 것인가?"[주 73] [『열하일기 I』(2009), 206.]라고 대답하였다. 조선에서는 양을 치

김인환 金仁煥 KIM Inhwan
유교조선 지성사론 儒敎朝鮮 知性史論
The Intellectual History of the Confucian Joseon

지 않으므로 조선 사람들은 평생 양고기 맛을 보지 못하는데 수백만 명의 조선 사람들이 양털 모자를 하나씩 사 놓으려고 해서 사신들이 중국에 가지고 온 은화가 양털 모자 사는 데 낭비되는 것도 박지원은 비판하였다. "털모자란 겨울에만 쓰는 살림살이로 봄이 되어 해지고 떨어지면 버리는 물건일 뿐이다. 천 년이 지나도 없어지지 않을 은을 한겨울 쓰고 해지면 버릴 모자와 바꾸고 산에서 채굴하여 양이 정해져 있는 물건을 한번 가면 돌아오지 못할 중국 땅으로 실어 보내고 있으니, 이 얼마나 사려 깊지 못한 일을 하는 것인가?"[주 74] [『열하일기 I』(2009), 323.]

144 **만리장성의 아니러니—국내 정치가 국제 정치보다 더 중요하다** | 박지원은 **만리장성의 산해관(山海關)**[만리장성 동쪽 끝 관문. 하북성(河北省허베이성) 진황도(秦皇島친황다오)의 동쪽에 있으며, 북경에서 서쪽으로 300km 떨어져 있다. 조선의 외교 사절이 중국의 수도인 북경[연경(燕京)]으로 들어가려면 통과해야 한다.]**에 가서 오랑캐를 막으려고 만리장성을 쌓은 중국 황제들이 모두 국내 정치의 실패로 망한 역사를 회상하고 국제 정치가 아무리 복잡하더라도 국내 정치가 외교보다 더 중요하다는 사실을 확인하였다. 진시황**[秦始皇, 기원전 259~기원전 210]은 **호인(胡人)**[한나라 사람들이 흉노 등 서북방 유목 민족을 부르던 호칭]**이 무서워서 만리장성을 쌓았는데 정작 진(秦)나라를 멸망시킨 사람은 자기 아들인 호해(胡亥)**[기원전

230~(즉위 기원전 210)~기원전 207]였다. 명(明)나라는 산해관에서 여진족을 막으려 하였으나 정작 이자성[李自成, 1606~1645]의 농민군에게 망하였고, 명나라 장수 오삼계[吳三桂, 1612~1678]가 산해관을 열고 청(淸)나라 군대를 끌어들여 이미 명나라를 멸망시킨 이자성의 난을 진압하였다.

145 **백이 숙제가 사람 잡네** | 주(周)나라에 항복하지 않고 고사리를 먹으며 은(殷)[상(商)]나라에 대한 충절을 지키다가 굶어 죽었다는 백이(伯夷)와 숙제(叔齊)[기원전 11세기경 은나라 말기, 고조선의 방국이었던 고죽국(孤竹國)의 두 왕자]를 기억하기 위해서 조선 사신들은 북경으로 들어가는 길목에 있는 '백이와 숙제의 묘'[백이와 숙제가 죽었다는 수양산(首陽山)이라는 지명은 중국에 대여섯 곳이 되는데, 무덤이 있는 곳은 크게 세 곳으로 비정된다. ① 황하 동쪽 산서성의 포판(蒲坂), ② 하남성 낙양(洛陽) 부근, ③ 하북성 평주(平州) 부근. '북경으로 들어가는 길목에 있는 백이와 숙제의 묘'는 ③번째 위치다.]에서 고사리를 반찬으로 점심을 먹는 것이 관행이었다. 박지원의 일행은, 어느 해 고사리를 마련하지 못한 관리가 곤장을 맞으면서 "백이 숙제야, 백이 숙제야, 나하고 무슨 원수가 졌느냐"[주 75] [『열하일기 I』(2009), 371.]고 탄식하였다는 이야기를 하며 웃었다. 백이 숙제가 사람 잡는다는 이야기는 18세기 한국 사람들이 이미 유교 이데올로기의 허상을 인식하고 있었다는 증거의 하나다. 병자호란[丙子胡亂, 1636~1637] 때 잡혀온 조선 사람들이 마을을 이

김인환 金仁煥 KIM Inhwan
유교조선 지성사론 儒教朝鮮 知性史論
The Intellectual History of the Confucian Joseon

루어 살고 있었는데 조선 사신 일행이 지나며 민폐를 많이 끼쳐서 조선 여행 객들에게는 아예 물건을 팔려고 하지 않았다는 것도 흥미 있는 기록이다.

146 반청의 시대에 청나라 건륭의 연호를 쓰다 | 북경에 도착한 박지원은 과감하게 청나라 건륭(乾隆)[고종(高宗), 1711~(건륭제乾隆帝 재위 1735~1796)~1799]의 연호를 자신의 일기에 기록하였다. "이 글을 기록하는 자는 누구인가? 조선의 박지원이다. 기록하는 때는 언제인가? 건륭 45년 가을 8월 초하루이다."[주76] [『열하일기 I』(2009), 431.] 당시의 조선에서는 공식적으로 명나라 마지막 황제의 연호[숭정(崇禎), 1628~1644)]를 사용하였으므로 1780년을 '건륭 45년'이라고 한 것은 명백하게 반청 원리에 위배되는 행동이라고 할 수 있다.

147 강물 하나를 아홉 번 건너면서 깨달은 도 | 열하(熱河)에 가 있던 황제가 소환하여 조선 사신 일행은 북경에서 열하로 떠나게 되었다. 일부는 북경에 남고 일부만 열하로 가기로 했는데 장복이가 떠나는 창대의 손을 잡고 울며 이별을 슬퍼하였다. 박지원 일행은 하룻밤에 강물 하나를 아홉 번이나 건너서 열하로 향하였다. 물줄기는 끝내 하나인데 물굽이가 너무 많아서 그들은 작은 강들을 아홉 차례 건너야 했다. 밤에 물을 건너다 보니 눈으로 볼 수 없었다. 마음이 온통 듣는 데만 주의를 집중시키니 귀가 무서워 부들부들 떨면서 강을

건넜다. "나는 오늘에야 도라는 것이 무엇인지 깨달았도다. 마음에 잡된 생각을 끊은 사람, 곧 마음에 선입견을 가지지 않은 사람은 육신의 귀와 눈이 탈이 되지 않거니와 귀와 눈을 믿는 사람은 보고 듣는 것을 자세하게 살피게 되어 그것이 결국 병폐를 만들어 내는 것이다."[주 77] [『열하일기 II』(2009), 485.]

148 **말을 다루는 태도와 기술** | 강을 건너면서 박지원은 조선의 말 사육법에 대하여 생각하였다. "강물 하나를 아홉 번이나 건넜는데, 물속의 이끼가 미끄럽고 물은 말의 배까지 차올랐다. 무릎을 오므리고 발을 하나로 모아서 한 손으로는 고삐를 잡고 한 손으로는 안장을 부여잡아 견마잡이도 없고 부축하는 사람도 없건만 그래도 떨어지거나 넘어지지 않았다. 나는 여기에서 비로소 말을 모는 데도 기술이 있음을 깨닫게 되었다."[주 78] [『열하일기 II』(2009), 488.] 박지원이 보기에 조선 사람의 긴 소매는 고삐를 잡고 채찍질하는 데 방해가 되고 견마[牽馬]잡이[사람이 탄 말이나 당나귀를 끄는 마부]가 말의 한쪽 눈을 가려서 말이 맘대로 걷지 못하고 마부가 자기가 편한 자리만 찾아 나아가니 말은 언제나 불편한 자리로만 가게 마련이었다. 그러다가 불편하여 넘어지면 사정없이 채찍질을 하니 말이 항상 분노를 품게 되고 안장과 마구가 무겁고 거추장스러워 말을 지치게 하고 오른쪽 입아귀를 재갈로 당겨서 말이 불편한 왼쪽으로 몸을 놀리게 하고 오른쪽 허벅다리만 때려서 채찍을 맞으면 아파서 펄쩍 뛰게

만들고 고삐가 너무 길어서 마치 제 올가미를 제가 들고 말을 타는 것이 된다.

149 **판첸 라마(Panchen Lama)의 불상** | 박지원 일행은 나흘 밤낮을 한숨도 자지 못하고 말을 달려서 열하에 도착하였다.[북경에서 열하까지 지도상 직선 거리는 170km 정도 된다. 『열하일기』「막북행정록(漠北行程錄)」에는 북경에서 열하까지의 거리가 대략 2가지('700여 리'와 '420리')로 나온다. 1리=0.39km를 기준으로 하면, '420리'는 약 164km로 실제 직선 거리와 비슷하나, '700여 리'를 환산하면 약 273km가 되어 차이가 많이 난다. 오가는 길이 험해서 280리(약 109km) 정도를 더 붙인 것이 아닌가 짐작한다.] **박지원은 말 위에서 조선에 돌아가면 천 날 하고도 하루를 더 자겠노라 다짐하였다. 열하에서 사신들은 건륭황제와 판첸 라마(Panchen Lama)**[티베트 불교에서 달라이 라마(Dalai Lama) 다음 서열(제2)의 지도자 칭호. 아미타불의 화신으로 여겨지며 환생에 의해 후계자가 정해진다. 박지원이 만난 판첸 라마는 당시 43살이던 판첸 라마 6세 롭상 빨덴 예세(Lobsang Palden Yeshe, 1738~1780)이다.]**를 만났다. 황제가 판첸 라마를 만나라고 해서 조선 사신들을 고민에 빠졌다. 불교 승려를 만나고 싶지도 않았고 더구나 불교 승려에게 절을 할 수는 없었기 때문이었다. 그들은 우물쭈물하면서 절을 건너뛰고 물러나올 수 있었으나 판첸 라마가 선물로 준 불상의 처리 문제로 다시 고민에 빠졌다. 후에 불상은 임금의 지시로 평안도 영변(寧邊)의 한 절에 두기로 했다. 박지원은 열하에서 청나라의 국제 정세를 분석하**

여 황제가 여름을 열하에서 보내는 것은 몽골을 경계하는 방법이고 판첸 라마를 열하에 살게 하며 스승으로 모시는 것은 티베트를 장악하는 수단이라고 판단하였다.

150 **코끼리와 마술사** | 박지원은 열하에서 머문 엿새 동안 왕민호[王民皥, 곡정(鵠汀), 1726?~?]와 윤가전[尹嘉銓, 형산(亨山), 1711~1781?] 같은 중국인 친구들을 만나고 코끼리와 마술사를 구경하였다. "코끼리의 모습은 몸뚱이는 소 같고 나귀 꼬리에 낙타 무릎, 범 발굽에 털은 짧고 잿빛이었다. 모습은 어질고 소리는 처량한데 귀는 구름장같이 드리웠고 눈은 초승달 같았다. 두 어금니는 크기가 두 아름쯤 되고 길이는 사람의 한 발 남짓하였다. 코는 어금니보다 길었다. 구부리고 펴는 것이 자벌레 같고 둥글게 마는 것이 굼벵이 같고 코끝은 누에꽁무니 같았다. 족집게처럼 코에 물건을 끼워서 두르르 말아 입에 집어넣었다."[주 79] [『열하일기 II』(2009), 510.] 마술사가 왼손 엄지와 검지를 비벼대니 좁쌀알이 하나 나오고 자꾸 커져서 다섯 말들이 동이가 되었다가 더 비벼대니 점점 작아져서 드디어 없어졌다. 달걀 두 개를 삼키고 안 들어가니 막대기로 쑤셔 넣다가 막대기를 부러뜨렸다. 귀에서 눈에서 코에서 달걀 하나를 뽑아냈다 다시 넣었다 하더니 칼을 하늘로 던졌다가 입으로 받았다. 목구멍 속으로 들어가 자루만 남은 칼을 뽑아내어 피가 묻어 있는 것을 보여 주었다. 관객

김인환 金仁煥 KIM Inhwan
유교조선 지성사론 儒教朝鮮 知性史論
The Intellectual History of the Confucian Joseon

중에서 힘 있는 자가 나가서 기둥에 꽁꽁 묶어 놓았는데 마술사는 어느 틈에 손이 묶인 채 기둥 밖으로 나와 서 있었다. 탁자 위에 유리 거울을 놓고 관객에게 거울을 들여다보라고 하였다. 거울 속에는 관원 한 사람과 구름 같은 머리채에 보석 귀고리를 한 미인들이 있었다. 방에 있는 물건들은 모두 고귀한 보물들이었다. 관객들이 부러워 탄성을 지르자 마술사는 거울을 덮어 가리고 무슨 주문을 외운 다음에 다시 열었다. 여자들은 사라졌고 보석 기물들도 없어졌다. 적막하고 황량한 누각에 남자 하나가 옆으로 누워 있었는데 갑자기 그의 다리가 수레바퀴로 바뀌었다. 굴대와 바퀴살이 아직 덜 되었는데 관객들은 더 보지 못하고 고개를 돌렸다. 박지원은 장님에게는 눈속임이 통하지 않을 것이므로 마술은 보는 사람이 자신을 속이는 것이라고 생각하였다.

151 **음악과 시대와 현실** | 박지원은 열하에서 엿새 동안 중국인 왕민호와 윤가전을 매일 만나 글로 써 가며 음악과 역사에 대해 토론하였다. 그들은 음계와 악기와 가사와 풍속을 통하여 철학과 역사를 이야기하였다. **평균율**[平均律, equal temperament, 한 옥타브를 자연 배음을 고려하지 않고 균일하게 등분하는 조율 방식. 12평균율, 19평균율, 24평균율 등으로 나뉘는데, 12평균율이 가장 많이 쓰이는 표준이다.]**에 해당하는 12율과 반음계에 해당하는 변궁(變宮)**[각음(角音)을 내는 소리통이나 현의 2/3. 서양 음계의 시(Si)에 해당]**과 옥타브에 해당하는 배청(倍淸)에 대한 토론을**

볼 때 용어가 다를 뿐이지 음악학의 체계 자체는 보편적이라는 사실을 알 수 있다. 그들은 중국의 음악 서적들을 분석하고 평가하면서 음계와 현의 길이를 대응하는 표준을 검토하고 음악의 형식을 시정(市井)에 비유하였다. "시장에서는 화목[和睦, 서로 뜻이 맞음]을 볼 수 있고 우물에서는 질서를 볼 수 있습니다. 서로의 물건을 비교해 보고 두 사람의 뜻이 맞으면 교환하는 것이 시장에서 물건을 사고파는 도리이고, 뒤에 온 사람이 먼저 온 사람을 원망하지 않고 물동이를 줄지어 놓고 기다리다가 자기의 차례가 되면 물을 채우고 돌아가는 것이 우물에서 물을 뜨는 도리입니다."[주 80] [『열하일기 II』(2009), 329.] 그들은 아름답고 참된 음악은 아름답고 참된 감정에서 나온다는 데 동의하였다. 기쁜 사람은 웃지 않을 수 없고 슬픈 사람은 울지 않을 수 없으며 주린 사람은 밥을 찾지 않을 수 없고 목마른 사람은 물을 찾지 않을 수 없듯이 사람의 감정에는 허위와 가식이 없고 구차와 억지가 없다고 생각했기 때문이다. 시대가 변하여 순수한 감정이 많이 훼손되었기 때문에 순(舜)임금[우순(虞舜), 제순유우씨(帝舜有虞氏), 기원전 23~22세기경 또는 22~21세기경 추정]의 고아한 음악을 연주한다 하더라도 듣는 사람의 의견이 일치되지 않을 것이니 그 시대의 감정을 순화시킬 수 있는 상대적인 표준에 따라 작곡할 수밖에 없을 것이라는 데에도 그들은 의견의 일치를 보았다. "음악이 사람을 감동시키는 까닭은 빠르되 호들갑스럽지 않고 드러내되 노골적이지 않으며 심오하되 어둡지 않고 부

드러우면서도 의연하고 곧으면서도 완곡하기 때문입니다."[주 81] [『열하일기 II』(2009), 343.] 그들은 꾸밈을 싫어하고 사치를 병으로 여기고 번거로운 것을 미워하는 것이 사람의 본성인데 지식인들이 예악(禮樂)[예법(禮法)과 음악(音樂)]의 이치를 입으로만 되뇌고 몸으로 익히지 않기 때문에 음악이 나날이 천박하게 되어 가는 것이라고 한탄하였다. "잠시라도 떠나서는 안 될 예악의 실체가 단지 헛된 도구가 되어 다시는 실천하고 익히지 않게 되었습니다. 이것은 실속 없이 겉만 화려하게 꾸미고 이론만 밝은 사람들이 저지른 과오입니다."[주 82] 『열하일기 II』(2009), 351.]

152 **당대 조선의 천문학설과 박지원의 진화론** | 주로 왕민호와 나눈 필담에서 박지원은 천문과 인문에 대해서, 특히 역사에 대해서 이야기하였다. 아마 중국을 통해 들어온 서양 천문학의 영향을 받은 것이겠지만 18세기 한국의 지식인들은 지구를 둥그런 공이라고 생각했다. 김석문[金錫文, 1658~1735]은 별들이 천심(天心)을 회전한다고 하였고, 홍대용[洪大容, 1731~1783]은 별들은 해를 돌고 해와 달은 지구를 돌며 지구는 하루에 한 바퀴 자전한다고 하였다. 지구가 해를 돈다는 공전의 개념을 말한 사람은 없었으나 김석문과 홍대용은 월식을 예로 들어 자전의 개념은 설명해 냈다. 박지원은 그들의 천문학설을 왕민호에게 설명해 주면서 자기 나름의 진화론도 전개하였다. "우리가 사는 티끌

세상을 미루어 저 달세계를 상상한다면 그 곳에도 물질이 있어서 쌓이고 모이고 엉기는 것이 이 지구가 한 점 미세한 티끌의 집적으로 형성되는 것과 같을 것입니다. 티끌과 티끌이 서로 의지하여 응결하면 흙이 되는데 거칠게 엉기면 모래가 되고 단단하게 엉기면 돌이 됩니다. 티끌의 진액은 물이 되고 티끌의 열은 불이 되며 티끌이 맺히면 쇠가 되고 티끌이 자라면 나무가 되고 티끌이 움직이면 바람이 되며 티끌이 쪄져서 기운이 티끌에 차면 벌레가 됩니다. 우리 사람이라고 하는 것은 곧 이 벌레의 한 종족일 것입니다."[주 83] [『열하일기 II』(2009), 389.]

153 **역대 임금들이 추진한 사업들은 모두 진시황의 계획을 추종한 것** | 그들은 역사에 기록된 수많은 미스테리 사건들을 이야기하다가 지식인들이 공자와 주희의 학설로 역사를 기술하려고 했으나 실제로 임금들이 추진한 사업을 역사적으로 돌아보면 모두 진시황[秦始皇, 기원전 259~기원전 210]의 계획을 추종한 것이었다는 사실에 이르렀다. "임금들은 진시황의 사업을 계승하고 본받아 밝혔을 뿐이며 요순(堯舜)[요(堯)임금[당요(唐堯), 제요도당씨(帝堯陶唐氏), 기원전 24~23세기경 또는 23~22세기경 추정]과 순임금]의 사업을 계승하여 시행하거나 진나라의 사업을 논의하여 혁파한 임금은 한 사람도 없었습니다. 그러니 이른바 '십삼경(十三經)'[송대(宋代)에 확정된, 유가(儒家)에서 중시하는 13종의 경서(經書).

김인환 金仁煥 KIM Inhwan
유교조선 지성사론 儒教朝鮮 知性史論
The Intellectual History of the Confucian Joseon

『시경(詩經)』『서경(書經)』『역경(易經)』『주례(周禮)』『의례(儀禮)』『예기(禮記)』『춘추공양전(春秋公羊傳)』『춘추곡량전(春秋穀梁傳)』『춘추좌씨전(春秋左氏傳)』『논어(論語)』『이아(爾雅)』『효경(孝經)』『맹자(孟子)』**이나 '이십일사(二十一史)'**'[『사기(史記)』에서 『원사(元史)』에 이르기까지 정사(正史)로 인정한 역사서 목록. 명대의 표준이었다.] **같은 책에 도무지 펼쳐볼 만한 곳이 없다는 말입니다."**[주 84] [『열하일기 II』(2009), 459.]

154 **맹자의 언행 불일치와 급하면 처자까지 버리고 달아난 유비 | 왕민호는 "한 시대의 군주로서 지극히 못난 사람을 제외하고 중간 정도의 임금들을 생각해 보면 모두 당대의 석학보다 낫습니다. 만약 당대의 석학과 임금의 처지를 바 꾼다면 그 임금의 치적만큼 이룩할 석학이 없을 겁니다."**[주 85] [『열하일기 II』(2009), 411.]**라고 말하였고, 박지원은 백 리 되는 땅에서 나라를 일으켰다고 문왕(文王)**[주(周)나라 문왕(文王, 기원전 1152~기원전 1056). 주(周) 씨족의 수령으로 성은 희(姬), 이름은 창(昌)이다. 상(商)[은(殷)]나라 말기 주왕(紂王) 때 서백(西伯)의 작위를 받았다. 둘째 아들인 무왕(武王)이 주나라를 세운 후 문왕으로 추숭했다.]**을 찬양한 맹자**[孟子, 기원전 372~기원전 289]**가 작은 등(滕)나라에는 관심이 없고 제(齊)나라나 위(魏)나라 같은 큰 나라에서만 정치를 하고 싶어 한 것을 예로 들어 언행일치란 원래 어렵다고 응수하였다. 그들은 조조**[曹操, 155~220]**의 80만 대군이 쳐들어오자 빼앗아도 지킬 수 없다고 판단하고 형주(荊州)를 차지하지 않더니 익주**

(盆州)는 속임수를 써서 약탈한 유비[劉備, 161~223]의 거짓 대의를 비웃는가 하면, 급하면 처자까지 버리고 달아난 유비를 현군이라고 평가한 유학자들을 조롱하였다.

155 공자와 주희와 중국 21대의 역사는 사실을 근거로 이야기를 꾸민 소설 | 그들은 공자와 주희의 역사 기술에도 의문을 제기하였다. "공자는 태백(泰伯)[또는 太伯 : 상(商)[은(殷)]나라 때 사람. 고공단보(古公亶父)의 큰아들로 아버지[태왕(太王)]가 막내 계력(季歷)과 그 아들 창(昌)[후에 주(周) 문왕(文王)]에게 왕위를 물려 주려는 것을 알고 다른 동생들과 함께 형만(荊蠻)[남쪽 지방을 가리키는 말로 형(荊)은 초(楚), 만(蠻)은 오(吳)에 해당]으로 달아나 오(吳)라 이름하여 오 태백(吳泰伯)이라고도 한다.]이 천하를 세 번씩이나 양보했다고 극찬을 했습니다. 그러나 태백이 살았던 시대에는 은나라 폭군 주(紂)임금은 아직 그 어미의 뱃속에서 씨도 생기지 않았을 것이고 태백의 조상[아버지] 고공단보(古公亶父)[기원전 12세기경, 상(商)[은(殷)]나라 때 사람. 주(周) 문왕(文王)의 할아버지로 나중에 태왕(太王)으로 추존.]의 나라라는 것은 변방에 있는 아주 작은 나라에 불과했을 것이나 태백이 양보한 천하는 어느 왕조의 천하였는지 모르겠으며 세 번 양보한 것이 누구에게 양보했다는 것인지 모르겠습니다. 그런데도 주자는 『논어(論語)』「태백(泰伯)」편을 주석하면서 고공단보의 막내아들 계력(季歷)이 아들 창(昌)[문왕(文王)]을 낳았는데 성스러운 덕이 있어서 고

공단보가 은나라를 정벌하겠다는 뜻을 품게 되었다고 했으니 이는 잘못된 것입니다."[주 86] [『열하일기 II』(2009), 435.] 왕민호는 중국 21대의 역사[이십일사(二十一史)]는 모두 사실을 근거로 해서 이야기를 꾸민 소설이고, 유가의 '십삼경주소(十三經注疏)'[십삼경(十三經)에 대한 주(注)와 소(疏)를 모아 놓은 것으로 총 416권이다.]는 태반이 억지소리를 가져다 붙인 것이라고 비판하면서, 이런 말은 자식에게 하기도 어려운 것이지만 바다 멀리서 온 친구에게만 털어 놓노라고 하였다.

낙타와 박지원의 현실주의 | 박지원은 내면의 도덕 수양보다 객관 세계의 인식에 더 많은 관심을 가지고 있었다. 그는 외물에 집착하면 정신을 해친다는 성리학자들의 주관주의와 상당히 다른 성향을 보여 주었다. 중국 여행을 하던 중에 일어난 작은 사건이 그의 현실주의를 말해 준다. | "이틀 밤을 연거푸 밤잠을 놓치고 보니 해가 나온 뒤에는 너무도 고단했다. 창대에게 말고삐를 놓고 장복과 함께 양쪽에서 내 몸을 부축하고 가게 했다. 한숨을 푹 자고 나니 그제야 정신도 맑아지고 눈앞의 경치도 새롭게 보였다. 창복이 '아까 몽골 사람이 낙타 두 필을 끌고 지나가더이다.' 하기에 내가 야단을 치며 '어째서 고하지 않았더냐?' 하니 창대가 나서서, '그 때 천둥처럼 코를 골고 주무시느라 아무리 불러도 대꾸를 안 하시니 어찌하란 말입니까? 소인들도 처음 보는 것

이라 그게 무엇인지는 몰랐습니다마는 속으로 낙타려니 그저 짐작만 했습니다.' 하기에 내가 '그래, 모습이 어떻게 생겼더냐?' 하니 창대가 '그 실상을 형용하기가 쉽지 않습니다. 말이라고 보면 발굽이 두 쪽이고 꼬리는 소와 같으나 소라고 하기에는 머리에 뿔이 없고 얼굴은 양처럼 생겼는데 양이라고 하기에는 털이 곱슬곱슬하지 않고 등에 두 개의 봉우리가 있으며 머리를 드는 모양은 거위 같고 눈을 뜬 모양은 장님 같았습니다.'라고 한다. 내가 '과시 낙타가 틀림없다. 크기는 어느 정도이더냐?' 하고 물으니 한 길 되는 무너진 담을 가리키며 '크기가 저 정도쯤 됩니다.'라고 하기에, 이후론 처음 보는 사물이 있으면 비록 잠자거나 먹을 때라도 반드시 고하라고 단단히 일렀다."[주 87] [『열하일기 I』(2009), 212.]

157 **변하지 못하면 망한다―박지원의 우주론적 현실주의** | 박지원은 하늘과 땅을 커다란 그릇으로 보고 그 안에 기운이 가득 차 있다고 하였다. 이 미세한 기운이 엉기어 흙도 되고 모래도 되고 돌도 되고 물도 되고 불도 된다. 그것이 응결되어 쇠가 되고 변성하여 나무가 되고 움직여 바람이 되고 집중하여 벌레가 된다. "인간은 그러한 벌레의 일종이다[今夫吾人者 乃諸蟲之一種族也(금부오인자 내제충지일종족야)]."[주 88] [『연암집』(1974), 255.] 그는 세상의 모든 사물에 질이 있는데 이 질은 사물이 소멸해도 영원히 존재한다고 하였다. 쇠가 삭아

도 쇠의 질은 항존하며 물이 말라도 물의 질은 항존한다. 그는 기운의 운동으로 말미암아 사물들은 작은 것으로부터 큰 것으로 변화하고 희미한 것으로부터 분명한 것으로 발전한다고 생각하였다. 모든 일은 시초에는 아주 작고 미미하나 점차 크고 분명하게 된다. 모든 사물은 형성되면 쇠약해지고 쇠약해지면 낡은 것이 되며, 낡은 것이 되면 변해야 하고 변하지 못하면 망한다.

158 **모자와 의복** | 박지원의 현실주의는 청나라 의복을 인정하지 않는 조선과 청나라 의복을 강요하는 청나라를 동시에 비판하였다. "사람의 처지에서 본다면 실제로 중국과 오랑캐의 구분이 뚜렷하겠지만 하늘이 명령하는 기준에서 본다면 은나라의 모자나 주나라의 면류관은 모두 당시 국가의 제도를 따랐을 뿐이다. 그런데도 하필이면 지금 청나라의 붉은 모자만 홀로 의심하며 인정하지 않으려 하는가? […] 나라의 강하고 약한 형세를 모자와 의복을 고집하는 데서 부지런히 찾으려 하고 있으니 그 얼마나 어리석은가? 만약 어리석은 백성이 한번 청나라의 모자를 벗어 내팽개치는 날에는 청나라 황제는 가만히 앉아서 천하를 잃어버리게 될 것이다."[주 89] [『연암집』(1974), 193.] ☯ ✸

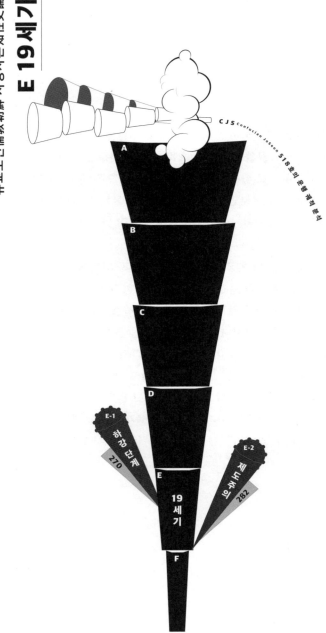

CJS Confucian JoSeon 518호의 운행 궤적 분석

다 말하게 하라

유교조선儒敎朝鮮 지성사론知性史論 E 19세기

E 19세기

CJS Confucian JoSeon 518호의 운행 궤적 분석

아주까리 수첩 [8] 다 말하게 하라
김인환 金仁煥 KIM Inhwan
유교조선 지성사론 儒敎朝鮮 知性史論
The Intellectual History of the Confucian Joseon

¹⁵⁹ **순조—헌종—철종 시기(1800~1863년)의 세도 정치** | 1800년에 정조가 죽고 어린 아들 순조[純祖, 이공(李玜), 1790~(즉위 1800)~1834]가 즉위하였다. 1800년부터 1863년까지 서울에 사는 안동 김씨가 정권을 독점하였다. 그들이 경복궁 북쪽의 북악산[北岳山, 백악산(白岳山), 338m]과 **인왕산**[仁王山, 342m] 사이에 있는 **장동**[壯洞 : 청운동, 효자동, 사직동 일대 서촌(西村) 지역. 장의동(藏義洞, 壯義洞)으로도 불렀다.]이란 마을에 살았기 때문에 그들을 따로 '장동 김씨'라고 부른다. 이 마을에서 순조의 장인 **김조순**[金祖淳, 1765~1832]과, **헌종**[憲宗, 이환(李奐), 1827~(즉위 1834)~1849]의 장인 김조근[金祖根, 1793~1844, 김조순과 7촌간]과, **철종**[哲宗, 이변(李昪), 1831~(즉위 1849)~1864(양력 1월 4일)/1863(음력)]의 장인 김문근[金汶根, 1801~1863, 김조순과 8촌간]이 나왔다. 11세에 왕이 된 순조가 34년 동안 임금으로 있었고 그의 손자인 헌종이 15년 동안 임금으로 있었다. 장동 김씨는 사도세자[思悼世子, 이선(李愃), 1735~1762]의 서자 **은언군**[恩彦君 이인(李裀), 1754~1801, 사도세자의 셋째 아들, 정조의 이복동생]의 손자 이원범[李元範, 철종의 초명]을 순

조의 양자로 입적하여 즉위하게 하였다. 19세에 왕(철종)이 된 강화도령[이원범(철종)은 왕이 되기 전까지 강화도에서 나무꾼으로 지냈다.] 덕완군[德完君, 철종은 즉위 하루 전날에 이 군호(君號)를 받는다.] 이원범이 14년 동안 임금으로 있었다.

160 머리와 다리가 위축되고 배만 팽창한 기형 국가 | 장동 김씨가 정권을 독점하였기 때문에 그들의 가족 회의가 국무 회의 구실을 하였다. 가족 회의가 국무회의를 대체하는 정치를 세도 정치라고 한다. 세도 정치 기간에 유교조선은 머리[임금]와 다리[농민]가 위축되고 배[장동 김씨]만 팽창한 사람처럼 일그러진 기형 국가가 되었다. 장동 김씨 일족은 방대한 규모의 토지를 소유하고 있었는데 그들은 그들이 소유한 토지의 상당량을 고의로 국가의 전세(田稅) 징수 대장에서 누락시켰다. 또 그들과 결탁한 향리들이 지방 관청에서 대를 이어가며 실무를 맡아 처리하는 과정에서 사실상의 실권자로서 지방 행정을 장악하여 통치 질서를 혼란시켰다. 국가 재정은 극도로 위축되어 "호조 2년간의 세입이 한 해의 지출을 감당하지도 못하게 되었다."[『순조실록』 권 25, 22년 10월 병진]

161 수확량과 비옥도를 기준으로 부가하는 조세 체계의 헛점 | 유교조선에서 국가는 백성으로부터 토지 생산물의 10분의 1에 해당하는 조(租)[곡물로 받는 토지세][겉곡[피곡(皮穀), 겉껍질을 벗겨 내지 않은 곡식]]를 걷어 들였다. 전세로 거두는 겉곡[租(조)] 1두(斗)[말]는 현미 5승(升)[되][=0.5두(말)]에 해당하며, 벼 100두는 백미 40두, 조미(糙米)[왕겨만 벗긴 쌀, 즉 현미(玄米)] 50두에 해당한다. 전국의 토지 생산물을 계측하려면 먼저 토지를 측량해야 했기 때문에 양전(量田)[토지 조사]을 해서 양안(量案)이라는 토지 장부를 작성하여 조세의 표준을 설정하였다. 조선 후

기에 양전은 세기마다 한 차례씩 시행되었다[1634년[인조 12]의 갑술양전[甲戌量田], 1720년[숙종 46]의 경자양전[庚子量田], 1899[고종 36 : 대한제국 광무(光武) 3]~1904년의 광무양전[光武量田]]. 수확량을 기준으로 두고 일정한 수확을 담보하는 토지를 1결(結)로 정하였다. 그러므로 비옥도에 따라서 1결의 면적이 달라졌다. 비옥한 1등전의 1결은 3,000평(9,870m²) 정도였고 3등전의 1결은 5,000평(14,080m²) 정도였고 척박한 6등전의 1결은 1만 2,000평(39,490m²) 정도였다.[주 90] [안병직 『경세유표에 관한 연구』(경인문화사, 2017), 277.] 토지의 비옥도를 결정하는 데 향리의 농간이 개입될 여지가 많았으므로 결을 단위로 부과되는 조세 체계[결부법(結負法)]는 애초부터 공정하게 관리되기 어려웠다. 생산 능력이 충분히 발휘될 때 천 원을 벌 수 있다고 판단하면 국가는 농지 소유자에게 백 원의 세금을 부과하는데 세율이 그렇게 정해지면 오백 원을 벌었더라도 백 원을 납부하고 천오백 원을 벌었더라도 백 원만 납부하게 된다. 향리의 농간으로 부농의 토지는 하등전으로 평가되고 소농의 토지는 중등전으로 평가되면 나라의 재정은 위기를 맞을 수밖에 없다.

162 **15~16세기 공전(公田)과 사전(私田)[과전제→직전제→중단]의 변화** | 15세기 초에 전국의 토지는 국가가 직접 수조(收租)하는[거두어들이는] 공전(公田)과 개인이 수조하는 사전(私田)으로 구분되었다. 왕족과 관료와 군인들에게 품계에 따라 차등적으로 과전(科田)을 지급하고 수조하게 하였다. 사전은 개인에게 소유권이 아니라 수조권을 준 토지였다.[고려의 사전을 혁파하고 제정된 과전법은 조선 건국의 기틀이었지만, 이 법이 규정한 과전, 공신전, 외관직전(外官職田), 군전(軍田), 외역전(外役田), 위전(位田) 등은 수조권이 각각 관료, 향리, 군인 등 개인에게 귀속되므로 사전이다.] **사전의 설치를**

아주까리 수첩 8 다 말하게 하라
김인환 金仁煥 KIM Inhwan
유교조선 지성사론 儒敎朝鮮 知性史論
The Intellectual History of the Confucian Joseon

중앙의 통제가 용이한 경기도에 한정하였기 때문에 사전은 전국의 경지 80만 결 가운데 10만 결을 넘을 수 없었다. 사전에서는 과전의 지급과 환수를 엄격하게 시행하였고 조(租)를 수확량의 10분의 1로 제한하였다. 전국의 340여 군현에 왕이 임명하는 수령이 파견되고 중앙 집권적 행정 체계가 정비됨에 따라 유교조선은 현직 관료에게만 사전을 지급하는 직전제(職田制)를 실시하였다. 1466년[세조 12]에 시행된 직전제에서는, 퇴직 관료도 과전을 보유하게 하고 그가 죽으면 그의 처자가 일정량의 과전을 계승하게 하던 과전법의 규정을 폐지하였다. 관료에게 직전을 지급하는 제도는 16세기 중엽[명종(明宗, 이환(李峘), 1534~(즉위 1545)~1567) 연간]에 중단되었다.[관에서 거둬 관에서 지급(관수관급)하게 되면서 직전세는 점차 녹봉의 추가급이 되었고 명종대의 흉년과 왜구 침략으로 관리들에게 직전세를 장기간 지급하지 못할 정도로 국가 재정이 나빠졌기 때문이다.] 1460년[세조 6]에 편찬된『경국대전』[육전(六典) 가운데 재정·경제의 기본이 되는「호전(戶典)」이 이 해애 먼저 완성되었다.]에는 토지를 매매할 때 관의 승인을 받아야 한다는 규정이 있으나 16세기에 사전[직전]이 소멸하자 사전과 공전의 구별이 무의미하게 되었고, 토지는 국가의 소유라는 법적 규정은 그대로 있었음에도 전국의 토지가 모두 당사자 간의 계약만 성립하면 자유롭게 매매되는 사적 소유지가 되었다.

|

163 **16세기 대토지 소유의 일반화와 17세기 상속 관행의 변경** | 16세기에는 대토지 소유가 확대되었다. 1586년[선조 19]에 작성된, 이황의 아들 이준[李寯, 1523~1583]의「분재기(分財記)」[재산의 상속과 분배를 기록한 문서]에 따르면 이황[李滉, 1501~1570]은 자손에게 2,953두락(斗落)[마지기]의 토지를 상속하였다. 1두락은 한 말의 종자를 파종하는 면적으로 논의 경우에 120~180평이었다. 청빈하다는

전(傳) 김홍도(金弘道), **<누숙경직도(樓璹耕織圖)>** 중 모내기, 종이에 수묵 담채, 조선 후기 18세기 말. [국립중앙박물관 소장]

조선 전기까지는 시설이 잘 갖추어진 논에는 물을 댄 다음 볍씨를 뿌렸고[수경(水耕)], 보통은 그보다 늦게 마른 논에 볍씨를 뿌려 벼를 재배했다. 모를 낸 다음 옮겨심는 이앙법(移秧法)은 몇몇 지역에서 행해졌지만 국가에서는 금지했다. 모낼 시기에 맞춰 비가 오지 않으면 벼가 모조리 말라죽어 버려, 조금의 수확이나마 보장할 수 없다는 이유였다. 17세기 이후 이앙법이 보급된 것은 무엇보다 모내기를 할 경우 노동력이 감소했고, 나아가 수확량도 증가했기 때문이다. 백성이 농사짓고 길쌈하는 장면을 담은 경직도(耕織圖)는 원래 남송의 왕실에서 그려지던 풍속화로, 노동을 장려하고 백성을 교화한다는 교육적 목적으로 제작되었다. 중국의 화본을 보고 그렸으므로 인물들은 중국 옷을 입은 모습이었다. 조선 말기에 일반에까지 유행하면서 조금씩 조선 풍속으로 대체되기도 했다.

김인환 金仁煥 KIM Inhwan
유교조선 지성사론 儒教朝鮮 知性史論
The Intellectual History of the Confucian Joseon

이황이 이 정도의 대토지[354,360~531,540평]를 소유하였다는 사실은 16세기에 대토지 소유가 일반화되어 있었다는 것을 추정하게 하는 증거가 된다.[주 91] [장시원, 『한국경제사』(한국방송통신대학 출판부, 2009), 6.] 그러나 유교조선의 관행이었던 분할 상속은 대토지 소유의 확대를 저지하는 요인으로 작용하였다. 대토지를 소유했던 집안도 몇 차례의 분할 상속을 거치면 재산 규모가 영세해졌다. 17세기 이후에는 재산 규모를 유지하기 위해서 여자에게는 재산을 상속하지 않고 남자의 경우에도 장자의 몫을 확대하는 방향으로 상속 관행이 변경되었다.

|

164 **18~19세기 지주 경영의 일반화** | 1690년[숙종 16]에 전체 인구의 40.6%를 차지하던 노비는 1858년[철종 9]에 1.7%로 감소하였다.[주 92] [장시원, 『한국경제사』(2009), 7.] 조선 전기에는 농민의 3분의 1 정도가 노비였으며 노동력은 그 시대에 희소한 자원이었다. 그러나 조선 후기에 인구가 증가하자 토지가 노비보다 더 가치 높은 재산이 되었고 노비 노동을 이용한 농업 경영은 점차 소멸하였다. 노비에게는 생산성을 높일 만한 유인(誘引)이 없었고 노비를 감독하는 것도 쉽지 않은 일이었다. 자금의 여력이 있는 지주들에게는 땅을 사서 그 땅을 농민에게 경작시키고 임대료를 받는 지주 경영[地主經營]이 노비를 이용한 경영보다 감독 비용의 절감과 노동 유인의 효과라는 점에서 유리했다. 토지는 일정한데 인구만 증가하였으므로 소농 경제는 영세화를 피할 수 없었고, 소농들 사이에 차지(借地)[빌려 쓰는 땅] 경쟁도 심해질 수밖에 없었다.

|

165 **19세기 지대 수취 방식 : 정률제[병작제, 배메기]와 정액제** | 19세기에는 토지의 70%가 지주 경영으로 경작되었다. 토지의 임대료는 수확량의 절반을 수취하는 정률제[병작

제(竝作制)][할당제][타조(打租)]**와 수확량의 3분의 1 수준
의 정액제**[도조(賭租)]**가 있었다. 병작제[배메기**[배매기, 지
주가 소작인에게 소작료를 수확량의 절반으로 매기는 것]]**에서는 추
수 현장에 입회하여 나누거나 추수 이전에 예상한 수확량
에 따라 나누었으며 종자와 결세(結稅)**[논밭에 부과되는 조세
(租稅)]**는 지주가 부담하였다. 작물의 종류가 일정하지 않
은 밭농사는 병작제보다는 주로 정액제로 하였는데 정액
제에서는 종자와 결세를 소작 농민이 부담하였다.

166 **이앙(移秧)[모내기]의 장점들** | 직파(直播)[곧뿌림]**[모심
기를 하지 않고 논밭에 씨앗을 직접 뿌림]**를 할 때는 제초를 4~5
차례 해야 했으므로 노동력의 확보가 농업의 필수 조건이
었으나 이앙(移秧)[모내기]을 할 때는 제초를 한두 번 하
였으므로 노동력이 40% 정도 절감되었다. 이앙은 모판
에서 모가 일정하게 자란 다음에 논에 옮겨 심는 것이기
때문에 잡초와의 경쟁을 견딜 수 있었다. 모내기를 하자
모판에서 모가 자랄 동안에 논에서 늦겨울이나 이른 봄에
파종하여 여름에 추수하는 보리를 키울 수 있게 되었다.

167 **15~19세기 군역(軍役)의 실상** | 조선 초기의 군복무는
세 사람이 한 조가 되어 한 사람이 입대하면 두 사람이 그
사람의 가족을 돌보아 주는 방식으로 운영되었다. 군부
대의 운영비는 국가가 지급하였으나 군인들 개인에게 지
급되는 것은 아무것도 없었다. 천민이 아닌 모든 사람이
군역(軍役)을 수행하도록 규정되어 있었으나 실제로는
농민들만이 군역의 대상이 되어 군포(軍布)를 바쳤다. 죽
은 사람도 군역의 대상에서 삭제하지 않고 군포를 부과하
였고 죽은 사람을 군적에서 지우려면 사망 감정료며 장부
기입료 등 잡다한 수속 비용을 부담해야 했다. 19세기에
는 향리들의 농간으로 어린아이가 군적에 등록되는 경우

도 적지 않았다. 노비들은 처음부터 군역을 면제받았고, 관리도 군역에서 면제되었다. 양반은 장교(군관)로 복무해야 하며, 4대 안에 관직자가 있는 양반의 장남만 군역을 면제받도록 되어 있었으나 16세기 중엽 이후로 양반들은 장교의 군역조차 지지 않게 되었다. 17세기에 군인들에게 급료를 지급하기 시작하였다. 1년에 무명 2필을 낸 사람에게 군역을 면제해 주고 그것을 군대의 급료로 사용하였다. 1750년[영조 26]에 연간 2필의 군포를 1필로 감하고 부족액을 토지세로 부과[균역법(均役法)]하였다. 군포의 총액을 미리 정하고 마을 단위로 할당하였는데 많은 양인들이 중인이나 양반으로 신분을 높여서 군역에서 빠져나갔다. 군포를 토지세로 부과한 균역법(均役法)은 토지 소유자인 양반에게 군포를 부과하는 결과가 되었다.

168 **유교조선의 조세 제도 : 조(租)—용(庸)—조(調) |** 1471년[성종 2]에 성곽, 관청, 도로, 교량의 건설과 보수에 8결당 장정 1인을 징발하되 1년에 6일을 넘을 수 없도록 정하였다.—**[용(庸)]**[사람에 부과 : 부역(負役)과 군역(軍役)] | **농**민이 중앙 정부에 필요한 물품을 현물로 바치는 공물(貢物)은 군현별로 정해진 납부 총액을 호별로 분담하게 하였는데 공물 조달에 수령의 자의와 향리의 농간이 개입하였다. 공물을 결당 12~16두(斗)[말]의 쌀로 내게 한 대동법(大同法)은 신분에 관계없이 소유 토지의 규모에 따라 부과하였으므로 대토지 소유자에게 불리하였다.**[조(調)]**[호(戶)에 부과 : 토산품, 공물] | **유교조선은 토지에서 전세(田稅), 대동미(大同米), 삼수미(三手米)**[훈련도감(訓練都監)에 속해 있는 사수(射手)·포수(砲手)·살수(殺手) 등 삼수(三手)의 군사를 훈련하는 비용으로 거두던 세미(稅米)] **등의 기본세와 운반비 등의 부가세를 징수했고, 거기에 지방 관청이 독자적으로 부과하는 부가세가 있었으며 농민들은 고장을 떠난**

사람들이 부치던 토지의 조세까지 분담하여 납부해야 했다.[조(租)][토지에 부과 : 전결세(田結稅)]

169 **민란의 원인이 된 환곡의 성격 변화 : 구휼 수단에서 재정 수입원으로** | 농사철에 쌀을 농가에 배분하고 가을 수확기에 10분의 1의 이자를 더하여 거두는 환곡(還穀)은 빈민 구제와 가격 조절의 기능을 목적으로 시행하던 제도였으나, 17세기에 그 이자를 중앙 재정의 수입으로 삼으면서[일분모회록(一分耗會錄) : 일분모(一分耗)는 모곡(耗穀)[환곡을 쌓아둘 동안 축이 날 것을 미리 셈하여 한 섬에 몇 되씩 덧붙여 받던 곡식]의 10분의 1[일분(一分)]을 말하고, 회록(會錄)은 국가 회계에 편입시키는 것을 뜻한다. 지방 관아에서 거둔 수익의 10%를 호조 회계 장부(회안)에 올려 중앙 정부에서 가져가던 제도로, 원곡의 1/10에 해당하는 모곡 중에서 1/10을 국가 경비로 충당했고, 이런 방식으로 국가 재정의 파탄을 메꾸었다. 즉 지방 정부에서는 환곡의 10%를 더 거두어 받고, 그 수취분의 10%는 중앙 정부의 수익으로 삼았다.] **규모가 확대되었고, 18세기에 강제로 배분하고 강제로 수취하는 과정**[늑대(勒貸) : 빌리지 않으려는 사람들에게도 억지로 빌려 줘 높은 이자를 받아내는 것. 풍년이 들어 환곡이 필요 없는 백성들에게도 강제로 빌려 주고 나중에 이자를 쳐서 받아 지방 관아의 수입원으로 삼았고, 수입원이 필요할 때 다양한 명목의 환곡을 새로이 창설하기도 했다. 환곡의 기본은 가치가 떨어지기 마련인 묵은쌀을 햅쌀로 교환하는 일이었고, 구휼용으로 비축해야 할 환곡도 모두 소모해 수익원으로 삼았다.]**에서 수령과 아전의 횡령이 개입**[장부상에는 기록되어 있지만 아전이 횡령해 실제로 지방 관아의 창고에 곡식이 없는데도 봄에 빌려 준 것처럼 기록만 한 다음 가을에 이자를 받았다.]**하여 폐단이 커지기 시작했다. 가격 조절과 구휼 수단이 아니라 재정 수입원으로 운영되면서 쌀값이 급등하다 보니 19세기에는 환곡이 민란의 중요한 원인으로 작용하기에 이르렀다. 국가는 민란을 수습하기 위하여 환곡을 축소하지 않을 수 없었다.**

아주까리 수첩 **8** 다 말하게 하라
김인환 金仁煥 KIM Inhwan
유교조선 지성사론 儒教朝鮮 知性史論
The Intellectual History of the Confucian Joseon

조선 후기 조(租)의 구성 : 전세+삼수미+대동미+균역미 +지방세+부과세+환곡 | 조선 후기의 조세(租稅)는 전세가 1결당 쌀 4두[말], 1602년[선조 35]부터 훈련도감에서 대포부대[砲手(포수)]와 창칼부대[殺手(살수)]와 활총부대[射手(사수)]의 훈련비로 거둔 삼수미가 1결당 2두[말] 2승[되], 1608년[선조 41]~1708년[숙종 34]에 전국적으로 시행된 대동미가 1결당 12두, 1751년[영조 27]부터 군역자에게 군포 1필을 거두는 균역법이 추가되면서 토지에 부과한 균역미가 1결당 3두[돈으로 치면 1결당 5전]이었다. 전세, 대동미, 삼수미 등의 기본세는 14퍼센트 내외였으나 "지방세와 각종 부과세가 추가되어 국가 수취는 총 생산량의 25퍼센트에 달했다."[주 93] [장시원,『한국경제사』(2009), 19.] 19세기에 환곡의 조(租)는 1결당 2~3석[섬]이나 되었다.[1결은 300두(30석)를 생산할 수 있는 면적이다.] [1석(石)[섬]=10두(斗)[말]=100승(升)[되]] 환곡은 1894년[고종 31]에 폐지되었다.

|

온돌의 보급과 산림의 황폐화 | 17~18세기에 온돌이 보급되면서 땔감의 수요가 증가했다. 산림이 황폐해졌고 나무가 없는 산에서 흘러내린 토사 때문에 저수와 배수의 기능을 상실한 저수지가 늘어났다. 19세기에는 홍수와 가뭄의 피해도 극심하여 토지의 생산성이 전반적으로 하락하였다.

|

1812년 장동 김씨 세력을 타도하려던 평안도의 홍경래 | 중앙의 양반 관료들로부터 차별을 심하게 받아 온 평안도에서 조직화한 농민 봉기가 먼저 발생하였다. 1811년 [순조 11] 12월 18일[양력 1812년 1월 31일]에 홍경래[洪景來, 1771~1812]는 3년 동안 광산과 무역 등으로 자금을 준비하여 1,000여 명의 병력으로 투쟁을 개시하였다. 그는 장

1811년[순조 11] 12월 18일[양력 1812년 1월 31일]~1812년[순조 12] 4월 19일[양력 1812
년 5월 29일] 평안도에서 일어난 홍경래의 난 때 중앙에서 파견된 선전관(宣傳官)이 그
상황을 보고하기 위해 제작한 그림. 부대 사이에 정주성(定州城) 동쪽을 흐르는 달천
(㺚川)이 왼쪽편에 길게 그려져 있다.

아주까리 수첩 **8** 다 말하게 하라
김인환 金仁煥 KIM Inhwan
유교조선 지성사론 儒教朝鮮 知性史論
The Intellectual History of the Confucian Joseon

동 김씨의 세력을 타도하고 그가 주도하는 정권을 세우려고 하였다. 12월 22일[양력 1812년 2월 4일]에 8,000명의 정부군이 진압에 나섰다. 홍경래는 4개월 동안 버텨 냈으나 포위된 상황에서 식량 사정이 악화되어 '평안도 농민전쟁'은 1812년[순조 12] 4월 19일[양력 1812년 5월 29일, 정주성]에 끝났다.

173 **1862년 임술민란(壬戌民亂) : 전세와 군포와 환곡의 불합리한 징수에 봉기** | 1862년[철종 13](임술년)에 전국 각지에서 민란이 일어났다. 2월[이하 음력 기준]에 경상도 진주에서 시작된 민란은 4월에는 전라도 익산·함평과 경북 개령[김천]에서, 5월에는 충청도·전라도·경상도의 여러 곳에서, 11월에는 북쪽 함경도 함흥에서, 12월에는 제주도에서 일어났다. 경상도 19개 고을, 전라도 38개 고을, 충청도 11개 고을, 전국 70여 고을이 민란에 참가하였다. | 전세와 군포와 환곡의 불합리한 징수, 그 중에서도 특히 환곡의 강제 분급(分給)[각각의 몫에 따라 나누어 줌]과 고리대적 이자[모곡(耗穀)[곡식을 쌓아 둘 동안에 축이 날 것을 생각하여 한 섬에 몇 되씩 덧붙여 받는 곡식]]에 반대하여 봉기한 농민들은 환곡을 폐지하겠다는 국가의 약속을 받고 투쟁을 그쳤으나 그것이 거짓 약속이었다는 사실이 드러나자 환곡의 이자가 돌아오기 시작한 1862[철종 13] 가을에 다시 봉기하였다. 1단계의 민란은 짧으면 2~3일, 길면 10~13일 정도 지속되었다. 하지만 2단계의 제주 민란은 3개월이나 계속되었다. 그들은 지방 관리들을 추방하고 악질적인 아전들을 처단하였다. 그러나 1862년의 민란[임술민란(壬戌民亂)]은 서로 연계 없이 분산되어 곳곳에서 개별적으로 전개되었으므로 국가의 회유와 탄압을 거치며 각개격파되었다.

↓

유교조선儒教朝鮮 지성사론知性史論

E 19세기 E-2 제도주의

<u>174</u> **다산 정약용의 유배 시기 |** 다산(茶山) 정약용(丁若鏞)[1762~1836]은 **18년 간 귀양살이**[1801년(순조 1) 3월[신유박해(辛酉迫害)]~1818년(순조 18) 8월]**를 하면서 수령과 아전의 불법적 협잡을 정확하게 인식하였다. 사도세자**[思悼世子, 장헌세자(莊獻世子), 이선(李愃), 1735~ 1762]**를 죽이는 데 찬성한 노론 벽파(僻派)**[영조·정조 시기, 정조의 아버지 장헌세자[사도세자]의 죽음을 두고 당연한 죽음이라는 입장과 안타까운 죽음이라는 입장으로 나뉜다. 그 죽음이 당연한 것이라 여긴 무리를 벽파(僻派)(강경파)

(정조의 탕평책을 반대한 세력), 반대편에 선 사람들을 시파(時派)(온건파)라 불렀다. 시파와 벽파의 호칭이 생겨난 건 정조 12~19년 사이로 본다.]는 **정조**[正祖, 이산(李祘), 1752~(즉위 1776)~1800]**의 탄압을 받았다. 1800년에 정조가 죽자 정권을 잡은 그들은 정조의 신임을 받던 정약용을 귀양 보냈다. 노론 시파(時派) 김조순**[金祖淳, 1765~1832]**이 정권을 잡은 1818년**[순조 18]**에 정약용은 고향 경기도 마현**[馬峴] [현재의 남양주시 조안면 능내리 다산마을]**으로 돌아올 수 있었다. 그는 왕권을 강화하고 상층 관료의 세력을 억제하는 것이 부국강병의 길이라고 생각하고 유교의 애민(愛民) 사상을 실현할 수 있는 제도를 구상하였다.**

175 **루소의 인민과 정약용의 임금** | 정약용은 「**원목(原牧)**」에서 "하늘이 볼 때 사람에게는 귀천이 없다."[주 94] [『정본 여유당 전서(定本與猶堂全書)』 2권 (사암, 2013), 206.]**고 했고, 「탕론(湯論)」에서 "백성들이 원하면 임금이 바뀔 수도 있다."**[주 95] [『정본 여유당 전서』 2권 (2013), 304.]**고 하였다. 「원목」에서 정약용은 "민(民)이 목(牧)을 위해 산다고 하는 것이 어찌 진리가 되겠는가? 목이 민을 위해 있는 것이다."**[주 96] [『정본 여유당 전서』 2권 (2013), 206.]**라고 하면서 초계급적 절대 왕권의 근거를 자연 상태와 원시 상태에까지 소급하여 설정하려고 했다. 정약용이 탄생한 1762년**[영조 38]**에 루소**[Jean-Jacques Rousseau, 1712~1778]**가 『사회 계약설**[Du Contrat Social ou Principes du droit politique]』을**

다산 정약용[茶山 丁若鏞, 1762~1836]의 『하피첩(霞帔帖)』, 1810년. 보물 1683-2호. [국립민속박물관 소장]

정약용이 두 아들 학연(學淵, 1783~1859)과 학유(學遊, 1786~1855) 등 자손에게 당부하는 삶의 태도를 직접 적
은 서첩이다. 유배 중이던 1810년 강진(康津) 다산초당의 동암(東菴)에서 썼다. 유배 간 지 6년이 되던 해(1807
년) 겨울에 정약용에게 부인 홍씨[홍혜완(洪惠婉, 1761~1838)]가 혼인 때 예복으로 입었던 5폭짜리 붉은 치마를
보냈는데, 그 바랜 치마로 서첩을 장정했다는 데서 '하피첩(霞帔帖)'이라는 표제가 유래했다. 즉 노을빛[하(霞)] 치
마[피(帔)]로 만든 서첩(帖)이라는 뜻이다. 치마폭을 70여 장으로 자르고 종이를 붙여 빳빳하게 다듬은 다음 글씨
를 썼다. 한 조각이 B5 크기 (182×257mm)보다 조금 작다. →

김인환 金仁煥 KIM Inhwan
유교조선 지성사론 儒教朝鮮 知性史論
The Intellectual History of the Confucian Joseon

발표했다. 루소는 인민을 주체로 설정하였으나, 정약용은 임금을 주체로 설정하고 인민을 객체로 설정하였으므로 그의 발언에서 평등주의나 민주주의의 함의를 찾으려는 해석은 명백한 오류이다. 정약용은 신분 제도와 노비 제도를 부정하지 않았다. 그는 양반, 중인, 상민, 천민의 구별을 당연한 질서로 수용했다. 그는 관료의 부정부패를 막을 수 있는 제도만 만들면 애민 사상을 실현하는 제왕적 통치가 가능하다고 생각하였다.

176 **목(牧)이 민(民)을 위해 있다** | 『목민심서(牧民心書)』[1818년(순조 18) 봄에 강진 다산초당에서 초고를 완성했고, 1821년(순조 21) 늦봄에 남양주 마현에서 「자서(自序)」를 썼다.]는 **부임(赴任)·율기(律己)**[자기 자신을 다스림]·**봉공(奉公)**[나라를 위해 힘을 다해 일함]·**애민(愛民)·이전(吏典)·호전(戶典)·예전(禮典)·병전(兵典)·형전(刑典)·공전(工典)·진황(賑荒)**[흉년에 대비함]·**해관(解官)**[관원을 면직함] 등 취임부터 이임까지 지방 관리가 알아야 할 직무 지침 12편으로 구성되어 있다. 전체가 72조이고 매 편이 6조인데, 조마다 수령으로서 반드시 지켜야 할 원칙들을 제시하고 그 원칙들의 연혁과 사례를 기술하였다. 이 책의 여러 곳에서 정약용은 신분 제도와 노비 제도의 동요에 대하여 우려를 나타냈다.

177 <u>**신분 제도와 노비 제도의 동요에 대한 우려**</u> | "**이노(吏奴)**[지방 관아에 딸린 아

→ 다산의 기록에 의하면 하피첩은 모두 네 첩이다. 현재 세 첩만 발견됐다. 1첩은 1810년 7월에, 2첩과 3첩은 9월에 썼다. 1첩과 2첩의 표지는 미색이고, 3첩의 표지는 박쥐·구름 무늬가 있는 푸른색 종이다. 각 첩은 하피첩을 만든 경위를 적은 서문으로 시작하며, 글을 쓴 면은 30쪽 내외다. 1첩은 치마폭 비단을 모두 사용했지만, 2첩과 3첩은 종이가 섞여 있으며 일부 비단면에는 바느질한 흔적도 남아 있다. 정약용은 고향인 마현(馬峴)[현재의 남양주시 조안면 능내리 94] 시절부터 오래된 천이나 치마에 글씨를 쓰고 비단으로 표지 장정을 한 서첩을 만들어 지인들에게 선물하기도 했다 한다.

다산 정약용[茶山 丁若鏞, 1762~1836]의 『**하피첩(霞帔帖)**』, 1810년. 보물 1683-2호. [국립민속박물관 소장]

"내가 탐진(耽津)[강진(康津)의 옛 이름]에서 귀양살이하고 있는데 병든 아내가 다섯 폭짜리 헌 치마를 보내왔다. 그것은 시집올 때 가져온 훈염(纁袡)[시집갈 때 입는 붉은 활옷]이었다. 붉은빛은 이미 바래 담황색이 되어 서본(書本)으로 쓰기에 알맞았다. 이를 잘라 마름질하고 작은 첩(帖)을 만들어 손 가는 대로 훈계의 말을 지어 두 아들에게 전한다. 훗날 이를 보고 감회를 일으켜 어버이의 자취와 흔적을 생각한다면 뭉클한 마음이 일어나지 않을 수 없을 것이다. 하피첩이라 이름 붙인 것은 '붉은 치마'[홍군(紅裙)]라는 말을 바꾸고 숨기기 위해서다.[余在耽津謫中 病妻寄敝裙五幅 蓋其嫁時之纁袡 紅已浣而黃亦淡 政中書本 遂剪裁爲小帖 隨手作成語 以遺二子 庶幾異日覽書興懷 挹二親之芳澤 不能不油然感發也 名之曰霞帔帖 是乃紅裙之轉謾也.]"

김인환 金仁煥 KIM Inhwan
유교조선 지성사론 儒敎朝鮮 知性史論
The Intellectual History of the Confucian Joseon

전(衙前)과 관노(官奴)]의 무리는 배우지 못하고 아는 것이 없어 오직 인욕만 알고 천리는 모른다."[주 97] [「율기 청심」, 『목민심서(牧民心書)』, 『정본 여유당 전서』 27권 (2013), 106.] "임금과 신하, 노비와 주인 사이에는 명분이 있어서 마치 뛰어오를 수 없는 하늘과 땅 사이와 같이 판연하다."[주 98] [「예전 변등」, 『목민심서』, 『정본 여유당 전서』 28권 (2013), 273.] "수령으로서 애민한다는 이들이 편파적으로 강한 자를 누르고 약한 자를 도와주는 것을 위주로 삼아서 귀족을 예로 대하지 않고 오로지 소민[小民, 조선 중기 이후에 '평민'을 이르던 말]을 두호[斗護, 남을 두둔하여 보호]하는 경우에 원망이 비등하게 될 뿐 아니라 풍속이 또한 퇴폐해질 것이니 크게 불가하다."[주 99] [「예전 변등」, 『목민심서』, 『정본 여유당 전서』 28권 (2013), 273.] "노비법이 변한 이후로 민속이 크게 변하였는데 이것은 국가의 이익이 되지 않는다. 영조 7년[1731년] 이후로 사노(私奴)의 양인 신분의 처 소생은 모두 양인 신분을 따르게 되었다. 이 이후로 상층은 약해지고 하층은 강해져서 기강이 무너졌다."[주 100] [「예전 변등」, 『목민심서』, 『정본 여유당 전서』 28권 (2013), 278.] "국가가 의지하는 바는 사족(士族)인데 그 사족이 권세를 잃는다면 국가에 급한 일이 생겨서 소민들이 난을 일으킬 때 누가 능히 막을 것인가."[주 101] [「예전 변등」, 『목민심서』, 『정본 여유당 전서』 28권 (2013), 278.] "아전들의 습성이 날로 교만해져서 심지어는 조정의 관리나 명망 있는 선비가 수령을 만나 말에서 내리는데도 수령을 수행하는 아전이 말에서 내리지 않는다. 아전을 훈계하지 않아 비방을 듣지 않도록 수령은 아전 단속을 반드시 엄하게 해야 할 것이다."[주 102] [「부임 계행」, 『목민심서』, 『정본 여유당 전서』 27권 (2013), 47.]

178 국가 주도 집단 농장 제도인 여전제(閻田制)를 제안하다 | 정약용은 1799년 [정조 23]에 「전론(田論)」 7장을 썼는데 그 가운데 제3장에서 '여전제(閻田制)'라는 일종의 집단 농장 제도를 구상하였다.[주 103] [『정본 여유당 전서』 2권, 271.] 여전제의 공동 소유와 공동 경작과 공동 수확에는 전국 토지의 국가 소유와 노동 시간에 따른 분배가 전제되어 있다. 그러나 여전제는 농민이 계획하고 집행하는 농민 중심의 공동 경작이 아니라 국가가 주도하는 공동 경작이라는 의미에서 국왕이 유일한 독점 지주가 되는 국가 소작제로 운영될 가능성을 배제할 수 없는 제도이다.

① 농사짓는 사람에게는 토지를 주고 농사짓지 않는 사람에게는 토지를 주지 않는다. 장인(匠人)은 제품으로, 상인은 상품으로, 곡식을 교환하여 생계를 유지한다.

② 자연 지형을 일정한 구역으로 나누어 30호 기준의 여(閻)[마을 려]를 만든다. 전국의 토지 80만 결을 전국의 인구 800만 명으로 나누면 10인 가족이 5~6등전 1결을 받을 수 있다.

③ 30호의 사람들이 1여의 토지를 여장(閭長)의 지휘 아래 공동으로 경작한다. 여장은 농민 한 사람 한 사람의 노동량을 매일 장부에 기록한다. 개별 농민은 노동의 대가로 매일 4되를 받는다. 병자와 과부는 공동체의 구휼을 받게 한다.

④ 수확이 끝나면 먼저 나라에 세금을 바치고 다음에 여장에게 봉급을 주고 나머지 수확물을 장부에 기록된 노동량에 따라 분배한다. 소작제가 없어져 소작료(수확량의 50%)를 내지 않아도 되므로 국가는 소작제가 있을 때보다 세금을 더 많이 걷을 수 있고 관리에게 더 많은 봉급을 줄 수 있다.

⑤ 관리에게는 토지를 주지 않고 녹봉을 준다. 양반은 수리(水利)[물을 끌어다가 식용, 농업용, 공업용 등으로 이용하는 일]를 일으키고 도구를 제조하고 농사짓는 방법을 가르치고 부민의 자제를 교육하여 생활한다. 관직이 없는 양반은 교육에 종사하거나 노동을 분담해야 한다. 양반이 축산, 관개 등의 기술을 연구하는 것도 노동을 분담하는 것으로 인정한다. 양반의 일역은 농민의 10배로 계산한다.

⑥ 농민의 3분의 1은 군대에 편입하고 3분의 2는 호포(戶布)[가호(家戶)를 기준으로 부과하는 군포(軍布)]를 내게 하여 군수에 충당한다. 대오에 편입된 농민은 여장(閭長)의 지휘 아래 군사 훈련을 받는다.

국가 제도를 체계화하려 했던 정약용의『경세유표(經世遺表)』| 정약용은
『경세유표(經世遺表)』를 1815년에 착수하여 1820년에 완성하지 못한 채
로 끝냈고,『목민심서(牧民心書)』를 1818년에 시작하여 1821년에 완성하였
고, 1818년에 써 놓은 초고를 1819년부터 고쳐서 1822년에『흠흠신서(欽
欽新書)』를 완성하였다. 정약용의 제도주의(制度主義)는『경세유표』에 분
명한 형태로 나타나 있다. 임종을 맞은 신하가 죽기 전에 써서 죽은 후에 임금
에게 바치게 하는 글을 유표(遺表)라고 한다. 책의 제목을 '유표'라 한 것으로
미루어 볼 때 이 책에서 정약용이 자신의 제도주의 사상을 체계화하려고 의
도했다는 것을 알 수 있다. 정약용은 '이조-호조-예조-병조-형조-공조'의 제
도를『주례(周禮)』[주나라의 이상적인 관직 제도에 대해 주공 단(周公 旦)[문왕의 아들이자 무
왕의 동생]이 저작한 것이라 하는데, 실제로는 전국 시대 이후 성립된 것으로 여겨진다. 후한(後漢)
의 정현(鄭玄), 당(唐)의 가공언(賈公彦)이 주석을 단 판본만이 전해진다. 관직을 천-지-춘-하-
추-동에 따라 육관(六官)으로 나누어 합계 360개의 관직에 대해 설명한다. 각각의 관이 1편을 이
루어 본래는 전 6편이지만 동관(공조)편은 소실되어『고공기(考工記)』로 대신해 왔다.]의 '천
관(天官)-지관(地官)-춘관(春官)-하관(夏官)-추관(秋官)-동관(冬官)'의 체
계에 맞추어 근본적으로 개혁하려고 하였다. 그는 백성의 생활을 안정시키고
만민을 교육하는 일을 분리할 수 없다고 보고 민생 문제와 교육 문제를 호조
에서 다루게 하였다. 그는『주례』에서 말하는 향삼물(鄕三物)[고대 향학(鄕學)의

교육 과정][지인성의충화(知仁聖義忠和)의 육덕(六德), 효우목인임휼(孝友睦姻任恤)의 육행(六行), 예악사어서수(禮樂射御書數)의 육예(六藝)]을 만인에게 가르쳐야 한다고 주장하였다. 중앙 정부의 부서를 120개에 한정하고 6조에 20개씩 배정하자고 했다. 또 3년마다 시행하는 정기 시험 이외에 특별임시 시험을 모두 폐지하고 과거 급제자를 1회에 36인으로 하며 문과와 무과의 인원수를 동수로 하고 급제자는 모두 임용하며, 향리의 세습을 금지하는 등 여러 가지 개혁 방안을 제안하였으나, 정약용은 무엇보다 정전법(井田法)을 국가 제도의 중심으로 설정하였다. 전지(田地)[논과 밭]의 실태를 파악할 수 없는 결부제(結負制)[수확량을 기초로 토지를 측정하는 방식. 파(把)[줌]-속(束)[묶음]-부(負)[짐]-결(結)[먹]이라는 단위를 사용한다.] 대신에 측량에 기초한 양전(量田)[토지조사] 방법과 토지의 국가 소유에 기초한 정전법의 실현 방안이 이 책의 핵심이다.

180 **정약용의 정전법(井田法)** | 『경세유표』의 「전제(田制)」 열두 편 가운데 1~5편은 정전법의 기본 개념에 대한 설명이고, 6~8편은 유교조선의 토지 제도에 대한 검토이고, 9~12편은 정전법의 실시 방법에 대한 제안이다. 6~8편은 1816~1817년[순조 16~17]에 집필되었다. 정전법은 토지를 우물 정(井)자모양으로 구획하여 여덟 구획의 사전[私田]이 가운데 한 구획의 공전[公田]을

둘러싸고 있는 형태의 토지 운영 방법이다. 사전 8개 구역은 8명의 남자가 나누어 경작하게 하고 한 사람이 두 개 구역을 경작하지 못하게 해야 한다. 가운데 공전은 반드시 정사각형으로 구획하고 나머지 사전도 가능하면 정사각형 또는 직사각형으로 구획하되 그것이 어려운 경우에는 어린도(魚鱗圖)[물고기 비늘과 같이 생긴 지도. '어린도책(魚鱗圖冊)'은 송나라 때 시작되어 명과 청에 걸쳐 정비된, 조세 징수의 기초로서 만들어진 토지 대장으로, 토지를 세분한 모양이 물고기의 비늘과 같이 생겼다 해서 그와 같이 불렀다.]를 적절하게 활용하여 동일한 면적의 사전을 공전의 둘레에 비늘 모양으로 배치하자는 것이 정약용의 기본 구상이었다. 정약용은 토지가 어떤 모양이든 평평한 토지를 아홉으로 나눈 구획을 기준으로 삼아 조정하면 9등분할 수 있으니 그 가운데 하나를 공전으로 정하면 된다고 하였다. 바둑판처럼 나누는 것이 아니라 바둑판을 평균 모형으로 활용하며 비율로 9등분이 가능하다는 것이다. 모자라고 남는 땅을 사고팔게 하여 9등분이 되도록 하되 모두 가난하여 사고팔 수 없을 때에는 한 구획을 두 사람이 함께 경작하게 한다. 정전법에서는 공전을 경작하는 것 이외에 다른 세금은 전혀 없다. 농민들이 공동으로 경작한 공전의 수확물 이외에 전세(田稅)가 따로 없으므로 토지의 비옥도나 기후의 풍흉에 따른 별도의 사정이 필요 없고 공전의 생산물을 국가가 직접 사용하므로 따로 징세 비용이 필요 없이 세율이 9분의 1로 고정된다.

김인환 金仁煥 KIM Inhwan
유교조선 지성사론 儒敎朝鮮 知性史論
The Intellectual History of the Confucian Joseon

토지가 왕전(王田)이라야 백성이 임금을 위해 목숨을 바칠 수 있다 | 정약용은 "천하의 전지[田地]는 모두 왕전[王田]**[天下之田皆王田也**(천하지전개왕전야)**]**"[주 104] [『경세유표 원문(經世遺表 原文)』(현대실학사, 2004), 369.]**이고 "천하의 전지는 모두 군전[軍田][天下之田皆軍田也**(천하지전개군전야)**]**"[주 105] [『경세유표 원문』(2004), 195.]**이라고 단언하였다. 토지가 왕전[王田]이라야 임금이 백성들에게 토지를 분배할 수 있으며 토지를 임금에게서 받아야 백성들이 임금을 위하여 목숨을 바칠 수 있게 된다는 것이 정약용의 생각이었다. "왕전에서 생계를 얻으면서 임금의 일에 죽을힘을 다하지 않을 수 있겠는가**[寄生理於王田 敢不致死力於王事也**(기생리어왕전 감불치사력어왕사야)**].**"[주 106] [『경세유표 원문』(2004), 195.] 전지[田地]가 민전(民田)이 되면 백성들은 자기 땅에서 일해서 편안하게 살면서 임금의 은혜를 절실하게 느끼지 못하게 되므로 전쟁터에 나가 임금을 위해 죽어야 한다고 생각하지 않게 될 것이다. "임금이 편안하게 사는 백성을 아무런 까닭 없이 잡아다가 사지로 몰아넣으니 백성이 수긍하겠는가**[王無故執安居之民 驅而納之於矢石爭死之場 民其肯之乎**(왕무고집안거지민 구이납지어시석쟁사지장 민기긍지호)**].**"[주 107] [『경세유표 원문』(2004), 195.] 정전[井田]은 왕전[王田]이면서 동시에 군전[軍田]이므로 농민은 다 병사가 된다. 정약용은 정전제가 실시되지 못하고 있는 상태에서도 중앙과 지방에 둔전(屯田)[변경 지역이나 군사 요충지에 주둔한 군대의 경비를 마련하기 위해 경작하는 토지]**을 설치하여**

전투 능력을 갖춘 상비군을 확보할 수 있다고 제안하였다. 왕성(王城)의 수십 리 이내, 읍성의 수 리 이내에 전지를 사들여서 군전을 만들고 둔전법을 시행하여 군이 양식을 자급하게 하면 수도와 군현을 수호할 수 있다는 것이다.

182 **지주제 완전 철폐와 백 년을 목표로 한 정전제 시행 계획** | 정약용은 지주제를 완전히 철폐해야 한다고 생각하였고 농민에게도 소유권이 아니라 일시적 점유권[시점(時占) : 한시적 점유] 즉 용익권(用益權)[사용·수익할 수 있는 권리]만 주어야 한다고 생각하였다. 농민은 임금에게서 토지를 일시적으로 맡아서 사용하는 위탁 관리자이다. "무릇 전지는 다 왕전이다. 사전의 점유자를 토지 소유자라고 할 수 없으므로 일시적 점유자라고 지칭한다[凡田皆王田 私主不可謂之田主 故名之曰時占(범전개왕전 사주불가위지전주 고명지왈시점)]."[주 108] [『경세유표 원문』(2004), 253.] 정전제는 전국의 토지를 국가가 소유하고 있을 때 비로소 시행할 수 있는 제도이다. 정약용도 전국의 토지를 모두 개인들이 소유하고 있다는 당대 현실을 인식하고 있었음에도 백 년을 목표로 하고 정전제를 계획하고 우선 시행할 수 있는 것부터 당장 시작해야 한다고 주장하였다. "큰일을 하려고 하는데 어찌 조그만 일에 구애될 것인가? 정전으로 만들 수 있는 땅은 백성들이 좋아하고 싫어하는 것을 물을 것 없이 먼저 정전으로 구획한 연후에 그 가격을 조정하여 지불한다[將大有爲 奚顧細節 凡可井之地 不問

其肯與不肯 盡之爲井 然後乃問其價(장대유위 해고세절 범가정지지 불문기긍여불긍 진지위정 연후내문기가)]."[주 109] [『경세유표 원문』(2004), 253.] 한편으로 국가가 토지를 매수하고 다른 한편으로 지주들에게 토지를 기증하게 하여 공전을 확보한 후에 기존의 국유지를 정전으로 전환하고 토지 기증자에게 관직을 수여하며 필요하면 국가의 강권을 발동하여 전국의 토지를 국유지로 확보해 나가야 하는데 "수백 년 동안 흔들림이 없이 확고하게 조금씩 거두어들이고 시행해야[數百年不撓 收之有漸行之(수백년불요 수지유점행지)]"[주 110] [『경세유표 원문』(2004), 158.] 한다. | 정약용의 제도주의는 보수적인 시각에서 구상된 왕권 강화 방안이었으나 유교조선의 사회 구조를 전체적으로 인식할 수 있게 하는 이론 체계였다.

|

183 **평등주의 유교를 창안한 수운 최제우** | 정약용의 제도주의에 내포되어 있는 전체성 인식에 토대하여 수운(水雲) 최제우(崔濟愚)[초명 최복술(崔福述), 1824~1864]는 신분주의 유교에 반대하는 평등주의 유교를 창안하였다.

|

184 『**용담유사(龍潭遺詞)**』와 『**동경대전(東經大全)**』 | 최제우는 1860년[철종 11]부터 1863년[철종 14]까지 4년 동안에 『용담유사(龍潭遺詞)』와 『동경대전(東經大全)』을 지었다. 1860년에 경주(慶州) 가정리(柯亭里)에서 「용담가(龍

수운 최제우[水雲 崔濟愚, 1824~1864]의 **『용담유사(龍潭遺詞)』**. 필사본 『용담유사(龍潭遺詞)』 중 「교훈가(敎訓歌)」, 1903년. [국립한글박물관 소장]

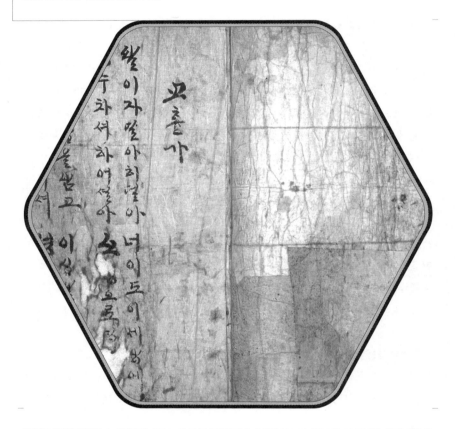

『용담유사(龍潭遺詞)』는 최제우가 1860~1863년 사이에 지은 우리말 포교 가사집으로, 1881년에 제2세 교주 최시형[崔時亨, 해월(海月), 1827~1898]이 간행했다. 「용담가(龍潭歌)」·「안심가(安心歌)」·「교훈가(敎訓歌)」·「몽중노소문답가(夢中老少問答歌)」·「도수사(道修詞)」·「권학가(勸學歌)」·「도덕가(道德歌)」·「흥비가(興比歌)」·「검결(劍訣)」의 9편으로 이루어지며, 원래는 「처사가(處士歌)」를 포함해 10편이었다고 한다. 목판본으로 간행될 때 「검결(劍訣)」, 곧 '칼노래'는 나라에서 금지해 실리지 못했다. 「검결(劍訣)」은 동학 농민 군가로 불렸고, 『용담유사』는 필사로 전국에 퍼져 나갔다.

潭歌)」「**교훈가**(敎訓歌)」「**안심가**(安心歌)」를 지었고, **1862년에 남원(南原) 선국사(善國寺)**[원래 이름은 용천사(龍泉寺)다. 전북 남원(南原) [서쪽 10리 밖] 산곡동의 교룡산성(蛟龍山城) 안에 있다. 수운은 1861년 음력 12월[양력 1862년 1월] 남원에 당도한 후 1862년 음력 7월까지 선국사(善國寺)의 말사 덕밀암(德密庵)의 방 한 칸을 빌려 '은적암(隱寂庵)[또는 은적당(隱寂堂)]'이라 이름 짓고 6개월간 수도하면서 글을 썼다. 이 때 수운은 자주 교룡산에 올라 「검결(劍訣)」을 부르며 춤(검무)을 추었다 한다.]**에서 「검결**(劍訣)」「**포덕문**(布德文)」「**논학문**(論學文)」「**몽중노소문답가**(夢中老少問答歌)」「**도수사**(道修詞)」를 지었고, **1862년에 경주로 돌아와 「수덕문**(修德文)」「**권학가**(勸學歌)」「**도덕가**(道德歌)」를 지었고, **1863년에 역시 경주에서 「흥비가**(興比歌)」「**불연기연**(不然其然)」을 지었다. 이 가운데 『동경대전』의 「포덕문」「논학문」「수덕문」「불연기연」은 한문 산문들이고, 『용담유사』에 수록된 나머지 작품들은 국문 가사들이다. 『용담유사』와 『동경대전』에 가장 많이 눈에 띄는 단어들은 유가류(儒家類)의 어휘이다.

     ㅣ

   "자고 성현 문도들은

    백가시서 외어내어

    연원도통 지켜내서

    공부자 어진 도덕

수운 최제우[水雲 崔濟愚, 1824~1864]의 **『용담유사(龍潭遺詞)』**. 필사본 『용담유사(龍潭遺詞)』 중 「도수사(道修詞)」, 1921년. [국립한글박물관 소장]

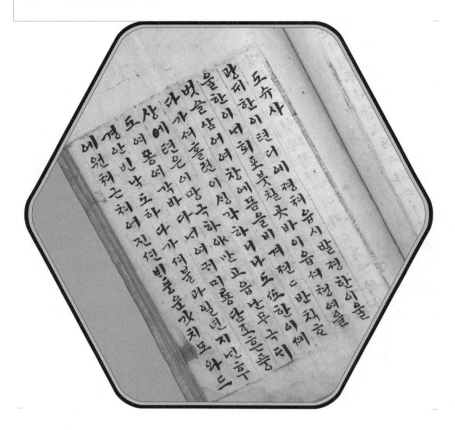

김인환 金仁煥 KIM Inhwan
유교조선 지성사론 儒敎朝鮮 知性史論
The Intellectual History of the Confucian Joseon

가장 더욱 밝혀내어

천추에 전해 주니

그 아니 기쁠소냐"[주 111] [「도수사(道修詞)」, 『수운선집』(김인환, 고려대 출판부, 2019), 96.]

|

"위대하고 형통하고 유익하고 견고한 것은 천도의 떳떳함이고 오직 한결같이 중용을 잡는 것은 사람의 일을 살핌이다. 그러한 연고로 나면서 앎은 공자님의 성스러운 바탕이요, 배워서 앎은 앞엣선비들이 서로 전한 길이니, 비록 곤란을 만난 뒤에 얻으매 소견이 옅고 지식이 엷은 사람이 있더라도, 다 우리 스승 공자님의 크나큰 덕에 말미암아 선왕들이 제정한 옛 예법을 잃지 아니하였다."[주 112] [「수덕문(修德文)」, 『수운선집』(김인환, 2019), 160.]

|

185 마음 수련의 남인 계통 유학을 독자적으로 추구한 수운 | 수운은 성리학을 마음 공부로 수련하는 남인 계통의 유학을 독자적으로 추구하였다. 그는 「교훈가」에서 "심학(心學)이라 하였으니 불망기의(不忘其義)하여스라"고 사람들에게 권유하였다. 마음 공부는 참됨을 주제로 한다. "참됨은 하늘의 길이고 참되려고 공들임은 사람의 길[誠者 天之道也, 誠之者 人之道也(성자 천지도야, 성지자 인지도야)]"이라는 『중용(中庸)』[원래 『예기(禮記)』의 제31편(「중용편(中庸篇)」)

수운 최제우[水雲 崔濟愚, 1824~1864]의 『동경대전(東經大全)』. 1883년 2월 계미중춘판(癸未仲春版)[목판본] 의 「포덕문(布德文)」 부분.

북접[최시형의 지도를 받았던 주로 충청도와 경상도의 동학 교단]의 접주 김은경(金殷卿, 1855~1930)이 충남 목천(木川) 이원동면(현 천안시 동면) 죽계리에서 판각하고 간행·배포한 것이어서 '목천판(木川版)'[계미중춘판]이라고도 한다. 크기는 22×32cm이고, 표지 포함 90쪽이다. 한 면은 8칸을 세로로 구획하여 1칸에 13자가 판각돼 있다. 서문에 "1880년 간행한 『동경대전』 초판[경진판]을 수정하고 빠진 내용을 보완하여 1883년 간행한다"고 기록돼 있고, 맨 뒤에 "계미중춘 북접중간(癸未仲春 北接重刊)"[1883년 봄, 북접에서 중쇄 간행]이라 판각돼 있다. 『동경대전』은 최제우가 1861~1863년 사이에 한문으로 쓴 동학의 경전으로 1864년 사형될 때 불태워졌으나 후계자이자 동학의 제2세 교조 최시형(崔時亨, 1827~1898)이 1880년(고종 17) 비밀리에 간행했다. 「포덕문」, 「논학문(論學文)」, 「수덕문(修德文)」, 「불연기연(不然其然)」이 주를 이루고, 20편 정도의 운문체 글이 덧붙어 있다.

인데, 남송 때 따로 추려 출간되었다.]의 가르침에서 '참되려고 공들임'을 '믿음'이라는 말로 바꾸어 그는 믿음을 참됨의 바탕으로 삼았다.

186 **'참되려고 공들임'이 '믿음'이다** | "무릇, 이 도는 마음의 믿음으로 참됨을 삼는다. 믿음[信(신)]을 풀어 바꾸면 사람으로서 말하는 것이 된다. 말 가운데는 가하다거니 가하지 아니하다거니 하는 것들이 있다. 가한 것은 취하고 가하지 아니한 것을 물리치며 거듭 생각하여 마음으로 결정하라. 정하곤 뒷말을 믿지 않는 것을 믿음이라고 한다. 이와 같이 닦는다면 즉시 그 참됨을 이룰 터인즉, 믿음과 참됨이여, 그것들은 곧 서로가 멀지 아니하도다. 사람의 말로서 이룩되는 것이니 믿음을 먼저 하고 참됨을 뒤에 하라."[주 113] [「수덕문(修德文)」, 『수운선집』(김인환, 2019), 170.]

187 **알 수 없는 의미가 포함되어 있지 않은 기도문** | 정직하고 관대한 마음과 단순하고 소박한 바탕을 지키기 위한 자기 훈련의 방법을 수운은 "시천주 조화정 영세불망 만사지(侍天主 造化定 永世不忘 萬事知)"라는 열세 자 주문으로 요약하였다. 주문이란 원래 그 한 자 한 자에 헤아릴 수 없는 뜻이 들어 있어서 그것을 외우면 일체의 장애를 제거할 수 있고 크나큰 이익을 얻을 수 있다고 하는 글이다. 그러나 "훔치 훔치 / 태을 천상 원군 / 훔리 치야 도래 / 훔리

함리 사바하[吽哆吽哆 太乙天上元君 吽哩哆哪都來 吽哩喊哩娑婆訶]"라는 증산(甑山) 강일순(姜一淳)[1871~1909]의 난해한 주문과 비교해 볼 때 "하느님을 모시면 신비가 체득되고 하느님을 길이 잊지 않으면 만사가 이해된다."는 수운의 주문은 함부로 하거나 억지로 하지 않으면서 하느님을 믿고 평생토록 한결같이 나날의 모든 일에 공들이며 살라는, 평이한 의미의 기도문이다.

188 **시천주 조화정 영세불망 만사지(侍天主 造化定 永世不忘 萬事知)** | "시(侍)라는 것은 안에 신령이 있고 밖에 기화(氣化)가 있어서 온 세상 사람들이 각각 옮기지 못할 것을 앎이다. 주(主)란 그 존경함을 이름이니 어버이와 한가지로 섬기는 것이고, 조화(造化)란 작위가 없이 저절로 화육(化育)함이고, 정(定)이란 그 덕에 합치하여 그 마음을 바르게 정함이다. 영세(永世)라는 것은 사람의 평생이요, 불망(不忘)이라는 것은 티 없이 곱게 생각한다는 뜻이다. 만사(萬事)라는 것은 수의 많음이요 지(知)라는 것은 그 도를 알아서 그 슬기를 믿음이다."[주 114] 「논학문(論學文)」, 『수운선집』(김인환, 2019), 155.]

189 **마음 바탕을 티없이 곱게 간직하는 행동** | 하느님을 모시는 일은 온 세상 사람들이 각각 옮기지 못할 마음 바탕을 티없이 곱게 간직하는 행동이다. 제 안에 있는, 옮길 수 없는 것은 바로 단순과 소박이고 정직과 관용이다. 하느님의 뜻

김인환 金仁煥 KIM Inhwan
유교조선 지성사론 儒教朝鮮 知性史論
The Intellectual History of the Confucian Joseon

과 서로 통하는 자신의 단순하고 소박한 마음 바탕을 어버이처럼 섬김으로써 체득되는 신비란 정직하고 관대한 사람이 느끼는 크나큰 환희이다. 단순한 마음 바탕을 평생토록 지키려고 애쓰노라면, 저절로 하느님의 마음이 곧 사람의 마음이 되는 정직과 관용의 길을 이해하게 된다.

190 **정직과 관용에는 비의지의 의지가 필요하다** | 수운의 기도문에는 '모신다' '체득된다' '잊지 않는다' '이해된다' 등의 네 개의 동사가 나오는데, 그 가운데 둘은 능동사이고 둘은 피동사이다. '모신다'와 '잊지 않는다'가 인간의 주체적 활동이라면 '체득된다'와 '이해된다'는 하느님의 뜻에 따르는 수동적 활동이다. 정직과 관용에는 비의지의 의지가 필요하다는 의미일 것이다. 최제우는 신내림과 신들림과 스스로 깨침을 하나로 보았다. 사람은 자기의 의지로 정직과 관용을 실천할 만큼 전능한 존재가 아니다. 인간은 자신이 누리는 단순하고 소박한 삶을 하느님의 선물이라고 생각해야 한다. 그렇다면 어떤 사람의 허위와 편협은 하느님의 징벌이다.

191 **내 갈 길과 내 할 일** | 하느님을 모시고 하느님을 잊지 않으면 조화가 정해지고 만사가 알려진다고 할 때 조화가 정해진다는 것은 이 땅에서 내가 갈 길이 어느 쪽인가를 결정할 수 있게 되었다는 것이고 만사가 알려진다는 것은 이

세상에서 내가 할 일이 무엇인가를 알 수 있게 되었다는 것이다. 위기와 동요에도 불구하고 추구하는 방향을 견지할 수 있다는 것은 궁극 의미의 존재를 전제로 하는 것이고 불안과 공포에도 불구하고 지금 여기서 할 일을 계속할 수 있다는 것은 노동 체계의 이해를 전제로 하는 것이다.

192 노동이란 무엇인가 | 의지라는 정신적 가치로 내면화된 힘은 다시 노동이라는 물질적 가치로 외면화된다. 내면화와 외면화가 대립되고 통일되면서 일종의 변증법적 절차로 결속된다. 노동이란 단순히 땀을 흘리는 데 그치는 행동이 아니라 인간의 정신이 외부로 표현되어 물질에 정신적 가치를 새겨 넣는 활동이다. 나의 작업이 거대한 노동 체계의 일부로 융합되고 다시 의미 있는 생활 세계로 흘러들어 가치의 창조에 기여할 수 있다는 믿음은 노동의 근거가 된다. 만일 나의 땀이 차별과 의존의 심화에 도움이 될 뿐이라면 노동은 진정성을 상실하고 허무의 나락으로 굴러가게 될 것이다. 조화(造化)란 다른 말로 하면 도(道)이다. 생사를 걸고 갈 길을 결단하면 우주의 리듬에 맞춰 춤출 수 있게 된다.

아주까리 수첩 **8** 다 말하게 하라
김인환 金仁煥 KIM Inhwan
유교조선 지성사론 儒敎朝鮮 知性史論
The Intellectual History of the Confucian Joseon

"시호(時乎) 시호 이내 시호
부재래지(不再來之) 시호로다

만세일지(萬歲一之) 장부로서
오만년지(五萬年之) 시호로다

용천검(龍泉劍) 드는 칼을
아니 쓰고 무엇하리

무수장삼(舞袖長衫) 떨쳐입고
이 칼 저 칼 넌짓 들어

호호망망(浩浩茫茫) 넓은 천지
일신으로 빗겨 서서

칼노래 한 곡조를
시호시호 불러내니

용천검 날랜 칼은
일월을 희롱하고

게으른 무수장삼
우주에 덮여 있네

만고명장 어디 있나
장부당전(丈夫當前) 무장사(無壯士)라

좋을시구 이내 신명
이내 신명 좋을시구"[주 115] [「검결(劍訣)」, 『수운선집』(김인환, 2019), 14.]

193 **「검결(劍訣)」|『고종실록(高宗實錄)』고종 1년**[1864년] **2월 29일 조**[주 116]
[『고종순종실록(高宗純宗實錄)』상 (국사편찬위원회, 1971) 139. 고종 1년 2월29일.]**에는 「검결(劍訣)」**[검을 쓰는 비결]**에 대한 기사가 세 차례 기록되어 있다. 경상감사가 문초하면서 '무수장삼(舞袖長衫)'의 의미를 물으니 수운은 "춤출 때 입는 긴 적삼의 소매"라고 대답하였다. 수운의 제자들을 문초할 때에도 그들은 한결같이 「검결」을 안다고 대답하였고 수운의 아들 최인득**[崔仁得, 1851?~1872]**은 나무칼을 들고 춤추면서 「검결」을 부르곤 했다고 하였다.**

194 **역사적 실천을 일월과 함께 추는 우주적 무도 |** 만 년에 한 번 나오는 장부가 5만 년에 한 번 닥치는 때를 만났다는 구절은 지금 이 곳의 소중함을 의미한다. 수운은 복잡하고 간사하게 얽혀 있는 마음의 실타래를 용천검(龍泉劍)으로 끊어내고 단순하고 소박한 마음의 가닥을 찾아내려고 하였다. 이 시에서 칼의 이미지는 춤의 이미지와 겹쳐져 있다. "용천검 드는 칼을 아니 쓰고 무엇하랴"라는 문장은 인간의 역사적 실천을 의미하겠지만, 소매는 길어서 우주를 덮는다는 구절에 나오는 '게으른'이란 형용사가 칼의 날카로움과 대조되어 이 땅에서의 역사적 실천을 일월과 함께 추는 우주적 무도[舞蹈]로 확대하고 있다. "장부 앞에는 장한 이가 따로 없노라"의 장부는 자신의 단순하고 소박한 마음 바탕에 비추어서 복잡하고 간사한 행동을 하찮게 여기는 사람이

다. "때는 왔다"고 하는 경우의 때가 영원과 통하는 현재를 말한다는 것은 의심할 여지가 없다. "좋도다 이 나의 신명, 나의 신명이 좋도다"라는 마지막 문장은 고유성과 창조성의 실현을 의미한다.

195 **무권리의 시대를 부정하는 평등주의 선언** | 양반에게는 인권이 있었으나 백성에게는 인권이 없었던 시대에 최제우는 농민은 물론이고 천민에게도 고유성과 창조성을 실현할 수 있는 가능성이 잠재해 있다고 주장하였다.

   "아름답도다! 우리 도의 시행됨이여. 붓에 의탁하여 글자를 이루면 남들은 또한 왕희지[王羲之, 303~361]의 필적인가 의심하고, 입을 열어 운자(韻字)를 부르면 누가 나뭇꾼 앞에서 탄복하지 않겠는가?"[주 117] [「수덕문(修德文)」, 『수운선집』(김인환, 2019), 168.]

나뭇꾼 같은 노동자라도 제 갈 길을 바르게 갈피 짓고 제 할 일에 공들이면 글을 쓸 수 있게 되고 시를 지을 수 있게 된다는 그의 이 말은 양반과 평민의 구별을 폐기하고 백성 무권리의 시대를 부정하는 평등주의 선언이다.

   "약간 어찌 수신하면

지벌[地閥, 지체와 문벌] 보고 가세 보아

추세[趨勢, 세력 있는 사람에게 붙어 따름]해서 하는 말이

아무는 지벌도 좋거니와

문필이 유여(有餘)하니

도덕군자 분명타고

염치없이 추존하니

우습다 저 사람은

지벌이 무엇이게

군자를 비유하며

문필이 무엇이게

도덕을 의논하노"[주 118] [「도덕가(道德歌)」, 『수운선집』(김인환, 2019), 119.]

196 **보편적 도덕에 근거하여 활용되는 재산과 지식 |** 양반만이 공부를 할 수 있었던 시대에 재산[지벌]과 지식[문필]은 특권의 양면을 구성하고 있었다. 수운은 특권의 토대가 되는 재산과 지식을 비판한다. 그 대신 평민이 군자가 되어 동귀일체(同歸一體)[한 가지로 돌아가 한 몸이 된다. 사람들이 모두 한울님의 본래 마음으로 돌아가 서로 화합함.]할 수 있도록 보편적 도덕에 근거하여 활용되는 재산과 지식을 옹호하였다.◗✪

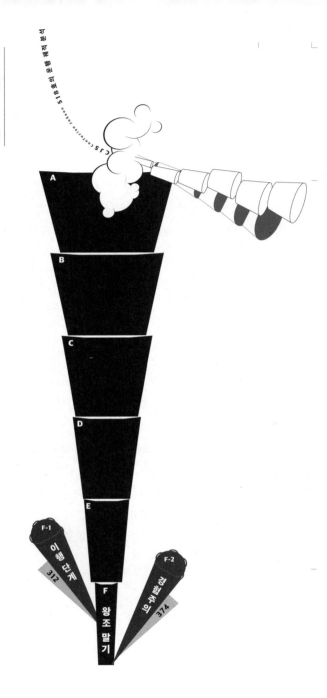

CJS Confucian JoSeon 518호의 운행 궤적 분석

다 말하게 하라

유교조선儒敎朝鮮 지성사론 知性史論

F 왕조 말기

CJS connunian joseon 518호의 운행 궤적 분석

A

B

C

D

E

F-1
이행 단계
312

F
왕조
말기

F-2
정 협 수 의
374

아주까리 수첩 ⑧ 다 말하게 하라
김인환 金仁煥 KIM Inhwan
유교조선 지성사론 儒敎朝鮮 知性史論
The Intellectual History of the Confucian Joseon

<u>197</u> **대원군 시대(1864~1873)의 현실 인식** | 고종[高宗, 이형(李㷩), 1852~[재위 1864(양력 1월 21일)=1863(음력 12월 13일)~1907]~1919]이 왕위에 오른 1864년부터 1873년까지는 대원군(大院君)[흥선대원군(興宣大院君, 이하응(李昰應), 1820(음력)/(양력 1821년 1월 24일)~1898]이 정국을 주도하였다. 대원군은 혁신주의자가 아니라 실용주의자였다. 그에게는 전통의 기초를 위협할 생각이 전혀 없었다. 그는 서양의 기술과 기계가 없어도 어떻게든 견딜 수 있으리라고 생각하였다. 그 때 대부분의 한국 사람들은 서양을 야만 지역이라고 여겼고 서양 사람을 금수와 같이 보았다. 예수를 믿는 것은 부처를 섬기는 것이나 마찬가지라고 할 수 있었을 것이나, 자기 아버지가 있는데도 하느님을 아버지라고 부른다든가 제사를 지내지 않는다든가 하는 것은 미개인의 풍속이라고 하지 않을 수 없었을 것이며, 특히 무력으로 중국·월남 등을 침략하는 것은 도덕과 예절을 모르고 힘만 숭상하는 야만 행위라고 판단하지 않을 수 없었을 것이다.

|

198 **인구와 조세와 토지와 기술의 상관 관계 |** 그러나 중세 사회의 생산 능률이 인구와 조세와 토지와 기술에 따라 결정된다고 할 때, 토지 면적과 기술 수준이 고정되어 있는데 인구와 조세만 증가한다면 그 사회의 생산 능률은 계속해서 저하하지 않을 수 없을 것이고, 생산 능률의 저하가 계속되면 그 사회의 생산 체계는 언젠가 붕괴될 수밖에 없을 것이다. 토지는 고정되어 있고 인구와 조세는 늘어나게 마련이므로 결국 인간이 변화시킬 수 있는 것은 기술뿐이다. 수학·물리학 등 기초 과학에 대한 지식의 결여와 원료·자원의 결핍으로 기술 혁신이 불가능할 경우에는 외국에서 기술을 도입하는 수밖에 도리가 없다. 기술을 수출하는 나라에서는 반드시 대가를 요구하므로 기술을 수입할 때에는 그 기술의 분량과 내용을 극도로 신중하게 측정하지 않으면 안 된다.

|

199 **1876년 강제 개항에서 1897년 대한제국 선포까지 |** 고종은 일본의 압력에 굴복하여 **1876년**[고종 13][병자]**에 부산·인천·원산을 외국인들이 출입할 수 있도록 개방하였다.**[1876년 2월 27일(음력 2월 3일)의 조일수호조규(朝日修好條規)[강화도 조약(江華島條約), 병자수호조약(丙子修好條約)]. 1875년 9월(음력 8월 21일) 강화도에 침입한 일본 군함 운요호[雲揚號(운양호)]에 대한 우리 포대의 발포를 구실로 일본의 강요에 의해 맺어졌다.] **항구는 개방하였으나 고종에게는 유지 능력도 없었고 변화 의지도 없었다. 일본은 미국과 영국의 지지를 배력**[背力][뒷배 : 나서지 않고 뒤에서 보살펴 주는 존재]**으로 삼아 전쟁을 일으켜서 1894년**[고종 31][갑오]**에 청나라를 이겼고**[청일전쟁(淸日戰爭) 1894년 7월 24일~1895년 4월 17일], **1904년**[고종 41][광무(光武) 8][갑진]**에 러시아를 이겼다**[러일 전쟁 1904년 2월 8일~1905년 9월 5일]. **1885년**[고종 22]**부터 1894년에는 위안 스카이**[袁世凱(원세개), 1859~1916]**가 한국에 주차**

(駐箚)[외교 대표로 외국 관리나 군대가 주재 또는 주둔함]**하여 내 정을 간섭하였고, 1894년에는 208개의 일본 법을 한국 법으로 반포하였다가**[갑오개혁(甲午改革)=갑오경장(甲午更張) : 1차 1894년 7월(음력 6월)~12월(음력 11월), 2차 1894년 12월(음력 11월)~1895년 7월(음력 윤5월), 3차(을미개혁) 1895년 10월(음력 8 월)~1896년 2월(음력 1895년 12월)], **1896년**[고종 33][건양(建 陽) 1][병신] **9월 24일**[음력]**에 폐지하고**[내각을 폐지하고 의정 부를 다시 설치], **1897년**[고종 34][광무 1][정유] **10월 12일**[양 력]**에 국호를 대한제국(大韓帝國)으로 바꾸었다.**

200 **1876년 이후 한국 정부의 비겁함** | 바른 도를 지키고 사 악한 야만인을 물리치자는 주장[衛正斥邪(위정척사)] 속에 는 정의의 전쟁으로 침략자들이 자행하는 불의의 전쟁에 맞서자는 의미가 들어 있었다. 그러나 1876년 이후에 한 국 정부 내에서는 전쟁의 의지가 소멸하였다. 고종과 그 의 관리들은 일체의 저항을 포기하였다. 한국 정부는 한 국의 무력함을 인식하고 있었고, 일본 정부는 한국의 무 력함을 한국보다 더 잘 인식하고 있었다. 고종은 일본을 예절로 대하면 일본도 한국을 예절로 대하리라는 명분으 로 자신의 비겁한 마음을 가장하였다. 일본이 전쟁의 위 협을 여러 차례 반복하여 가하여 예절로 화해를 얻을 수 없다는 사실이 증명되었음에도, 고종은 아무런 대책도 없이 수치스러운 평화를 유지하려고 허둥거리만 했다.

201 **싸우자는 대신이 한 명도 없었던 조정의 회의** | 일본이 강 화도에 회담을 빌미로 군대를 상륙[1875년(고종 12) 일본 군 함 운요호(雲揚號운양호) 등이 무단으로 부산과 강화도에 출현해 위 협을 가한다. 특히 강화도에서는 국적을 숨긴 채 교전을 도발하는 운요 호 사건을 일으킨다. 조선의 많은 양민이 학살 약탈당했고 일본 군인의 희생은 미미했으나, 일본은 조선군의 발포를 빌미로 이를 국가 간의 문

아주까리 수첩 **8** 다 말하게 하라
김인환 金仁煥 KIM Inhwan
유교조선 지성사론 儒教朝鮮 知性史論
The Intellectual History of the Confucian Joseon

제로 비화시켰다. 당시 청국은 조선에게 항전이 아니라 일본과의 수호를 종용했다. 수호 조약을 맺기로 한 일본은 1876년 1월 함대를 다시 출항시키는데, 부산에 먼저 들러 대포를 쏘아 성을 부수며 무력시위로 기선을 제압한 다음 이동하여 강화도에 상륙한다.]**시킨 후인 1876년 2월 24일**[양력][음력 1월 20일]**에 열린 조정의 회의에서 전쟁을 제안한 대신은 한 사람도 없었다. 이유원**[李裕元, 1814~1888]**은 "날마다 정부에 모여 오래도록 헤아려 보았으나 이제 저들의 형세를 보건대 조용히 돌아갈 것 같지 않다."고 하였고, 김병학**[金炳學, 1821~1879]**은 "저들이 수호(修好)**[사이 좋게 지냄]**한다고 왔으나 여러 정황으로 미루어 수호하자는 것이 아니라 트집을 얽으려고 하는 것이 분명하니 마침내 일이 어찌 될지 알지 못하겠다."라고 하였고, 박규수**[朴珪壽, 1807~1877]**는 "일본이 수호하자고 하면서 군함을 가지고 온 것은 그 뜻을 추측하기 어렵다. 다만 삼천 리 강토를 생각하건대, 만일 내치와 외교에 진력하여 경제와 국방의 효과를 달성했다면 저들이 어찌 감히 경기도를 엿보고 협박을 자행했겠는가. 진실로 분한 마음을 이기지 못하겠다."고 하였다.**[『고종실록』권13, 고종 13년 정월 임자]

202 **정부가 나서서 체계적인 유격전을 전개했다면…** | 정규전으로는 상대하기 어렵다 하더라도 전국의 군사 역량을 동원하여 유격전을 전개했다면 일본도 피해를 각오하지 않을 수 없었을 터이므로 단 한 번의 도발로 그처럼 간단하게 한국을 굴복시키지는 못했을 것이다. 학생 50명을 데리고 소풍 간 선생도 학생이 위급하면 목숨을 거는데 2천만 국민을 책임지는 임금이 어째서 죽음을 각오하지 못했단 말인가? 일본의 위협[1875년 운요호 사건]에 맞서 전쟁을 결정하지 못한 정책이 국치(國恥)[1910년 강제 병탄]의 근본 원인이었다. 약한 나라도 강한 나라의 침략에 맞서

저항할 수 있다. 훈련이 되어 있지 않다 하더라도 전쟁 능력은 실전을 통하여 향상될 수 있다. 적어도 전쟁을 했다면 한국인들은 전쟁의 과정에서 일본의 실상을 과장이나 축소 없이 객관적으로 파악할 수 있었을 것이다. 약한 나라가 강한 나라의 식민지가 될 가능성이 높은 것은 부인할 수 없지만, 약한 나라가 강한 나라에게 굴복해야 한다는 것이 필연적 법칙은 아니다. 전쟁에서는 무력의 강약만이 아니라 어느 쪽이 정의의 전쟁인가 하는 문제도 승패에 영향을 미칠 수 있다. 실제로 임금이 항복한 이후에도 많은 사람들이 유격군을 조직하여 항일 전쟁을 수행하였다. 만일 1875년 이후 정부가 나서서 체계를 갖추어 유격전을 전개했다면 국치는 어쩔 수 없었다 하더라도 상황은 크게 달라질 수 있었을 것이다. 민간측의 의병만으로도 국치를 10년 가량 늦춘 것이 사실일진대, 정부 주도하의 조직적 유격전은 최소한 국치를 다시 10년쯤은 늦출 수 있었을지도 모른다.

I

203 **일본에 맞서 싸우자는 윤치현의 상소** | 당시에 부호군(副護軍)[조선 시대 5위(五衛)의 종4품의 관직. 도성 문 파수 및 치안 감찰 등 군사 임무가 있었지만, 양란 이후 오위제가 유명무실해지면서 보직 없는 관리 등에게 녹을 계속 주기 위한 구실로 사용된 면이 있다.] 윤치현[尹致賢, 1814~?]도 "문서를 받아보고 허용할 것은 허용하고 배척할 것은 배척하는 것이 정당한 태도이다. 저들이 먼저 무례하게 행동하지 않았는데 우리가 급하게 군대를 일으킬 것은 없으나, 오늘날 백성들이 모두 일전[一戰]을 원하고 있으므로 만약 일단 명령을 내려 진을 시행하면 수도의 5군문 정예 부대 수만 명과 8도(道)와 4도(都) 병영의 기병 5~6만 명과 1866년[고종 3][병인] 이래 신설한 포병 3만 명[고종은 1866년 병인양요를 겪고 나서 강화도를 주력으로 전국의 포군을 신설, 강화했다. 포수들은 주로 월급을 받는

아주까리 수첩 **8** 다 말하게 하라
김인환 金仁煥 KIM Inhwan
유교조선 지성사론 儒敎朝鮮 知性史論
The Intellectual History of the Confucian Joseon

상비군이었다.]이 한번 격문을 전해 받자마자 사방에서 구름처럼 모여 적을 섬멸할 것이다. 하물며 우리는 제 땅에 있고 적은 우리 땅에 들어오는 형세이니 무엇 때문에 두려워 피하며 싸우지 않을 것인가."[『고종실록』권13, 고종 13년 정월 경신]라고 상소하였다.

204 **기술의 보편성을 부정하는 독단주의** | 나는 저 무력한 평화주의의 원인이 기술 이데올로기에 있다고 판단한다. 당시 한국의 경제적·군사적 낙후는 누가 보아도 자명한 사실이었던 만큼 서양과 일본의 야만인들을 추방하는 것만이 능사는 아니었다. 기술이라는 보편적 가치를 인정하지 않으려는 시도가 성공할 수는 없었다. 고립주의를 추구한 이상한 애국자들은, 중국이 이미 서양의 반식민지 상태로 전락해 있는 사태를 보면서도 서양의 기술 우위를 인정하지 않고 서양의 모든 것을 야만 사조로 취급하였다. 보편타당한 도를 신앙하였음에도 정작 그들은 세계에 두루 통하는 보편적 가치를 상실하고 외국인을 혐오하는 지방주의자로 전락하였다. 17세기 이래의 반청 의식은, 동아시아에 두루 통하는 문화적 보편성이 청나라가 아니라 한국에 있다는 일종의 세계주의였다. 그러나 19세기 말의 위정척사(衛正斥邪)는 기술의 보편성을 부정하는 독단주의로 타락하였다.

205 **기술 도입이 예속으로 이어지지 않게 하려면 생사를 건 투쟁이 필요하다** | 서양과 일본이 이미 달성해 놓은 기술을 학습할 수 있도록 자국인의 출국과 외국인의 입국을 허용하고 국가 간의 상업적 접촉과 문화적 연계를 통하여 서양과 일본의 기술을 수용하는 일의 중요성은 의심할 여지가 없었다. 남에게 배워서 안 될 것은 하나도 없다. 그러나 고종과 그의 관리들은 학습이 예속으로 이어지지 않

으려면 생사를 건 투쟁이 필요하다는 국제 사회의 규칙을 망각하였다. **1874년**[고종 11][갑술] **8월 9일**[음력][양력 9월 19일] **처음으로 일본과의 국교 재개를 논의할 때, 대비책에 대해서는 아무런 언급이 없었다.**[일본은 1874년 대만을 침공하는 한편, 한 해 전 흥선대원군이 실각함에 때맞춰 조선에 국교 재개를 요청한다. 메이지유신(1868년) 이후 최초로 1874년 9월 3일(양력)에 조선과 일본의 공식 회담이 이루어지는데, 이 회담 때 일본에서 제시한 서계(書契)[조선 시대에 일본 정부와 주고받던 문서]가 일본어로만 쓰인 점, 일왕을 '황상'이라 칭한 점 등을 이유로 조선측 대표가 접수를 거부한다. 일본측 협상 담당자(6등 서무)는 이를 빌미로 자국 정부에 조선에 대한 무력 위협을 요청하고, 그에 응하여 이듬해(1875년) 운요호 사건을 일으킨다.] **영의정 이유원은 "일본에게 문서를 고쳐오게 하여 또 따르기 어려운 말이 있거든 다시 배척하고, 만일 고쳐온 것이 이치에 맞으면 구호(舊好)**[전부터 잘 지내는 사이. 옛 친구. 옛정.]**를 회복하자"고 하여 고종의 윤허를 받았다.**[『고종실록』권11, 고종 11년 8월 기묘] **임금과 신하 중 어느 누구도 전쟁의 가능성에 대비하자는 말을 한 사람은 없었다.**

206 **강요에 의한 교류와 일본인 활동 지역의 확대** | **1876년 이후에 한국 정부는 정부의 허락을 얻으면 일본에 갈 수 있도록 허용하고, 조사시찰단(朝士視察團)**[1881년(고종 18) 양력 5월 7일부터 8월 26일까지, 1876년의 수신사에 이어, 일본의 강요와 김홍집의 주장에 따라, 일본에 파견한 조선의 문물 시찰단. 과거에는 신사유람단(紳士遊覽團)이라고 했다.]**을 일본에 파견하였다. 일본인은 1882년에 조선의 세 항구**[부산·인천·원산]**로부터 반경 53km 주위를 여행할 수 있게 되었다. 1884년에는 세 항구로부터 반경 106km의 범위를 다닐 수 있게 되었으며, 일본 공사관의 직원은 전국을 자유롭게 여행할 수 있게 되었다. 일본은 1882년**[고종 19][임오]**에 일본

교관의 파견에 반대하는 서울 수비대가 일본 공사관 기물을 파괴하였다 하여 1884년[고종 21][갑신] **10월 21일**, 일본 돈 55만 엔[당시 일본 1년 세입의 약 1%]을 청구하고 일본인이 거주할 수 있는 지역을 한국 땅의 거의 절반[부산 주위의 남창·언양·창원·마산·삼랑진·천성도[가덕도], 원산 주위의 영흥·문천·회양·통천, 인천 주위의 남양·수원·용인·광주·중랑포[중랑천]·파주·교하·통진·강화·영종·대부·소부 등]으로 확대하였다.[『고종실록』권21, 고종 21년 10월 계미]

207 온갖 트집거리로 땅과 이권을 야금야금 먹어들어간 일본

ㅣ일본은 한국에 변란이 일어나기만 하면 무슨 트집거리를 만들어 손해 배상을 청구하고 돈으로 갚지 못하면 땅을 차지하였고, 트집거리가 없으면 강제로 꾸어 주고 그 대가로 또 땅을 차지하였다. **부사과(副司果)**[조선 시대 5위(五衛)에 속한 종6품의 무관 체아직(遞兒職)[근무한 기간에만 녹봉을 받는 계약직]] **김상권**[金象權]**의 상소문은 당시의 사정을 정확하게 알려 준다. ㅣ "일본과 통상하고 임오년의 조약**[제물포조약(濟物浦條約) : 1882년(고종 19) 8월 30일(음력 7월 17일), 그 해 7월 23일(음력 6월 9일)에 일어난 임오군란(壬午軍亂)으로 인한 일본측의 피해 보상 문제 등으로 조선과 일본 사이에 체결된 불평등 조약.] **이후로 인심이 크게 동요하여 마침내 갑신년 10월에 변란**[갑신정변(甲申政變) : 1884년 12월 4일(음력 10월 17일) 김옥균·박영효·서재필·서광범·홍영식 등 개화파가 일본군의 지원을 받아 개화 정권을 수립하려 한 쿠데타.]**이 일어났습니다. 임금님께서는 파천(播遷)하는 욕**[아관파천(俄館播遷) : 1896년 2월 11일부터 1897년 2월 20일까지 1년 9개월간 고종과 세자가 경복궁을 떠나 러시아 공사관으로 옮긴 일.]**을 보시고 대신들은 살육당하는 화를 입었습니다. 거의 종묘와 사직이 위태로웠으나 다시 궁궐로 돌아오신 것은 하늘의 도우심이라 하겠습니다. 일본**

사람들에게 화를 일으키려는 뜻이 감추어져 있다는 것은 이 사건으로 명백하게 드러났습니다. 지난날 변란을 일으키게 한 원인이 일본에 근거하지 않았더라면, 비록 옥균[김옥균(金玉均), 1851~1894] 같은 무리들이 역심을 품었다 하더라도 이 지경에 이르지는 않았을 것입니다.↓"

208 **1884년 자기 나라 대신들 죽은 것은 거론하지도 않고 일본 장교 하나 해한 자를 체포하겠다는 김홍집 | "→이번의 변란에 일인들은 우리 중신들을 해쳤으나 우리가 해친 것은 장사치에 불과한 이소바야시**[이소바야시 신조(磯林眞三 기림진삼), 1853~1884][임오군란 후 일본 공사를 수행해 조선에 들어와 정보를 수집하고 지도를 작성하던 군인으로, 갑신정변 중 조선인들에게 돌에 맞아 죽었다.] **대위뿐이었습니다. 피차의 경중이 판이한데도 이제 전권대신**[全權大臣, 외교 관계를 수립할 때 나라의 권한을 위임받은 대표] **김홍집**[金弘集, 1842~1896]**이 약정서에서 사흉(四凶)**[김옥균[金玉均, 1851~1894]·**박영효**[朴泳孝, 1861~1939]·**서광범**[徐光範, 1859~1897]·**서재필**[徐載弼, 1864~1951]]**을 잡아내라는 말도 넣지 않고 중신들을 해친 죄도 거론하지 않으며 오히려 일일이 저들의 요구에 응하여 이소바야시를 해한 자를 20일 이내에 체포하겠다고 약속하고 도장을 찍었으니 예닐곱이나 되는 우리의 대신들**[민영복[閔泳復, 1859~1939]·**민태호**[閔台鎬, 1834~1884]·**조영하**[趙寧夏, 1845~1884]·**이조연**[李祖淵, 1843~1884]·**윤태준**[尹泰駿, 1839~1884]·**한규직**[韓圭稷, 1845~1884]·**유재현**[柳在賢, ?~1884]]**이 일개 이소바야시보다 못하단 말입니까. 저들이 우리를 업신여기는 것이 이와 같으니 비록 우리가 당장에는 탈없이 지낸다 하더라도 저들의 지칠 줄 모르는 욕심이 우리의 허약함을 만만하게 넘보아 화를 이용하려고 난동을 조장하므로 옥균 같은 소인배가 종종 우리에게 죄를 짓고서는 저들에게 달아나는 것입니다. 이**

아주까리 수첩 ●8● 다 말하게 하라
김인환 金仁煥 KIM Inhwan
유교조선 지성사론 儒敎朝鮮 知性史論
The Intellectual History of the Confucian Joseon

것이 신이 통곡하는 이유입니다."[『고종실록』권22, 고종 22년 정월 병진]

209 **1883년 동학 농민 보은 집회에 남의 나라 군대를 빌리려한 고종 |** 1893년[고종 30][계사] 3월 25일[음력] 조정 회의에서 동학란[1893년 3월(음력) 동학교도와 농민 약 2만 명이 참가한 충청북도 보은 집회]이 일어났다는 소식을 듣고 고종은 "어찌해서 다른 나라의 군대를 빌릴 수 없는가?"라고 물었고 영의정 심순택[沈舜澤, 1824~1906]이 "그것은 불가합니다."라고 대답했다.[『고종실록』권30, 고종 30년 3월 정미] 고종이야말로 죽어야 할 자리에 죽음을 각오하지 못하고 책임을 회피하기만 하였다고 아니할 수 없다.

210 **1895년 민비 시해 때에야 의봉 봉기를 두둔한 고종 |** 1895년[고종 32][을미]에 주한 일본 공사 미우라 고로[三浦梧樓(삼포오루), 1846~1926]가 민비[명성황후 민씨(明成皇后 閔氏), 1851~1895]를 시해[10월 8일(음력 8월 20일) 을미사변(乙未事變)]하자 그 때에야 "역괴 난당(逆魁亂黨)[김홍집·정병하[鄭秉夏, 1849~1896]·조희연[趙羲淵, 1856~1915]·유길준[兪吉濬, 1856~1914]이 작당하여 국모를 시해하고 임금을 협박하여 법령을 어지럽히고 체발(剃髮)[머리를 깎음, 삭발(削髮)]을 강행하였다. 짐의 적자(赤子)[백성 : '적자(赤子)'는 갓 태어난 아이의 몸 색깔이 붉다고 하여 '갓난 아이'를 가리키며, 『서경(書經)』에서 '백성'이라는 의미로도 사용했다.]들이 팔도에서 봉기한 것이 어찌 명분이 없다 하겠느냐."[『고종실록』권34, 건양원년, 고종 33년 2월 27일]고 분개하였으나 나라의 경제력과 군사력은 이미 돌이킬 수 없을 정도로 붕괴되어 있었다.

211 **1905~1909년 임금이 항복하고 군대가 해산되도 국민 스스로 전쟁을 하다 |** 1905년[고종 42][광무 9][을사]에

한국은 일본의 보호국이 되고[을사늑약(乙巳勒約), 을사년 강제 조약(乙巳强制條約) : 11월 17일 대한제국의 외교권을 박탈하기 위해 일본이 군대를 동원해 강제로 체결한 조약], **1907년**[광무 11][순종 즉위년][정미]**에 한국군이 해산되었다.**[7월 24일에 체결된 불평등 조약인 정미7조약(丁未七條約, 제3차 한일협약)의 비밀 조치서에 대한제국 군대 해산의 내용이 있고, 7월 31일에 해산을 명하는 조령이 내려졌다.] **1909년**[순종 2][융희 3][기유]**에 팔도 의병대장 유인석**[柳麟錫, 1842~1915] **막하의 의병 장교 안중근**[安重根, 초명 안응칠(安應七), 세례명 도마[토마스(Thomas), 다묵(多默)], 1879~1910]**이 이토 히로부미**[伊藤博文(이등박문), 1841~1909]**를 죽임으로써 항일 전쟁의 양상을 세계에 알렸다. 임금이 항복해도 국민이 스스로 전쟁을 계속하는 상황이 전개되었던 것이다.**

|

²¹² **1895~1907년 외국 자본의 침입과 항일 유격군의 봉기와 고종의 강제 퇴위** | 한국의 농민과 상인과 수공업자의 대다수가 이 시기 외국 자본의 침입으로 인하여 고통을 받았다. **1887년**[고종 24][정해]**과 1890년**[고종 27][경인]**에 서울서 원산까지의 모든 시전(市廛)**[수도 및 주요 도시의 상설 점포]**이 외국 자본의 침투에 반대하여 2개월 이상 문을 닫았다. 1895년**[고종 32][을미]**과 1896년**[고종 33][건양 1][병신][이 해부터 『실록』의 날짜를 양력으로 적었다.]**에는 애국주의적 항일 유격대가 전국적으로 봉기하였고, 보호국 시기에는 수백 개의 유격군 부대가 활동하였다. 1907년 7월 21일에 일본은, 그 해 6월 네덜란드 헤이그**[Hague]**에서 열린 평화 회의**[제2회 만국평화회의 또는 헤이그 회담(Hague Conventions), 1907년 6월 15일~10월 18일]**에 이준**[李儁, 1859~1907]**을 밀사로 파견하여 보호국 체제에 항의하려 한 고종을 강제로 퇴위시켰다.**

|

아주까리 수첩 **8** 다 말하게 하라
김인환 金仁煥 KIM Inhwan
유교조선 지성사론 儒教朝鮮 知性史論
The Intellectual History of the Confucian Joseon

213 순종 시대(1907~1910)에 한국의 법 체계를 일본에 유리하게 바꾸다 | 순종[純宗, 1874~(재위 1907~1910)~1926] 시대에 일본은 한국의 법 체계를 식민지에 적합한 방향으로 철저하게 바꾸어 놓았다.

|

214 항일 의병을 폭도와 비적으로 매도한 순종 | 1908년[순종 1][융희 2][무신] 2월 28일에 순종은 의병에게 피해를 입은 농가의 세금을 경감할 방도를 강구하라고 지시하고, 특별히 "이웃 나라[일본] 인민들 중에서 우리 나라에 와서 살다가 거처를 소실당한 자들에 대해서도 짐은 우리 백성과 한가지로 생각하는 바이니 무휼(撫恤)[어려운 처지에 놓인 사람들을 위로하고 물질로 도와줌]할 때에 피차를 구분하지 말고 혹시라도 빠지는 일이 없도록 하라."[주 119] [『승정원일기─순종』 2 (세종대왕 기념사업회, 1994), 154.]고 당부하였다. 6월 11일에 순종은 "폭도[항일 의병을 말함] 진압과 안녕 질서 유지를 위하여 헌병 보조원을 모집하여 한국 주차(駐箚)[주재 또는 주둔] 일본 헌병대에 위탁하고 해당 대장의 지휘에 따라 복무하게"[주 120] [『승정원일기─순종』 3 (1994), 54.] 하였다. 같은 해 8월 31일에 순종은 "비적들[항일 의병을 말함]을 차마 모두 죽여 버릴 수가 없어서 그들에게 새로운 길을 열어 주려고 하여 그동안 그들을 깨우치려는 조서를 내린 것이 한두 번이 아니거늘 1년이 다 되어 가는 지금에도 진정되지 않으니 어찌 개탄할 일이 아니겠는가? 가라지[볏과의 한해살이풀. 줄기와 잎은 조와 비슷하고 이삭은 강아지풀과 비슷하다. 밭에서 자란다.] 풀을 남겨 두면 좋은 곡식을 해칠 뿐이고 법을 엄하게 하지 않으면 국위가 손상될 뿐"[주 121] [『승정원일기─순종』 3 (1994), 137.]이라고 하였다.

|

215 이토 히로부미와 안중근 의사에 대한 순종의 광패(狂悖)한 인식 | 1909년 이토 히로부미가 죽자 순종은 조서(詔

書)를 내려 그를 찬양하였다. | "태자[의민태자 이은[懿愍太子 李垠, 영친왕, 1897~1970]을 말한다. 고종과 귀인 엄씨 사이에서 태어났다. 서열 1위인 의친왕 이강(義親王 李堈, 1877~1955)이 1907년 7월 순종 즉위와 동시에 대리청정을 맡았으나, 일본이 견제하여 20살 더 어린 10세의 영친왕이 1907년 9월 7일에 황태자에 책봉되었다.]의 스승 이토 히로부미는 영특한 기질을 타고나 구국의 계략을 갖추고 시운(時運)을 만회하고 문명을 발전시키는 데 현명한 수고를 아끼지 않았다. 자신의 훌륭함을 돌보지 않고 우뚝 동양의 기둥이 되어 오직 평화로 주관(主觀)을 삼았으며 더욱 한일 관계에 정성을 다하여 수년 전부터 우리 나라를 왕래하면서 위급한 정세를 붙들어 구제하였으니 짐은 모든 계획을 오로지 그에게 의지하였다. 지난 번 통감으로 항상 대궐에 머물러 때에 따라 사정을 알려 주었고 태자의 스승으로서 우리 동궁(東宮)[동궁은 법궁(法宮, 군주가 거처하는 제1궁궐)의 동편에 있는 궁으로, 주로 왕세자나 황태자가 거주한다. 여기서는 태자, 즉 영친왕을 말한다. 의민태자로 책봉된 영친왕은 1907년 11월 13일부터 12월 5일 일본 유학을 떠날 때까지 창덕궁 내의 동궁인 성정각(誠正閣)에 머물렀다.]의 학문을 진취시킴에 극진하였다. 늙은 나이를 아랑곳하지 않고 머나먼 길에 짐을 동반하여 순람(巡覽)[여러 곳으로 돌아다니며 봄] [1909년 1월 7일부터 13일의 남순행, 1월 27일부터 2월 3일까지의 서순행을 말한다.]하였고 피로가 미처 가시기 전에 잇달아 만주의 행차가 있었다. 예정한 날짜에 돌아와 길이 의지가 될 것을 기대하였을 뿐, 불측한 변이 생길 줄이야 어찌 뜻하였겠는가? 놀라운 부음이 갑자기 이르니 슬프고 애석한 마음을 어찌 다할 수 있겠는가? 돌아간 이토 히로부미의 상에 궁내부 대신을 특별히 보내어 치제(致祭)[임금이 죽은 신하를 위해 관원을 보내 지내게 하는 제사]하도록 하고[의친왕 이강을 보내겠다고 했다가 이튿날 승녕부(承寧府) 부총관 박제빈(朴齊斌, 1858~1921)을 보냈다.] 특별히 문충이란 시호를 내린

아주까리 수첩 **8** 다 말하게 하라
김인환 金仁煥 KIM Inhwan
유교조선 지성사론 儒敎朝鮮 知性史論
The Intellectual History of the Confucian Joseon

다."[주 122] [『승정원일기—순종』5 (1994), 163. ; 『순종실록』권3, 순종 2년 10월 28일.] | 안중근 의사에 대해서는 "저 광패[狂悖, 미치고 사나운]한 무리가 세계의 형세에 어두워 일본의 도타운 정의를 업신여기려 하고 마침내 전에 없는 변괴를 빚었으니 이는 곧 짐의 국가 사직을 해치는 자이다."[주 123] [『승정원일기—순종』5 (1994), 175. ; 『순종실록』권3, 순종 2년 11월 4일.]라고 하였다.

216 **우리땅 간도는 남의 뜻대로, 친일파에겐 시호를…** | 이토 히로부미에게 시호를 내린 바로 다음날인 **1909년**[순종 2][융희 3][기유] **10월 29일에는 간도 파견 직원**[간도관리사와 이후 통감부에서 설치한 간도파출소. 대한제국은 간도 영유권을 주장하며 그 지역 한인들을 살피고 보호하고자 1903년 최초이자 유일한 관리사 이범윤(李範允, 1856~1940)을 임명한다. 이범윤은 간도에서 사포대(私砲隊)를 조직해 한인들에게 군사 훈련을 시키고 청국의 조세 징수에서 벗어나게 했다. 1904년 러일전쟁에 이 사포대를 이끌고 참전해 일본과 싸웠으나, 러일전쟁 종전 후 청국의 강력한 요구로 한국 정부에서 그에게 소환 명령을 내렸다. 이범윤은 소환에 응하지 않고 러시아령 연해주로 근거지를 옮겨 대규모 의병 부대를 편성했다. 이범윤은 헤이그 특사 이위종의 7촌 숙부이기도 하다. 1907년 8월에 일제의 통감부가 만주 문제에 개입하고자 간도파출소를 설치했다. 그러나 일본은 미국의 저지로 1909년 9월 4일 간도 협약을 체결하고 이 지역을 청국에 인도했다.]**을 폐지하는 안건을 재가하여 반포하였다.**[주 124] [『승정원일기—순종』5 (1994), 167.] | **1910년**[순종 3][융희 4][경술] **6월 29일 김옥균에게 충달(忠達), 홍영식**[洪英植, 1856~1884]**에게 충민(忠愍), 김홍집에게 충헌(忠獻)이란 시호를 내리고 다음 날 어윤중**[魚允中, 1848~1896]**에게 충숙(忠肅)이란 시호를 내렸다.**[주 125] [『승정원일기—순종』6 (1994), 172.]

<u>217</u> **유길준, 친일-친미-매국-역적의 시작** | 1910년 8월 22일[경술국치(庚戌國恥), 한일병합조약]에 나라를 빼앗은 일본은 그 해 9월 1일 76명의 매국 역적들에게 귀족의 작위를 주었다. 남작[男爵, Baron. 최하위 작위다.]의 작위를 받은 유길준[俞吉濬, 1856~1914][그 해(1910년) 12월에 작위 반환]은 **어윤중의 도움을 받아 일본의 게이오의숙**[慶應義塾]**에서 공부하였고**[1881년 6월 초~1882년 말], **다시 민영익**[閔泳翊, 1860~1914]**의 후원을 받아 미국 매사추세츠**[Massachusetts] **주에 있는 대학 진학 예비 학교인 거버너 더머 아카데미 (Governor Dummer Academy)**[1763년 설립된, 미국에서 가장 오래된 기숙 학교로 현재 이름은 거버너스 아카데미(The Governor's Academy)다.]**에서 공부하였다**[1884년 6월 초~1885년 12월 2일].

|

<u>218</u> **개화파가 매국 역적이 될 수밖에 없는 이유** | 1907년[순종 즉위년][정미] 9월 17일에 유길준이 순종에게 올린 상소문에는 개화파의 기술 이데올로기가 잘 드러나 있다. 그 상소문은 개화파가 끝내 매국 역적이 될 수밖에 없는 이유를 분명하게 밝혀 준다. 유길준은 일본은 장점만 있는 나라로 규정하고 한국을 단점만 있는 나라로 단정하여 일본과 한국을 대조하였다.

|

<u>219</u> **유길준의 생각 1 : 왜곡된 역사 지식** "동서로 찾고 고금으로 보아도 저들은 참으로 만국에 뛰어난 점이 있으니 위로 귀인에서부터 아래로 천민에 이르기까지 다만 그 임금이 있는 줄만 알고 제 몸이 있는 줄은 모르며 다만 그 나라가 있음만 알고 제 집이 있음을 알지 못합니다. 무릇 사농공상과 남녀노소의 빈부현우를 불문하고 임금에게 급한 일이 있으면 죽음을 당연하게 여기고 나라에 어려움이 있으면 사는 것을 욕되게 여기어 '이것은 우리 임금을 위하

아주까리 수첩 **8** 다 말하게 하라
김인환 金仁煥 KIM Inhwan
유교조선 지성사론 儒教朝鮮 知性史論
The Intellectual History of the Confucian Joseon

고 우리 나라를 위하는 것이다'라고 말하면서 가재(家財)
[집안의 재산]를 털어 바치고 몸과 목숨을 내던지고 달려가
대중의 마음이 일치하니 그들은 끓는 물과 뜨거운 불도
아랑곳하지 않습니다. 이런 까닭으로 2,500년을 지나도
록 안으로는 역성(易姓)의 변이 없었고 밖으로는 적에게
짓밟힌 수치가 없었던 것입니다. 전번에 청나라와 싸워
서 이기고[1894~1895], 지난 해에 러시아와 싸워서 이긴
것[1904~1905]은 너무나 당연한 일이라 아니할 수 없습니
다."[주 126] [『승정원일기—순종』1 (1994), 241. ; 『순종실록』1907
년 10월 23일.]

220 **유길준의 생각 2 : 일본의 속셈만 맞다고 주장** | 일본과
비교할 때 한국은 "인지의 몽매와 국방의 허술함이 조금
도 나아지는 기색이 없고 생업의 위축과 잔약함[孱弱, 가냘
프고 약함]은 갈수록 더욱 심하여 한 가지도 안정을 확신하
고 기대할 것이 없으니, 시시각각으로 변하는 천하의 대
세와 일에 따라 달라지는 만국의 사정에 비추어 우리의
그 급전직하(急轉直下)하는 모습은 옛날에 비할 바가 못
됩니다. 일본은 우리 외교의 무모함이 또 어떠한 화를 야
기하여 저들을 끌고 구렁으로 추락할지 알 수 없기 때문
에 광무 9년[1905년] 11월의 협약[11월 17일 을사늑약(乙巳勒
約, 제2차 한일 협약)]으로 외교권을 넘겨받고 우리 스스로 내
치를 정리하여 주효(奏效)[효력이 나타남]할 가망성이 까마
득하였기 때문에 금년[1907년] 7월의 협약[정미7조약(丁未七
條約, 제3차 한일협약)(차관 정치)]으로 **정법(政法)**[정치와 법률]
상의 지도 승인권을 신설하여 일본 인사를 들여보내 관리
의 임면[任免, 임명과 해임]을 돕게 하고 또 우리 군대가 국방
에 소용이 못 될 뿐 아니라 일에 임함에 폭동을 일으켜 항
명을 일삼고 소요만 증대시켰기 때문에 우선 해산시킨 것
입니다."[주 127] [『승정원일기—순종』1 (1994), 234.]

₂₂₁ **유길준의 생각 3 : 송나라 찌꺼기나 씹으면서 홀로 어진 체하면 뭘하나** | 유길준은 한국의 역사 전체를 무가치한 것으로 평가하였다. "관문을 닫고 교역을 끊었으며 검박만 숭상하고 정교한 것을 억제하였으므로 칩거하는 생활로 말미암아 풍속은 저하되고 사물은 조잡해지고 재화마저 군색[窘塞, 모자라고 옹색함]해졌습니다. 발달하는 지식은 날로 새로워지는데 […] 우리는 송나라가 남긴 찌꺼기를 씹으면서 천하에 홀로 어진 체하고 명나라가 끼친 의관을 받들면서 만세에 높은 체하여 외교가 무슨 일이고 자주가 무슨 이름인지 알지 못하였습니다."[주 128] [『승정원일기—순종』1 (1994), 235.]

₂₂₂ **유길준의 생각 4 : 일견 맞는 듯 보이는 적반하장** | 유길준은 한 걸음 더 나아가 망국의 원인을 일본의 선의를 신뢰하지 않고 그들의 뜻에 순종하지 않은 데서 찾았다. | "병자년[1876년][고종 13]의 조약[강화도 조약(江華島條約)=조일수호조규(朝日修好條規)=병자수호조약(丙子修好條約)]은 우리와 수호(修好)[서로 사이좋게 지냄]하여 우리의 독립을 보장하는 것이었는데 우리는 캄캄하기 꿈속과 같았고, 갑신년[1884년][고종 21]의 일[갑신정변(甲申政變)]은 우리에게 변란을 대처하고 독립을 지키도록 권고한 것이었는데 우리는 흘겨보면서 못마땅해 했고, 갑오년[1894년][고종 31]의 전역(戰役)[청일전쟁(淸日戰爭), 1894년 7월 24일~1895년 4월 17일]은 내외의 변란에 대신 군사를 일으켜 우리의 독립을 도와준 것이었는데[동학 농민 혁명(東學農民革命)를 진압한다는 명분을 내세워 일본이 조선에 출병] 우리 조정의 신료들은 의구심을 가라앉히지 않았으므로, […] 저들은 우리와 함께 일할 수 없음을 알고 갑진년[1904년][고종 41][광무 8]의 전역[러일전쟁, 1904년 2월 8일~1905년 9월 5일]에 이르러 마침내 우리를 대하는 정책을 바꾸었습니다[1904년 2월 한일의

아주까리 수첩 ⑧ 다 말하게 하라
김인환 金仁煥 KIM Inhwan
유교조선 지성사론 儒教朝鮮 知性史論
The Intellectual History of the Confucian Joseon

정서(대한제국 내 일본군 주둔), 8월 제1차 한일협약(고문 정치)]. **갑오년의 전쟁**[1894년 청일전쟁]**은 그 씨가 이미 임오년**[1882년][고종 19]**에 뿌려졌던 것**[임오군란(壬午軍亂)]**이고, 갑진년의 전쟁**[1904년 러일전쟁]**은 그 조짐이 이미 병신년**[1896년][고종 33][건양 1]**에 싹텄던 것**[아관파천(俄館播遷)]**이니, 임오년 뒤에 한마음으로 쇄신하여 내치와 외교에 실수가 없었더라면 일청**[日淸]**의 싸움**[청일전쟁]**은 없었을 것이고, 갑신년 뒤에 일본을 신뢰하고 친근하게 대하며 산업을 진작시키고 국방을 강구했더라면 일로**[日露]**의 전쟁**[러일전쟁]**은 없었을 것입니다. 이로써 보건대 일본이 몇십만의 생명을 잃고 수십억의 재산을 소비한 두 전쟁의 도화선이 서울의 정계에 있었다고 말한다 해도 당국(當局)**[일을 직접 맡아봄]**하여 절충(折衝)했던 신하들은 그 책임을 면할 길이 없을 것입니다.**"[주 129] [『승정원일기―순종』 1 (1994), 236.]

|

223 **고종-순종 시대(1864~1910)의 시기 구분** | 우리는 고종·순종 시대를, 대원군 시대(1864~1873)―일본·청국 침략 시대(1874~1894)―일본·러시아 침략 시대(1894~1904)―보호국 시대(1905~1910)로 나눌 수 있고, 보호국 시대를 대한제국 시대(1897~1910)의 말기라는 의미에서 '**구한말**'이라고 부를 수 있다. 이 기간 내내 미국과 영국은 일본의 후원 세력으로 작용하였다.

|

224 **유길준의 생각 5 : 너는 어느 나라 사람이냐** | 유길준은 일본의 시각에서 고종 시대의 역사를 요약하고 추호라도 일본을 속이지 말라고 순종을 협박하며 상소문을 끝냈다. | "**광명정대하기를 청천백일과 같이 하여 한 가지 일도 숨김이 없이 하고 한 물건도 덮어 두지 않으면 저들도 우리가 대문과 중문을 열어 놓은 것과 같이 저들에게 의심을**

품고 있지 않음을 알게 될 것입니다. 나를 가까이하는 자를 사랑하고 나를 멀리하는 자를 미워하는 것은 사람의 상정입니다. 저들이 우리를 믿지 못하게 되면 우리의 광복은 심히 어려워질 것이고 우리에게 믿지 못할 단서가 있다면 한갓 광복할 희망이 없어질 뿐 아니라 국사가 참담한 지경에 이르러 마침내 구제할 수 없는 처지가 될 것입니다. 실정이 이러함에도 불구하고 묘당[廟堂, 의정부(議政府) 또는 비변사(備邊司)를 지칭하나, 넓은 의미에서는 조정(朝廷) 전체.]에서는 비난이 답지하고 여항[閭巷, 백성이 사는 골목]에는 뜬소문이 난무하며 스스로 글을 읽었다고 자처하는 자들이 시국을 잘못 인식하고 의기가 광기로 변하여 대나무로 만든 창과 돗자리 조각으로 만든 기로 오합지졸을 불러모아 살상과 약탈에 지나지 않는 일을 일삼으니, 일자리를 잃고 불만을 품은 무리와 때를 타서 도둑질을 일삼는 무리가 닭이 봉황의 깃을 빌고 사슴이 표범의 가죽을 둘러쓰듯 분을 품고 독기를 내뿜어 국가에 우환을 끼치고 있습니다. 다소 식견이 있다는 속유(俗儒)들은 북쪽을 돌아보고 서쪽을 바라보면서 열강의 세력 균형을 꾀하면 우리는 앉아서 그 소득을 얻을 수 있다고 하면서 경거망동을 하여 임금님께 누를 끼치고 이웃 나라의 노여움만 초래합니다. 이것은 모두 자신을 아는 소견이 모자라기 때문입니다. 폴란드[파란(波瀾)]는 망령되이 외국의 원조를 바란 탓으로 분할을 당하였고 미얀마[면국(緬國)]는 속으로 딴마음을 품은 탓으로 멸망을 당하였습니다. 어찌 두려워할 일이 아니겠으며 어찌 조심할 일이 아니겠습니까?"[주 130] [『승정원일기—순종』1 (1994), 239.]

225 **개항~국치 시기를 '개화기'라 부르는 코미디** | 유길준의 이 상소문을 통하여 우리는 '개화(開化)'란 결국 '부왜(附倭)'[왜국에 붙어 나라를 해롭게 함]라는 사실을 확실하게

알 수 있으며, 개항에서 국치에 이르는 시기를 '개화기[開化期]'라고 부르는 것이 잘못임을 분명하게 확인할 수 있다. | 한국에는 여러 왕조가 있었으나 1910년에 조선 왕조가 멸망한 후로 다시는 왕조가 재건된 적이 없으므로 1876년의 개항에서 1910년의 국치에 이르는 기간을 왕조 말기라고 명명할 수 있을 것이다.

|

226 **왕조 말기(개항~국치)의 시기 구분** | 한국의 왕조 말기를 구분하면, 1876년부터 1897년까지의 개항기(open-door Period)와, 1897년부터 1907년까지의 광무 연간(Kwangmu Period), 그리고 1905년부터 1910년까지의 구한말(Protectorate Perod)로 나뉜다.

|

227 **운요호 사건과 강화도 조약의 배경 : 조선의 자원을 이용하려는 일본 자본주의** | 일본은 1868년[메이지 유신] 이래 계속해서 한국에 대하여 전통적인 국제 관행의 수정을 요구해 왔다. 메이지 정부[메이지 시대(明治時代)는 전반기 메이지 정부 시기(1868~1890)와, 후반기 일본제국 헌법 시행 후 시기(1890~1912)로 나뉜다.]는 일본 자본주의의 시초 축적(始初蓄積)[primitive accumulation, 자본주의적 생산 양식 자체의 출발점이 되는 최초의 자본의 축적 과정.]에 유리한 방향으로 한국의 곡물과 자원을 이용하고자 했기 때문이다. 이를 위해서 한국과의 외교 관계를 새롭게 정립하려고 계획하였다. 당시 일본의 지식인들 대부분이 한국을 침략하여 정복하자는 주장에 호의적이었다. 일본은 1875년[고종 12]에 군함 세 척을 한국에 파견하였다. 그 가운데 한 척인 운요호[雲楊號(운양호)]는 시모노세키[下關하관=마관馬關]에서 중국 요녕성[遼寧省랴오닝성] 심양[瀋陽(선양)] 근처[심양에서 서남쪽으로 약 150km]의 우장(牛莊)[뉴창. 1858년 텐진조약[天津條約(천진조약)]에 따라 개항된 조약항.][훗날의 영구(營口)][영

구(잉커우)는 요하(遼河랴오허) 하구에 있는 항구로, 상류의 우장(牛莊 뉴좡)[현재 안산시의 해청]이 퇴적된 토사로 육지화됨에 따라, 바닷가 쪽에 새로 개발되어 우장을 대신해 청국의 개항장이 되었다.]으로 가는 항로를 탐색한다는 구실로 [양력] 9월 20일[음력 8월 21일]에 황해의 강화도 동남쪽에 정박하였다.[일본 군함 3척은 1875년 [양력] 5~6월 부산에 도착해 무력 시위를 벌이고, 그 중 한 척인 운요호가 [양력] 9월에 강화도 도착.] 일본군이 섬의 요새들을 정찰하였으므로 한국의 수비대는 발포하는 것이 마땅한 대응이었다. 일본군은 한국의 요새를 습격하여 35명의 한국군을 사상(死傷)하고 철수하였다. 이후 일본군은 한편으로 부산에 전함을 파견하여 발포하는 등 해안에 들어와 무력 시위를 함으로써 실제 전쟁과 같은 분위기를 조성하였다.[음력 1875년 12월 20일[양력 1876년 1월 16일] 즈음, 부산 초량 앞바다에 일본 함선 7척이 모여 또 무력 시위를 한 후 강화도로 이동.] 1876년[고종 13][병자] [음력] 1월 15일[양력 2월 9일]에 군함에서 경고 사격을 계속하는 가운데 완전 무장한 해군 400명과 함께 강화도에 상륙한 일본 대표는 12조항의 조약문을 일방적으로 제시하였다.[조약 등본은 1876년 음력 1월 21일[양력 2월 15일] 의정부에 보고되었고(『고종실록』 고종 13년 1월 21일), 음력 2월 3일[양력 2월 27일]에 조일수호조규(朝日修好條規)=강화도 조약(江華島條約)이 체결되었다. 불평등 조약이므로 일본에 매우 유리했으며, 제국주의 열강들이 일본과 동등한 대접을 받기 원했기에 이후 조인되는 조약들도 모두 불평등 조약이 되었다.]

228 **대원군의 복귀를 저지하기 위해 일본이 제시한 불평등 조약문 그대로 조인** | 서양의 기술 도입에 반대하는 급진 고립파 이항로[李恒老, 1792~1868]와 기술 도입에 찬성하는 온건 고립파 김윤식[金允植, 1835~1922]이 일본과 무역하는 것은 일본에 예속되는 것이라고 반대하였지만, 고종은 왕비[명성황후 민씨(明成皇后 閔氏, 1851~1895)]와 왕비 일

아주까리 수첩 8 다 말하게 하라
김인환 金仁煥 KIM Inhwan
유교조선 지성사론 儒教朝鮮 知性史論
The Intellectual History of the Confucian Joseon

족의 고립 반대 정책에 따라 1876년 7월에 세부 조약문
[1876년 2월 조일수호조규(강화도 조약)을 맺은 후 7월과 8월에, 일본과 조선은 「조일수호조규 부록」과 「조일무역규칙」을 추가로 조인하여 세부적인 내용을 확정한다. 이 때 체결한 「조일수호조규 부록」엔 일본인들의 거류지 설정(일본 상인의 내륙 진출 범위 확대), 조선에서 일본 화폐와 조선 화폐의 혼용 등이 추가되었다. 「조일무역규칙」에서는 관세 철폐와 양곡 수출을 가능하게 하는 조항이 추가되어 조선의 전통 산업의 몰락과 방곡령의 배경이 되었다. 양곡이 대량으로 일본으로 유출되자 쌀을 봉급으로 받는 구식 군인들의 생계가 위협을 받게 되었고 이는 임오군란(壬午軍亂)[1882]이 일어나는 계기로 작용하게 된다.]**을 일본이 제시한 대로 조인하였다. '황(皇)'자, '칙(勅)'자를 사용한 일본의 외교 문서를 이의없이 받음으로써 한국은 중국의 조공 책봉 체제와 일본의 천황 체제를 동시에 용인하는 결과를 초래하게 되었다. 민씨 일족의 개방 정책은 단지 대원군의 고립주의에 반대하려는 뜻일 뿐이고 한국 표준을 국제 표준으로 전환하려는 것이 아니었기 때문에 고종은 국제 정치의 역학에 피동적으로 끌려갈 수밖에 없었다. 고립 반대파 유길준은 서양의 기술뿐 아니라 서양의 법률과 제도까지 수용해야 한다고 주장하였다. 그러나 한국의 고립 반대파는 자기 눈으로 보거나 자기 머리로 생각하려 하지 않고 후쿠자와 유키치**[福澤諭吉(복택유길), 1835~1901]**의 견해를 일방적으로 추종하였다.**

229 **불평등 조약문 그대로 조선 시장 독점에 성공한 일본의 약탈적 거래와 1881년 원산 개방** | 조약문에는 일본 통화의 한국 유통을 법적으로 공인해야 한다는 조항과 한국 정부가 아니라 일본 영사가 한국에서 발생한 일본인의 범죄를 재판해야 한다는 조항이 들어 있었다. 그 이외에 관세를 면제한다는 관세 협약도 첨가되어 있었다. 한국 시장을 독점하는 데 성공한 일본은 2년 후[1878년]에 다이이

치[第一(제일)]은행[銀行(긴코)]의 부산 지점을 설립하여 일본 상인의 대량 침투를 지원하였다. 그들은 쌀과 콩과 사금과 소가죽을 터무니없이 싼 값으로 사다가 일본에 가지고 가서 믿을 수 없는 정도로 큰 이윤을 남겼다. 그들은 관세의 면제라는 혜택과 가격을 일방적으로 결정하는 약탈적 거래로 막대한 부당 이득을 챙길 수 있었다. 1879년[고종 16] 6월에 일본은 강화도 조약에 따라 원산을 개방하라고 요구하였고 한국 정부는 1881[고종 18]에 원산에 거주하는 일본인의 토지세에 대한 규정과 함께 원산의 개방을 결정하였다.

230 **1882년의 임오군란과 제물포 조약 : 일본은 일본식으로 중국은 중국식으로** | 일본은 한국 정부에 군대를 일본식 체계로 구성하라고 강요했고 한국 정부는 일본군 장교를 채용하여 한국군을 훈련하게 하였다. 일본 스타일의 훈련을 받는 새로운 부대[1881년(고종 18) 5월 별기군(別技軍) 창설]의 군인들은 구식 군대의 군인들보다 더 좋은 대우를 받았다. 그들에게는 새로운 군복과 더 높은 봉급[매달 10원 이상. 대략 쌀 3섬(가마니).]이 지급되었다. 구식 군대에게 봉급으로 주던 쌀은 제때에 지급하지 않다가 13달이나 늦게 1달치만 집행했는데, 그나마 반은 모래가 섞인 젖은 쌀을 양도 모자라게 지급하였다.[당시 훈련도감 병졸의 월급은 쌀 9말이었다.] 구식 군인들이 이의를 제기하자 병조 판서 민겸호[閔謙鎬, 1838~1882]가 항의하는 군인들을 체포하여 처벌하라고 명령하였다. 1882년[고종 19][임오]에 구식 군인들은 민겸호의 집무실에 몰려가 그를 때려죽이고 그들이 받았던 차별을 야기한 일본 공사관을 습격했다.[임오군란(壬午軍亂), 1882년 7월 19일~7월 24일] 대원군은 군인들의 봉기를 지원하였다. 일본 외교관들은 인천으로 달아났다. 왕비 민씨는 봉기군을 피하여 궁궐을 빠져나가[고향

아주까리 수첩 **8** 다 말하게 하라
김인환 金仁煥 KIM Inhwan
유교조선 지성사론 儒敎朝鮮 知性史論
The Intellectual History of the Confucian Joseon

여주를 거쳐 충북 음성, 충주 노은면의 초가에 숨었다.] **천진(天津)** [톈진]에 있던 김윤식과 어윤중을 통하여 중국[청]에 진압군을 요청하였다. 중국은 네 척의 군함과 3,000명의 군대를 한국에 파견하였다. 8월 29일 새벽에 중국군[청군]은 서울의 동남 지역[왕십리, 이태원]을 공격하여 376명의 한국 군인을 죽이고 구식 군복을 입은 사람 173명을 체포하였다. 이 때 수많은 민간인들도 사살되었다. | 일본으로 달아났던 일본 외교관들은 그보다 먼저인 8월 12일에 네 척의 군함과 1,500명의 군대를 데리고 서울로 돌아와서 일본이 입은 손해를 배상하고 일본군의 한국 주둔에 동의하라고 요구하였다. 한국 정부는 50만 원의 보상금을 지급하고 외교관의 보호를 위해 일본군이 서울에 주둔하는 것을 허가하겠다고 약속했다. 이후 일본은 경제 침략의 범위를 부산, 인천, 원산과 그 세 항구의 주위로 확대하였다. 1882년의 제물포 조약[濟物浦條約=조일강화조약(朝日講和條約)은 임오군란의 사후 처리를 위해 조선과 일본 사이에 8월 30일 체결된 불평등 조약이다.]은 세 항구의 주위, 반지름 53km 이내의 여행을 일본인에게 허락하였고, 1884년[고종 21][갑신]에는 그 범위를 반지름 106km 이내로 확대하였다.
|

231 **일본과 고립 반대파의 꼼수 : 1884년 갑신정변** | 중국은 한국의 외교 노선을 중국의 지시대로 재조정하고 한국 군대를 중국 스타일로 훈련하도록 강요하였다. 1884년 8월에 남아 있던 중국군 1,500명이 철수하자 중국에 의존하여 권력을 유지하려던 집권 세력인 왕비 정권을 타도하기 위하여 일본은 친일 성향의 고립 반대파와 협의하여 1884년 12월 4일에 우체국 개설을 축하하는 환영식 자리에서 친중국 정치가들을 살해하려고 하였으나 그 계획은 제대로 수행되지 못했다.[갑신정변(甲申政變), 12월 4일~12월 6일] 12월 5일에 대궐로 들어가면서 그들은 대궐 문 바

로 안에서 대신들과 군 장교들을 죽였다. 그런 다음 개혁안을 승인하라고 고종을 압박하였으나 중국이 개입하여 일본으로 도망할 수밖에 없게 되었으므로 12월 6일에 발표하려던 개혁안은 선포되지 못했다. 그들은 중국에 대한 조공을 중지하고 신분에 관계없이 관리를 뽑고 부패한 관리들을 제거하라고 요구하였다. 그러나 서울에서 벌어진 전투에서 일본군이 중국군에게 졌기 때문에 일본 공사는 공사관을 불 지르고 일본으로 달아났고, 김옥균과 서재필[徐載弼, 1864~1951]도 인천에서 일본 배[치토세마루(千歳丸천세환) 호]를 타고 일본으로 달아났다.

232 **윤치호의 증언 : 황제는 거짓말쟁이** | 1883년[고종 20] 10월부터 1884년 12월 사이에 170차례나 고종을 만난 윤치호[尹致昊, 1865~1945]는 고종을 무식하고 무능하며 배신에 능한 거짓말쟁이로 평가하였다. "황제는 대신들을 서로 싸우게 하는 그의 낡은 수법을 사용하고 있다(The Emperor is using his old tricks of setting his ministers one against another)."[주 131][『윤치호 일기 6』(국사편찬위원회, 1976), 27.] [『윤치호 일기』는 윤치호가 60년간(1883년 1월~1943년 10월) 기록한 자료다.] "경험은 소중한 학교다. 그러나 바보는 아무것도 배우지 못한다(Experience is a dear school but fools never learn it either)."[주 132][『윤치호 일기 6』(1976), 17.]

233 **1885년 중국과 일본의 텐진 조약(천진조약)** | 중국과 일본은 천진[텐진]에서 만나 두 나라가 동시에 한국에서 군대를 철수하고 한국에 군사 교관을 파견하지 않으며 만일 어느 한 나라가 한국에 군대를 보내기로 결정할 경우에는 사전에 다른 나라에 알리기로 약속하였다.[텐진 조약(天津條約천진조약) : 갑신정변 후 청나라 전권대신 이홍장과 일본 전권대신 이

토 히로부미가 1885년(고종 22년) 4월 18일에 동북 아시아 세력 균형을 위해 맺은 조약.]

234 약탈에 가까운 일본의 곡물 반출에 반기를 든 1889년의 방곡령 | 일본은 인구의 증가로 발생한 곡물의 부족을 한국에서 수입하는 쌀과 콩으로 보충하였다. 한국의 쌀은 생산량이 풍부하고 가격도 일본보다 저렴하였다. 일본 상인들은 약탈에 가까운 거래로 사들인 쌀을 부산, 인천, 원산에서 급하게 선적하여 일본으로 보냈다. 다이이치[第一(제일)]은행[銀行(긴코)]의 지점들이 부산, 인천, 원산에 설립되었다. 이 은행들은 일본 은행의 준비금으로 충당하기 위하여 한국에서 금을 사들였다. 일본 상인들은 함경도 지방에서 좋은 품질의 콩도 대량으로 헐값에 구매하였다. 1889년[고종 26]에 가뭄이 들어 이 지방의 콩 수확이 저조했다. 함경도 관찰사[조병식(趙秉式), 1823~1907]가 '무역 협정 37조'[조선이 1883년 「조일통상장정 개정(朝日通商章程改定)」에서 지역의 곡물 반출을 금지하는 방곡령(防穀令)을 확보한 조항.] [1876년 2월에 체결된 강화도 조약(조일수호조규)의 부록으로 8월에 「조일무역규칙」이 체결되는데, 여기에 "양곡의 무제한 유출"이 규정되어 있었다. 처음엔 그 의미를 제대로 알지 못했다가, 1880년부터 일본 상인들이 진출하여 조선에서 생산되는 쌀을 무제한으로 매입하여 일본으로 유출하자, 이 조약에 대한 개정을 요구하여 1883년 7월에 「조일통상장정 개정」[「재조선국일본인민통상장정 42개조(在朝鮮國日本人民通商章程 42個條)」]이 체결된다. 그 제37조에 "조선국에서 가뭄과 홍수, 전쟁 등의 일로 인하여 국내에 양식이 결핍할 것을 우려하여 일시 쌀 수출을 금지하려고 할 때에는 1개월 전에 지방관이 일본 영사관에게 통지해야 한다"는 내용이 들어갔다.]에 의거하여 8월 1일부터 외국인에 대한 곡물 판매를 금지하라고 명령[방곡령]하였다.[방곡령은 여러 차례 내려졌다. 1876년부터 1904년 사이에 일어난 100여 건에 달하는 방곡령 사건은 대부분 조선 정부의 지시로 해결되었

으나(조선의 지방관이 1개월 전에 일본에 통지하면 일본에서는 멋대로 조선의 작황을 조사해서 흉작이 아닐 경우 거부했다.) 1889년과 1890년 황해도와 함경도에서 실시된 방곡령은 지방관들이 일본의 압력을 받은 정부의 지시를 무시하고 그대로 강행하여 외교 문제로 확대되었다.] [1888년 함경도와 강원도는 콩 농사가 풍작이었다. 하지만 다른 도는 대체로 흉작이었고, 일본에도 흉작이 겹쳤다. 그러자 일본 상인들이 원산항 근처를 돌며 내륙의 콩을 싹쓸이했다. 함경도는 곡식이 풍부하지 않아 자급이 어려운 지역인데, 먹을 콩이 없다며 관찰사 조병식이 1889년에 방곡령을 신청했다. 일본은 자체 조사하여 풍작이라며 해제를 명했으나, 조병식이 계속해서 이를 듣지 않고 아예 1년 내내 방곡령을 유지하겠다고 나섰다. 당시 일본 상인들의 여행 범위가 개항장 주변 106km로 넓어지면서 그들은 내륙의 행상(보부상)들과 직접 접촉해 콩을 헐값에 매집했다. 함경도와 강원도에서 생산된 콩의 80% 이상이 원산항을 거쳐 일본인들의 미곡선에 실려 유출되었는데도, 일본인들이 이렇게 직접 구매하자 정작 개항장의 조선 도가 객주들의 상권은 유명무실해졌다. 이에 조병식은 흉년을 구실로 내걸고 조선 상인들을 보호하고자 한 것이다.] **일본의 부영사는 그 지역이 지난 50년 동안 풍부한 수확을 거두었으므로 어느 한 해의 수확 저조를 이유로 판매를 금지하면 안 된다고 주장하며 곡물 보호령을 철회하고 일본 상인들의 손해를 보상하라고 요구하였다. 그는 뚜렷한 근거도 없이 일본 은화 14만 7,000엔을 보상하라고 요구했는데 한국 정부는 1891년**[고종 28]**에 그 중 6만 엔을 보상하겠다고 하였다.**[6만 엔은 청국에서 내정 간섭차 조선에 와 있던 원세개(위안스카이)가 제시한 타협안이었다. 최종 협상에서 11만 엔으로 타결되었다.] **한국의 농민들은 일본 상인들을 증오하고 그들의 약탈을 막지 못하는 한국의 집권층에게 분노하였다.**

I

235 **1894년 농산물의 상업화에 반대한 동학농민혁명의 성격** | 1893년[고종 30]에 전라도 지역[전라북도 정읍] 고부

아주까리 수첩 **8** 다 말하게 하라
김인환 金仁煥 KIM Inhwan
유교조선 지성사론 儒教朝鮮 知性史論
The Intellectual History of the Confucian Joseon

(古阜) 고을의 군수[조병갑(趙秉甲), 1844~1912]가 농민들을 강제로 동원하여 저수지를 만든 다음 관개의 혜택을 받게 되었으니 700석을 바치라고 농민들에게 강요하였다. 1894년[고종 31][갑오] 1월에 그 지역의 동학 지도자 전봉준[全琫準, 1855~1895]이 40명의 농민과 함께 군수의 집무실에 찾아가 호소하였으나 거절당하자 1894년 2월 15일[음력 1월 10일]에 농민들이 군수를 쫓아냈다. 서울에서 내려온 조사관이 그들을 폭도라고 규정하고 체포하여 재판 없이 처형하였다. 전봉준은 조사관의 분별 없는 처형에 항거하여 봉기하였다. 농민군은 4월 6일에 황토현[黃土峴, 정읍에 있는 고개]에서 정부군을 무찌르고 북쪽으로 진격하여 4월 28일에 전주를 점령하였다. 정부에서 타협적인 조정안을 제안하였고 농민들도 농사철이 다가와 집으로 돌아가고 싶어 했으므로 전봉준은 정부가 조정안을 반드시 시행한다는 것을 전제로 봉기를 중지하였다. 그 조정안에는, 부패 관리와 부패 향리를 처벌하고, 일본과 결탁한 관리들을 처벌하며, 노예 문서를 파기하고, 과부의 재가를 허용하며, 법령에 의거하지 않은 세를 걷지 않고, 농민의 부채를 탕감한다는 내용이 들어 있었다. 동학도들은 관리들의 조세 부정과 농산물의 상업화에 반대하고 특히 일본 상인들의 농산물 가격 조작에 반대하였다. 동학의 소농적 세계관에는 체제 개혁의 구상이 없었다. 대규모의 토지를 소유한 지배 계급은 농업의 상업화에 타격을 받지 않는다. 그러나 농산물의 상업화는 소농의 조세 납부와 생필품 구입과 토지 임대에 지장을 초래한다.

236 **동학군의 패배와 청일전쟁(1894년 7월 24일~1895년 4월 17일)** | 농민군이 전주를 점령하고 있던 1894년 6월 1일에 실질적인 집권 세력인 민씨 일족은 중국에 군사 개입을 요청하였다. 6월 8일에 2,000명의 중국군

이 아산에 상륙하여 공주를 공격하였고 6월 11일에 정부 군이 전주를 탈환하였다. 6월 10일에 일본 해병 420명이 상륙하였고 6월 16일에 1개 혼성 여단 8,000명[보병뿐 아니라 기병, 포병, 공병, 병창, 야전 병원도 포함]이 상륙하였다. 일본군은 즉시 서울로 들어왔다. 일본을 주적으로 규정한 농민군은 12월 공주와 태인에서 패배하였고 전봉준은 1894년 12월 28일에 체포되어 이듬해인 1895년[고종 32] 4월 23일 사형 판결을 받고 5월 7일 서울에서 참수되었다. 농민군과 정부의 화약(和約)이 이미 맺어진 다음인 1894년 7월 23일 새벽 세 시에 일본군은 대궐[경복궁]을 급습하여 왕실 근위대[시위병(侍衛兵)]의 무장을 해제하였다. 농민군을 공동으로 토벌하자는 중국의 제안을 거절하고 일본군은 7월 25일[청일전쟁 시작]에 아산에서 중국 군함에 포격을 가했다. 7월 27일에 대원군을 집정으로, 김홍집을 수반으로 하는 친일 정권을 구성하였고[제1차 갑오개혁], 평양 출병을 앞둔 8월 20일에 일본은 조선 정부로부터 서울-인천 간의 철도 부설권과 서울-부산, 서울-인천 간의 군사 통신 시설 관할권을 인가받았다. 9월 15~16일에 일본군이 평양 전투에서 청군을 상대로 승리하였다.[한반도 내에서 청군의 소멸] 또한 8월 26일에 일본은 조선 정부에게 일본군의 군량을 책임진다는 협약에 서명하게 했다. 1895년 4월 17일[청일전쟁 종료]에 중국은 조선을 독립국으로 인정하고 일본에게 요동반도[遼東半島]를 할양한다는 내용의 평화 협정이 시모노세키에서 체결[시모노세키 조약[하관조약(下關條約)=마관조약(馬關條約)], 일청강화조약(日淸講和條約)]되었다. 그러나 러시아와 프랑스가 개입하면서 일본은 요동반도를 중국에 돌려 주었다.[11월 8일]

237 **러시아를 끌어들이려는 왕비를 시해한 일본 : 1895년 을미사변** | 1895년[고종 32][을미] 4월에 군대 조직을 개편

아주까리 수첩 ■8■ 다 말하게 하라
김인환 金仁煥 KIM Inhwan
유교조선 지성사론 儒教朝鮮 知性史論
The Intellectual History of the Confucian Joseon

하고 일본군 장교를 고용하여 그에게 800명의 한국군 장교와 왕실 수비대[훈련대(訓鍊隊)]를 훈련하게 하였다. 민씨 일족이 러시아의 도움을 받아 일본의 침략을 견제하려고 하자 일본 공사 미우라 고로[1895년 9월 1일 부임]가 군부 고문 오카모토 류노스케[岡本柳之助(강본류지조), 1852~1912], 조선군 훈련대 제2대 대장 우범선[禹範善, 1857~1903, 육종학자 우장춘(禹長春, 1898~1959)의 아버지]과 함께 근위대[1895년 창설된 시위대(侍衛隊)]의 저항을 뚫고 경복궁에 침입하여 1895년 10월 8일 새벽에 왕비 민씨[명성황후 민씨(明成皇后 閔氏)]를 시해[을미사변(乙未事變)]하였다. 왕비에게 최초로 칼을 휘두른 사람은 육군 소위 미야모토 다케타로[宮本竹太郎(궁본죽태랑)]였고 왕비 살해에 가담한 일본 민간인 48명 가운데 구마모토[熊本(웅본)]현 국권당[國權黨] 출신이 21명이었다. 미우라 등 48명은 증거 불충분으로 무죄를 선고받았다. 일본은 왕비 정권의 부정부패와 매관매직에 반대하는 여론에 힘입어 왕비의 정적인 대원군을 왕비 살해에 이용하려 하였다. 일본군의 강요에도 시간을 지체하고 궁궐로 가는 길을 일부러 우회하여 대원군은 며느리 살해의 혐의에서 벗어날 수 있었다. 그러나 대원군은 일찍이 1881년[고종 18] 9월 13일에도 쿠데타를 시도하였고, 임오년(1882) 군란 때에도 왕비를 살해하려고 하였다. 또 1894년[고종 31][갑오] 10월에는 농민군의 힘으로 큰아들 이재면[李載冕, 흥친왕(興親王), 완흥군(完興君), 1845~1912]의 아들 이준용[李埈鎔, 영선군(永宣君), 1870~1917]을 국왕으로 세우려고 하였다.

238 **1896~1897년의 유인석과 의병(정의의 군대)** | 정부는 1895년 12월 30일에 단발령[斷髮令]을 포고하였고 [김홍집 내각 내부대신(內部大臣) 유길준], 1897년 8월 12일에 단발령을 취소하였다. 1896년[고종 33][병신] 1월부터

1897년[고종 34][정유] 10월 사이에 각지에서 의병(義兵)[정의의 군대]이 일어났으나 1897년 5월 유인석[柳麟錫, 1842~1915]이 충주에서 패배한 이후로 의병 활동이 현저하게 침체되었다.[유인석은 단발령을 계기로 전국에 격문을 발송하며 봉기해 충주성을 장악했으나 친러 내각이 단발령을 취소하자 모였던 유생 의병의 다수가 자진 해산했다. 유인석은 단발령뿐 아니라 개화 정책과 일본 세력 축출이 목적이라며 항쟁을 계속했으나 전력이 손실되어 더 이상 관군과 일본군을 대항할 수 없었다. 이후 유인석은 만주와 국내를 오가며 계속 의병 활동과 독립 운동에 평생을 바쳤다.]

239 1896년 러시아의 개입과 고종의 러시아 공사관 피신 |

1896년[고종 33][병신] 초 러시아는 인천 앞바다에 100명의 수병을 실은 군함 한 척[아드미랄 코르닐로프(Admiral Kornilov, Адмирал Корнилов)]을 정박시키고 있었는데 [다른 포함 보브르(Bobr)호에서 지원받은] 35명의 분견대를 추가하여 135명을 입경(入京)시켰다. 이조판서[내부대신] 유길준은 러시아에 대한 대응책을 일본에 논의하였으나 일본군은 직접 행동을 취할 때가 아직 아니라고 판단하였다. 2월 11일에 고종은 일본의 위협을 피하여 집무실을 러시아 공사관으로 옮기고[아관파천(俄館播遷), 1896년 2월 11일~1897년 2월 20일] 김홍집, 유길준, 조희연을 죽이라고 지시하였다. 한국 왕실을 보호하고 필요하면 추가로 군대를 한국에 파병하며 왕실 수비대를 조직하는 데 필요한 장교도 파견한다는 군사 협약과, 한국 정부의 재정 위기를 해결하기 위하여 러시아가 한국에 차관을 제공한다는 차관 협약이 5월에 체결되었다. 1896년 5월 15일에 일본과 러시아는 각각 600명 정도의 군대만 유지하다가 질서가 회복되면 군대를 철수하기로 합의하고 고종에게 환궁을 권유하였다. 5월 26일에 일본은 한국의 분할 점령을 러시아에 제안하였으나 러시아가 거부하였다.

아주까리 수첩 8 다 말하게 하라
김인환 金仁煥 KIM Inhwan
유교조선 지성사론 儒教朝鮮 知性史論
The Intellectual History of the Confucian Joseon

240 **열강의 일시적 세력 균형으로 가능했던 1897년의 대한제국 선포** | 1897년[고종 34][정유] 2월 20일에 환궁한 고종은 러시아 공사관에서 구상한 개혁을 시행하기 위하여 1897년 8월에 광무(光武)[대한제국의 연호, 1897(고종 34)~1907(고종 44)]라는 연호를 제정하였다. 연호의 사용에는 한국의 임금이 중국의 천자나 일본의 천황과 대등한 위치라는 것을 중국과 일본에 알리는 의미가 들어 있다. 청일전쟁[1894년 7월 24일~1895년 4월 17일] 이후 일본의 대륙 침략에 대하여 러시아·프랑스·독일이 반대함으로써 일시적으로 한국에 힘의 공백이 생겼기 때문에 고종은 청국과 일본과 러시아가 후퇴한 이 기회를 이용하여 유럽 여러 나라의 힘의 균형에 근거한 자주권을 확대하려고 계획하였다. 1897년 10월 12일 고종은 황제 즉위식을 거행하였다. 황제 칭호의 사용은 1895년에 일본 공사 오토리 게이스케[大鳥圭介(대조규개), 1833~1911]가 조선을 중국에서 떼어내기 위하여 제안한 것이었다. 1897년에 국호를 대한제국(大韓帝國)으로 바꿀 수 있었던 것은 열강의 세력 균형 때문이었다. 고종은 1899년[고종 36][광무 3] 8월에 영세 불변의 무한 전제 군주권을 전제하는 9개 조항의「대한국 국제(大韓國國制)」를 제정하였다. 여기에는 국가의 이념이나 신민의 권리에 관한 조항이 없었다. 고종은 이 국제에 근거하여 임의로 하층 계급 출신도 고관에 임명할 수 있었으나 그로 인한 양반층의 반발을 적절하게 통제하지는 못했다.

241 **대한제국**[1897년 10월 12일~1910년 8월 29일] **초기의 국가 정책들** | 1898년[고종 35][광무 2] 7월부터 시작한 '광무 양전 사업'[光武量田事業, 1898~1903]은 전국의 토지를 다 측량하지 못하고 3분의 2 정도 수행된 상태에서 중단되었다. 관에서 토지 소유자에게 문건을 발급하는 지계(地契)

[토지 문서] 제도를 채택하여 전세[지세(地稅)와 호세(戶稅)]를 징수하였는데 황실 기구인 내장원(內藏院)[1895~1905년 왕실의 재산을 관리한 관청]이 정부 기구인 탁지부(度支部)[1895~1910년 나라의 재무를 총괄한 관청]를 통제함으로써 결국 황실이 국가의 재정권을 장악하게 되었다. 철도, 섬유, 운수, 광업, 금융 부문에서 회사를 설립하게 하고 도량형을 제정하였다. 농업, 상업, 공업, 의학, 교육을 진흥하고 외국에 유학생을 파견하였다. 전화를 가설하고 전국에 우체국을 두어 우체 업무를 실시하고 국제 우편 연맹[1874년에 설립된 만국우편연합(萬國郵便聯合, Universal Postal Union)]에 가입하였다. 외국 자본에게 경인선·경부선·경의선의 부설을 허가하여 1905년에 개통을 보았다. 외국인 기술자를 초빙하여 전기, 전차, 전화 시설을 보급하고, 1902년에 동대문발전소와 마포발전소를 설치하였다. 시위대(侍衛隊)[1895년 5월에 설치되어 덕수궁과 황실의 경비, 수도 방어를 담당했다.]와 친위대(親衛隊)[1895년에 설치되어 1905년 4월에 해산된 대한제국 육군 소속의 근대적인 중앙 군대. 별기군과는 다르다. 이 친위대에서 별도의 인력을 따로 선발, 시위대를 구성했다.]를 증강하고 지방 군사 제도를 개편하였으며 초급 지휘관을 양성하는 무관 학교[육군무관학교(陸軍武官學校)]를 1898년에 개교하여 다음 해에 첫 졸업생을 배출하였다. 고종은 러시아, 미국, 영국, 프랑스 사람을 고문으로 고용하여 경제, 법률, 외교 등 각 부문의 조언을 얻으려 하였다.

242 **청과 러시아는 비판하고 일본은 위했던 독립협회와 『독립신문』**| 고종은 러시아에게 부산 절영도(絶影島)[현재의 영도(影島)]의 조차(租借)[다른 나라 영토의 일부를 일정 기간 빌리는 형식으로 식민지를 만드는 일]를 허가하려 하였으나[1897년(고종 34)] 독립협회[獨立協會, 1896년 7월~1898년 12월. 갑신정변[1884(고종 21)] 실패 후 국외로 망명했던 서재필(徐載弼)이 10

아주까리 수첩 ⑧ 다 말하게 하라
김인환 金仁煥 KIM Inhwan
유교조선 지성사론 儒教朝鮮 知性史論
The Intellectual History of the Confucian Joseon

년 만에 '필립 제이슨'이라는 이름의 미국 시민이 되어 돌아온 후 1896년 『독립신문』과 독립협회 창립을 주도했으며, 1897년에는 청나라로부터의 독립을 기념해 영은문(迎恩門)을 헐고 독립문을 세웠다.]**의 반대로 취소하였다. 러시아 세력을 한국에 자리 잡게 하는 것이 일본의 침략을 막는 하나의 방법이 된다는 고종의 생각은 아주 틀린 것이 아니었다. 그러나 서재필은 청나라와 러시아를 배제해야 일본이 자유롭게 한국을 병탄(倂吞)**[남의 물건이나 국가를 강제로 빼앗아 합침]**할 수 있다고 생각했기 때문에 러시아의 절영도 조차에 반대한 것이었다. 1896년에 창간된 『독립신문(獨立新聞)』에는 청나라와 러시아에 대한 비판은 강하나 일본에 대한 비판은 상대적으로 약하다. 독립협회는 중국으로부터 독립한 것을 기념하여 독립회관**[1896년 11월, 청나라 사신을 맞이하던 장소인 모화관(慕華館)을 '독립관'으로 개칭하여 집회장으로 사용]**을 건립하고 독립 공원을 조성하는 기금을 모았다.

243 **1898년 고종 독살 미수 사건 |** 1898년 2월 22일에 대원군이 죽었다. 고종은 그 전의 근 10년 동안 러시아 관련 사무를 역관 출신인 김홍륙**[金鴻陸, ?~1898]** [대원군이 죽은 날 김홍륙은 퇴궐 후 러시아 공사관으로 가는 길에 습격을 받아 암살당할 뻔한다. 김홍륙은 이후 고종에게 몇 번 퇴임을 청한다.]**에게 맡겼는데 러시아 공사 베베르**[Karl Ivanovich Wäber, 1841~1910]**의 이권을 임의로 도모하고 이익을 챙긴다는 이유로 그를 유배 보내기로 했다.**[8월 23일]** 원한을 품은 김홍륙은 1898년 9월 11일**[황제 탄신일 다음날]** [고종 황제는 1897년에, 음력 7월 25일(황제 탄신일)을 만수성절(萬壽聖節)로 공포했다. 1898년의 음력 7월 25일은 양력 9월 10일이 된다.] **황제의 커피에 아편을 넣도록 사주했다. 황태자 척**[이척(李坧), 후에 순종(純宗), 1874~(재위1907~1910)~1926]**이 마시고 평생 불편한 몸으로 살게 되었다.**

244 고물을 덤터기로 산 것도 모자라 도로 뺏기다 | 고종은 미쓰이[三井(삼정)] 물산이 10년 정도 사용하던, 폐선에 가까운 고물 상선[석탄 운반선 팰러스(Pallas)호, 양무호(揚武號)]을 대한제국 세출액의 15퍼센트에 해당하는 55만 엔에 구입하기로 했다. 배는 1903년 8월에 시운전을 했으나 그냥 매어 놓았다가 1904년 2월에 러일전쟁[1904년 2월 8일~1905년 9월 5일] 중의 일본에게 석탄 운반선으로 차출되었다.[주 133] [『박성호, 『예나 지금이나』(그린비, 2016), 85.]

|

245 1872~1873년 병력 충원에 올인한 일본의 메이지 정부 | 일본의 메이지[明治] 정부[1868~1890]는 1868년에 막부를 폐지한 후 1872~1873년에 20세 이상의 남자를 징집 대상으로 하는 국민 병역 의무 제도를 체계화했다. 군사 교육을 국민 교육의 중심으로 설정하고 병력 충원 체제에 기초하여 군관구[軍管區]와 군지구[軍地區]에 교육 기관을 배치하였다.

|

246 자원 확보를 위해 국제적 공백 지대였던 만주에 눈독 들인 일본 | 1876년의 불평등 조약으로 한국에 진출한 일본은 1894~1895년의 청일전쟁으로 남만주(南滿洲)까지 세력을 확장하고 러시아의 극동 지역을 위협하였다. 원료를 수입에 의존하던 일본으로서는 군사적·경제적 자립을 위한 자원의 확보에 대하여 고심하지 않을 수 없었는데 당시에 만주는 국제적 공백 지대였다. 만주가 중국의 영토로 확정된 것은 1950년 이후다. 6.25 전쟁에 파병하면서 중국은 먼저 주력군을 러시아의 영향하에 있던 만주로 들여보내 만주를 점령하고 나서야 압록강을 넘었던 것이다.

|

247 1891~1901년, 부동항으로 뤼순를 이용하려 시베리아

김인환 金仁煥 KIM Inhwan
유교조선 지성사론 儒敎朝鮮 知性史論
The Intellectual History of the Confucian Joseon

횡단 철도와 동청철도를 부설한 러시아 | 러시아는 1891
년에 시베리아 횡단 철도를 착공하여 1897년에 치타[Ч
ита, Chita, 러시아 시베리아 남동부의 도시. 이르쿠츠크와 바이칼호
에서 동쪽으로 500~600km 정도, 몽골 울란바토르에서 동북쪽으로
600km 정도 떨어져 있다.] [시베리아 횡단 철도 중 이르쿠츠크~치타
구간의 트랜스바이칼선의 부설은 1895년에 시작되어, 1897년 치타까
지 개통되며, 1905년에 완공된다.]**까지 부설하였고, 치타에서
블라디보스토크**[Владивосток, Vladivostok, 연변(延邊옌볜)에
서 동쪽으로 200km 정도, 두만강 동단에서 동북쪽으로 100km 정도
떨어져 있다. 시베리아 횡단 철도의 기착점이자 동해에 면한 러시아의
극동 항구다.]**까지는 만주를 통과하는 동청철도(東淸鐵道)
[동중국철도]**[Chinese Eastern Railway(CER). 러시아의 치타와
가까운 중국의 국경 도시 만저우리(滿洲里만주리)—하얼빈(哈爾濱합이
빈)—동북쪽 국경의 쑤이펀허(綏芬河수분하)를 잇는 철도 노선. 쑤이펀
허에서 블라디보스토크와 연결된다. 또한 하얼빈에서 지선이 뻗어나가
창춘(長春, 만주국 당시 신경), 지린(吉林길림)까지가 계획되었다. 장춘
에서 다롄(대련) 또는 베이징(북경)으로 갈라진다.]**를 이용하기로
계획하여 1896년 8월 27일에 중국과 동청철도 건설 조
약을 체결하고 뤼순**[旅順(여순)][랴오둥(遼東요동) 반도 남단 다
렌(大連대련)의 항구]**과 그 주변의 랴오둥 반도를 25년간 조
차하였다. 러시아는 1897년에 동청철도의 공사를 시작
하여 1901년에 완공하였고 다시 그 지선을 러시아의 해
군 기지가 있는 뤼순까지 확장하였다. 러시아는 블라디
보스토크가 얼어붙는 겨울 몇 달 동안 부동항 뤼순을 군
사 기지로 이용할 작정이었다.**

248 **러시아와의 전쟁을 위해 10개년(1896~1905) 계획을
세운 일본 |** 러시아 횡단 철도의 병력 수송 능력이 남만주
지배에 위협이 된다고 판단한 일본은 1896년부터 1905
년까지 10개년 계획을 세워 러시아와의 전쟁을 준비하였

다. 일본은 러일전쟁을 필연적이며 숙명적인 전쟁이라고 국민들에게 선전하는 한편 러시아어 학교를 세워서 장교와 일반인을 대상으로 러시아어를 교육하여 첩보원을 양성하고 러시아에 대한 정보를 수집하게 하였다. 이후 러시아어 학습은 일본 사관학교의 한 전통이 되었다. 일본은 러시아 극동군의 군사력과 군대 배치를 정확하게 파악한 후에 전쟁 계획을 수립했다. 자신들의 해양 지배력에 횡단 철도가 손상이 될 수 있다고 판단한 영국과, 만주에서 얻을 수 있는 이권에 러시아가 방해된다고 판단한 미국이 일본을 지원하며 러시아에 대한 전쟁을 부추겼다.

249 1900년 열강의 북경 점령과 러시아와 일본의 만주 쟁탈

신경전 | 1900년[고종 37][광무 4] 8월에 미국, 영국, 일본, 독일, 프랑스, 러시아, 이탈리아, 오스트리아 등 8개국이 북경(北京)[베이징]을 점령하였다. 1901년 11월에 이홍장[李鴻章(리훙장), 1823~1901]이 죽었고, 1902년 1월에 일본은 영국과 군사 동맹을 체결하였다. 러시아 황제는 1898년에 브리네르[율리 이바노비치 브리네르[Юлий Иванович Бринер, Yuliy Ivanovich Briner, 1849~1920][영화 배우 율 브리너[Yul Brynner, Юлий Борисович Бринер(Yuliy Borisovich Briner), 1920~1985]의 조부]가 한국 정부로부터 개발권을 획득[브리네르는 '조선목재상사'를 세워 두만강 상류 국유지 및 함경북도 무산(茂山) 부근의 오른쪽 지류, 울릉도의 목재 거래에 대해 20년 동안 전적으로 배타적인 권리를 획득한다는 계약을 1896년 8월에 체결했고, 1898년 8월에는 압록강 유역의 원시림 벌채권을 얻어 냈다.]하여 설립한 압록목재회사에 투자하고 있었기 때문에 투자금을 지키기 위하여 어지간히 양보를 하더라도 일본과 충돌을 피하려고 하였다. 일본을 자극하지 않으려고 동청철도를 중국에 매각할 의사도 있었다. 만주를 내주면 한국을 양보하겠다는 러시아의 제안은 일본이 거절했다. 만

주의 자원을 독점하는 것이 일본의 원래 목적이었기 때문이었다. 이 때 러시아는 일본이 한국을 가지되 39도 이북은 중립 지대로 하여 군대 투입을 금지하자고 제안했다. 만주는 일본의 이익 범위 밖에 있다는 것을 인정하라는 의미였다.

250 **1904년 2월 러일전쟁의 시작** | 1903년 여름에 일본은 러시아에게 러시아가 점령하고 있지 않은 만주의 나머지 지역에 대한 일본의 이권 보장을 안건으로 하는 회담을 제안하고서는 러시아가 답변을 건네려 하기 직전인 1904년 2월 5일에 공격 명령을 내렸다. 2월 8일에 일본 육군은 부산과 마산에 상륙하여 북진하였고 일본 해군은 인천 앞바다에 정박하고 있던 러시아 함대를 포격하였다. 2월 9일에는 뤼순항의 러시아 함대도 공격하였다.

251 **러시아와 일본의 병력 수준** | 1904년에 러시아의 육국은 113만 5,000명이었으나 무기 체계와 군장비와 군수 산업은 유럽에서 최하위 수준이었다. 사병의 절반은 문맹이었다. 뤼순에는 탄약과 포탄을 보급하고 병기를 수리할 군수 산업 기지가 없었고 10일 분의 군량이 확보되어 있었을 뿐이었다. 러시아 극동군은 사병 9만 4,586명, 장교 3,249명이었는데, 일본군은 사병 14만 2,663명, 장교 8,082명이었고 육·해군을 합하면 사병 19만 1,618명, 장교 8,791명이었다. 극동 지역의 일본 해군은 러시아 해군보다 네 배나 많았다. 함대는 러시아가 63척이었고 일본이 80척이었다.[주 134] [로스뚜노프, 『러일전쟁사』(김종헌 역, 건국대학교출판부, 2004), 90.] 육상에서도 러시아군은 수적으로 열세였을 뿐 아니라 북만주의 넓은 지역에 분산되어 있었다. 일본군의 문맹률은 23퍼센트였다.

252 **일본에 유리했던 국제 정세와 지정학적 위치 |** 일본은 일본의 여러 항구에서 부대를 쉽게 승선시킬 수 있었고 상륙에 유리한 지점을 정확하게 알고 있었으며 충분한 교통 수단을 보유하고 있었다. 러시아가 가지고 있던 항구는 유럽쪽 러시아의 **뻬쩨르부르크**[상트페테르부르크(Санкт-Петербург, Saint Petersburg), 러시아의 북서쪽, 발트해의 핀란드만에 접해 있다.]에서 가장 멀리 떨어진 뤼순과 블라디보스토크밖에 없었다. 황해 깊숙이 있는 뤼순을 일본이 봉쇄하기는 용이하였으나 러시아는 일본의 어떠한 해군 기지도 봉쇄할 수 없었다. 모든 조건이 일본에 유리했다. 그러나 일본의 전략은 만일 기습에 실패하면 장기전의 수렁에 빠질 수 있는 위험을 내포하고 있었다. 러일전쟁[1904년 2월 8일~1905년 9월 5일]에서 성공한 일본의 이러한 전략은 15년 전쟁기[1930~1945년] 후반의 미일전쟁[태평양 전쟁(1941년 12월 7일~1945년 9월 2일)]에서는 실패하였다.

|

253 **일본의 승리를 희망한 한국의 지식인들 |** 당시 고종과 고종의 측근을 제외한 한국의 지식인들은 대체로 일본의 승리를 희망하였다. 일본군을 위하여 의연금을 걷자는 취지문에는 헤이그에서 순국한 이준의 이름도 보인다.[『황성신문(皇城新聞)』1904년 3월 23일자.]

|

254 **압록강 전투와 뤼순 공방전에서 패한 러시아 |** 1904년 4월 26일부터 5월 6일 사이에 벌어진 압록강 전투에서 러시아군이 패배하였다. 이 때 러시아군의 병력은 일본군의 5분의 1이었고 중화기는 일본군의 3분의 1이었다. 일본군은 세 배나 되는 병력으로 1904년 7월 30일에 뤼순을 포위하였다. 일본군의 병력은 지역에 따라 러시아군의 10배에 달하는 곳도 있었다. 11월에 뤼순에 투입된 일본군은 10만 명을 넘었다. 군량이 고갈된 뤼순의 러시아

김인환 金仁煥 KIM Inhwan
유교조선 지성사론 儒敎朝鮮 知性史論
The Intellectual History of the Confucian Joseon

군 3만 2,400명(부상자와 환자 5,809명)은 1905년 1월 2일 19시에 항복 문서에 서명하였다.[상부에 사전 보고와 의논 없이 뤼순에 주둔하던 러시아군 지휘관이 결정한 항복이었으므로, 다른 지역에서는 전쟁이 계속되었다.] 그러나 뤼순 공방전으로 러시아군은 일본군 20만 명을 한 곳에 장기간 묶어 둘 수 있었다. 일본군은 11만 명의 병력과 15척의 전함을 잃었고 16척은 크게 파손되었다.[주 135] [로스뚜노프, 『러일전쟁사』(2004), 321.]

255 바랴크 호의 블랙 코미디 : 미국에 군함 건조를 맡긴 러시아의 운명 | 러일전쟁은 해전에서 승패가 결정되었다. 군함의 건조를 일본은 영국에 맡겼고 러시아는 미국에 맡겼다. 미국의 선박 회사[윌리엄 크램프 앤 선즈(William Cramp & Sons Shipbuilding Company)]는 주문받은 러시아 군함 바랴크[Varyag] 호에 니켈 강철로 된 철갑 강철 대신에 일반 선박 건조 강철을 사용하였다. 러시아군이 주문한 조건들을 무시하고 회사의 영리에 유리한 쪽으로 작업하느라 고압 실린더와 중앙 실린더의 베어링 과열 문제를 해결하지 못한 채 바랴크 호를 러시아에 넘겼다. 계산 착오로 선박의 무게가 초과되었고 무장 보호 덮개도 설치하지 않았다. 1899년 10월 19일에 진수한 바랴크호는 시운전 때에 고장을 일으켰다. 엄청난 비용을 낭비하고 전쟁에는 실제로 사용하지도 못한 채 바랴크 호는 1903년 12월 30일에 제물포에 도착하여 정박해 있다가 1904년 1월 27일에 일본군의 포격을 받고 침몰하였다.[주 136] [카타예프, 『제물포 해전과 바랴』(신세라·정재호 역, 글로벌 콘텐츠, 2013), 140.] 일본군은 후에 바랴크 호를 인양하여 해군 사관학교 실습함으로 사용하다가 1915년 12월 1일에 다시 러시아에 판매하였다.

256 지구의 반을 돌아 도착한 발트 함대, 동해 해전에서 침몰

| 1904년 10월 15일 리바바[리에파야(Liepāja) : 라트비아 서쪽의 발트해에 위치한 도시. 러시아어로는 리예파야(Лиепая), 리바바(Либава), 독일식으로는 리바우(Labau) 등으로 쓴다. 상트페테르부르크에서 서남쪽으로 700km 정도 떨어져 있다.] **항구를 떠난 러시아의 발트 함대**[Балтийский флот, Baltic Fleet]**는 희망봉을 돌아 2만 9,000킬로미터를 220일 동안 항해하여 대한해협에 이르렀을 때에 연료 부족으로 전쟁을 수행하기 어려운 상태에 있었다. 중간에 자국의 해군 기지가 없었기 때문에 석탄 확보 문제를 해결하기 어려웠다. 1905년 5월 27일 일본 해군과 접전 중에 전함 4척 가운데 3척이 침몰하였다. 러시아 함대는 중국―한반도―일본 인근 바다를 지나야 하는 항해 도중에 전쟁을 피하고 블라디보스토크로 간다는 한 가지 목표에만 집착했기 때문에 일본 해군의 공격에 효과적으로 대응할 수 없었다. 이 쓰시마**[對馬(대마)] **해전[동해 해전]**[처음에는 대마도 가까운 해역(쓰시마 해협)에서 발발해 쓰시마 해전이라 해 왔지만, 쓰시마섬 인근부터 동해의 울릉도·독도 사이의 광범위한 구역에서 벌어졌기에 동해 해전이라 부르자는 주장이 더 설득력이 있다.]**에서 러시아 해군은 5,045명의 전사자(장교 209명)와 800명의 부상자를 냈다.**

|

257 한국의 일본 점유를 공인한 러일전쟁의 결과 | 시어도어 루스벨트[Theodore Roosevelt. Jr., 1858~1919, 당시 미국의 대통령(1901~1909)[26대]. 별칭은 테디(Teddy)이고, 테오도르 루스벨트라고도 부른다. 대체로 일본의 편을 들었던 그는 1905년 7월 29일에 가쓰라-태프트 밀약(대한제국에 대한 일제의 식민 지배와 필리핀에 대한 미국의 식민 지배를 상호 양해한다는 내용)을 체결하여 일제의 한반도 강점을 가속화시켰다.]**의 중재로 두 나라는 러시아가 북만주를 차지하고 일본이 한국을 점유하기로 하고 1905년**

아주까리 수첩 **8** 다 말하게 하라
김인환 金仁煥 KIM Inhwan
유교조선 지성사론 儒教朝鮮 知性史論
The Intellectual History of the Confucian Joseon

9월 5일에 강화 조약[포츠머스 조약(Treaty of Portsmouth) : 만주와 조선에서 러시아의 철수 및 사할린 남부를 일본에게 할양한다는 내용의 조약. 미국 뉴햄프셔 주에 있는 군항 도시 포츠머스에서 체결됐다. 이후 11월 17일 대한제국의 외교권을 박탈한 을사늑약[을사년 강제 조약(乙巳強制條約)]이 잇따라 체결된다.]**을 체결하였다.**

258 **더 지속됐다면 다른 결과가 나올 뻔한 러시아와 일본의 상황 |** 러일전쟁으로 러시아가 빼앗긴 영토는 북위 50도 이남의 사할린[Сахалин, Sakhalin, 서쪽으로 러시아 극동, 동쪽으로 오호츠크 해, 남쪽으로 일본 홋카이도와 인접해 있는, 남북으로 길쭉한 섬. 크기는 남한 면적의 3/4 정도 된다.] **남부 지역**[가라후토(樺太 화태)]**뿐이었다.** 강화 조약을 체결하던 시기에 일본은 물가가 폭등하고 세금이 인상되어 전쟁 능력이 침체되고 있었고 러시아는 병력과 장비를 보강할 가능성이 증가하고 있었다. 러시아군과 일본군의 인명 피해는 각각 27만 명이었는데 러시아군의 사망자는 5만 명이었고 일본군의 사망자는 8만 6,000명이었다. 일본에는 더 이상 투입할 자원과 군대가 남아 있지 않았다. 1905년 5월 27~28일의 동해 해전에서 압승하였지만 일본은 만주에서 전개된 육지전에서는 고전하였다. 러시아가 전쟁 준비를 끝냈을 때에 미국의 개입으로 강화 조약이 체결되었다. 러시아는 전쟁을 계속할 여력이 있었으나 국내에 확산되는 반전 민주화 세력에 대처하기 위하여 전쟁을 중지하고 국내 치안에 집중하는 방향을 선택하였다. 러일전쟁을 중재한 공로를 인정받아 [모로코 문제 중재와 더불어] **시어도어 루스벨트 대통령은 1906년에** [현직 대통령으로는 최초로] **노벨 평화상을 받았다.**

259 **러일전쟁에 중립을 유지하려는 고종의 노력 |** 러일전쟁이 일어나기 직전인 1904년[고종 41][광무 8] **1월 21일에**

고종의 밀서(성명서). 1906년 1월 29일 작성된, 1905년 11월 17일(18일)의 조약[을사늑약(乙巳勒約), 을사년 강제 조약(乙巳强制條約)]이 무효라고 선언한 고종의 성명서.

영국의 일간지 『트리뷴(The Tribune)』[1906년 1월 15일 런던에서 창간, 1908년 2월 8일 폐간]지의 기자(특파원) 더글러스 스토리(Robert Douglas Story, 1872~1921)에게 전달한, 여섯 항목으로 된 성명서로 붉은 옥쇄가 찍혀 있다. 고종은 1905년의 을사늑약(을사조약)에 도장을 찍지 않았으므로 그 조약을 조인하거나 동의하지 않았으며, 일본이 한국의 내정을 통제하는 일도 부당하다고 주장하고, 한국 황제는 세계 열강이 한국을 집단 보호 통치[신탁 통치]하되 그 기한은 5년이 넘지 않도록 하기를 바란다는 내용이다. 일본의 독점적인 한반도 침략을 반대하고, 한국의 중립화를 열강이 공동으로 보장해 달라는 외교 방침을 밝힌 것이다.

김인환 金仁煥 KIM Inhwan
유교조선 지성사론 儒教朝鮮 知性史論
The Intellectual History of the Confucian Joseon

고종은 **이용익**[李容翊, 1854~1907][대한제국 내장원경 겸 탁지부 대신서리]**이 주도하여 작성하고 주한 프랑스 대리공사 퐁트네**[Joseph de Fontenay, 풍도래(馮道來), Vicomte de Fontenay 또는 Joseph Louis Gabriel Antoine de Fontenay, 1864~1946]**가 프랑스어로 번역한 「전시 국외 중립 선언(戰時局外中立宣言)」을 발표하였다.**[고종은 이 선언(러·일간에 전쟁 발발시 대한제국은 엄정 중립을 유지하겠다)을 서울이 아니라 특사를 시켜 중국 산동반도의 지푸(芝罘지부)[현재 옌타이(烟台연태)]에서 기습적으로 각국에 타전했는데, 전신 업무가 일본의 통제 아래 있었고 왕궁 내부에까지 첩자가 있는 상황에서 보안 유지가 어려웠으며 방해 공작도 우려됐기 때문이었다. 한국의 중립 선언 통고에 대해 독일 공사는 1월 22일, 프랑스 공사는 25일, 이탈리아 공사는 29일에 각각 이를 접수했음을 회신했다. 그러나 일본은 승인하지 않았고, 미국은 회답도 보내지 않았으며, 공식적으로 지지를 표명한 국가는 없었다.]

|

260 **1904년 2월 한반도를 병참 기지화한 「한일의정서」 강제** | 그러나 2월 8일에 일본군 2만 명이 서울에 들어왔으며, 일본은 2월 23일 아침에 '전략상 필요한 지점을 일본이 임의로 수용할 수 있'으며(4조) '한국은 일본의 시정 개선 충고를 수용한다'(1조)는 내용의 「한일의정서[韓日議定書, Korean-Japanese Protocol]」를 강제하였다. 즉 한국 정부는 중립을 선언하였으나 일본은 대규모의 병력을 서울에 파견하고 한국 정부를 강요하여 일본이 한국의 토지를 작전을 위해 사용할 수 있다는 「한일의정서」을 체결하게 한 것이다. 9월에 일본군은 한국 전역을 군사 통제 지역으로 선포하고 일본군의 철도 시설과 통신 시설에 침입하면 사형에 처한다고 포고하였다.

|

261 **1905년 11월 외교권을 박탈한 을사년 강제 조약** | 1905년[고종 42][광무 9][을사] 11월 18일 새벽 1시 30분에 일본

『대한매일신보(大韓每日申報)』의 논설. 스토리 기자의 고종 밀서에 대한 『트리뷴』 지의 기사를 다룬 논설들. (위) 1906년 2월 18일자, (아래) 1906년 11월 15일자.

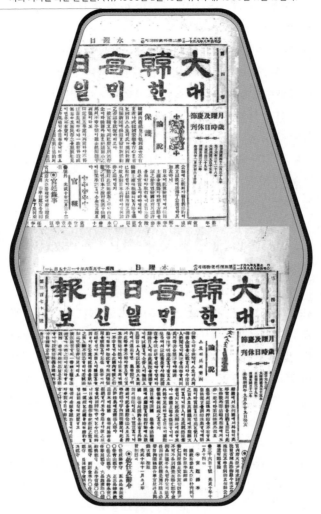

1906년 1월 말 고종에게서 밀서를 전달받은 스토리(R. D. Story) 기자가 중국 지푸 (芝罘지부)[현재 산동반도의 옌타이(烟台연태)]로 가서 타전(打電)한 '을사조약은 일본의 강압에 의해 체결되었으며 고종의 승인을 받은 바 없다'는 기사가 『트리뷴』지 1906 년 2월 8일자 3면에 실렸다. 이 기사는 영국의 뉴스 통신사 로이터(Reuters)가 전 세계로 타전하여 거꾸로 동양으로 되돌아와서 한국·일본·중국의 신문들이 받아서 게재했는데, 서울에서는 『대한매일신보』와 『코리아 데일리 뉴스』가 1906년 2월 28 일자 논설란에서 소개했다. 스토리 기자는 1906년 10월부터 『트리뷴』지에 '동양의 장래(The Future in the Orient)'라는 시리즈 기사를 연재하는데, 그 12번째 기사 [1906년 12월 1일자]에서 고종의 밀서 사진을 공개했다.

김인환 金仁煥 KIM Inhwan
유교조선 지성사론 儒教朝鮮 知性史論
The Intellectual History of the Confucian Joseon

은 한국과 5개조의 조약을 체결하여 한국의 외교를 일본 외무성에서 담당하게 하였다.[을사늑약(乙巳勒約), 을사년 강제 조약(乙巳强制條約). 조약서에 11월 17일로 기록되어 있다.] 일본국 정부는 도쿄에 있는 외무성을 통해 한국의 외교 사무를 감독 지휘하며 일본국 정부는 한국 황제하에 외교 사항을 관리하는 1명의 통감(統監)을 서울에 둔다는 조약서에는 어새[황제 어새(皇帝御璽)]도 찍혀 있지 않았고 서명과 위임장도 없으며 조약 이름도 명기되어 있지 않다. 그러므로 을사년 강제 조약에 대하여 국제법적 적법성의 결여를 지적할 수 있겠으나 미국과 영국은 11월 19일에 조약을 축하하는 전문을 보냈고 11월 23일에 조약 체결을 공포하자 미국은 11월 24일에, 영국은 11월 30일에 공사관의 철수를 결정하였다. 12월 16일 대한제국 관보에 조약이 공시되었다.

262 **1906년 2월 통감부 업무 시작, 「대만 총독부 조례」에 의거해 조직 구성** | 1906년[고종 43][광무 10] 2월 1일에 한국 외교를 대신 전담하는 일본의 통감부[統監府, Office of the Resident-General]가 서울에서 공식 업무를 시작하였다. 1895년 청일전쟁에 승리하여 대만[臺灣, 타이완]을 영유하게 된 일본은 1896년 3월 31일에 칙령[勅令, 임금의 명령, 여기서는 천황의 명령] 제88호로 관할 구역에서 법률의 효력을 지닌 명령의 권한을 부여한 「대만 총독부 조례」를 제정한 바 있다. 통감부는 「대만 총독부 조례」에 준거하여 통감부 내에 총무부, 농산공부, 경무부, 외무부, 법무원, 통신관리국, 철도관리국 등의 조직을 구비하고, 위생 사무와 교육 사무를 관리하며 토지 제도와 지방 제도를 조사하고 제실(帝室)[황제의 집안] 국유 재산 운영에 관한 법률을 제정하였다.

고종의 밀서 사진을 게재한 『대한매일신보』. 『트리뷴』지 1906년 12월 1일자에 실린 고종의 밀서 사진을 『대한매일신보』가 받아서 1907년 1월 16일자 2면에 게재했다.

스토리(R. D. Story)의 『트리뷴』지 시리즈 기사 '동양의 장래'는 1회부터 7회까지는 일본에 관한 것이고, 8회부터 '한국의 내일(The Future in Korea)'이라는 부제로 한국 문제를 다루었다. 한국 관계 다섯 번째 기사인 12월 1일자에 밀서 사진을 실었고, 밀서가 궁중으로부터 나오게 된 경위와 이것을 가지고 한국을 떠나기까지 얼마나 위험한 고비를 넘겼는지를 술회했다. 스토리는 『트리뷴』지에 게재했던 이 연재 기사를 엮어 1907년 『동양의 내일(Tomorrow in the East)』이라는 제목의 단행본을 출간했는데, 고종의 밀서를 컬러 사진으로 다시 게재하면서 밀서는 진짜이며 그 내용은 고종의 참된 뜻이라고 술회했다.

김인환 金仁煥 KIM Inhwan
유교조선 지성사론 儒教朝鮮 知性史論
The Intellectual History of the Confucian Joseon

대한제국 관료들이 참여한 한국시정개선협의회로 내정도 장악 | 1906년 3월 13일에 개최된 제1회 한국시정개선협의회[韓國施政改善協議會][한국 내각과 통감부 사이의 정치 회의체로 원래 명칭은 '韓國施政改善ニ關スル協議會(한국 시정 개선에 관한 협의회)'다.]에는 대한제국의 관료 전원이 참석하였다. 조약[을사늑약]에는 통감이 외교 업무만 장악하는 것으로 기록되어 있었으나 통감은 이 협의회를 만들어 재정, 금융, 농업, 산림, 광산, 운송, 문화, 법률, 치안, 지방 행정, 왕실 운영, 군사 업무를 모조리 처리했다. 한국시정개선협의회는 1906년 3월 13일부터 1909년[순종 3][융희 3] 12월 28일까지 통감의 주재 하에 모두 97번 모였다.

|

1907년 7월 정미7조약 이후 통감이 직접 한국 통치 | 보호국 시기는 대한제국 정부와 통감부가 공존하는 이원적 통치 체제였으나 1907년[순종 즉위][광무 11][정미] **7월 20일의 정미7조약**[丁未七條約][행정권과 입법권 박탈 및 군대 해산]**에 의해 한국 정부의 법령 제정 및 중요한 행정상의 처분은 미리 통감의 승인을 거치도록 하였고, 1907년 10월 9일에 통감부의 직제를 개편**[「통감부 사무 분장 규정」 개정]**하여 그 이후 통감이 직접 한국을 통치하였다.**

|

일본의 침략을 세계에 알린 『대한매일신보』의 고종 밀서(중립 성명서) 보도 | 1907년 1월 16일 『대한매일신보(大韓每日申報)』[1904년 7월 18일 서울 전동(磚洞)[지금의 종로구 수송동]에서 『대한매일신보(大韓每日申報)』와 『코리아 데일리 뉴스(The Korea Daily News)』가 같은 지면[합간(合刊)]에 창간했다. 6면 가운데 4면은 영문, 2면은 순한글로 발행했는데, 이듬해인 1905년 8월 11일부터 한글판(국한문 혼용) 『대한매일신보』와 영문판 『코리아 데일리 뉴스』를 분리해 발행했다. 1907년 5월 23일에는 다시 순한글판 『대한매일신문』을 따로 창간하여 국한문판·영문판·순한글판

세 가지 신문을 발행했다. 1909년 5월 1일 설립자 어니스트 베델이 사망한 후, 1910년 5월 21일 통감부에 매수되었고 1910년 8월 29일 한일병탄 이후에 조선총독부의 기관지 『매일신보(每日申報)』로 전환되었다.] **2면에 1905년 11월 17일의 조약**[을사늑약, 을사년 강제 조약]**이 무효라고 선언한 고종의 편지**[등사본]**가 게재되었다. 『대한매일신보』는 1904년 7월 18일에 영국인 베델**[Ernest Thomas Bethell, 배설(裵說), 1872~1909]**과 양기탁**[梁起鐸, 1871~1938]**이 설립한 신문사로서 박은식**[朴殷植, 1859~1925], **신채호**[申采浩, 1880~1936], **안창호**[安昌浩, 1878~1938] **등이 참여하였다. 창간하면서부터 영자 신문 『코리아 데일리 뉴스(The Korea Daily News)』을 발간하여 일본의 한국 침략을 세계에 알렸다.**

266 **일본의 지배보다 평등을 더 두려워 한 한국의 지배 계급** | **그러나 중국의 속국으로 있는 것보다 일본의 속국이 되는 것이 낫다고 생각하는 사람들과, 이용익**[보부상 출신인 이용익은 대한제국 수립 후 황실 재정을 확충하고 독립을 유지하기 위한 외교 활동을 벌이는 등 황실 위주의 근대화 정책을 추진했다. 고려대학교의 전신인 보성전문학교의 설립자이다.] **같은 하층민 출신의 근왕**[勤王, 임금과 왕실에 충성을 다함] **세력에 반발하는 양반 관료들이 보호국 체제를 수용하였다. 평등을 지향하는 경향이 백성들 사이에 확산되는 것을 지배 계급은 크게 두려워하였고 혼란보다는 일본의 지원을 받는 질서가 낫다고 판단하였다.**

267 **국내 파벌 싸움을 이용한 일본과 타협보다 배제를 선택한 고종** | **일본은 대한제국 내부 세력들**[급진 고립파—온건 고립파—고립 반대파]**의 대립에 개입하여 저항을 무력하게 하고, 온건 고립파와 고립 반대파를 친일 집단 쪽으로 견인하였다. 통감부가 생기기 전부터 관직을 얻어 보려**

아주까리 수첩 8 다 말하게 하라
김인환 金仁煥 KIM Inhwan
유교조선 지성사론 儒教朝鮮 知性史論
The Intellectual History of the Confucian Joseon

고 해질녘에 몰래 일본 공사관을 찾아가는 사람들이 적지 않았다. 고립 반대파 지식층에는 친일 세력과 반일 세력이 섞여 있었으나 대체로 타협주의와 패배주의에 기울어져 있었다. 일본에 망명해 있던 유길준과 박영효[朴泳孝, 1861~1939]와 이준용 사이에도 파벌 싸움이 있었다. 대한협회[大韓協會, 1907년 11월~1910년 9월]와 서북학회[西北學會, 1908년 1월~1910년 9월]는 정권 참여를 기대하고 친일 내각에 접근하였다. 23개 도시에 지부를 두고 6만 명의 가입자를 가진 대한협회는 헌정연구회[憲政研究會, 1905년 5~11월]와 대한자강회[大韓自强會, 1906년 4월~1907년 8월]가 연합하여 구성한 전국 규모의 계몽 운동 단체였다. 고종은 전통적인 지배 세력을 견제·억압하기 위하여 왕실 재정을 이용익 같은 보부상 출신 상인에게 맡기고 대부분의 관직을 왕비 일족이 독식하도록 하였다. 포섭하려 하지 않고 배제하려고만 하는 고종의 국정 운용 방식이 전통적 집권 세력의 상실감을 야기하고 그 자신의 고립을 자초하는 결과를 낳았다. 의병을 선동한 그의 행동도 국민을 주체가 아니라 자신을 위하여 희생해야 할 수단으로 보는 전제 군주의 시각에서 나온 것이었다.

268 **국가 재정이 고종 개인의 황실 재정에 장악됨으로써 생긴 부작용** | 고종은 전차·철도·은행 사업을 독식하여 비자금으로 사용하였다. 전제 왕권은 국가의 공적 이익 대신에 통치자의 사적 이익을 추구한다. 황실 재정이 국가 재정을 포섭하고 군주 개인의 판단에 따라 운용되었기 때문에 관리들은 한정된 재원을 합리적으로 관리할 수 없었다. 고종은 필요한 재원을 손쉽게 마련하려고 악화(惡貨)[실물 가치가 액면가보다 낮은 화폐]를 남발하였다. 실질 가치가 명목 가치에 비해 현저하게 낮았으므로 백동화[白銅貨 : 1892년(고종 29)부터 1901년(고종 41)까지 전환국에서 발행한 액

면가 2전 5푼짜리, 백동으로 만든 흰색 동전으로 조선 최후의 화폐다.]

의 남발은 막대한 발행 이익을 산출하였다. 국가의 재무 기구인 탁지부[度支部, 재무를 담당하는 부서]가 아니라 궁내부[宮內府, 왕실의 업무를 총괄하는 관청] 내장원의 전환국(典圜局)[1883~1904년, 화폐 주조를 담당했던 조폐 기관]에서 백동화 주조를 맡음으로써 화폐 발행의 이익은 고종 개인의 축재 수단이 되었다. 남발된 백동화가 은화를 몰아내었다. 인천 지역의 곡가[穀價, 곡물 가격]가 인플레이션으로 1871년부터 1890년까지 20년 사이에 다섯 배나 상승하였으며[주 137] [김용섭, 『한국 근대 농업사 연구』(일조각, 1992), 26.], 외국 상인들은 백동화 거래를 거부하였다. 비대화한 황실 재정이 시장에 개입하여 광산과 철도를 직영하고 인삼 재배를 독점하고 특정 상인들에게 특권을 부여하였다. 재정 부족과 시간 제약으로 전체 농지의 3분의 2 수준(218개 지역)에서 중단된 광무 양전(光武量田)도 사적 소유를 법적으로 확정하는 토지 조사가 아니라 국가의 토지 지배를 확대하려는 수조권[收租權, 토지의 조세를 거둘 수 있는 권리]적 발상에 근거한 지계[地契, 토지 문서] 조사였다.

269 **황실 재정 비자금으로 특사 외교 전개** | 고종은 상해[上海(상하이)]의 디스콘토-게젤샤프트(Disconto-Gesell-schaft)[당시 독일 최대의 은행 가운데 하나로 번역하면 '할인 회사' 쯤 된다. 1851년 베를린에서 설립됐고, 1929년 도이치은행(Deutsche Bank)과 합병했다.]에 예치한 비자금으로 미국과 러시아를 비롯하여 영국, 프랑스, 독일, 오스트리아, 이탈리아, 벨기에, 중국에 대한 특사 외교를 전개하였다.

270 **전제 권력 유지하려 의병 궐기 호소** | 또 고종은 재야 유생들에게는 "적자(赤子)[백성]의 궐기를 호소"하여 의병을 일으키게 함으로써 전제 권력을 유지하려고 하였다.

아주까리 수첩 8 다 말하게 하라
김인환 金仁煥 KIM Inhwan
유교조선 지성사론 儒教朝鮮 知性史論
The Intellectual History of the Confucian Joseon

271 통합의 체계와 플랜이 부재했던 왕조 말기 | 그러나 합의의 정치를 철저하게 외면하고 끝까지 러시아식 군주 전제권 모델에 집착한 그의 행동은 지배 세력 내부의 갈등과 분열을 극대화함으로써 반대 세력을 고립시키는 데 실패하였다. 오히려 반대 세력들에 의하여 그 자신이 고립되는 결과를 초래하였다. 권력에서 배제된 지배층은 친일로 기울었다. 신분의 제한으로 동학과 유학이 서로 공격하고 반일 의병들이 서로 분열하였다. 급진 고립파와 고립 반대파의 대립에 고립 반대파 내부의 대립이 중복되어 왕조 말기의 조선 사회는 통합의 체계와 플랜이 부재하는 분열상을 드러내었다. | 나라가 망한 후에 고종은 일본의 작위[덕수궁이태왕(德壽宮李太王)][순종은 창덕궁이왕(昌德宮李王)]]를 받아들였을 뿐 아니라 작위 받기를 주저하는 신하들에게 수령을 권유하기도 하였다.

|

272 1906년 대안문(大安門)을 대한문(大漢門)으로 바꾼 이토 히로부미 | 1904년 4월 14일에 화재로 탄 경운궁(慶運宮)의 전각들을 중건하면서 1906년 5월 1일에 이토 히로부미는 경운궁의 멀쩡한 대문, 대안문(大安門)을 대한문(大漢門)으로 바꾸었다.[4월 25일에 이름을 바꾸기로 하고, 5월 1일에 상량문(上樑文) 제술관(製述官) 임명.] **상량문에 쓴 소한운한(宵漢雲漢)**[소한은 '하늘', 운한은 '은하']**처럼 장구**[長久, 매우 길고 오램]**하라는 의미라고 하였으니 덕수궁의 덕수(德壽)**[선왕의 덕과 장수를 기림]**에는 합치한다고 하겠으나 백성의 복지[慶運(경운)]와 평안[大安(대안)]을 도모하라는 원래의 뜻에는 크게 어긋난 명칭이었다.**

|

273 1905년 일본 화폐 사용과 1908년 동양척식회사 설립 | 1905년 12월 21일에 통감으로 임명된 이토 히로부미는 1906년 2월 1일에 통감 업무를 시작하였다. 1905년 말

에 일제는 화폐 정리 사업[貨幣整理事業 : 1905~1909년 일제가 주도하여, 대한제국 내의 백동화와 엽전을 정리하고 상업 은행인 일본 제일은행(第一銀行, 다이이치긴코)이 발행한 화폐로 대체했다.]을 실시하여 일본의 제일은행권으로 화폐를 통일하고, 1906년[고종 43][광무 10]에 토지 조사로 지세 증가를 도모했다. 1908년[순종 1][융희 2] 6월에 황실 재산을 국유화하는 한편 고종의 명령서를 위조하여 상해의 디스콘토-게젤샤프트의 예금을 전액 인출하여 고종의 자금줄을 끊었다. 1908년 8월 26일에「동양척식주식회사법」을 제정하고 12월 18일에 한일 합자 회사 동양척식주식회사[東洋拓殖株式會社, 1908년 12월 18일~1945년 9월 30일][척식(拓殖)은 '식민지 개척'을 뜻한다.]를 설립하였다. 임원의 3분의 2가 일본인이었던 이 회사는 1945년까지 토지를 확대한 한국 최대의 지주였다.

|

274 **1905년 이용익을 러시아 특사로 파견** | 고종은 러시아가 이미 한국을 일본에 넘겨 주기로 결정한 것도 모르고 러시아에 특사를 파견하였다. 이용익은 1905년 9월에 상해로 떠나 12월 21일에 고종이 니콜라이 2세[Николай II, Nicholas II (Nikolai Alexandrovich Romanov), 1868~(재위 1894~1917)~1918]에게 보내는 친서를 전달하였다.[이용익은 프랑스 파리를 거쳐 11월 27일 러시아 페테르부르크에 도착, 러시아 외무대신 람스도르프(V. N. Lamsdorf)와 여러 차례 만났다.] 이용익은 이후 다시 상해를 거쳐 1906년 4월에 국내와 연락이 가능한 블라디보스토크로 이주하여 거주하다 1907년 2월 24일에 사망하였다.

|

275 **1904년 이승만을 밀사로 미국에 파견** | 고종은 또 미국이 한국을 일본에게 넘겨 주기로 결정한 것을 모르고 1904년 11월 22일에, 3개월 전에 석방된 이승만[李承晩, 18

아주까리 수첩 ⑧ 다 말하게 하라
김인환 金仁煥 KIM Inhwan
유교조선 지성사론 儒敎朝鮮 知性史論
The Intellectual History of the Confucian Joseon

75~1965] [이승만은 1899년 1월 9일 발생한 박영효 일파의 대한제국 고종 폐위 음모에 가담했다는 혐의로 체포되어, 특별 사면령으로 석방된 1904년 8월 9일까지 5년 7개월간 한성감옥에 투옥되었다.]을 밀사로 삼아 시어도어 루스벨트 대통령에게도 친서를 보냈다. 이승만은 1905년 1월 20일에 미국 국무장관[존 밀턴 헤이(John Milton Hay), 1838~1905]과 만났고 8월 5일에 시어도어 루스벨트를 면담하였다.

276 **1907년 헤이그 만국평화회의에 특사단 파견** | 고종은 1906년 1월 29일에 청국의 북경(北京)[베이징] 주재 영국 공사에게 5년간 열강의 공동 보호를 제안하였고, 1907년 4월 21일에 열강의 개입을 요청하는 특사단을 네덜란드 헤이그[The Hague, Den Haag]에서 개최되는 제2차 만국평화회의[1907년 6월 15일~10월 18일, 미 대통령 시어도어 루즈벨트의 제안으로 44개국의 대표가 네덜란드의 헤이그에서 군비 축소와 평화 유지책 등을 협의했다.]에 파견하였다. 그들은 회의가 시작된 지 10일 후인 1907년 6월 25일에 도착하여 6월 27일에 각국 대표들에게 보내는 탄원서를 발표하였고 7월 8일에 이위종[李瑋鍾, 1884~?]이 각국 기자단 앞에서 연설하였다. 7월 14일 헤이그에서 이준[李儁, 1859~1907]이 죽었다. 그들은 끝내 평화 회의에 참석하지 못하였고 헤이그의 상설중재재판소[常設仲裁裁判所, Permanent Court of Arbitration, PCA]에 일본의 불법을 제소하지도 못하였다.

277 **1907년 7월 고종 폐위** | 1907년 7월 16일 대한제국의 내각 회의는 고종의 폐위를 결정하고 7월 19일 새벽에 황태자 대리 조칙["군국(軍國)의 대사(大事)를 황태자로 하여금 대리(代理)하게 한다."] [양위 선언은 아니었다.]에 고종의 서명을 받아 7월 20일 오전 9시에 고종과 순종이 불참한 가운데 양위식을 거행하였다.

1907년 대한제국군의 해체와 1908~1909년 전국적 의병 활동 | 1907년 7월 31일에 순종은 대한제국의 군대를 해산하는 조칙을 반포하였다. 해산 당시 대한제국군은 중앙군 5,880명과 지방군 5,072명이었다. 중앙군의 제2연대 제2대대만 근위대라는 이름으로 존속시켰는데, 중대의 규모가 병종에 따라 달랐으나 중앙군 보병의 1개 중대가 206명이었으므로 대략 824명[206×4] 정도였을 것으로 추정된다.[김영찬, 「대한제국 해산군 간부들의 정미의병 활동에 대한 고찰」, 『군사연구』 제139집 (육군군사연구소, 2015) 160.] **1908년과 1909년에 전국에서 반일 의병이 일어났다. 급진 고립파 유학자들[이인영**[李麟榮, 1868~1909], **이항로**[李恒老, 1792~1868]**의 제자들**[최익현 등등. 이항로의 가르침이 의병들의 사상 근거가 되었다.]**, 유인석**[柳麟錫, 1842~1915]**, 이강년**[李康秊, 1858년~1908]**, 허위**[許蔿, 1854~1908]**] 이외에 해산 군인[민긍호**[閔肯鎬, 1865~1908]**]과 농민들[경상도 강원도의 농민 신돌석**[申乭石, 본명 신태호(申泰浩), 1878~1908]**]과 포수들[함경도의 사냥꾼 홍범도**[洪範圖, 1868~1943]**]도 의병을 주도하였다. 한국주차군 사령부**[韓國駐箚軍司令部] [일제는 러일전쟁의 확전을 계기로 1904년 4월 3일 대한제국에 주둔한 일본군을 주차군으로 개편하고 '한국주차군'으로 명명했다. 사령부, 수비대, 헌병대와 사령부 예하 부대들로 구성되었고, 주요 임무는 한국인의 반일 운동 탄압과 대륙 침략 부대의 후방 지원이었다. 1910년 8월 대한제국이 일제에 강제 합병된 후 이름을 '조선주차군', 1918년부터 '조선군'으로 개칭했다.]**의 조사로는 1908년 6월에 폭도 31,245명, 수괴 241명이었다.**[주 138] [조경달, 『근대 조선과 일본』(열린책들, 2015), 249.] **1908년 6월 11일에 「헌병 보조원 모집에 관한 건」을 공포하여 일본은 한국인을 의병 수색에 활용하였다. 1909년 9월 1일부터 40일간의 대토벌**[남한 대토벌 작전(南韓大討伐作戰)]**로 의병들은 활동의 중심을 만주로 옮겼다.**

279 **1909년 사법권도 통감부로** | 1909년 7월 12일의 「기유각서(己酉覺書)」로 한국 정부는 사법 및 감옥 사무를 일본 정부에게 위탁하게 되었다. "재한국 일본재판소는 협약 또는 법령에 특별한 규정이 없는 경우 한국 신민에 대해서는 한국 법규를 적용한다."는 제3조가 들어 있기는 하였으나 한국의 사법권이 통감부로 넘어간 것이었다.

ǀ

280 **1909년 10월 26일 하얼빈의 안중근** | 1909년 10월 26일 오전 9시에 만주를 방문하는 **이토 히로부미**[伊藤博文(이등박문), 1841~1909]**의 기차가 하얼빈**[哈爾濱(합이빈). 송화강(松花江쑹화강)[백두산 천지에서 발원한 강으로, 아무르강(Amur)[흑룡강강(黑龍江헤이룽강)]의 가장 큰 지류이다.] 남쪽 기슭에 자리한 도시. 하얼빈은 만주어로 '그물을 말리는 곳'을 뜻한다. 고대에는 고조선과 부여에 속한 지역이며 이를 고구려와 발해가 이어받았다. 1898년 러시아가 시베리아 횡단 철도를 블라디보스토크까지 연장하는 동청철도를 건설하면서 도시가 건설됐다.]**역에 도착했다. 당시에 하얼빈은 청국 영토였으나 러시아가 조차하여 관리하는 지역이었다. 9시 30분에 32살의 한국인 안중근**[安重根, 초명 안응칠(安應七), 세례명 도마[토마스(Thomas), 다묵(多默)], 1879~1910]**이 권총 3발을 발사하였고 10시에 이토가 죽었다.**

ǀ

281 **대한의군 참모중장 안중근의 생각** | 안중근은 황해도 해주 출신의 가톨릭 신자였으며, 간도관리사[間島管理使] **이범윤**[李範允, 1856~1940]**이 지휘하던 만주 의병 연합 부대**[대한의군(大韓義軍)]**의 참모중장**[參謀中將]**이었다.** 의병의 활동 자금을 모금하면서 러시아 극동 지역의 한국인들에게 안중근은 저항하지 않으면 노예가 된다고 역설하였다.

ǀ

282 **아무런 예비가 없다면 일본이 져도 다른 도둑 손에 들어갈 것** | "오늘 국내외를 물론하고 한국인들은 남녀노소

할 것 없이 총을 들고 칼을 차고 의거를 일으켜 이기고 지는 것과 잘 싸우고 못 싸우는 것을 돌아보지 말고 한바탕 싸움으로써 후세의 부끄러운 웃음거리가 되지 않게 해야 할 것입니다. 만일 이와 같이 애써 싸우기만 한다면 세계 열강의 공론이 없지 않을 것이니 독립할 수 있는 희망이 있을 것입니다. 더구나 일본은 5년 안에 반드시 러시아, 청국, 미국 등 3국과 개전하게 될 것이라 그것이 한국의 큰 기회가 될 것입니다. 그 때에 한국인에게 아무런 예비가 없다면 일본이 져도 한국은 다시 다른 도둑의 손에 들어갈 것입니다."[주 139] [『안중근 문집』(윤병석 편, 독립기념관 독립운동사연구소, 2011), 496.]

283 **이토 히로부미의 죄악 15가지** | 안중근은 이토 히로부미가 하얼빈에 온다는 소식을 듣고 블라디보스토크에 거주하던 황해도 의병장 이석산[李錫山, 또는 이석대, 이진룡, 1879~1918]을 찾아가 백 원을 꾸어 달라고 부탁하였으나 거절하자 강제로 빼앗아 그 돈을 운동비로 삼아 하얼빈역으로 갔다. 체포된 안중근은 천주교 신자가 왜 살인을 하였는가 하는 미조부치 다카오[溝淵孝雄(구연효웅), 1874~1944] 검사의 질문에 "사람을 죽이는 것은 죄악이다. 그러나 남의 나라를 탈취하고 인명을 살상하는 자가 있는데도 수수방관하는 것은 죄악이므로 나는 그 죄악을 제거한 것뿐이다."[주 140] [「1909년 12월 22일 제10회 신문 조서」, 『안중근 의사 자서전』(안중근의사 숭모회, 1979), 394.]라고 대답하고 이토의 15가지 죄악을 열거하였다. ① 한국 황후를 시해한 죄, ② 한국 황제를 폐위한 죄, ③ 을사조약과 정미조약을 강제한 죄, ④ 무고한 한국인을 학살한 죄, ⑥ 철도 광산 산림 천택[川澤, 내와 못]을 강탈한 죄, ⑧ 한국 군대를 해산한 죄, ⑨ 한국인의 교육을 방해한 죄, ⑩ 한국인의 외국 유학을 금지한 죄, ⑪ 한국 교과서를 압수하여

김인환 金仁煥 KIM Inhwan
유교조선 지성사론 儒教朝鮮 知性史論
The Intellectual History of the Confucian Joseon

소각한 죄, ⑫ 한국인이 일본의 보호를 바란다는 거짓말을 세계에 퍼뜨린 죄, ⑬ 한국이 무사태평하다고 천황을 속인 죄, ⑭ 동양 평화를 파괴한 죄, ⑮ 메이지 천황[明治天皇(명치천황), 1852~(즉위 1867)~1912]의 아버지 고메이 천황[孝明天皇(효명천황), 1831~(즉위 1846)~1867]을 죽인 죄.

284 **안중근을 군인으로 인정하지 않고 살인죄를 적용한 것은 국제법 위반** | 안중근은 1910년까지 존립한 대한제국의 국민이었으며 "나라의 위급 존망에 즈음하여 수수방관하는 것은 신민된 자의 도리가 아니"라는 고종의 조칙에 근거하여 활동한 군대 조직인 의병의 참모중장이었다. 안중근을 한국 군인으로 인정하지 않고 일본인을 살해한 일본인으로 취급하고 하얼빈의 일본 법정에서 일본 형법 119조의 살인죄를 적용하여 재판한 것은 국제법 위반이었다. 일본군에서 발표한 『조선 폭도 토벌지(朝鮮暴徒討伐誌)』[1913년 3월 30일 일제의 조선주차군 사령부에서 발간한 의병 탄압 기록]에 의하면 1906년부터 1911년 사이에 발생한 의병 사상자는 2만 1,485명(일본군 사상자는 403명)이었다.[주 141] [조동걸, 『한말 의병 전쟁』(독립기념관 한국독립운동사연구소, 1989), 212.] **1907년 제2차 만국평화회의에서 채택된 '헤이그 육전 규칙'**[4번 협약 : 육상전에 대한 법규와 관습에 대한 협약, 5번 협약 : 육상전 시 중립적 권력과 사람에 대한 권리와 의무에 대한 협약]에 의하면 비정규군(민병과 의용군)도 전쟁 수행의 주체(교전 자격자)가 될 수 있다.

285 **공소 포기 대신 「동양 평화론」 집필 시간 확보 약속을 깨고 바로 사형을 집행한 히라이시** | 1910년 2월 14일에 사형을 선고받은 안중근은 2월 17일 고등법원장 히라이시 우지히토[平石氏人(평석씨인), 1864~1939]에게 공소를 포기하는 대신에 「동양 평화론(東洋平和論)」을 집필할 수 있

도록 사형을 몇 달 연기해 달라고 부탁하였다. 히라이시는 사형 집행을 연기해 주겠다고 약속하고서는 안중근의 요청을 공소 포기의 근거로만 이용하고 안중근이 「동양 평화론」의 서론을 끝낸 3월 26일에 사형을 집행[뤼순(旅順여순)감옥]하게 하였다. 뮈텔[Gustave-Charles-Marie Mutel, 민덕효(閔德孝), 1854~1933] [파리외방전교회 소속으로 제8대 조선 대목구장(조선교구장)을 지냈다. 인종적 우월감이 강하고 친일 성향의 인물이었다.] 주교의 반대를 무릅쓰고 찾아온 니콜라 빌렘[Nicolas Joseph Marie Wilhelm, 홍석구(洪錫九), 1860~1938] 신부에게 안중근은 죽기 전에 종부성사[終傅聖事 : 죽음을 앞둔 이에게 행하는 성사. 현재는 명칭이 바뀌어 병자성사(病者聖事)라고도 한다.]를 받을 수 있었다. 안중근의 사형이 집행된 바로 다음날 신채호[申采浩, 1880~1936]와 안창호[安昌浩, 1878~1938]가 중국으로 망명하였다.

286 **안중근의 「동양 평화론(東洋平和論)」 내용** | 서론과 1~4장으로 계획된 「동양 평화론」은 서론과 제1장만 남아 있으므로 그 내용을 짐작할 수 없으나 고등법원장 히라이시와의 면담을 정리한 「청취서」에서 안중근의 구상을 일부나마 짐작해 볼 수 있다.[주 142] [『안중근 문집』(윤병석 편, 2011), 553~560.] ① 한중일 세 나라 대표의 회의체인 동양 평화 회의를 구성한다. ② 회원 1인당 1원씩 모금한 수억 원의 회비를 운영비로 사용한다. ③ 뤼순[旅順(여순)][랴오둥[遼東(요동)] 반도 남단 다롄(大連대련)의 항구]을 한중일이 공동 관리하는 군항으로 개발하여 동양 평화 회의 근거지로 삼는다. ④ 세 나라 청년들로 연합군을 편성하여 뤼순에 주둔하게 한다. ⑤ 세 나라 청년들에게 2개 외국어를 습득하게 한다. ⑥ 일본의 주도하에 세 나라의 상공업 발전 계획을 수립한다. ⑦ 로마 교황의 권고에 따라 정책을 결정하고 분쟁의 해결을 로마 교황의 중재에 맡긴다.

김인환 金仁煥 KIM Inhwan
유교조선 지성사론 儒敎朝鮮 知性史論
The Intellectual History of the Confucian Joseon

1910년 8월 한일병합조약 전에 러시아(4월)와 영국 (5월)이 이미 병합 승인 | 이토 히로부미가 죽은 다음 해인 1910년 일본은 최후의 일격을 가하여 8월 22일 에 통감부[統監府, the Resident-General]를 총독부[總督府, the Government-General]로 바꾸었다. 두 나라의 병합은 1909년 7월 6일 일본의 내각 회의[일본 내각은 한국의 주권 을 완전 장악할 최종 방침으로 '한국 병합 실행에 관한 건'을 결정하고 같 은 날 천황의 재가를 받아 일제의 한국 '병합'을 부동의 방침으로 공식 확 정했다.]에서 이미 결정되어 있었다. 한국의 원로 중신들은 황실의 보호를 전제로 병합에 찬성하였다. 1910년 4월 에 러시아가, 5월에 영국이 병합을 승인하였고, 7월 23 일에 데라우치 마사타케[寺內正毅(사내정의), 1852~1919]가 총독으로 부임하였다. 1910년 7월 18일에 대한제국 내 각 회의를 통과한 병합 조약[한일병합조약(韓日倂合條約), 경술 국치(庚戌國恥), 한일강제병합(韓日強制倂合)]은 순종의 재가[8월 22일]를 받고 8월 29일에 공포되었다. 이토의 저격에 대 해서나, 국치에 대해서나 백성들은 별다른 격동을 보이 지 않았다. 1908년 6월 9일자 『대한매일신보』에는 을사 년 소식[1905년 을사늑약, 을사년 강제 조약]을 듣고 서울에 올 라온 시골 선비가 연희장에 가득한 사람들을 보고 "도대 체 어떤 미친놈이 망국이란 소문을 낸 것이냐"고 반문하 는 기사가 나온다. 지방 곳곳에 보통학교가 설립되어 교 육 여건이 나아졌고 경제 규모와 무역 거래가 국치 이전 보다 증가했다. 총독부의 행정 체계도 이전의 혼란과 비 효율을 어느 정도 해소했다.

고종의 죽음(1919)에서야 비로소 망국을 실감한 대중들 | 준(準)일본인 국적을 가지고 10년을 지난 후에야 대중 의 실국(失國) 의식이 폭발하였다. 그 때까지 대부분의 조선 백성들은 망국을 실감하지 못하고 있었다. 고종의

죽음[1919]이 비로소 대중에게 실국을 분명하게 인식하게
하였다.

289 **실국 시대 한국인의 일본 호적은 시민권이 아니라 '일본령 조선의 영주권'** | 1919년부터 1945년까지 한국 사람들은 일본의 신민으로 일본 호적과 실국 의식의 갈등을 겪으면서 살지 않을 수 없었다. 병역 의무가 면제되고 선거 권리가 없었으므로 일본 국민이라고 할 수 없었으나 나라 잃은 시대의 한국인은 일본의 준시민권(準市民權)을 가지고 있었다고 할 수 있다. 마지막 통감이었으며 초대 총독이었던 소네 아라스케[曾禰荒助(증니황조), 1849~1910]는 일본의 식민지가 된 것이 아니고 일본 영토의 일부가 된 것이므로 한국인은 식민지인이 아니라 일본 국민이라고 선전했다. 그러나 일본 정부는 한국인을 일본 국적법이 준용되는 일본 신민이라고 하면서도 일본 국민으로 인정하지는 않았기 때문에 1945년 패전할 때까지 한국인에게 일본 국적법을 적용하지 않았다. 1912년에 제정된 「조선민사령(朝鮮民事令)」은 일본 민법을 준용하되 친속법[親續法]과 상속법[相續法]의 경우에는 관습에 의하도록 하였다. 총독부는 창씨개명[創氏改名]을 강요한 1939년 11월 이후에도 한국인을 일본 국적에 편입시키지 않고 조선 국적을 그대로 가지고 있게 하였다. 실국 시대에 한국인이 부여받은 일본 호적은 일본의 시민권이 아니라 '일본령(日本領) 조선의 영주권'이었다.

290 **일본 호적과 실국 의식 사이에서** | 일본 호적을 버리면 반일이 되고 실국 의식을 버리면 친일이 된다. 대부분의 사람들은 반일과 친일 사이에서 모순적인 삶을 영위하였다. 시국 편승형 친일과 면종복배[面從腹背, 겉으로는 복종하는 체하면서 내심으로는 배반함]형 반일의 차이도 분명한 것이

아주까리 수첩 **8** 다 말하게 하라
김인환 金仁煥 KIM Inhwan
유교조선 지성사론 儒教朝鮮 知性史論
The Intellectual History of the Confucian Joseon

아니었다. 총독부에 전면적으로 의지하여 실국 의식을 버리고 반일 운동을 부정하는 행동을 친일이라고 규정할 수 있다. 친일은 혜택이 따르는 행동이지만 대중의 경멸을 견뎌야 하는 행동이었고, 반일은 가치 있는 행동이지만 가정과 직장을 떠나야 가능한 행동이었다. 극히 소수의 사람들만이 외국에서 독립 운동을 하면서 생계를 해결할 수 있었다.

|

291 오적―사적―오적―칠적 | 나라 망하는 것을 앞장서서 재촉한 사람은

|

갑신년(1884)의 균효식광필

[김옥균[金玉均, 1851~1894], **박영효**[朴泳孝, 1861~1939], **홍영식**[洪英植, 1856~1884], **서광범**[徐光範, 1859~1897], **서재필**[徐載弼, 1864~1951]]

을미년(1895)의 홍하연길

[김홍집[金弘集, 1842~1896], **정병하**[鄭秉夏, 1849~1896], **조희연**[趙羲淵, 1856~1915], **유길준**[兪吉濬, 1856~1914]]

을사년(1905)의 오적(五賊)

[**박제순**[朴齊純, 1858~1916], **이지용**[李址鎔, 1870~1928], **이근택**[李根澤, 1865~1919], **이완용**[李完用, 1858~1926], **권중현**[權重顯, 1854~1934]]

경술년(1910)의 칠적(七賊)

[**이완용**, **이재곤**[李載崑, 1859~1943], **조중응**[趙重應, 1860~1919], **이병무**[李秉武, 1864~1926], **고영희**[高永喜, 1849~1916], **송병준**[宋秉畯, 1857~1925], **임선준**[任善準, 1860~1919]]

|

등이었다.

↓

292 여러 차례 바뀐 주희의 생각 | 18세기는 한국의 주자학(朱子學)[성리학(性理學)] 연구가 완성된 시대이다. 유교조선의 교육은 주희[朱熹, 1130~1200]의 <사서집주(四書集注)>[남송(南宋) 때 주자가 정리한 <사서(四書)>[『대학』, 『중용』, 『논어』, 『맹자』]에 대한 주석서[장구 2권, 집주 2권]를 일컫는다. <사서장구집주(四書章句集注)>라고도 한다. 『대학장구(大學章句)』1권, 『중용장구(中庸章句)』1권, 『논어집주(論語集注)』10권, 『맹자집주(孟子集注)』14권, 총 26권이다.]를 기본 교과서로 사용하였다. <사서>에 대한 주

희의 생각은 <집주(集注)>[『논어집주(論語集注)』, 『맹자집주(孟子集注)』]가 저술되기 이전에 여러 차례 바뀌었으며, <집주>를 저술한 이후에도 여러 차례 바뀌었다. 송시열[宋時烈, 1607~1689]의 글을 모은 『송자대전(宋子大全)』[우암(尤菴) 송시열의 문집. 1795년(정조 20년) 정조(正祖)가 명하여 간행되었다. 우리 나라 개인 문집으로는 최대 규모로, 17세기의 정치·사회 상황과 노론 기호학파의 사상 동향을 보여 준다. '송자(宋子)'라는 이름은 '주자(朱子)'에 버금간다는 것, '대전(大全)'이라 한 것 또한 주자의 문집인 『주자대전(朱子大全)』에 비견된다는 것을 드러낸다.]에는 「주자언론동이고(朱子言論同異攷)」[『송자대전(宋子大全)』 권 130, 「잡저」]라는 12장 분량의 짧은 글이 있다. 그가 죽기 직전인 1689년[숙종 15] 1월에 그 때까지 정리한 10여 조목을 기록한 것이다. 그는 『주자대전(朱子大全)』과 『주자어류(朱子語類)』에서 서로 맞지 않는 부분들을 볼 때마다 뽑아내어 의문점을 기록해 두었다.

293 **주희의 글 전체를 비교·대조하는 작업을 한 유교조선** | 한원진[韓元震, 남당(南塘), 1682~1751]은 1741년에 『주자언론동이고(朱子言論同異考)』를 별도의 책(6권 3책)으로 완성하였다. 한원진은 송시열의 제자인 권상하[權尙夏, 1641~1721]의 제자였다. 한원진은 주희가 쓴 서간문의 집필 시기를 확인하고 주희의 글 전체를 면밀하게 비교·대조하여 주희의 생각이 변화한 과정을 추적하였다. 시기에 따라 달라진 내용의 차이와 저서에 따라 달라진 중점의 변화를

『주자언론동이고(朱子言論同異考)』와『남당집(南塘集)』의『주서동이고서(朱書同異考序)』: 조선 후기 유학자 남당 한원진(1682~1751)은 송시열이 세상을 뜨는 해(1689년) 정월 초하루에, 송시열이 개요를 구상한 '주자언론 동이고' 30개 항목을 이어받아 1741년에 478조목의 6권 3책『주자언론동이고(朱子言論同異考)』라는 저술을 완성했다. 제1권에서 이기(理氣)·이(理)·음양(陰陽)·오행(五行)·천지(天地)·일월(日月)의 개념부터 시작해『논어』,『중용』,『맹자』,『역경』,『서경』,『시경』,『춘추』등에서 중심이 되는 논란까지 조목조목 다루었다. 스승의 구상으로부터 2대를 이은 제자의 출간까지 50년 이상 걸린 작업으로, "조선 후기 성리학의 최대 업적 중 하나로 평가받는"다. 한원진의 사후(1750년대)에 그가 남긴 글을 모은『남당집(南塘集)』이 간행된다. 한원진이 쓴 사(辭)·부·시와 강의록, '동이고(同異考)'를 둘러싼 논쟁 등을 모았는데, 그 편찬 과정에서 편집자와 제자들, 아들들 사이가 불화하고 무엇을 수록하고 뺄지에 의견이 갈려 서로 다른 3가지 편집본이 나오게 되었다. 논란이 정리되지 않자, 가장 중요한『주자언론동이고』등 몇 가지만 1761년에 평안도 관찰사 황인검(黃仁儉, 1711~1765)이 경비를 대어 목판으로 인행(印行)했다. 본집 38권 19책과 거기에『남당선생문집습유(南塘先生文集拾遺)』,『남당선생연보(南塘先生年譜)』등을 합친 문집은 결국 한원진의 장남 한후은이 죽은 1786년에야 반포되었다. 한원진의『주자언론동이고』는 독립된 책으로 이미 유포되었으므로, 다만『남당집』31권에 그 서문만이『주서동이고서(朱書同異考序)』라는 제목으로 재수록되었다. [《한국문집총간(韓國文集叢刊)》해제(2001) 참고.]

역외한적(域外漢籍, 유웨이한지): 글자 그대로 옮기면 '중국 밖의 한자 서적'이라는 뜻인데, (중국인이 쓴 책으로서 중국 밖에 남은 것뿐만 아니라) 과거에 한국(고려나 조선), 일본, 월남 등 한자 문화권에서 한문으로 집필된 문학 작품이나 사상서와 역사서, 서양인이 근대기에 백화문(현대 중국어)으로 쓴 글들, 한자로 옮겨진 불경 등을 모두 수집, 정리, 연구한다. 인류 역사상 한자를 기록 도구로 사용한 모든 문화를 중국 유산의 일부로 포섭하고자 한다는 점에서 '고서 공정(古書工程)'으로 불린다. 중국의 '역외한적진본문고' 사업에는 우리 나라의『동국여지지』,『삼국유사』나『삼국사기』,『고려사』,『목은선생문집』,『퇴계선생전서』등이 모두 편입되어 있다.

김인환 金仁煥 KIM Inhwan
유교조선 지성사론 儒教朝鮮 知性史論
The Intellectual History of the Confucian Joseon

해명함으로써 그는 주희의 만년(晩年) 정론(定論)을 확정하였다.[주 143] [이 책은 2011년에 중경시(重慶충칭市) 서남사범대학출판사(西南師範大學出版社)에서 **『역외한적 진본문고(域外漢籍珍本文庫)**』第2輯 子部2로 간행되었다.] **한원진**은 **「주서동이고서(朱 書同異考序)」**[『남당집(南塘集)』에 실린 글의 제목으로,「주자언론동이고서(朱子言論同異考 序)」와 같다.]에서 "나는 어렸을 적부터 주자의 책을 공부하기 시작하여 평생토 록 내용의 차이를 확인하고 분별하는 데 공을 들였다. 한평생의 정성을 다해 그 가운데 여덟아홉은 해답을 얻을 수 있었으므로 발언 시기의 선후를 조사하 기도 하고 증거에 합치되는지를 검증하기도 하여 의리[義理]상 타당한 내용을 확인하고 만년의 정론을 해명하며 표현은 다르나 의미가 같은 것도 모두 밝혀 내어 이해할 수 있도록 설명을 덧붙여서 책으로 엮었다."[주 144] [한원진,「주서 동이고서(朱書同異攷序)」,『남당집(南塘集)』한국문집총간(韓國文集叢刊) 202 권31 (민족문화 추진회, 1998), 163.]고 하였다.

294 **한원진 ① 리와 기의 개념으로 본성의 2측면과 본성의 3층위를 구별** | 한원진 은 우주에는 태극(太極)이 존재하며 모든 존재자는 우주에 내재하는 태극을 통하여 하나의 유기적인 전체로 통일되어 있다고 하였다. 그러나 존재자들이 태극을 중심으로 통일되어 있다 하더라도 하나하나의 존재자는 다른 존재자 와 구별되는 개체로서 존재한다. 한원진은 리(理)와 기(氣)라는 개념을 도입

남당 한원진[南塘 韓元震, 1682~1751]의 『주자언론동이고(朱子言論同異考)』(6권 3책) 중 **「주자언론동이고서(朱子言論同異考序)」** 부분.

朱子言論同異攷序

前聖而作經莫盛於孔子後賢而傳義又莫備於朱
子故學者必讀孔子之書而後可以盡天下之義理
又必讀朱子之書而後可以讀孔子之書也然孔子
生而知者也故其言無初晩之異同而學者各以其意之
也故其言不能無初晩之異同而學者各以其意之
所向爲之取捨往往有以初爲晩以晩爲初而失其
本指者多矣朱子之書既多失其指則孔子之書亦
不可讀也而道於是乎不明不行矣尤翁晩歲淺以
此爲憂旣釋大全之書又欲攷論其同異而辨正之

아주까리 수첩 8 다 말하게 하라
김인환 金仁煥 KIM Inhwan
유교조선 지성사론 儒敎朝鮮 知性史論
The Intellectual History of the Confucian Joseon

하여 태극의 통일성과 개체의 다양성을 해명하였다. 한원진에 의하면 만물은 기로 구성되어 있다. 『중용(中庸)』의 첫 문장인 "하늘이 분부한 바탕을 본성이라 한다[天命之謂性(천명지위성)]"의 천명과 본성에 대하여 한원진은 "천명과 본성은 본래 두 개가 아니다. 다만 천명은 기의 맥락을 초월한 리만을 가리키므로 온전하지 않음이 없으나 본성은 기질에 연관되어 치우칠 가능성을 가지고 있다."[주 145] [한원진, 「여이공거간 별지(與李公擧柬 別紙)」, 『남당집』 권9 (1998), 212.]라고 설명하면서 "기를 섞지 않고 말하면 본연지성(本然之性)[성의 본래태(本來態), 선천적 본성]이고, 리와 기를 섞어 말하면 기질지성(氣質之性)[성의 현실태(現實態), 후천적 혈기]이다."[주 146] [한원진, 「시동지설(示同志說)」, 『남당집』 권29 (1998), 138.]라고 하여 본성의 두 측면을 구별하였다. 리와 기는 현실 차원에서 보면 결합되어 있으나 그 근원을 보면 리는 기로부터 독립해 있다고 생각한 한원진은 본성을 사람과 만물에 다 통하는 본성[제1층 초형기(超形氣)]과, 사람에만 통하는 본성[제2층 인기질(因氣質)]과, 사람마다 다른 본성[제3층 잡기질(雜氣質)]으로 나누었다.[성삼층설(性三層說)] 일반성과 특수성과 개별성의 개념을 도입하여 전체와 부분을 하나와 여럿의 관계로 규정하고 부분과 개체를 같은 것과 다른 것의 관계로 규정한 것이다.['성즉리(性卽理)'의 풀이]

295 한원진 ② 성삼층설(性三層說)—본성의 3가지 층위 | "사람과 사물에서 기를

한원진이 주희의 '**성즉리(性卽理)**'를 다르게 풀이한 견해다. 주희에 따르면 천리(天理), 곧 태극(太極)이 각자의 사람들에게 내재한 것이 성(性)이다. 성은 이와 기로써 이루어지는데, 기를 떠나 이가 존재하지 않는다는 것이 주희의 말이다.

제외하고 '리'만을 지적해서 말하면 구체적인 하나의 리, 하나의 덕으로 사람과 사물의 총체성을 지칭할 수 있습니다. 이것이 사람과 사물 전체의 본성[제1층 초형기(超形氣)]입니다. 마음속에서 작용하는 '기의 리'를 지적해서 말하면 목(木)의 리는 인(仁)이며 금(金)의 리는 의(義)이며 화(火)의 리는 례(禮)이며 수(水)의 리는 지(智)인데, 이 네 가지 리에는 각각 구별됨이 있으나 여전히 기와 섞이지 않은 리를 지칭하므로 이 '기의 리'들에는 악이 없습니다. 다만 사람의 경우에는 품수[稟受, 선천적으로 타고남]받은 기가 온전하기 때문에 본성 또한 온전하지만, 사물의 경우에는 품수받은 기가 온전하지 못하기 때문에 본성 또한 온전하지 못합니다. 사람의 본성과 사물의 본성의 차이를 가리키는 이것이 사물에는 통하지 않고 사람에게만 통하는 본성[제2층 인기질(因氣質)]입니다. 이제 리와 기를 뒤섞어 말하면 굳세거나 부드럽고 선하거나 악하여 온갖 개체들은 만 가지로 다양하니, 이것이 사람마다 다른 본성[제3층 잡기질(雜氣質)]입니다."[주 147] [한원진, 「상사문(上師門)」, 『남당집』 권7 (1998), 163~164.]

296 **한원진 ③ 천명-초형기-보편성, 본성-인기질-특수성, 만물-잡기질-개별성** |
사물을 접촉하지 않아 사려가 일어나지 않는 마음을 미발(未發) 상태라 하고 사물을 접촉하여 사려가 일어나는 마음을 이발(已發) 상태라 하는데, 한원진은 본연 지성뿐 아니라 기질 지성도 그것이 본성을 가리키므로 미발의 평형

김인환 金仁煥 KIM Inhwan
유교조선 지성사론 儒教朝鮮 知性史論
The Intellectual History of the Confucian Joseon

상태에 있다고 했다. "미발 상태가 순선(純善)하다고 하는 것은 리를 단지(單指)[하나만 가리킴]해서 말한 것이고, 기를 겸지(兼指)[아울러 가르킴]해서 말하면 미발 상태에도 선악(善惡)이 있을 수 있다."[주 148] [한원진, 「답 최성중(答 崔成仲)」, 『남당집』 권9 (1998), 204.] 한원진에 의하면 인성과 물성이 같다는 주장은 리를 기로 환원시키는 잘못이다. "만약 추위와 더위를 알고 배고픈 것과 배부른 것을 알며, 삶을 좋아하고 죽음을 싫어하며, 이익을 따르고 해를 피하는 것은 주자의 이른바 '기로서 서로 가깝다'는 것이니 인의예지와는 다른 것이다."[주 149] [한원진, 「여이공거간 별지(與李公擧東 別紙)」, 『남당집』 권9 (1998), 213.] 한원진은 마음이 미발 상태에 있을 때에도 모든 사람의 품수된 기질이 같은 것은 아니라고 보았다. "미발 상태에서는 성인과 범인이 같다고 하는 것은 쇠와 금을 동일하다고 하는 것과 같은 오류이다."[주 150] [한원진, 「답이공거 별지(答李公擧 別紙)」, 『남당집』 권10 (1998), 226.] 천명(天命)은 기의 맥락을 초월한 초형기(超形氣)[형기(形氣)(겉으로 보이는 존재로서 기운을 의미하며 형상(形狀)을 띤다.)를 초월한]의 보편성이고, 본성(本性)은 기의 맥락에 내재하는 인기질(因氣質)[기질로부터 나오는]의 특수성이고, 만물(萬物)은 기와의 관련성 속에서 경험적으로 접근할 수 있는 잡기질(雜氣質)[기질과 섞여 있는]의 개별성이다.

한원진의 사유는 '주희 철학의 정확한 요약'인가? : 손영식의 「한원진의 리발 부정 논증 비판―『주자언론동이고』에 나오는 '4-7 리발-기발 논증'을 중심으로」(2007)의 내용을 보자. ― 한원진은 『주자언론동이고』에서 주희의 '사단리지발, 칠정기지발(四端理之發, 七情氣之發)'이라는 말을 부정하는 논증을 한다. 【 ① 주희의 말 가운데서 4개 구절을 거두절미하고 뽑아낸다. ② 그 말들에다 '심시기, 성즉리, 기발리승(心是氣, 性卽理, 氣發理乘)'이라는 이이의 공식을 대입한다. ③ 대입한 결과 주희의 말들은 서로 모순되게 된다. 즉 사단은 리발이면서 기발이고, 칠정도 기발이면서 리발이 된다. 정은 리발이면서 기발이 된다. ④ 한원진이 이런 모순을 해결하는 방법은 '관점주의'이다. 보기에 따라, 관점에 따라 주희는 그렇게 모순되게 말을 했다는 것이다. ⑤ 결국 주희는 평소에 '사단=리발, 칠정=기발'이라고 잘라서 말하지 않았다. 주희는 경우에 따라, 관점에 따라 '사단=리발, 기발' / '칠정=기발, 리발' 등으로 말했다. ⑥ 이렇게 해서 한원진은 주희의 '사단리지발, 칠정기지발(四端理之發, 七情氣之發)'이라는 말을 부정한다. 】 한원진의 논증은 모든 부분에서 틀렸다. 【 (1) 주희의 말을 거두절미하고 뽑아내서, 자신의 입맛에 맞게 요리하는 것은 단장취의(斷章取義) 아전인수(我田引水)에 해당된다. 그가 뽑아낸 주희의 말 4개는 모두 '사단(四端)→사덕(四德)'을 말하는 것이다. 선한 본성이 드러나는 것이고, 리발(理發)을 뜻하는 것이다. (2) '心=氣, 性=理, 情=氣+理=心+性'은 이이의 심기학에 따른 도식이다. 그것은 결코 주희의 성리학이 아니다. 성리학에서는 '性=理, 情=氣, 心=性+情=理+氣'라 한다. 따라서 이이의 도식을 주희의 말에 다 적용해서는 안 된다. (3) 한원진이 뽑아낸 주희의 말 넷은 구절은 달라도 다 일관되게 '사덕(四德)→사단(四端)'을 뜻한다. 결코 모순되는 것이 아니다. 주희는 극히 논리적인 사람이다. (4) 관점주의는 모순을 합리화시킬 수 있는 방법이 아니다. 관점에 따라, 보기에 따라 모순이 합리화될 수는 없다. 이이 이래 송시열이나 한원진은 모순을 너무 쉽게 받아들인다. 그 결과 그 이론 체계는 비논리의 표본이 된다. (5) 주희는 결코 경우에 따라, 관점에 따라 모순되는 것을 함부로 말한 적이 없다. 한원진이 주희를 그렇게 만들고 있다. (6) 따라서 한원진의 논증 전체가 다 틀렸다. 】 ― 덧붙이면, 이이의 주장은 이성이 작용하는 것도 작용이니 기가 움직인 것이다. 모든 작용하는 것은 기가 발하는 것, 따라서 '기발이승(氣發理乘)'만 인정된다. [여기까지가 사단칠정 논쟁에서 이발이냐 기발이냐 하는 것이다.] 오직 기발만 있으므로, 그 귀결은 '심시기(心是氣, 心=氣)'[마음=기]에 이른다. 심시기의 연원은 주희의 "심이란 기의 정상(精爽)[만물의 근원을 이룬다는 신령스러운 기운]이다"라고 한 구절에서 따온 것이지만, 전체 맥락에서 보면 정작 주희는 심을 '합리기(合理氣)'[리와 기가 결합된 것][마음=리+기]로 보았다. 즉, 이이나 그 후계자인 송시열, 한원진, 임성주 등은 주희의 정확한 요약을 한 것이 아니라 자기식 요약을 했다는 주장이다.

김인환 金仁煥 KIM Inhwan
유교조선 지성사론 儒敎朝鮮 知性史論
The Intellectual History of the Confucian Joseon

297 **한원진 ④ 극기복례와 격물치지가 인간의 의무다** | 한원진은 마음과 본성을 구별하여 마음은 기이고 본성은 리라고 하였다. 사람의 지각이나 동물의 지각이나 지각하는 활동은 기의 작용이다. 사람의 마음도 기의 작용이지만 그것은 외부 사물에 반응하는 지각을 초월하여 리를 인식하는 역동적 활동이다. 사물과 마음을 구성하는 기를 통해서 리를 인식하고 '리와 기' / '본성과 마음'의 관계를 통해서 세계를 이해하는 포괄적 체계 속에서, 전체는 리 하나이지만, 부분들은 여러 개의 기와 여러 개의 리로 분화되고, 부분들에는 같은 부분들과 다른 부분들이 있기 때문에, 세계는 일다동이(一多同異)의 체계를 형성하게 된다. 리에는 동일한 '하나의 리'와, 같고 다른 '여러 개의 리'가 있으나, 기에는 같고 다른 '여러 개의 기'가 있을 뿐이다. 그렇다면 미발 상태의 인의예지를 이발 상태의 현실에서 실천하는 극기복례(克己復禮)[사사로운 욕심을 버리고(자기를 이기고) 예로 돌아감]와 격물치지(格物致知)가 인간의 의무가 된다. 주희의 저서 전체를 면밀하게 연구하여 구성한 체계이므로 한원진의 사유는 퇴계학파를 제외한 대부분의 유학자들에게 주희 철학의 정확한 요약이라고 간주되었다.

임성주(1711~1788)의 집안은 노론 계열의 명문가로, 아버지 임적(任適, 1685~1728)은 권상하(權尙夏, 1641~1721)의 문인으로 훗날 함흥판관(咸興判官)에 올랐고, 어머니는 호조(戶曹) 정랑(正郎)을 지낸 윤부(尹扶, 1656~?)의 딸이었다. 여동생 임윤지당(任允摯堂, 1721~1793)은 여성으로서 성리학자가 되었고, 남동생 임정주(任靖周, 1727~1796)도 형의 학통을 이어받았다. 임성주는 어려서부터 기억력이 남달라 주목을 받았고, 16살 때 이이의 글을 보고 뜻을 세웠으며, 이재[李縡, 도암(陶菴), 1680~1746, 김창협의 제자]의 문하에서 익혔다. 과거에 뜻을 두지 않았으나, 주위의 청으로 22세 때인 1733년(영조 9)에 사마시(司馬試)에 응시해 관직에 나간다. 1750년(영조 26)에 세자익위사(世子翊衛司) 세마(洗馬)[세자를 보필하는 정9품으로 품계는 낮으나 외척이나 공신의 자제가 맡았다.]를 거쳐 시직(侍直)[정8품]으로 승진했으나 곧 관두고, 1758년부터 공주의 녹문(鹿門)[지금의 대전 신동 근처]에 은거했다. 이후 세자의 보위나 지방관에 임명되곤 할 때마다 병을 이유로 곧 사직하고 경학에 매진했다. 말년에는 여동생 윤지당(允摯堂)이 살던 원주에서 지내기도 했다.

임성주가 학자들과 주고받은 논쟁과 글들은 사후에 동생 임정주가 7년간 편집해 1795년(정조 19)에 26권 13책으로 펴냈는데, 그 중 「녹려잡지(鹿廬雜識)」와 「산록(散錄)」 등이 이기론의 정수를 담고 있다. 이 글들에서 그는 '성즉기(性卽氣)'가 '성즉리'나 다를 것이 없다고 주장했다. 곧 기를 강조한 것으로, 리는 능동성이 없을 뿐더러 나아가 아예 기의 속성에 불과하다는 것이다. 우주와 마음의 본체는 오로지 생기 하나뿐이라고 한 그의 유기론(唯氣論)을 이병도는 '의심할 여지 없는 주기론(主氣論)'으로 단정했지만, 한편으로 인간의 선한 본성이 관념이 아니라 실재하는 것이고 현실에서 실현되어야 한다는 낙관적 세계관으로 해석(김문준)되기도 한다.

김인환 金仁煥 KIM Inhwan
유교조선 지성사론 儒敎朝鮮 知性史論
The Intellectual History of the Confucian Joseon

임성주 ① 리와 기는 둘로 나눌 수 없다[리기동실(理氣同實)] | 한원진의 『주자언론동이고』가 나온 이후 주자의 사유를 추적하는 데서 벗어나 사유의 방향을 돌려 주체적 탐구를 시작하는 유학자들이 나오기 시작했고 그 가운데는 고유의 체계를 구성한 사람들도 있었다. 임성주[任聖周, 녹문(鹿門), 1711~1788]는 리와 기를 둘로 나눌 수 없다고 하였다. 그는 "리와 기를 논할 때 반드시 리기동실(理氣同實)[리와 기의 실질이 같다.]과 심성일치(心性一致)로 종지를 삼았다."[주 151] [임성주, 「답이백눌(答李伯訥)」, 『녹문집(鹿門集)』韓國文集叢刊 228 권5 (민족문화추진회, 1999), 91.] 내용에는 존재 근거[所以然(소이연)]와 존재 양상[然(연)]이라는 차이가 있지만 근거와 양상의 실질이 동일하므로 리는 보편적[通(통)]이고 기는 개별적[局(국)]이라는 식으로 리와 기를 둘로 보면 안 된다는 것이다. "리로부터 말하면 리가 본래 순수하므로 기가 절로 순수하며 기로부터 말하면 기가 순수하므로 리가 순수하다. 리가 순수하지 않으면 기는 절로 순수할 수 없다. 만일 기가 순수하지 않다면 리가 공중에 매달려 홀로 순수할 수 있겠는가?"[주 152] [임성주, 「답이백눌」, 『녹문집』 권5 (1999), 91.] 임성주는 리와 기의 실질은 동일하나 기에서 기를 통하여 리를 말해야 한다[就氣上指言其理(취기상지언기리)][주 153] [임성주, 「답김백고(答金伯高)」, 『녹문집』 권6 (1999), 112.]고 주장하였다. 리에는 형체가 없고 운동이 없으나 기에는 자취가 있고 운동이 있기 때문이다.

녹문 임성주[鹿門 任聖周, 1711~1788]의 『**녹문집(鹿門集)**』(1795년 초간본) 권19 「녹려잡지(鹿廬雜識)」의 첫면, 1759년 집필. [규장각 제실 도서]

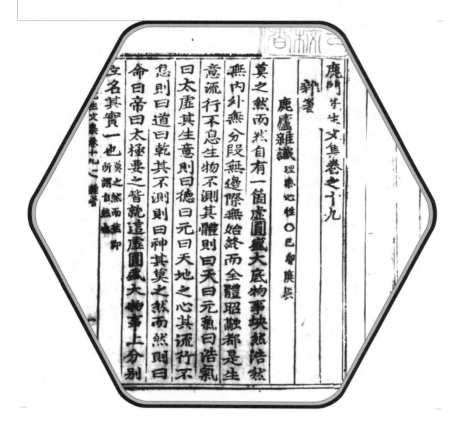

김인환 金仁煥 KIM Inhwan
유교조선 지성사론 儒敎朝鮮 知性史論
The Intellectual History of the Confucian Joseon

299 임성주 ② 우주와 마음의 본체는 오로지 생기 하나뿐 | "우주의 상하 내외에 시작도 끝도 없이 넘칠 만큼 가득 차서 허다한 조화를 만들고 허다한 인물을 낳는 것은 기일 뿐이다. 거기에는 리라는 글자를 끼워 넣을 틈이 없다. 기의 성능이 이와 같이 성대하여 이와 같이 작용하는 것이니 누가 시켜서 그렇게 하는 것이 아니라 저절로 그렇게 한다고 말할 수 있을 뿐이다. 이 저절로 그렇게 되는 곳에 나아가 성인이 리라고 하고 도라고 하였으나 그 이른바 자연(自然) 또는 당연(當然)이라고 하는 것이 따로 경계가 있는 것이 아니고 다만 기에서 말한 것일 뿐이니 연(然)이라는 글자는 바로 기를 가리킨 것이고 자(自)라는 글자와 당(當)이라는 글자는 그냥 첨가하여 그 의미를 형용한 것이다."[주 154] [임성주, 「녹려잡지(鹿廬雜誌)」, 『녹문집』 권19 (1999), 384.]

300 임성주 ③ "리와 기를 나누어 둘로 여긴 것이 오래 되었구나" | 임성주에 의하면 리에도 하나의 리와 여러 개의 리가 있고 기에도 하나의 기와 여러 개의 기가 있으며, 하나라는 관점에서 본다면 리만 하나가 아니고 기도 하나이고 여럿이라는 관점에서 본다면 기만 여럿이 아니고 리도 여럿이다. 그는 율곡의 리통기국(理通氣局)[리(理)는 두루 통(通)하고, 기(氣)는 국한(局)되어 있다.]에 반대하여, 리통리국(理通理局)[리(理)는 두루 통(通)하고 국한(局)되어 있기도 하다.]과 기통기국(氣通氣局)[기(氣)는 두루 통(通)하고 국한(局)되어 있기도 하다.]을 주장하였

녹문 **임성주**[鹿門 任聖周, 1711~1788]의 필적을 보여 주는 **간찰**, 1741년.

아주까리 수첩 **8** 다 말하게 하라
김인환 金仁煥 KIM Inhwan
유교조선 지성사론 儒教朝鮮 知性史論
The Intellectual History of the Confucian Joseon

다. 리는 보편적이고 기는 개별적이라고 하면 안 된다, 리에도 보편적인 리와 개별적인 리가 있고 기에도 보편적인 기와 개별적인 기가 있다고 해야 한다는 것이다. "기를 말할 때 여럿만이 기이고 하나는 기가 아니란 말인가? 리를 말할 때 하나만이 리이고 여럿은 리가 아니란 말인가? 아, 리와 기를 나누어 둘로 여긴 것이 오래 되었구나."[주 155] [임성주,「녹려잡지」,『녹문집』권19 (1999), 395.] 이 하나의 기를 임성주는 담일청허지기(湛一淸虛之氣)[맑게(湛) 한데 어울리고(一) 맑게(淸) 텅 비어 있는(虛) 상태의 기(氣)]라고 하고 음양과 오행, 사람과 사물이 모두 이 기의 변화로 생성된 구성체라고 하였다. "한결같이 맑고 깨끗한 이 하나의 기가 움직이면 양이 되고 고요하면 음이 되며 변화하면 봄에 나무가 되고 여름에 불이 되고 가을에 쇠가 되고 겨울에 물이 된다."[주 156] [임성주,「녹려잡지」,『녹문집』권19 (1999), 386.]

301 **임성주 ④ 성(性)은 마음의 본체, 정(情)은 마음의 작용** | 임성주는 심(心)이라는 글자가 먼저 만들어진 후에 성(性) 자와 정(情) 자가 만들어진 것으로 미루어 성과 정을 각각 심(마음)의 본체와 작용으로 해석하였다. 본성과 감정은 모두 마음에 포함되어 있다. 본성은 마음의 본체가 되고 감정은 마음의 작용이 된다. 임성주는, 본성을 개별적인 리라고 보고 본성이 마음의 본체이므로 마음을 기라고 하는 주희 학설에 반대하여, 리와 기, 마음과 본성을 모두 동의

어로 사용하였다. "마음과 본성은 하나이다. 마음을 제외하고는 다시 본성이 없고 본성을 제외하고는 다시 마음이 없다."[주 157] [임성주, 「녹려잡지」, 『녹문집』 권19 (1999), 392.]

|

302 **임성주 ⑤ 기를 잘 함양한다는 것의 뜻** | 임성주는 기를 한결같이 맑은 기[湛 一之氣(담일지기)]와, 기질과, 앙금[渣滓(사재)[찌꺼기]]으로 나누었다. "기의 본체는 한결같이 맑을 뿐이나 그것이 모여서 형체로 굳어질 때 혹 앙금이 섞일 수 있다."[주 158] [임성주, 「녹려잡지」, 『녹문집』권19 (1999), 397.] 앙금은 미발(未 發)[감정이 일어나기 전] 상태에서는 작용하지 않고 이발(已發)[감정이 일어났을 때] 상태일 때 일시적으로 작용한다. 미발 상태에서나 이발 상태에서나 본성은 본래적으로 본연지성[本然之性]이다. 그러나 이발 상태에서는 기질이 작용하 는데 기질에는 맑고 깨끗한 기와 비본래적인 앙금이 섞여 있기 때문에 악이 발생할 가능성이 있다. "이른바 앙금은 맑고 깨끗한 본체와 섞어서 같이 말할 수 없는 것이나 맑고 깨끗한 본체의 밖에 있다고 말할 수도 없는 것이다. 기의 기틀이 한번 움직이면 앙금이 작용하여 맑고 깨끗한 것이 흐리고 더럽게 될 수도 있다."[주 159] [임성주, 「답이백눌」, 『녹문집』권4 (1999), 73.] 기질에 내재하는 앙금이 작용하지 못하도록 맑고 깨끗한 기운을 북돋워서 이발 상태에서도 본 연지성을 실천해야 한다. "기를 잘 함양한다는 것은 기질을 변화시켜서 기의 본체를 회복하는 것이다."[주 160] [임성주, 「답이백눌」, 『녹문집』권5 (1999), 93.] 이 백눌에게 보낸 27통의 편지에는 임성주의 자기 교육 방법이 조리 있게 논술 되어 있다.

|

기정진 ① 임성주와 동일한 내용(리와 기는 하나다)을 리 중심으로 구성 | 기정진[奇正鎭, 노사(蘆沙), 1798~1879]은 임성주와 동일한 내용을 리 중심으로 구성하였다. 제자들의 질문에 대답한 내용을 주제에 따라 분류하여 15권으로 편찬한 『답문류편(答問類篇)』에는 그의 주리설이 조리 있게 정리되어 있다. 그에 의하면 세계는 경험의 차원에서 보면 기이고 사유의 차원에서 보면 리이다. "리와 기는 결합하여 일체가 되어 존재하고 변화한다. 리와 기는 서로 떨어지지 않는 것이나 '무엇 때문에 그렇게 존재하고 그렇게 변화하는가'라고 물을 때 그 까닭은 리에 있는 것이지 기에 있는 것이 아니다."[주 161] [기정진, 『답문류편(答問類篇)』, 『노사선생전집(蘆沙先生全集)』 권1 (보경문화사, 1983), 625.] 기정진은 음양오행을 기라고 하는 주희의 의견에 반대하였다. "음양이 오직 기만을 가리킨다는 것은 말이 되지 않는다. 리가 있기 때문에 기가 있는 것이다. 어찌 리 없는 기가 있겠는가?"[주 162] [기정진, 『답문류편』, 『노사선생전집』 권1 (1983), 629.] "양이 움직이고 음이 고요한 것을 겉에서만 보면 스스로 가고 스스로 멈추는 것 같지만, 그 실질을 깊이 생각해 보면 한결같이 천명이 그렇게 시키는 것이다. 천명이 그렇게 시키기 때문에 음양이 그렇게 하지 않을 수 없는 것이고 이것을 소이연(所以然)이라 하는 것이다. 천명 이외에 따로 소이연이 있는 것이 아니다.[주 163] [기정진, 「외필(猥筆)」, 『노사선생전집』 권16 (1983), 369.]
|

기정진 ② 리는 통합의 원리이면서 동시에 분화의 원리 ㅣ 리의 통일성과 기의 다양성을 대조하는 대신에 기정진은 리 자체의 통일성과 다양성 때문에 기의 통일성과 다양성이 생성되는 것이라고 생각했다. 하나의 리와 여러 개의 리 는 서로를 함축하고 있으므로[理分相涵(리분상함)] 여러 개의 리에는 하나의 리가 내재되어 있다는 것이다. 만물의 개별적 고유성도 하늘로부터 받은 리 이다. 리는 통합의 원리[理一之理(리일지리)]이면서 동시에 분화의 원리[分殊 之理(분수지리)]이다. "일(一)은 만(萬)의 총체이고 만은 일의 내실이다. 만을 제외하고 일을 말하거나 일을 제외하고 만을 말하는 것은 모두 리를 알지 못 하는 것이다."[주 164] [기정진, 『답문류편』, 『노사선생전집』 권1 (1983), 626.] "드러난 것으로부터 보면 동정(動靜)[운동과 정지]은 시간(時間)을 달리하고 음양(陰 陽)은 공간(空間)을 달리하지만 태극(太極)은 있지 않은 때가 없고 있지 않 은 곳이 없다."[주 165] [기정진, 『답문류편』, 『노사선생전집』 권1 (1983), 622.] "이것과 같은 것은 반드시 이것과 같지 저것이 되지 않으며 저것과 같은 것은 반드시 저것과 같지 이것이 되지 않는다. 사물이 변화할 때 각기 일정하게 분화되는 것이니 그 분화에는 지나침이나 모자람이 있을 수 없어서 거기에 무엇을 더 하거나 덜거나 할 수 없다."[주 166] [기정진, 『답문류편』, 『노사선생전집』 권1 (1983), 620~621.]

<u>305</u> **기정진 ③ 켄타우로스처럼 기와 리는 애초에 한 몸** | 보편적 리와 개별적 기가 있는 것이 아니고 보편성과 개별성이 모두 리에 근거하여 성립하므로 기는 분화의 기반이 될 뿐이고 분화의 원인은 어디까지나 리라는 것이다. 사람과 사물의 차이도 리에 근거하여 분화되는 것이다. 사람과 사물의 차이가 기의 막힘과 트임에 따른 것이라면 리는 실재가 아니라 공허한 관념으로 전락한다. 기정진은 '기발이승(氣發理乘)'을, 사람이 말을 타듯이 기가 있고 리가 그것을 탄다고 해석하지 않고, 말과 사람이 한 몸인 켄타우로스[그리스어 Κένταυρος (Kentauros), 라틴어 Centaurus]처럼 애초에 한 몸인 기와 리가 동시에 작용한다고 해석하였다. | "기질지성[氣質之性]은 애초에 가지고 태어나는 것이므로 때에 따라 있거나 없거나 하는 것이 아니다. 이것은 누구도 반대할 수 없는 일반론이다. 그러나 그렇다면 본연지성[本然之性]은 어디에 있는 것인가? 본연지성은 기질이 궤도에서 벗어나지 않는 것을 가리킬 따름이다. 기질이 불미한 사람도 혼미하지 않을 때에는 바르게 행동한다. 미발(未發) 상태에서는 기질이 궤도를 따르니 그것이 바로 본연지성이 아니고 무엇인가?"[주 167] [기정진, 「납량사의(納凉私議)」, 『노사선생전집』 권16 (1983), 367~368.]

|

<u>306</u> **기정진 ④ "악에도 악의 리가 있다"** | 기정진은 악에도 악의 리가 있다고 했다. 기연(其然)[그런 것]에는 소이연(所以然)[그런 이유]이 있게 마련이니

노사 기정진[蘆沙 奇正鎭, 1798~1879]의 상소문 **「육조소(六條疏)」**의 일부분, 1866.[대한민국역사박물관] 병인양요[1866년(고종 3년)]를 겪은 직후 위정척사론의 관점에서 서양 열강의 침략을 염려해 여섯 가지 방비책을 올린 것이다.

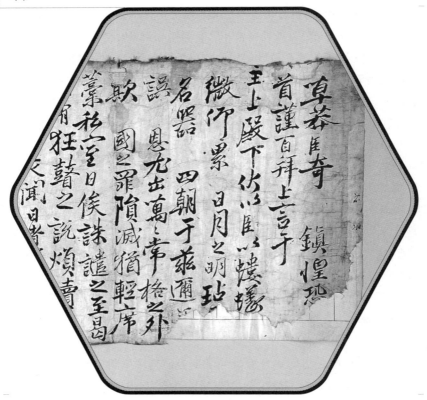

아주까리 수첩 **8** 다 말하게 하라
김인환 金仁煥 KIM Inhwan
유교조선 지성사론 儒敎朝鮮 知性史論
The Intellectual History of the Confucian Joseon

선과 악에도 선과 악이 된 까닭이 있을 것이라고 생각했기 때문이다. "리와 기는 일체이니 기의 흐트러짐[不齊(부제)] 또한 리가 가지런하지 못하도록 시킨 것임을 알아야 한다. 천하에 어찌 리 밖의 기가 있겠는가?"[주 168] [기정진, 「답경도(答景道)」,『노사선생전집』권15 (1983), 355.] **사단(四端)**[단(端)은 실마리라는 뜻이고, 사단(四端)은 사람의 본성에서 우러나는 네 가지 마음씨다. 인(仁)에서 우러나는 측은지심(惻隱之心), 의(義)에서 우러나는 수오지심(羞惡之心), 예(禮)에서 우러나는 사양지심(辭讓之心), 지(智)에서 우러나는 시비지심(是非之心)으로, 정신적 측면인 이성적 도덕적 판단을 말한다.]**과 칠정(七情)**[기쁨[喜(희)], 노여움[怒(노)], 슬픔[哀(애)], 두려움[懼(구)], 사랑[愛(애)], 싫어함[惡(오)], 바람[欲(욕)] 등 신체적 변화를 동반하는 심리 측면의 감정(정서) 일곱 가지를 말한다.]**은 모두 리에 근거하여 기가 작용한 것들이다. 칠정 가운데 중심이 되는 감정은 좋음**[愛(애)]**과 싫음**[惡(오)]**과 기쁨**[喜(희)]**과 분노**[怒(노)]**인데 이러한 감정들은, 분노해야 할 때 분노하지 못하거나 과도하게 분노할 가능성이 있어서, 인의예지라는 본연의성에 넘치거나 못 미치는 경우가 발생할 수 있다.** "하늘은 무심하여 만물을 재질에 따라서 북돋우므로 리가 바로 실현되지 않음이 없다. 사람의 일은 그렇지 않아서 한 몸의 사사로움으로 천물(天物)[자연]을 덜거나 더하기 때문에 리가 바로 실현되지 않을 때가 많다."[주 169] [기정진,『답문류편』,『노사선생전집』권1 (1983), 639.]

기정진의 상소문 「육조소(六條疏)」는 『승정원일기』 1866년(고종 3) 음력 8월 16일에 그 전문이 기록되어 있다. 일찍이 여러 차례 관직에 천거되었음에도 끝내 나아가지 않아 당시 부호군(副護軍)의 지위였던 기정진이 제안한 내용은 ① 조정의 계책을 미리 정할 것, ② 사령(辭令)[외교 인사]을 잘 준비하는 것, ③ 지형을 잘 살필 것, ④ 병사 훈련, ⑤ 바른 말을 구할 것, ⑥ 내치에 힘쓸 것 등 여섯 가지였다. "그들이 가진 끝없는 탐욕은 우리 나라를 자신의 속국으로 만들고, 우리의 산하를 자신의 것으로 하고, 우리 나라의 백관을 자신의 노복으로 삼고, 우리의 예쁜 소녀들을 잡아가고 우리의 백성을 금수와 같이 만들어 버릴 것입니다. 만약 통상의 길이 한번 트인다면 2~3년이 못 되어 전하의 모든 백성 중에 서양 오랑캐가 되지 않을 사람이 거의 없을 것입니다. 따라서 절대로 그대로 방치할 수 없으며 조금의 관용도 베풀어서는 안 되는 것입니다. 요즈음 사치를 좋아하는 경박한 무리들이 서양 물건이라면 무엇이든 쌓아 두려 하고 서양 옷감으로 만든 옷을 만들어 입으려 하니, 이것이 가장 불길한 일이며 곧 서양 오랑캐의 세력이 침투되고 있다는 조짐입니다. 중외(中外)[조정(朝廷)과 민간]의 모든 관리에게 명하여 전인(廛人)[가게 차려 놓고 물건을 파는 사람]이 쌓아 둔 서양 물건을 모두 찾아 압수하여 큰 거리에서 불살라 버리도록 하소서. 그리고 이후에 서양의 물건을 매매하는 자가 있다면 외적과 내통한 죄로써 처벌하소서. [⋯] 조목이 매우 많지만 그 귀결점은 바로 인심을 결속시켜야 한다는 한 마디에 불과합니다. 따라서 사람을 쓰거나 정사를 돌볼 때에는 언제나 인심을 결속시켜야 한다는 생각을 절대로 잊지 않도록 하소서."

김인환 金仁煥 KIM Inhwan
유교조선 지성사론 儒教朝鮮 知性史論
The Intellectual History of the Confucian Joseon

307 기정진 ⑤ 마음도 리와 기의 복합체다 | 기정진은 기(氣)와 질(質)이 몸을 구성하고 정(精)과 신(神)이 마음을 구성한다고 하였다. 질도 기가 엉긴 것이지만 사물의 행위와 변화를 기라고 하고 사물의 존재와 형체를 질이라고 하여 동태적인 기와 정태적인 질이 사물을 구성한다고 설명했다. 구체적으로 피도 기가 엉긴 것이지만 "피의 얼[靈(영)]을 정(精)이라고 하고 숨[氣(기)]의 얼을 신(神)"[주 170] [기정진,『답문류편』,『노사선생전집』권3 (1983), 656.]이라고 하여 물질적인 피와 숨에 내재하는 정신(精神)이 마음의 바탕을 구성한다는 것이다. 즉 '마음이 기'라는 주희의 견해에 반대하여 마음도 리와 기의 복합체라고 주장하였다. | "몸이란 무엇인가? 기와 질이 모인 것이다. 오장에서 뼈와 살까지 질이 아닌 것이 없고 형질의 속에서 흐르고 바뀌는 것 가운데 기가 아닌 것이 없다. 기질과 몸은 같은 말이다. 몸에서 기질을 제거하면 몸이 없어지고 몸이 없어지면 사람도 없어진다."[주 171] [기정진,「형질기질설(形質氣質說)」,『노사선생전집』권16 (1983), 373.]

|

308 기정진 ⑥ '저만 앎'을 극복하기 | 몸 자체가 사물이기 때문에 몸은 물욕에 흔들릴 가능성을 가지고 있다. 좋은 음식을 앞에 두고 몸이 하고 싶은 대로 하게 하면 많이 먹어 탈이 나기 쉽다. 마음의 본연지성은 몸이 과도하게 행동하거나 미흡하게 행동하지 못하도록 제어할 수 있는 능력을 가지고 있다. 기정진은 '저만 앎'을 악이라고 하였다. 이발(已發)[감정이 일어났을 때] 상태에서 미발(未發)[감정이 일어나기 전] 상태의 선을 실천하는 극기복례(克己復禮)의 목표는 사심을 극복하고 본심을 회복하는 무사(無私)[사사로움이 없음]에 있다.

|

혜강 **최한기**(1803~1877)는 개성의 몰락 양반 집안에서 태어났다. 개성의 주기파(主氣派) 서경덕(徐敬德, 1489 ~1546), 한경리(韓敬履, 1766~1827), 김헌기(金憲基, 1774~1842)에게 배우고 이후 김정희(金正喜, 1786~ 1856)를 통해 박제가(朴齊家, 1750~1805), 박지원(朴趾源, 1737년~1805)의 학설을 익혔다. 또한 골동 취미가 있던 양아버지(5촌 당숙) 덕분으로 중국의 책과 문물을 일찍 접했다. 1825년(순조 25)에 진사에 급제했으나 그 과 정에서 과거의 폐단을 보고 평생 관직에 나가지 않고 학문에 몰두했다. 지동설, 천문학을 비롯해 중국에 들어와 있 던 서양 사상을 받아들여 자연 과학적 사유 방식을 동양의 성리학에 적용하면서 독특한 기철학으로 발전시켰다. 김 정호(金正浩, 1804~1866), 이규경(李圭景, 1788~1856) 등과 평생 사귀었고, 말년에는 자신이 모았던 책을 저 당 잡혀 생계를 유지했다. "학문이 생활에 있으면 실(實)의 학문이 되고, 생활에 있지 않으면 허(虛)의 학문이 된다" 며 북학(北學)[북쪽에 있는 나라인 당시 청나라의 선진 문물(학문)]을 받아들이자고 한 그의 주장을 대원군은 불쾌하게 여겼 고 그의 저술 대부분은 당대에 언급되지 않았다. 최한기의 방대한 저술 중 일부[『신기통(神氣通)』과 『추측록(神氣 通)』을 합편한 『기측체의(氣測體義)』 등]만이 중국에서 인정받아 북경 인화당(人和堂)에서 출판되었고 정작 국내 학계에서는 잊혔다. 1970년대 들어서야 재발견되어 1971년 『명남루총서(明南樓叢書)』가 간행되고, 1979년 국사 편찬위원회에서 한글본이 나오기 시작했다. 새로 발굴된 저술을 추가해 1986년 『명남루전집(明南樓全集)』 3책이 간행되었다.

김인환 金仁煥 KIM Inhwan
유교조선 지성사론 儒教朝鮮 知性史論
The Intellectual History of the Confucian Joseon

309 최한기 ① 기는 우주 구성의 원소 | 최한기[崔漢綺, 혜강(惠岡), 1803~1877]는 기를 우주 구성의 원소라고 정의하고 사람이나 사물이나 몸이나 마음이나 모두 기로 구성되어 있다고 하였다. 그는 자신의 사유 체계를 기학(氣學)이라고 명명하였다. 천지의 기가 형체의 기로 응집되었다가 형체의 기가 해체되면 다시 천지의 기로 돌아가는데, 기는 보편적 실재이지만 이처럼 응집되고 해체되는 과정에서 질의 개별성이 형성된다고 설명하였다. 기는 실재이고, 사물과 사람은 실체이며, 실체들은 수많은 관계의 집합체로서 다양한 관계들의 서로 다른 양태가 실체들의 질을 형성한다는 것이다. "사람과 물건의 기가 다른 이유는 기에 있지 않고 질에 있다."[주 172] [최한기, 「기질각이(氣質各異)」, 『신기통(神氣通)』 권1, 『명남루전집(明南樓全集) 1』 (여강출판사, 1986), 10.]

310 최한기 ② 구체적 기를 통해 추상적 리를 찾는 기학(氣學) | 최한기는 실재로서의 기를 그냥 기(氣)라고 하고, 과정으로서의 기를 신기(神氣)라고 하여 기를 실재와 과정의 양면에서 고찰하였다. 신기는 운동하고 변화하는 기의 성질을 지칭하는 용어이므로 사물에도 적용할 수 있으나 최한기는 상당히 많은 경우에 신기를 사람의 마음과 동의어로 사용하였다. 그는 구체적인 기와 추상적인 리를 구별하고 리를 기의 운동 규칙이라고 규정하였다. 그는 구체적인 기를 통해서 추상적인 리를 찾는 자신의 기학(氣學)과, 구체성이 결여된

혜강 최한기[惠岡 崔漢綺, 1803~1877]의 **<황도남북항성도(黃道南北恒星圖)>** 중 황도북항성도(黃道北恒星圖)
부분, 1834. [국토지리정보원 지도박물관]

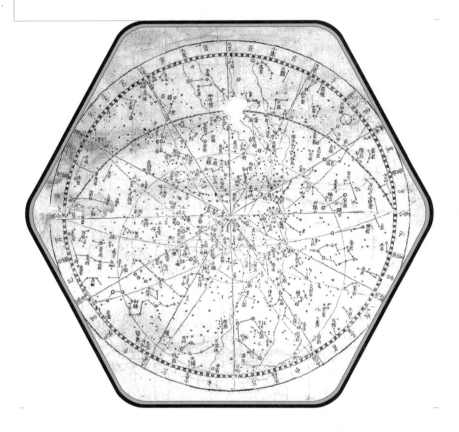

김인환 金仁煥 KIM Inhwan
유교조선 지성사론 儒教朝鮮 知性史論
The Intellectual History of the Confucian Joseon

추상적인 차원에서 리의 관념을 해명하려고 한 종래의 리학(理學)을 구별하였다. | "리는 형체가 없고 기는 자취가 있다. 그러므로 기의 자취를 따라 탐구하면 리는 저절로 드러나게 되어 있다. 리를 찾을 수 있는 단서가 기에 있는 것이다. 기의 자취를 버리고 형체가 없는 리를 해명하려고 하면 환하게 드러난 기가 도리어 자취를 감추게 되므로 리는 근거와 표준을 상실하여 막막하게 될 것이다."[주 173] [최한기, 「리재기중(理在氣中)」, 『추측록(推測錄)』 권2, 『명남루전집 1』 (1986), 107.]

|

311 최한기 ③ 자연의 법칙[유행지리(流行之理)]과 사고의 법칙[추측지리(推測之理)] | 최한기는 자연의 법칙을 유행지리(流行之理)라고 하고 사고의 법칙을 추측지리(推測之理)라고 하였다. 유행이란 기의 운동과 변화를 말하고 추측이란 기의 운동과 변화를 파악하는 인간의 직관과 사유를 말한다. "유행지리는 자연의 법칙이므로 더하거나 덜할 수 없으나 추측지리는 사실과 일치하면 맞고 사실과 어긋나면 틀리므로 고치고 바꿀 수 있다."[주 174] [최한기, 「리유기통(理由氣通)」, 『신기통』 권1, 『명남루전집 1』 (1986), 15.] 여기서 추(推)라는 것은 경험한 것을 결합하는 것이고 측(測)이라는 것은 경험한 것을 경험한 것에 포함되어 있는 수많은 연관 사항들로 확대하여 특수한 관계들을 보편적 체계에 편입하는 것이다. 다시 말하면 추는 직관에 해당되고 측은 사유에 해당된다.

혜강 최한기[惠岡 崔漢綺, 1803~1877]의 **<황도남북항성도(黃道南北恒星圖)>** 중 황도남항성도(黃道南恒星圖)
부분, 1834. [국토지리정보원 지도박물관]

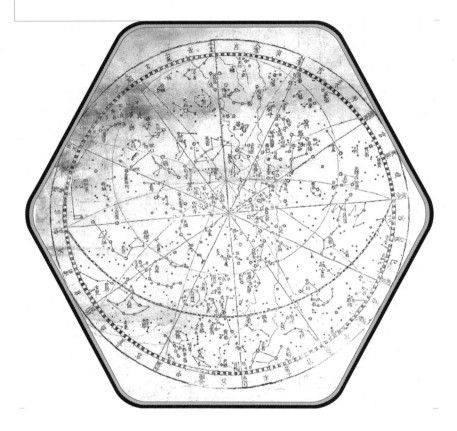

아주까리 수첩 **8** 다 말하게 하라
김인환 金仁煥 KIM Inhwan
유교조선 지성사론 儒敎朝鮮 知性史論
The Intellectual History of the Confucian Joseon

"인(因) 자, 이(以) 자, 유(由) 자, 수(遂) 자는 추(推) 자와 같은 뜻이고 양(量) 자, 탁(度) 자, 지(知) 자, 리(理) 자는 측(測) 자와 같은 뜻이다."[주 175] [최한기, 「성학급문자추측(聖學及文字推測)」, 「추측제강(推測提綱)」, 『추측록』 권1, 『명남루전집 1』(1986), 76.] "음식을 먹고 맛을 변별하는 것은 직관하고 사유하는 것이며, 간을 맞춰서 맛을 조화시키는 것은 사유하고 직관하는 것이다. 책을 읽고 뜻을 아는 것은 직관하고 사유하는 것이며, 글을 지어서 뜻을 통하게 전달하는 것은 사유하고 직관하는 것이다."[주 176] [최한기, 「추측즉시지(推測卽是知)」, 「추측제강」, 『추측록 』 권1, 『명남루전집 1』(1986), 81.]

312 **최한기 ④ 기(자연의 이치)를 직관하여 법칙(마음의 이치)을 사유하는 기학**

| "리학을 주장하는 사람은 추측지리[推測之理]를 유행지리[流行之理]와 뒤섞어서 자연의 이치를 마음의 이치로 여기거나 마음의 이치를 자연의 이치로 여긴다. 그러한 관념의 유희로는 자연의 법칙을 발견하지 못할 뿐 아니라 추측하는 것도 어긋나서 빈 그림자만 남을 뿐이다. 기학을 주장하는 사람은 기를 직관하여 법칙을 사유한다. 여기서 직관되는 것은 자연의 이치이며 사유되는 것은 마음의 이치이다. 기가 흐르고 움직이는 것을 기준으로 삼아서 마음이 그것에 어긋나지 않게 하므로 직관과 사유가 기의 흐름과 움직임에 저절로 부합한다. 이것이 직관과 사유를 실행하는 것이다."[주 177] [최한기, 「주리주기(主理主氣)」, 『추측록』 권2, 『명남루전집 1』(1986), 114.]

최한기 ⑤ 인식에 어찌 특별한 방법이 있겠는가? | 최한기는 지식이 경험에 유래한다고 단언하였다. "사람이 하늘에서 받은 것은 마음과 몸[四肢(사지)] 과 기를 지각하는 감각 기관들[諸竅(제규)]뿐이다. 사람이 인식할 때 구비한 것은 이것들뿐이요 다른 것에서 얻어온 것은 아무것도 없다."[주 178] [최한기, 「지각추측개자득(知覺推測皆自得)」, 『신기통』 권1, 『명남루전집 1』(1986), 8.] 지각의 유래를 경험 아닌 다른 데서 찾는 사람은 부질없이 정력을 허비하고 마음을 괴롭게 할 뿐이며 그런 사람의 인식은 혼미하게 될 것이고 실행은 허망하게 될 것이다. "지각은 밖으로부터 얻는 것이지 마음에 본래 갖추어져 있는 것이 아니다."[주 179] [최한기, 「지각근원(知覺根源)」, 『신기통』 권1, 『명남루전집 1』(1986), 27.] | "사람에게는 인식의 주체인 마음[神氣(신기)]이 있고 인식[通(통)]의 수단인 감각 기관이 있으며 몸의 바깥에는 인식을 증험하는 만물이 있다. 인식하는 방법에는 바르고 곧은 방향과 순서에 따른 단계가 갖추어져 있어야 한다. 한 가지 일을 인식하고 두 가지 일을 인식하며 한 걸음씩 나아가면 점차로 인식 능력이 강하고 과감하게 되어 억지로 힘쓰지 않아도 남이 인식하지 못하는 것을 인식할 수 있게 되고 인식하지 못하는 사람을 인식하도록 가르칠 수 있게 된다. 인식에 어찌 특별한 방법이 있겠는가? 다만 나의 마음을 근거로 삼아 남의 마음을 인식하고 이 물건을 근거로 저 물건을 인식하며 가까운 데 있는 물건을 근거로 먼 데 있는 물건을 인식하고 형체가 있는 것을 근거로 형체

아주까리 수첩 **8** 다 말하게 하라
김인환 金仁煥 KIM Inhwan
유교조선 지성사론 儒教朝鮮 知性史論
The Intellectual History of the Confucian Joseon

가 없는 것을 인식하는 것 이외에 다른 방법이 없다. 평생의 탐구가 기(氣)와 물(物)에서 떠나지 않을 뿐이다."[주 180] [최한기, 「통유원위(通有源委)」, 『신기통』권 1, 『명남루전집 1』(1986), 10.]

314 최한기 ⑥ 다른 사람과 지식을 교환하지 않으면 보편적 인식을 성취할 수 없다 |

눈으로 빛깔을 지각하고 귀로 소리를 지각하고 입과 코로 맛과 냄새를 지각하는 것은 마음이 능동적으로 작용하는 것이며 눈과 귀와 입과 코를 통해 바깥에서 들어온 빛과 소리와 맛과 냄새를 지각하는 것은 마음이 수동적으로 작용하는 것이나 능동적이건 수동적이건 마음이 외부 대상을 지각하는 과정은 모든 사람에게 공통된다. 그러나 경험[閱歷(열력)[여러 가지 일을 겪어 지내 옴]]한 것을 직관하거나 여기 있는 이것과 저것을 비교하고 저것과 이것을 비교하는 사유의 내용은 사람마다 같지 않다. 그러므로 다른 사람과 지식을 교환하지 않으면 보편적 인식을 성취할 수 없다. "남의 일을 인식하지 못하는 사람은 자기 일만 자랑하고 남의 일을 비방한다. 남의 집 일을 인식하지 못하는 사람은 자기 집 일만 높이고 남의 집 일을 비방한다. 다른 나라의 일을 인식하지 못하는 사람은 자기 나라 일만 찬양하고 다른 나라 일을 더럽게 여긴다. 남의 종교를 인식하지 못하는 사람은 자기 종교만 옹호하고 남의 종교를 배척한다."[주 181] [최한기, 「제거불통(除去不通)」, 『신기통』권3, 『명남루전집 1』(1986), 70.]

315 **최한기 ⑦ 선악(善惡)이 곧 이해(利害)이며, 사람이 변통하는 데 달렸다** | 최한기는 선악(善惡)과 이해(利害)를 같은 말로 해석하였다. 나로 보면 나에게 이로운 것이 선이고 나에게 해로운 것이 악이며 인류로 보면 인류에게 이로운 것이 선이고 인류에게 해로운 것이 악이라는 것이다. 물론 이것은 나의 이해와 인류의 이해에 서로 통하는 영역이 있다는 것을 전제하는 주장이다. 옷을 고를 때 사람은 자기에게 어울리는 옷을 선택하려고 하면서 동시에 모든 사람의 눈에 좋게 보일 옷을 선택하려고 한다. | "선악(善惡)은 공의(公議)[공평(公平)과 정의(正義)]의 이해(利害)이고 이해는 사세(事勢)[일의 형세]의 선악이다. 세상만사의 처음부터 끝까지 은미[隱微, 은밀하고 미세함]한 것에서 현저[顯著, 뚜렷이 드러남]한 것까지 선(善)이 이(利)이고 이가 선이며, 악(惡)이 해(害)이고 해가 악이다. 선악과 이해에 어찌 하늘이 정한 불변의 척도가 있겠는가? 선이 악으로 변하기도 하고 악이 선으로 변하기도 하며 이가 해로 변하기도 하고 해가 이로 변하기도 하니 선악과 이해는 사람이 변통하는 데 달린 것이다."[주 182] [최한기,「선악이해(善惡利害)」,『신기통』권3,『명남루전집 1』(1986), 69.]

|

316 **최한기 ⑧ 인식[通(통)]의 세 단계** | 최한기는 ① 범위를 한정하고, ② 부분들을 인식한 후에 부분들의 관계를 종합하여 전체를 인식하고, ③ 인식의 내용을 검증한다는, 인식의 단계를 설정하였다. "인식[通(통)]에는 세 단계가 있

아주까리 수첩 ■8■ 다 말하게 하라
김인환 金仁煥 KIM Inhwan
유교조선 지성사론 儒敎朝鮮 知性史論
The Intellectual History of the Confucian Joseon

다. 일을 하기 전에 대강의 범위를 한정해야 하고, 일을 실행하는 도중에는 부분들의 관계를 점진적으로 종합하여 전체를 인식해야 하고, 일을 끝낸 후에는 인식의 내용을 증험해야 한다. 어찌 범위를 대충 아는 것으로 만족하여 증험을 돌아보지 않고 혼자서 기뻐할 수 있겠는가?"[주 183] [최한기, 「통유시중종(通有始中終)」, 『신기통(神氣通)』 권1, 『명남루전집 1』(1986), 29.] 🌎✪

0-4 참고 문헌

아주까리 수첩 **8** 다 말하게 하라
김인환 金仁煥 KIM Inhwan
유교조선 지성사론 儒敎朝鮮 知性史論
The Intellectual History of the Confucian Joseon

- 『幾堂玄相允全集』, 나남출판사, 2008.
- 『江漢集』, 이화여자대학교 한국문화연구원, 2015.
- 『經世遺表 原文』, 現代實學社, 2004.
- 『高宗純宗實錄』, 國史編纂委員會, 1971.
- 김인환, 『水雲選集』, 고려대학교 출판문화원, 2019.
- 『南塘集』(韓國文集叢刊 201), 民族文化推進會, 1998.
- 『南塘集』(韓國文集叢刊 202), 民族文化推進會, 1998.
- 『盧沙先生全集』, 保景文化社, 1983.
- 『鹿門集』(韓國文集叢刊 228), 民族文化推進會, 1999
- 『陶山全書』, 韓國精神文化研究院, 1980.
- 『明南樓全集一』, 驪江出版社, 1986
- 박세당, 『국역 사변록』, 민족문화추진회, 1968.
- 박지원, 『열하일기』, 김혈조 역, 돌베개, 2009.
- 『三淵集』(『韓國文集叢刊』165, 166, 167), 民族文化推進會, 1996.
- 『西溪集』(『韓國文集叢刊』134), 民族文化推進會, 1994.
- 『宋子大全』, 斯文學會, 1971.
- 沈載完, 『定本時調大全』, 一潮閣, 1984.
- 『燕巖集』, 景仁文化社, 1974.
- 尹絲淳, 『韓國儒學論究』, 玄岩社, 1980.
- 『栗谷全書』, 成均館大學校 大東文化研究院, 1987.
- 李家源, 『朝鮮文學史』, 太學社, 上1995, 中·下1997.
- 李相殷, 『儒學과 東洋文化』, 汎學圖書, 1976.
- 李正浩, 『해설·역주 訓民正音』, 寶晉齋, 1986.
- 『李退溪全集』, 退溪學研究院, 1975.
- 『定本與猶堂全書』, 사암, 2013.
- 『朝鮮王朝實錄』, 國史編纂委員會, 1971.
- 『朱熹集』, 成都:四川教育出版社, 1996.
- 최영진, 『유교 사상의 본질과 현재성』, 성균관대학교 출판부, 2002.

0-5 뒷말

정년(2011) 후에 『한국 고대 시가론』(고려대출판부, 2007)에 이어 『고려 한시 삼백수』(문학과 지성사, 2014)와 '유교조선 한 시사론'과 『한국 현대시론 강의』(서연비람, 2024)의 4부작을 계획하고 『고려 한시 삼백수』가 나온 후에 조선 전기의 한시 자료를 모으기 시작했다.

|

권근[權近, 1352~1409], 김종직[金宗直, 1431~1492], 박은 [朴誾, 1370~1422], 임억령[林億齡, 1496~1568], 박순[朴淳, 1523~1589], 고경명[高敬命, 1533~15 92]과 삼당 시인(三唐 詩人)[조선 중기에 당풍시(唐風詩)를 읊은 세 사람의 시인(詩人)][백 광훈[白光勳, 1537~1582], 최경창[崔慶昌, 1539~1583], 이달 [李達, 1539~1612]]의 문집을 읽으면서 조선 전기 시인들 이 시를 시로 만드는 자안(字眼)[시의 눈]에 공을 들였다 는 사실을 발견하고 조선 전기를 형식파 시대로 규정하였 다. 시의 눈은 한 편의 시 전체가 될 수도 있고 시연 또는 시행 또는 시구가 될 수도 있으나 조선 전기의 시인들이 시의 눈을 '자안'이라고 한 데는 시를 쓸 때 글자 하나하 나에 정성을 다해야 하며 두보나 이백의 시를 통째로 가 져다 쓰면 안 된다는 작시의 기본 원칙을 강조하려는 의 도가 들어 있다.

|

한국 고대 시가론 2007

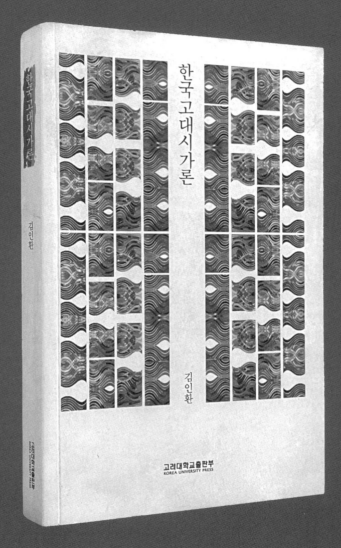

『한국 고대 시가론』은, 본 책(『다 말하게 하라—유교조선 지성사론』)의 편집자 중 한 사람이 출간(2007) 때부터 줄곧 '온 겨레의 교과서로 삼아야 한다'고 주장해 온 책이다.

고려 한시 삼백수 2014

아주까리 수첩 **8** 다 말하게 하라
김인환 金仁煥 KIM Inhwan
유교조선 지성사론 儒教朝鮮 知性史論
The Intellectual History of the Confucian Joseon

한국현대시론강의

서연비람 편서 5

한국현대시론강의

김인환 지음

한국현대시론강의

김인환 지음

서연비람

아주까리 수첩 **8** 다 말하게 하라
김인환 金仁煥 KIM Inhwan
유교조선 지성사론 儒敎朝鮮 知性史論
The Intellectual History of the Confucian Joseon

친구 집에서^(仙家) 취해^(醉) 자다^(睡) 깨어^(覺後) 어느 땐가 의심스러워^(疑)

내다보니 구름이^(白雲) 골에^(壑) 깔리고^(平) 새벽달이^(月) 지는^(沈) 때다^(時)

급하게^(翛然) 혼자서^(獨) 숲^(脩林) 밖으로^(外) 나가는데^(出)

돌길에^(石逕) 울리는 지팡이 소리에^(筇音) 자던 새들이^(宿鳥) 놀라 깬다^(知)

醉睡仙家覺後疑
취 수 선 가 교 후 의

白雲平壑月沈時
백 운 평 학 월 침 시

翛然獨出脩林外
소 연 독 출 수 림 외

石逕筇音宿鳥知
석 경 공 음 숙 조 지

|

윤원형[尹元衡, 1503~1565]을 쫓아내는 데 앞장선 박순[朴淳, 1523~1589]의 「방조운백(訪曹雲伯)」[박순,『사암집(思菴集)』권(卷)2 장(張)2]에서 자안은 '숙조지(宿鳥知)'이다. 친구의 집을 신선의 집이라고 한 것은 친구를 신선처럼 욕심 없는 사람이라고 칭찬하는 것이고 벼슬길에 매인 자기와 초야에 묻혀 사는 친구를 비교하여 자신의 모자람을 스스로 비판하는 것이다. 자다 깬 시인은 낮인지 밤인지 시간을 짐작할 수 없었다. 창밖을 보니 새벽달이 넘어가고 흰 구름이 골짜기에 나지막히 퍼져 있었다. 입궐해야 한다는 생각이 들어 부리나케 일어나 울창한 숲 밖으로 걸어 나오는데 숲길의 여기저기에 박혀 있는 돌들에 지팡이가 부딪쳐 나는 소리에 자던 새들이 깨어서 날아갔다. 쓸데없이 재산과 권력을 추구하며 부지런 떠는 사람은 자연의 질서를 어지럽힌다는 의미가 '숙조지'석 자 속에 들어 있다.

|

갈대 섬에(蘆洲) 바람이 살랑거리고(風颭) 눈이(雪) 흩날리는데(漫空)

술을 사서(沽酒) 돌아와(歸來) 작은 배를(短篷) 매고(繫)

피리를(橫笛) 몇 곡조(數聲) 부니 강에 뜬 달이 밝아지고(江月白)

자던 새들이(宿禽) 작은 섬의(渚) 안개 속으로(煙中) 날아간다(飛起)

蘆洲風颭雪漫空
노 주 풍 점 설 만 공

沽酒歸來繫短篷
고 주 귀 래 계 단 봉

橫笛數聲江月白
횡 적 수 성 강 월 백

宿禽飛起渚煙中
숙 금 비 기 저 연 중

|

고경명의 「어주도(魚舟圖)」[고경명, 『제봉집(霽峯集)』 전(全)
장2]에서 자안은 '강월백(江月白)'이다. 고경명은 임진왜
란에 의병을 일으켜 장수가 달아나고 관병이 무너진 남원
을 지키다 죽었다. 주(洲)와 저(渚)는 강 가운데 흙이 쌓
여 드러나 있는 곳으로서 작은 섬이라고 할 수 있다. 주로
새들의 서식지가 되지만 사람이 살 수 있는 넓이의 땅도
있다. 이 시의 주인공은 어부이다. 하루 종일 고기를 잡던
그는 살랑이는 바람에 눈이 흩날리는 날 저녁 느지막이
술을 사서 싣고 돌아와 작은 배를 갈대 우거진 섬에 대어
놓고 몇 곡조 피리를 분다. 젓대 소리에 따라 갑자기 날이
개어 강 위에 뜬 달이 밝아지고 자던 새들도 가락에 맞추
어 섬의 안개 속으로 날아간다. 자던 새들을 놀라게 한 지
팡이 소리와는 반대로 이 시에서 피리 소리는 자던 새들
을 가락에 맞추어 춤추게 한다. 관료의 지팡이 소리는 자
연의 조화를 어지럽게 하지만 어부의 피리 소리는 자연의
일부로서 새들의 친구가 된다. 이 시에 등장하는 술, 배,
달, 새, 강, 눈, 바람, 피리, 갈대 연기는 모두 한데 어울려
평화로운 풍경을 구성하고 있다. 피리 소리에 눈이 그치
고 달이 밝게 빛난다는 '강월백'은 우연이면서 동시에 신
비이다.

|

아주까리 수첩 8 다 말하게 하라
김인환 金仁煥 KIM Inhwan
유교조선 지성사론 儒敎朝鮮 知性史論
The Intellectual History of the Confucian Joseon

조선 전기의 한시 자료를 대충 정리하고 조선 후기로 들어가 18세기의 사가(四家)[이덕무[李德懋, 1741~1793], 유득공[柳得恭, 1748~1807], 박제가[朴齊家, 1750~1805], 이서구[李書求, 1754~1825]]의 한시와, 왕조말의 사가(四家)[강위[姜瑋, 18 20~1884], 김택영[金澤榮, 1850~1927], 이건창[李建昌, 1852~1898], 황현[黃玹, 18 55~1910]]의 한시를 읽으면서 조선 후기를 생활파 시대로 규정하고 조선 후기 한시의 생활 묘사 방법을 분석해 보려고 하였다.

콩깍지[荳穀] 쌓인 곁에[堆邊] 오솔길[細逕] 갈리었고[分]
붉은 햇살[紅暾] 막[稍] 퍼지자[遍] 소떼가[牛群] 흩어진다[散]
가을이라[秋來] 산빛은[岫] 물든 듯[欲染] 푸르고[娟靑]
비 갠 후의[霽後] 구름은[雲] 먹을 만하게[堪餐] 깨끗하다[秀潔]
갈대 그림자[葦影] 흔들리자[幡幡] 기러기[奴雁] 놀라고[駭]
벼 소리[禾聲] 살랑이자[瑟瑟] 쏘가리[鱖魚] 수선스럽다[紛]
산남에[山南] 초가 지을[誅茅] 계획을[計] 이루고[遂] 싶으니[欲]
촌영감에게[向田翁] 땅 반쯤[半分] 팔라고[許] 해야지[願]

荳穀堆邊細逕分
두 곡 퇴 변 세 경 분
紅暾稍遍散牛群
홍 돈 초 편 산 우 군
娟靑欲染秋來岫
연 청 욕 염 추 래 수
秀潔堪餐霽後雲
수 결 감 찬 제 후 운
葦影幡幡奴雁駭
위 영 번 번 노 안 해
禾聲瑟瑟婢魚紛
화 성 슬 슬 비 어 분
山南欲遂誅茅計
산 남 욕 수 주 모 계
願向田翁許半分
원 향 전 옹 허 반 분

이덕무[李德懋, 1741~1793]의 「제전사(題田舍)」[『한객건연
집(韓客巾衍集)』[유금(柳琴)이 이덕무·유득공·박제가·이서구의 시를 초록하여
1777년에 간행한 시집] (박종훈 역, 문진, 2011), 66.]는 우리 나라 시
골의 풍경을 있는 그대로 그린 시이다. 밭두렁에 쌓여 있
는 콩깍지 더미와 느릿느릿 일하러 가는 소들이 나오고
"깨끗한 구름을 마시고 싶다"는 비유가 고운 산과 어진
이웃이 있는 이 곳에서 살고 싶다는 시인의 마음을 생생
하게 표현하고 있다. "나는 두보나 이백이 아니고 조선은
당나라가 아니다. 내 시는 내 얼굴 같겠지"[이덕무,「논
시절구(論詩絶句)」]라고 주장하면서 시의 개성을 중시한
이덕무는 시에서 생활 주변의 잗다란 사건들을 구체적으
로 묘사하였다.

|

절렁절렁(郞堂) 말방울 소리(征鐸) 온 거리에(通衢) 가득한데(滿)
주막집(店舍) 새벽 닭은(晨鷄) 꼬끼요(喔喔) 우는구나(呼)
오정문(午正門) 동녘엔(東) 등롱 그림자(燈影) 어른거리고(亂)
저자 애들은(市兒) 담배를(淡婆姑) 팔려고(賣) 소리지르네(叫)

郞堂征鐸滿通衢
낭 당 정 탁 만 통 구
店舍晨鷄喔喔呼
점 사 신 계 악 악 호
午正門東燈影亂
오 정 문 동 등 영 란
市兒叫賣淡婆姑
시 아 규 매 담 파 고

|

아주까리 수첩 ❽ 다 말하게 하라
김인환 金仁煥 KIM Inhwan
유교조선 지성사론 儒敎朝鮮 知性史論
The Intellectual History of the Confucian Joseon

유득공[柳得恭, 1748~1807]의 「송경절구(松京絶句)」[『한국고전문학전집28』(고려대민족문화연구소, 1996), 115.]는 장마당이 서는 개성의 아침 풍경을 묘사한 시이다. 4음절과 3음절의 두 음보로 구성된 이 시는 뒤의 3음절 음보가 1-2, 2-1, 3 등으로 변주되어 변화를 주고 있으며 호(呼)와 고(姑)의 격구압운[隔句押韻, 한 구 걸러 운자를 사용하는 것.]이 새벽거리의 소란스러움에 어울리며 랑(郞) 당(堂) 정(征) 통(通) 정(正) 동(東) 등(燈) 영(影) 등이 말방울 소리, 닭 울음소리, 장사꾼 외는 소리를 강화해 준다. 희미한 등롱의 그림자가 일찍 가게를 여는 부지런한 상인들과 먼 길 떠나는 나그네들과 닭 우는 새벽부터 짐을 싣고 바쁘게 달려가는 말들을 비춰 준다. 하나의 시각적 이미지가 여러 개의 청각적 이미지들을 묶어 주고 있는 시이다.[인용한 한시들은 기존의 번역들을 참고하여 저자가 옮긴 것이다.]

18세기의 사가는 시대의 동요에도 불구하고 안정된 시각으로 생활 주변을 묘사할 수 있었으나 왕조말의 사가는 근대에 직면하여 전통과 근대 사이에서 방황하다 방랑[강위(姜瑋)]과 은둔[이건창(李建昌)]과 망명[김택영(金澤榮)]과 순절[황현(黃玹)]을 선택하였다. 그러나 그들의 불안정한 시각이 오히려 당대의 생활상을 생생하게 드러내었다.

조선 후기의 한시 번역들을 검토하여 전체적인 특색을 파악하고 문집을 읽어 나가려고 할 때에 갑자기 걷는 것이 매우 불편하게 되었다. 정형외과에 갔더니 척추가 앞으로 옆으로 휘어 있는 여섯 장의 엑스레이 사진을 보여 주면서 의사는 수술 시기를 놓쳐서 손댈 수 없다고 하였다. 1년 가까이 침을 맞아 보았으나 별 효과가 없었다. 문집을 읽으려면 자주 도서관에 나가야 하는데 걷기가 불편하니 자료를 수집할 수 없게 되었다. 평생 제자들에게 교정 한 번 시켜 본 적이 없는 내가 갑자기 누구의 도움을 청할 수도 없었고 또 내가 지도한 현대 문학 전공 학자들은 도와주고 싶어도 나의 연구를 도와줄 수 없었다. 한문 자료를 읽을 수 없기 때문이었다. 현대 문학 전공이라고 하여 국문학 박사가 한문을 읽지 못하는 교육 현실이 여간 딱한 것이 아니지만, 언제부터인가 한국 현대 문학 분야는 한국학에서 떨어져 나가 무국적 연구가 되었다. 이제부터는 집에 있는 자료를 가지고 할 수 있는 글을 쓸 수밖에 없게 되었다.

|

김인환 金仁煥 KIM Inhwan
유교조선 지성사론 儒教朝鮮 知性史論
The Intellectual History of the Confucian Joseon

4부작의 고리 하나가 빠진 것을 아쉬워 하다가 '유교조선 한시사론'의 배경론으로 쓴 논문 「유교조선 문학 사상의 정신사적 배경」[『학술원논문집』제60집 2호, 2021.]을 깁고 더하면 유교조선을 이해하는 나의 역사관을 보여 줄 수 있겠다는 생각이 들었고 한시사(漢詩史)가 지성사(知性史)로 바뀌어 4부작의 구성에는 맞지 않으나 문학이건 사상이건 과거는 과거 속에서 보아야 한다는 나의 내재 분석론(內在分析論)을 한 권의 책으로 엮어 보는 것도 의미가 있겠다는 생각에서 정리해 본 결과가 이 `유교조선 지성사론`이다. 우리는 언제나 현재의 시선으로 과거를 보기 때문에 과거의 시각으로 과거를 보려고 애써 노력하지 않으면 늦게 태어난 자의 횡포를 피하지 못한다. 근대의 시각에서 전근대를 보는 사람에게는 근대가 어째서 역사 해석의 기준이 될 수 있는가라는 반성이 없다. 인간은 백만 년 후에도 기존의 지식을 넘어 미지의 진리를 탐구하고 있을 것이며 자기 세상과 다른 세상을 구상하고 있을 것이다. 근대는 역사를 보는 절대 기준이 될 수 없다.

병원에 갔다가 병든 어린아이들을 보았다. 어떤 아이는 아프다고 보채고 있었고 어떤 아이는 아픈데도 혼자서 잘 참으며 놀고 있었다. 나는 아파도 혼자 잘 노는 아이가 되고 싶다. 지훈[조지훈(趙芝薰, 1920~1968) 본명은 조동탁(趙東卓)]은 당신의 서재를 방우장(放牛莊)이라고 하셨다. 나는 이제 그 뜻을 어렴풋이나마 짐작할 수 있을 것 같다. 식구와 친구와 제자와 그리고 병과 죽음까지 지훈은 그 모두를 소에 포함시켜 있는 그대로 놓아 두려고 하셨던 것이 아닐까? 마흔아홉에 돌아가신 스승의 뜻을 일흔아홉에 겨우 짐작하다니 늦되도 이렇게 늦될 수가 있을까. 그러나 늦게라도 깨우쳤으니 앞으로 방우(放牛)할 때 심우(尋牛)하는 욕심이나 부리지 말고 내게 남은 메마름을 견뎌 내려고 한다.◐✿

|

2024년 7월,
김인환

Photography © Suryusanbang (SHIM Sejoong)

김인환 선생님이 조곤조곤 뭔가 말씀을 하실 때 황현산 선생님은 맞장구를 치시고 조성룡 선생님은 거의 조셨다. 2015년 1월 15일, 지금은 사라진 헌법재판소 골목의 문화 공간 아리랑에서, 왼쪽부터 주인장 최은진, 황현산, 이원, 김인환, 함돈균, 조성룡.

아주까리 수첩 ⑧ 다 말하게 하라
김인환 金仁煥 KIM Inhwan
유교조선 지성사론 儒教朝鮮 知性史論
The Intellectual History of the Confucian Joseon

조성룡『건축과 풍화』(2018) 황현산『전위와 고전』(2021)

김인환 과학과 문학 2018

수류산방의 아주까리 수첩

[001 조성룡 우리가 또 이제 살아가는 것은 **건축과 풍화**] 최근 잠실 주공5단지 아파트 재건축 국제 현상에 당선한, 도시 주거와 공공 건축의 대가 조성룡의 첫 책, 건축과 도시, 이 땅의 지리에 대한 평생의 성찰을 쉽고도 깊게 풀어 내다

[002 김인환 한국 대학 북구론 **과학과 문학**] 문학 비평가이자 고려대학교 국문학과 명예 교수인 김인환이 평생에 걸쳐 숙고한 자기 반성의 기록. 생각하는 것이 두렵거나, 머릿속 관념을 객관화하는 것이 어렵거나, 혹은 아무 데도 흥미를 느끼지 못하는 이들에게 진언한다. "창조적 연구는 오래된 질문에 새롭게 대답하는 데서 나오는 것이 아니라 질문 자체를 새롭게 제기하는 데서 나오는 것이다." 문제 의식을 가지라. 사고 활동 자체가 훌륭한 공부임을 깨닫게 될 것이다.

[003 황현산 프랑스 상징주의 시 강의 **전위와 고전**(2021)] 밤의 스승, 불문학자 황현산의 작고(2018) 3 주기 기념. 그가 생전에 시민을 대상으로 남긴 최초이자 최후의 프랑스 상징주의 초현실주의 시 강의. 보들레르, 말라르메, 베를렌, 랭보, 로트레아몽 백작, 발레리, 아폴리네르... 세계와 어떻게 만날 때 우리의 생활과 생각이 새로운 시를 탄생시키는가!

수류산방은 2018년부터 시작한 아주까리수첩 총서 첫 3권의 저자로 각각 조성룡, 김인환, 황현산 세 분의 이름을 올렸다. 왼쪽부터 황현산의『전위와 고전』(2021), 조성룡의『건축과 풍화』(2018), 김인환의『과학과 문학』(2018)이다. 10여 년 우리의 말하던 자리들이 낳은 이야기들이었을 것이다. 책마다 헝겊을 깃발처럼 달았다.

- *The Intellectual History of the Confucian Joseon*
  Written by © KIM Inhwan
- Produced & Designed by © PARK Sangil
  Edited by © PARK Sangil, SHIM Sejoong
  Cover Image : Concept & Composition © PARK Sangil + Graphic KIM Nayoung
  Photography © KIM Kyungwon, PARK Sangil
  Edited, Designed and Published by SuRyuSanBang
- ISBN 978-89-915-5596-9 03900 | Printed in Korea, 2025.03.

9 788991 555969   03900 ₩33,000

- SuRyuSanBang ● A. 47-1 Gyeonghuigung-gil (1-135 Shinmunro-2-ga), Jongno-gu,
  Seoul, Republic of Korea | T. 82 (0)2 735 1085 F. 82 (0)2 735 1083
  Producer PARK Sangil
  Publisher & Editor in Chief SHIM Sejoong
  Creative Director PARK Jasohn+PARK Sangil
  Design & Research Dept. KIM Nayoung
  Editorial & Research Dept. JEON Yoonhye
  Director KIM Bumsoo, PARK Seunghee, CHOI Moonseok
  Printing & Binding Hyosung Co., Ltd (PARK Pan-yoel) T. 82 (0)2 2261 0006
- Printed in Korea, 2025.03.

아주까리 수첩 **8** 다 말하게 하라
김인환 金仁煥 KIM Inhwan
유교조선 지성사론 儒教朝鮮 知性史論
The Intellectual History of the Confucian Joseon